T0405723

Este libro es una sorprendente y rica exploración de los contornos y texturas del mensaje general de toda la Biblia. Jim Hamilton ensambla laboriosamente una verdadera montaña de evidencia para el argumento de que los escritores bíblicos, bajo la guía de Dios, sabían exactamente lo que estaban haciendo, y que desde el principio, estaban pavimentando conscientemente el camino para la venida de Cristo. Cada página merece ser estudiada meticulosamente, debido a que mucho terreno es cubierto detalladamente y de una manera tan estimulante (y brillante). Incluso cuando uno está en desacuerdo con ciertas conclusiones específicas (y tal es el espectro de este libro que esto es algo inevitable), la profundidad de la perspicacia y los matices del argumento hacen que la lectura de este libro sea un verdadero deleite.

GARY MILLAR,
Rector, Queensland Theological College

Jim Hamilton ha escrito una clara y teológicamente rica obra sobre tipología, demostrando cómo la historia de la redención bíblica se encuentra anclada en las promesas de Dios del Mesías. Tipología. Comprendiendo los patrones con forma de promesa que contiene la Biblia muestra tanto la unidad de la Escritura como las preciosas capas de sus verdades, y lo mejor de todo es que provee nuevas herramientas para observar las glorias de nuestro Salvador. Aquí los lectores pueden hacer banquete con las enseñanzas de la Biblia sobre aquel que es el último Adán, el profeta como Moisés, el sumo sacerdote fiel cuya obra realiza el culto levítico, el real Hijo de David, el justo siervo sufriente, y Dios con nosotros. ¡Leed y regocijaos!

L. MICHAEL MORALES,
Profesor de Estudios Bíblicos,
Greenville Presbyterian Theological Seminary

En su obra anterior, Jim Hamilton me convenció de que necesitamos la teología bíblica para ayudar a los discípulos a aprender a pensar y vivir, en términos del universo simbólico de la Biblia. Con Tipología, Hamilton continúa ayudando a los lectores a convertirse en personas bíblicamente instruidas al hacerlos sensibles tanto a las pistas a nivel micro como a la naturaleza de lo que se trata la Biblia. Del mismo modo en que las declaraciones de Dios ("Sea") dan forma al orden creado, así también las promesas de Dios dan forma a la historia de la redención. Distinguir las conexiones tipológicas entre estas promesas y sus cumplimientos en Cristo, al igual que el patrón significativo que estas crean, es parte necesaria para un punto de vista bíblico, observando a Dios, al mundo de Dios y al pueblo de Dios desde la perspectiva de los autores bíblicos. Si la teología es la fe en busca de comprensión, el correcto manejo del imaginario sin igual de la Escritura que es y crea la tipología es una tarea teológica fundamental.

KEVIN J. VANHOOZER,
Profesor de investigación en Teología Sistemática,
Trinity Evangelical Divinity School

TIPOLOGÍA

COMPRENDIENDO LOS PATRONES CON FORMA

DE PROMESA QUE CONTIENE LA BIBLIA

JAMES M. HAMILTON JR.

 Editorial **CLIE**

EDITORIAL CLIE
C/ Ferrocarril, 8
08232 VILADECAVALLS
(Barcelona) ESPAÑA
E-mail: clie@clie.es
http://www.clie.es

Publicado originalmente en inglés por Zondervan Academic bajo el título *Typology–Understanding The Bible's Promise-Shaped Patterns*. Copyright ©2022 por James M. Hamilton Jr.

Todas las citas de las Escrituras, a menos que se indique lo contrario, son traducciones propias del autor.
Las citas de las Escrituras marcadas LBLA se han tomado de la Nueva Biblia de las Américas™ NBLA™
Copyright © 2005 por The Lockman Foundation.
Sociedad no comercial. Usado con permiso.
Las citas RV60 se han tomado de Reina-Valera 1960®
© Sociedades Bíblicas en América Latina, 1960. Renovado © Sociedades Bíblicas Unidas, 1988. Utilizado con permiso.
Las citas NVI se han tomado de Santa Biblia, NUEVA VERSIÓN INTERNACIONAL® NVI® © 1999, 2015, 2022 por Biblica, Inc.® Usado con permiso de Biblica, Inc.®

«Cualquier forma de reproducción, distribución, comunicación pública o transformación de esta obra solo puede ser realizada con la autorización de sus titulares, salvo excepción prevista por la ley. Diríjase a CEDRO (Centro Español de Derechos Reprográficos) si necesita fotocopiar o escanear algún fragmento de esta obra (www.conlicencia.com; 917 021 970 / 932 720 447)».

© 2025 por Editorial CLIE. Todos los derechos reservados para esta edición en español.

TIPOLOGÍA
ISBN: 978-84-19779-58-8
Depósito legal: B 2860-2025
Estudio bíblico
Hermenéutica y exégesis
REL006400

Impreso en Estados Unidos de América / *Printed in the United States of America*

25 26 27 28 29 /TRM/ 9 8 7 6 5 4 3 2 1

Para Isaías Juan Hamilton.
Que sigas las pisadas de los hombres
cuyos nombres llevas contigo,
creciendo para ser poderoso en las Escrituras,
conociendo a Yahvé como el Dios salvador
y dador de todo buen don
en Cristo mediante el Espíritu.

Índice

Agradecimientos

Escribir un libro es una tarea estimulante y frustrante a la vez (Ecl 1:18; 12:12). La verdad es tan bella y majestuosa, y las palabras tan escasas y frágiles. La Biblia rebosa de vida y poder, pero intentar comunicar dicha experiencia de buscar y ver las interconexiones en las Escrituras es como perseguir el viento (Ecl 2:11), el cual sopla hacia donde quiere (Juan 3:8). ¡Pero qué privilegio y gozo es intentarlo!

Las limitaciones de este libro me afligieron hasta que di con una forma de estructurar su contenido, una estructura que sirve como vehículo para el mensaje del libro y que a su vez es un componente clave de dicho mensaje. Lo que no me gustaba era la forma en que la naturaleza tópica de la discusión tipológica —tratando primero con personas, luego con eventos, y finalmente con instituciones— evitaba que fuera capaz de exponer todo a la vez. Hubiera preferido conducir a los lectores a un paseo relajado que fuera versículo a versículo, capítulo a capítulo, libro a libro pasando por toda la Biblia, desde Génesis hasta Apocalipsis. Dado que eso era poco práctico e imposible de hacer (imaginen lo que hubiera ocurrido con la cantidad de palabras y la fecha de entrega del libro), me resigné a utilizar un orden por tópico. Pero luego, durante las vacaciones del Día de Acción de Gracias del 2020, mientras observaba el índice de contenidos, vino a mí una solución revolucionaria en forma de pregunta: ¿Por qué no estructurar el libro en la forma que los autores bíblicos frecuentemente estructuran los suyos? Hallarán más sobre esto —lo cual encontré inmensamente satisfactorio— en la Introducción y la Conclusión de este volumen.

Los lectores que quieran realizar junto a mí el paseo versículo a versículo, capítulo a capítulo a través de la Biblia pueden hacer uso del podcast BibleTalk de 9Marks, donde, junto con mis amigos Alex Duke y Sam Emadi, me embarco en una charla expositiva de las Escrituras donde se le brindan mucha atención a la tipología y la teología bíblica. Además, es mi privilegio pastorear en Kenwood Baptist Church en Victory Memorial y enseñar en el Southern Baptist Theological Seminary en Louisville, Kentucky. Los sermones expositivos que he predicado en Kenwood están disponibles gratuitamente en nuestro sitio web y mediante el podcast de la iglesia, y el seminario acepta aplicaciones. La mejor forma de explorar las

Escrituras juntos es a través de la interacción en vivo, en persona y cara a cara, así que invitaré a quienes deseen saber más a que se muden a Louisville, se nos unan en Kenwood o se inscriban en el Southern Seminary, a fin de que podamos explorar la Biblia juntos en la iglesia o en clase.

¿Cómo podré agradecer al Señor toda su bondad hacia mí (cf. Sal 116:12)? Por el evangelio, por mi familia, por mis profesores, por las Escrituras y por tanto más que jamás podría llegar a enumerar (Sal 40:5).

Dedico este libro a mi amado hijo menor, que lleva los nombres de dos de mis maestros favoritos, orando para que sus ojos vean al Maestro, y que sus oídos escuchen una palabra por detrás que diga: "Este es el camino, andad en él" (Is 30:20, 21).

Espero que este libro aumente vuestro amor a Dios y al prójimo a medida que aumenta vuestro celo por comprender las Escrituras.

Jim Hamilton
Louisville, KY
Pascua, 2021

Abreviaciones

Cuando cito la traducción griega de la Biblia hebrea, antecederé el versículo de referencia con LXX del siguiente modo: LXX, Ml 3:1.

Cuando me refiera a los encabezados de los Salmos, que corresponden al versículo 1 en el Texto Masorético (MT), pero que no están numerados en las traducciones al español, citaré el número del salmo seguido de "ss." como abreviatura de "superscription" (encabezado en inglés). Por ejemplo, el encabezado del Salmo 18 se presentaría como 18 ss.

En las notas al pie de página presentes en este libro he escrito los nombres completos de las revistas de investigación y series de monografías en lugar de abreviarlas.

BHS	Biblia hebraica stuttgartensia.
ET	Traducción inglesa.
Gen. Rab.	Génesis Rabbah.
LXX	Septuaginta.
MT	Texto Masorético.
NA28	Novum Testamentum Graece, Nestle-Aland, 28° ed.
N. T.	Nuevo Testamento.
A. T.	Antiguo Testamento.
LBLA	La Biblia de las Américas.
NVI	Nueva Versión Internacional.
JBS	Biblia del Jubileo.
RV60	Reina Valera 1960.
NTV	Nueva Traducción Viviente.
ESV	English Standard Version.
KJV	King James Version.
NASB	New American Standard Bible.
CSB	Christian Standard Bible.

1

Introducción a la tipología con forma de promesa

Indicadores a nivel micro para determinar la intención del autor

> La tipología es el método de interpretación de la Escritura predominante y característico del NT.
> LEONHARD GOPPELT[1]

El padre anciano, de cuya esposa la muerte acaba de ser narrada (Gn 23:1-20), ordena a su siervo (עֶבֶד) "pon tu mano debajo de mi muslo" (24:2) y lo hace jurar: "Júrame por el Señor, el Dios del cielo y de la tierra" que no "tomarás de esta tierra de Canaán, donde yo habito, una mujer para mi hijo" (24:3), y le ordena ir a sus parientes para hallar mujer para su hijo Isaac, su único hijo, al cual ama (24:4; cf. 22:2).[2] Cuando el siervo pregunta si debería llevar a Isaac a aquella tierra en caso de que la mujer no deseara seguirlo a la tierra de la promesa (24:5), el padre Abraham responde que ciertamente no debe hacerlo (24:6), y luego, antes de prometer a su siervo que Dios "enviará su ángel delante de ti" (24:7, NVI), Abraham hace referencia a la forma en que Dios lo llamó a dejar su país, su parentela, y la casa de su

---

1. Leonhard Goppelt, *Typos: The Typological Interpretation of the Old Testament in the New* (Grand Rapids: Eerdmans, 1982), 198.

2. A menos que lo mencione, en este libro las traducciones de los textos bíblicos serán mías. Ellas serán típicamente tan literales como me sea posible a fin de preservar la interconexión de los textos y comunicar en inglés la forma en que los autores bíblicos conceptualizan y describen el mundo, incluso si esto crea un español raro. En estas representaciones tan literales, no estoy tratando de generar un español suave y claro (cuyo interés principal sería el público apuntado); mi interés principal en estas traducciones excesivamente literales es permitir que los hablantes contemporáneos echen un vistazo a la forma en que los autores bíblicos expresaban las cosas. Si todos los que leen este libro hubieran llegado en primer lugar a la Biblia a través de los textos en su idioma original, esto no sería necesario. Dado que espero que lean este libro personas que aún no han estudiado griego, hebreo o arameo, a veces serán presentadas traducciones muy literales.

padre para ir a la tierra que el Señor le mostraría (12:1), una tierra que Dios prometió dar a la descendencia de Abraham (12:7).

Note la similitud entre las frases que usó Moisés para contar la historia:

Gn 12:1: "Ve desde tu país y tus parientes y desde la casa de tu padre a la tierra".

Gn 24:7: "Me tomó de la casa de mi padre y de la tierra de mis parientes".

Gn 12:7: "A tu descendencia daré esta tierra".

Gn 24:7: "A tu descendencia daré esta tierra".

Avancemos en la narrativa a un momento en el que aquel cuyos años no tienen fin (Sal 102:27) ordena a su siervo: "No te acerques; quita tu calzado de tus pies, porque el lugar en que tú estás, tierra santa es" (Ex 3:5, RV60). Luego, Él se identifica a sí mismo: "Yo soy el Dios de tu padre, el Dios de Abraham, el Dios de Isaac, y el Dios de Jacob" (3:6), y encarga a Moisés, su siervo (עֶבֶד),[3] regresar a Egipto. Abraham envió a su siervo a hallar una esposa para Isaac, y Yahvé envió a Moisés a sacar de Egipto a aquel con quien entraría en pacto marital a fin de que habitara la tierra prometida a Abraham. Yahvé tiene la intención de ser un esposo para su pueblo (Jr 31:32). Eventualmente, el Señor declara a Moisés algo que recuerda a la declaración que Abraham hizo a su siervo en Génesis 24:7 ("enviará su ángel delante de ti", NVI); en Éxodo 23:20, el Señor dice a Moisés: "He aquí, yo enviaré un ángel delante de ti" (LBLA).

Gn 24:7: הוּא יִשְׁלַח מַלְאָכ ֹו לְפָנֶיךָ

Ex 23:20: הִנֵּה אָנֹכִי שֹׁלֵחַ מַלְאָךְ לְפָנֶיךָ לִשְׁמָרְךָ

Al reutilizar esta declaración, pareciera que Moisés tiene la intención de incitar a su audiencia a asociar la misión en la cual Abraham envió a su

---

3. Stephen G. Dempster observa que "la expresión precisa ['sirviente de Yahvé'] es usada principalmente para referirse a Moisés (dieciocho veces). También es usada para describir al sucesor de Moisés, Josué (Jos 24:29; Jc 2:8), a David (Sal 18:1; 36:1) y a Israel (Is 42:19)". Stephen G. Dempster, *Dominion and Dynasty: A Biblical Theology of the Hebrew Bible*, New Studies in Biblical Theology 15 (Downers Grove, IL: InterVarsity, 2003), 123 n. 25.

siervo a buscar una novia para Isaac, y la misión en la cual Yahvé envió a Moisés, su siervo, a hallar un compañero de pacto para sí. Esta forma de entender la intención de Moisés parece ser validada por la manera en que el profeta Malaquías utiliza la idea. En Malaquías 3:1, el Señor promete una nueva instancia del patrón, una nueva ocasión en que el siervo será enviado a buscar una novia, y podemos ver que Malaquías realiza ajustes destacables al escenario:

הִנְנִי שֹׁלֵחַ מַלְאָכִי וּפִנָּה־דֶרֶךְ לְפָנָי :Ml 3:1

"He aquí, yo envío a mi mensajero, y él preparará el camino delante de mí". (LBLA)

Nuevamente el Señor promete enviar a su "mensajero" y la palabra usada aquí para "mensajero" es el mismo término hebreo que en Génesis 24:7 y Éxodo 23:20 es traducido como "ángel" en la LBLA. Sin embargo, en esta oportunidad, el Señor mismo es quien promete venir: "Él preparará el camino delante de mí" (Ml 3:1, LBLA). Y luego, la secuencia de eventos se repite climáticamente, cuando el Padre envía a su siervo en una misión para hallar una novia para el propio siervo, el cual además es el Hijo amado, y en preparación declara: "He aquí, yo envío mi mensajero delante de tu faz, el cual preparará tu camino" (Marcos 1:2, LBLA).

¿Cómo podemos explicar y comprender este patrón de eventos, y cuál es la relación entre las promesas de Dios y tales patrones? El resto de este capítulo introductorio explorará la relación entre las promesas de Dios y los patrones que encontramos en las Escrituras, junto con aquello a lo que hago referencia en el título de este capítulo: "Indicadores a nivel micro para determinar la intención del autor". Tengo a la vista cosas como las que acabamos de ver: la cita de pasajes, la reutilización de términos clave, la repetición de secuencias de eventos, y las similitudes entre la importancia del pacto y de la historia de la salvación que encontramos al enfocarnos en textos particulares. Estos indicadores a "nivel micro" contrastan con los indicadores a "nivel macro" que serán discutidos en el último capítulo de este libro, y por "nivel macro" me refiero a estructuras literarias de gran alcance. Al final de la *conclusión* de este libro, en la última sección del capítulo final, regresaremos a Génesis 24, a fin de que las discusiones del episodio central en la estructura literaria de Génesis formen una estructura envolvente alrededor de este tratado.[4]

---

4. Los lectores que vayan en este momento al punto 5 del capítulo 11 no me ofenderán. Tienen mi permiso para leer el final desde el principio para obtener un breve informe de todo.

La frase "tipología en forma de promesa" intenta captar lo que ocurre cuando Dios realiza una promesa que, como resultado, hace que aquellos que lo conocen interpreten el mundo en términos y categorías que son comunicadas o asumidas por dicha promesa. La palabra de Dios da forma al mundo en Génesis 1, y a medida que la Biblia se va desplegando, sus promesas dan forma a las expectativas y percepciones de su pueblo. Esto ocurre sobre todo con los autores bíblicos, los cuales operan bajo la inspiración del Espíritu Santo.

Argumentaré en este libro que las promesas de Dios dieron forma a la manera en que los autores bíblicos percibieron, comprendieron y escribieron. Dado que esto ocurre una y otra vez a través de las Escrituras, de relato en relato, de libro en libro, de autor en autor, los patrones comienzan a ser distinguidos. Son patrones que han sido conformados por promesas: patrones en forma de promesa.

Para demostrar comprensión, mostramos que hemos distinguido lo que un autor desea comunicar.[5] Estoy afirmando que los autores bíblicos tuvieron la intención de comunicar los tipos o clases que serán discutidos en este libro. Esto contrasta con la propuesta de Richard B. Halls, que escribe: "La lectura figurativa de la Biblia no necesita suponer que los autores del Antiguo Testamento —o los personajes que ellos narran— eran conscientes de predecir o anticipar a Cristo".[6] Aquí trato de exponer brevemente un proceso paso a paso, mediante el cual parece haber funcionado tanto la creación como la composición de textos bíblicos, reconociendo que para los autores bíblicos la progresión lógica de estos pasos puede haber sido simultánea, intuitiva e instintiva. Es decir, no estoy afirmando que los mismísimos autores bíblicos esbozaron este proceso, sino que este proceso puede explicar lo que encontramos en sus escritos.[7]

Primero, Dios creó el mundo por su palabra, la cual dio forma a todo lo que respecta a la experiencia y a la percepción humana, y luego Dios

---

5. Ver E. D. Hirsch, *Validity in Interpretation* (New Haven: Yale University Press, 1967); y Kevin J. Vanhoozer, *Is There a Meaning in This Text? The Bible, the Reader, and the Morality of Literary Knowledge* (Grand Rapids: Zondervan, 1998).

6. Richard B. Hays, *Echoes of Scripture in the Gospels* (Waco, TX: Baylor University Press, 2018), 2. Para una fuerte crítica a la interpretación figurativa, ver Aubrey Sequeira and Samuel C. Emadi, "Biblical-Theological Exegesis and the Nature of Typology", *Southern Baptist Journal of Theology* 21, no. 1 (2017): 25-28.

7. Mi objetivo es similar a lo que Emadi y Sequeira se disponen a lograr (incluiría además, a los autores del A. T.) cuando escriben: "Estamos esforzándonos por descubrir la lógica exegética que subyace en las interpretaciones de los autores del N. T. y los conduce a interpretar la tipología como una característica de la revelación divina. El comprender esa lógica revelará muchísimo acerca de cómo los autores del N. T. concibieron la naturaleza de los tipos. Para ponerlo fácilmente, estamos intentando describir cómo 'funciona' la tipología en el N. T.". Sequeira y Emadi, "Nature of Typology", 11-12.

realizó promesas que dieron forma a la esperanza y a la percepción. Mi posición es que la Palabra de Dios, creadora y esperanzadora, hizo que los antiguos autores bíblicos (comenzando por Moisés) percibieran ciertos patrones dentro de su material. Las promesas y los patrones luego comenzaron a trabajar juntos, y los autores bíblicos posteriores no solo contaban con promesas, sino además con los patrones que ellos mismos producían influenciando su percepción. Estos autores posteriores, después de haber detectado en la Escritura antigua los patrones con forma de promesa dejados intencionalmente por el autor, identificaron patrones similares que posteriormente incluyeron en su propio material.

Cuando los autores bíblicos compusieron sus escritos, tenían la intención de señalar a sus audiencias la presencia de patrones en forma de promesa. De este modo, incluso si no llegaban a comprender totalmente el significado del patrón o cómo sería cumplida la promesa (ver Ef. 3:5 y 1 P 1:10-12), los autores del Antiguo Testamento pretendían dirigir la atención a las secuencias recurrentes de eventos, y así lo hicieron con miras al futuro.[8] Debido a que estas secuencias de eventos fueron moldeadas por promesas, cada nueva ocurrencia del patrón de eventos reforzó dichas promesas, y se desarrolló un creciente sentido de la importancia tanto de la promesa como del patrón.

En las primeras páginas de la Biblia, Moisés establece esta característica de la literatura bíblica. Los autores bíblicos que siguen a Moisés lo aprenden de él e imitan su uso de la convención: su cosmovisión ha sido moldeada por las palabras de Moisés.[9] Para Moisés mismo, la palabra de Dios —las promesas— dio forma a su cosmovisión (lo que asumía o suponía, lo que percibía o interpretaba), lo que resultó en los patrones en forma de promesas que él presentó en sus narraciones. Tal vez, algunos de estos patrones llegaran a Moisés en tradiciones orales que aprendió de sus padres o de Aarón y María. A continuación, él habría sido llevado por el Espíritu Santo (2 P 1:20, 21) mientras interpretaba el material heredado y tomaba decisiones acerca de qué incluir y cómo dar forma lo que presentó

---

8. Cf. La definición de tipología de Basilio de Cesarea (330 d. C.–ca. 379): "La tipología señala lo que se debe esperar, indicando mediante la imitación lo que sucederá antes de que ocurra". San Basilio, *On the Holy Spirit*, trad. David Anderson (Crestwood, N.Y: St Vladimir's Seminary Press, 1980), 53.

9. Tengo en mente lo que describe Gibson cuando escribe respecto a Malaquías: "El núcleo de la imaginación del profeta es moldeado por su reflexión acerca de una colección autoritativa de textos". Jonathan Gibson, *Covenant Continuity and Fidelity: A Study of Inner-Biblical Allusion and Exegesis in Malachi*, Library of Hebrew Bible/Old Testament Studies 625 (Edinburgh: T&T Clark, 2019), xiii. Ver también su primer capítulo, el cual se intitula: "El núcleo de la imaginación de Malaquías", 1-23.

en la Torá (la Torá, o Pentateuco, siempre y en todos lados de la Escritura se le atribuye a Moisés).[10]

La formación de patrones mediante promesas puede ser visto en los primeros capítulos del libro de Génesis, el cual es un libro profundamente autorreferencial. Para ilustrar lo que quiero decir en la frase "patrones en forma de promesa", comenzaremos por considerar la influencia de Génesis 3:15. El impacto de lo que Dios dice en Génesis 3:15 puede verse en la forma en que Moisés presenta lo que ocurrió entre Caín y Abel, posteriormente en la maldición de Canaán, y nuevamente en la bendición de Abraham. Las tres secciones de este capítulo procederán de la siguiente manera:

1. Génesis 3:15. Una promesa formadora de patrones.
2. Tipología pretendida por el autor.
3. Un adelanto de lo que sigue.

1. GÉNESIS 3:15. UNA PROMESA FORMADORA DE PATRONES

Mientras el Señor habla palabras de juicio a la serpiente en Génesis 3:14, 15, leemos:

Y el Señor Dios dijo a la serpiente:

"Por cuanto has hecho esto,

maldita serás más que todos [מן comparativa]

los animales,

y más que todas [nuevamente מן comparativa]

las bestias del campo;

sobre tu vientre andarás,

y polvo comerás todos los días de tu vida.

Y pondré enemistad entre tú y la mujer,

---

10. Ver Dt 31:9, 24; 33:4; Jos 8:31, 32; 22:5; 23:6; 1 R 2:3; 2 R 14:6; 21:8; 23:25; 2 Cr 23:18; 25:4; 30:16; 33:8; 34:14; Esd 3:2; 7:6; Neh 8:1, 14; 10:29; Dn 9:11, 13; Ml 4:4. Estas referencias y el hecho de que Jesús atribuye la Torá a Moisés (p. ej., Mr 12:26; Lc 24:44; Juan 5:45-47), me conducen a la posición de que Moisés escribió la Torá. Aquellos que tengan diferentes puntos de vista respecto a la autoría del Pentateuco pueden atribuir las correspondencias a quien sea que haya sido responsable del texto en su forma canónica final. Estoy persuadido de que la Torá de Moisés es una obra de arte literaria, la obra de un genio, y tal literatura no es producida por comités, sino por individuos, genios literarios. Esto no niega la actualización por quienes eran reconocidos como calificados para hacerlo, pero la evidencia indica que esta actualización editorial no fue generalizada ni estructural; por el contrario, se trató de algo menor y acotado.

y entre tu simiente y su simiente;

él te herirá en la cabeza,

y tú lo herirás en el calcañar".

El carácter formativo de la promesa contenida en estas palabras de juicio se vuelve evidente cuando consideramos la autorreferencialidad omnipresente de la presentación de Moisés en el Génesis. Para explorar el significado de Génesis 3:15, comenzaremos y terminaremos esta subsección considerando la naturaleza del libro de Génesis, iniciando con su autorreferencialidad y concluyendo con su carácter fundacional. En la construcción en espejo de esta sección, el desarrollo del pecado de Adán en la vida de sus hijos se corresponde con el desarrollo del pecado de Noé en la vida de sus hijos y descendientes. Luego, examinaremos cómo Moisés quiso que Génesis 4 se interpretara a la luz de Génesis 3, contrastándolo con la forma en que los tipos dejan una impresión duradera en nuestra forma de pensar. En el centro de esta discusión, consideraremos la simiente maldita de la serpiente. Los paneles en espejo de esta subsección quedarán como veremos a continuación:

1.1. La naturaleza autorreferencial de Génesis.

    1.1.1. Trabajando y guardando, asesinado y maldecido.

    1.1.2. Génesis 4 a la luz de Génesis 3.

    1.1.3. La simiente maldita de la serpiente.

    1.1.4. La impresión del tipo.

    1.1.5. La maldición de Canaán y de aquellos que deshonran a Abraham.

2.1. La naturaleza fundacional de Génesis.

1.1. La naturaleza autorreferencial de Génesis

En Génesis 3:14, 15, Moisés refiere a sus lectores al material que introdujo en los dos capítulos anteriores de Génesis: en 3:14 leemos de "todas las bestias" (כָּל־הַבְּהֵמָה) y "todas las criaturas vivas del campo" (כֹּל חַיַּת הַשָּׂדֶה). Las mismas son conocidas por los lectores a partir de su presentación en el sexto día de la creación en 1:24, 25 ("bestias", בְּהֵמָה) y la descripción extendida de su origen en 2:18-20 ("todas las criaturas vivas del campo", 2:19, כֹּל־חַיַּת הַשָּׂדֶה). De forma similar, la declaración de que la serpiente comerá polvo en 3:14 hace referencia a la concesión en 1:30 de "toda planta verde para alimento", la cual el Señor le quita en 3:14. Incluso una referencia aún más cercana puede ser vista en la forma en que la serpiente tentó a la mujer y al hombre a comer el alimento prohibido (3:1-5), por lo que el castigo infligido sobre ella atañe directamente a lo que esta tiene permitido comer (3:14). Su castigo se ajusta a su crimen.[11]

Ver patrones tipológicos requiere que pensemos un relato a la luz de aquellos que lo anteceden y de los que lo suceden, y que a medida que leamos relatos instintivamente apliquemos esta clase de reflejos a contextos cercanos: las declaraciones hechas anteriormente en el relato dan información acerca de declaraciones que son realizadas posteriormente, y las declaraciones posteriores clarifican las anteriores y construyen sobre ellas.[12] Luego, la búsqueda por entender los tipos y patrones se extiende a contextos más amplios, algo que hacemos intuitivamente con contextos inmediatos. El estudio de la tipología equivale a la reflexión activa acerca de un pasaje a la luz de otros.[13]

Continuando con la autorreferencialidad de Génesis, notemos que Yahvé Dios advirtió en 2:17 que el comer del árbol resultaría en la muerte. Dicha advertencia produjo el temor a la muerte que llevó al hombre y a la mujer a ocultarse luego de su transgresión en 3:8, y a negarse a confesar en 3:9-13. Una vez que Yahvé los llamó y expuso su pecado, el hombre y la mujer no tuvieron razón para pensar que vivirían, hasta que Dios habló a la serpiente.

Dios promete poner enemistad entre la serpiente y la mujer en Génesis 3:15, y dicha enemistad supone un conflicto continuo. Para que un conflicto sea continuo es necesario que la vida continúe. En esta vida que continúa, la mujer no unirá bandos con la serpiente en contra de Yahvé, sino que se unirá a él en contra de la serpiente. Lo que Dios declara dice que así será. A esta altura, la mujer aún no ha entrado en guerra con la serpiente, sin embargo, Dios anuncia que habrá enemistad entre ellos. El hecho de que Dios mencione "la simiente de la mujer" significa que el conflicto no se limitará solo a la mujer y la serpiente, el hombre también estará involucrado, pues este es necesario para que nazca de la mujer cualquier

11. Gage ve esto como la primera instancia en que un patrón de castigo se encuentra con la ironía retributiva al ajustarse al crimen. Ver Warren Austin Gage, *The Gospel of Genesis: Studies in Protology and Eschatology* (Winona Lake, IN: Eisenbrauns, 1984), 46.

12. Ver la discusión de cómo los autores codifican la información y cómo esta es interpretada por los lectores en Elizabeth Robar, *The Verb and the Paragraph in Biblical Hebrew: A Cognitive-Linguistic Approach,* Studies in Semitic Languages and Linguistics (Boston: Brill, 2015), 1-18.

13. Concuerdo con David L. Baker en que esto incluye "reflexión teológica acerca de las relaciones entre eventos, personas e instituciones [sic] registradas en los textos bíblicos", pero disiento con su declaración de que esto significa que "la tipología no es exégesis". *Two Testaments, One Bible: The Theological Relationship Between the Old and New Testaments,* 3rd ed. (Downers Grove, IL: InterVarsity, 2010), 181.

"simiente". Las palabras de Dios a la serpiente indican que el hombre y la mujer se unirán a él en contra de la serpiente.

¿Acaso esto significa que el hombre y la mujer han evadido la consecuencia articulada en Génesis 2:17? Ni siquiera por un instante: cuando comparamos su desnudez desinhibida en 2:25 con el hecho de que se ocultaran el uno del otro en 3:7 y posteriormente ambos de Dios en 3:8, podemos ver que su pureza desinhibida ya no existe. El hombre y la mujer han experimentado una calamidad espiritual desastrosa. Han pecado. Como resultado de su pecado ambos están espiritualmente muertos. Su insensibilidad espiritual puede notarse en el rechazo a confesar y a arrepentirse de su pecado cuando Dios los llama. Apenas unas líneas más adelante, en 3:19, Dios les asegura que ambos morirán físicamente.

. Sin embargo, la promesa de la simiente en Génesis 3:15 significa que no morirán sin esperanza (cf. Rm 8:20, 21). La enemistad entre la serpiente y la mujer significa que la humanidad no se ha unido del todo a la causa de la serpiente. La mujer y su simiente (la cual, nuevamente, requiere de la participación del hombre) resistirán a la serpiente. De allí la enemistad.

Y esto nos conduce a la última línea de Génesis 3:15. Traduciéndolo brevemente, se leería "él herirá en cabeza, y tú lo herirás en calcañar", pues en el hebreo original los pronombres "tú" y "lo" (a "él", "ella") no modifican los sustantivos "cabeza" ni "calcañar". En cada caso, los pronombres modifican el repetido verbo "herir". Por lo tanto, las declaraciones son "ella te herirá a ti… y tú la herirás a ella…". Para trasladar el hebreo a un español más cómodo, podríamos decir: "Ella te herirá en *la* (o tal vez, *respecto a la*) cabeza, y tú la herirás en *el* (o tal vez, *respecto al*) calcañar". Dado que una herida en el calcañar típicamente no pone en riesgo la vida, en el sentido en que una herida en la cabeza podría hacerlo, Moisés comunica a su audiencia que el hombre y la mujer tienen razones de sobra para entender las palabras de Dios a la serpiente como una promesa de que su simiente triunfará sobre ella.

Deberíamos notar que en Génesis 1 la vida comenzó por la palabra de Dios, pues Dios habló para que el mundo existiera. Ahora, en Génesis 3, la vida continúa por la palabra de Dios. La palabra de juicio que Dios dirige a la serpiente declara que la vida de la humanidad continuará, como da cuenta el nombre que el hombre dio a la mujer en 3:20: "Y el hombre le puso por nombre 'Eva' a su mujer, porque ella era la madre de todos los vivientes".

La lucha a vida o muerte entre la simiente de la mujer y la simiente de la serpiente es el conflicto argumental en que se basa todo el relato bíblico. La serpiente ha instigado a pecar y ha incurrido en una maldición, y el hombre ha transgredido, pero al mismo tiempo ha escuchado palabras de

Dios que indican que el tentador será derrotado, sugiriendo que no solo el pecado, sino también las consecuencias del mismo (la muerte y el destierro de la presencia de Dios, las cuales son dos formas distintas de decir lo mismo) serán vencidas.[14]

Apoyando la idea de que Moisés pretendió que su audiencia comprendiera el relato como apuntando a una resolución definitiva del conflicto argumental, las palabras de Lamec, durante el nacimiento de Noé en Génesis 5:29, reflejan la esperanza de alivio de las consecuencias del juicio de Dios. En el contexto cercano, Moisés presenta a Eva expresando esperanza por la simiente que aplastaría a la serpiente en los nacimientos de Caín y Set (4:1, 25). Luego, Moisés presenta una línea de descendencia registrada meticulosamente desde Adán en la genealogía de Génesis 5, trazando el progreso de la simiente de la mujer con el refrán "y él murió". El relato de cómo Enoc escapó de la muerte caminando con Dios brinda esperanza (5:21-24), y luego en 5:29 nos topamos con la reutilización de las palabras de juicio de 3:17-19, mientras Lamec expresa la esperanza de que su hijo Noé (cf. 3:15) traería tranquilidad.

Si consideramos la manera en que las promesas de Dios dan forma a patrones en los relatos bíblicos, podremos notar que en las palabras de juicio en Génesis 3:14-19 la serpiente y la tierra son maldecidas, sin embargo, ni el hombre ni la mujer escuchan las palabras "malditos sois". Dios bendijo al hombre y a la mujer en 1:28 (nuevamente autorreferencialidad), y tal bendición no será revertida. El hombre y la mujer permanecerán en enemistad con la serpiente y su simiente, pero no son maldecidos. ¿Quiénes, o qué, es la simiente de la serpiente? La observación de que Dios maldice a la serpiente, pero no a Adán ni a Eva nos ayuda a encarar la pregunta de cómo se debe comprender la simiente de la serpiente. La autorreferencialidad de la narrativa enseña a la audiencia de Moisés que se debe permitir que el relato se interprete a sí mismo a medida que se va desarrollando. Leemos las declaraciones con referencias cruzadas a la luz unas de otras a fin de que se clarifiquen entre sí. La declaración de Génesis 3:15 acerca de la simiente de la serpiente no se refiere a serpientes literales, algo que queda muy claro cuando continuamos leyendo Génesis 4.

1.1.1. Trabajando y guardando, asesinado y maldecido

El relato continúa en su forma predominantemente autorreferencial. Al hombre y a la mujer se les ordenó ser fecundos y multiplicarse en Génesis 1:28, y ellos comenzaron a hacerlo en 4:1, 2. La respuesta de Eva al naci-

---

14. Ver Mitchell L. Chase, "The Genesis of Resurrection Hope: Exploring Its Early Presence and Deep Roots", *Journal of the Evangelical Theological Society* 57 (2014): 467-80.

miento de Caín en 4:1 indica que está buscando la simiente prometida en 3:15, y mientras que Abel "fue pastor de un rebaño mientras Caín trabajaba [עבד] la tierra" en 4:2, se les recuerda a los lectores la responsabilidad de Adán de "trabajar [עבד] y mantener [שמר]" el jardín (2:15). La tarea de Adán de "trabajar y mantener" el jardín en 2:15 era en sí misma otra forma de describir su responsabilidad de "sojuzgar" la tierra y "ejercer dominio" sobre los animales en 1:28.[15] En Génesis 4:2, la tarea de Adán de "trabajar" la tierra (sojuzgar la tierra, 1:28) es llevada adelante por Caín, que hace lo mismo, y la tarea de Adán de "guardar" el jardín (ejercer dominio sobre, 1:28) se ve reflejada en el pastoreo del rebaño que lleva a cabo Abel (cf. 2:15).

TABLA 1.1. Trabajando y guardando

Trabajar la tierra	Ejercer dominio sobre los animales
1:28, sojuzgar la tierra כָּבַשׁ	1:28, gobernar sobre los animales רָדָה
2:15, trabajar עָבַד	2:15, guardar שָׁמַר (es decir, proteger de los animales) el jardín
4:2, Caín trabajaba (עָבַד) la tierra	4:2, Abel pastoreaba (רָעָה) el rebaño

Los dos términos hebreos en Génesis 2:15, trabajar (עָבַד) y guardar (שָׁמַר), aparecen tanto en Génesis 3 como en Génesis 4. En Génesis 3:23, Yahvé sacó a Adán "del huerto del Edén, para que trabajara la tierra", mientras que en 3:24, el querubín y la espada encendida "guardaban el camino del árbol de la vida". Luego, en Génesis 4, leemos que Caín "trabajaba" (עָבַד) la tierra en 4:2, y luego de asesinar a Abel pregunta si acaso él es el "guardián" (שָׁמַר) de su hermano en 4:9.[16] El Señor luego dice a Caín en 4:12 que

---

15. Gage observa que "en el mandamiento divino, al hombre se le encarga reproducir la actividad propia de Dios en la creación, es decir, sojuzgar y llenar la tierra". Gage, *Gospel of Genesis*, 28.

16. R. W. L. Moberly opta por el término "recontextualización" y sugiere que "es discutible que lo que los intérpretes presentan como una hermenéutica del autor sea, de hecho, generalmente una hermenéutica plausible del texto y del lector, articulada en un modo disciplinado y orientado históricamente, independientemente de cómo se presente formalmente". Posteriormente, Moberly afirma adoptar una "regla de fe", explicando que su "preferencia es usar el término de manera flexible para referirse a 'un sentido de cómo funcionan las cosas', es decir, un conjunto de juicios morales y teológicos interrelacionados sobre el tipo de sentido que, o bien resuena, o bien no resuena dentro de un marco de referencia bíblico y cristiano". R. W. L. Moberly, *The God of the*

cuando este "trabaje" (עָבַד) la tierra, esta no le dará su vigor, y esto recuerda a los lectores que las palabras de juicio que fueron dichas a Adán incluían una maldición en la tierra (3:17), espinos y cardos (3:18), y el destierro del jardín (3:23). La reutilización de esta terminología de "trabajar" y "guardar" trae a la memoria 2:15, recordando a la audiencia el propósito que Dios tenía para Adán en el jardín y subrayando cuán lejos de esto ha caído Caín.

Nuevamente, las repeticiones enseñan a la audiencia a leer el relato de modo que sus declaraciones se fundamenten entre sí. Moisés pretende que las diferentes escenas de su narrativa más amplia sean leídas la una a la luz de las otras, y presenta el relato de forma tal que lo que dice Dios da forma no solo a la creación, sino también a los eventos que tienen lugar dentro de ella.

Ningún relato puede presentar exhaustivamente todo lo que debe ser comunicado. Los autores deben rellenar los huecos en la interpretación de la audiencia a medida que van presentando nueva información. En Génesis 3:15 fue presentada una promesa en el relato, y dicha promesa ha formado de manera decisiva la comprensión de Moisés. Moisés transmite a su audiencia su comprensión en forma de promesa de Génesis 3:15 cuando en Génesis 4 habla del pecado de Caín.

1.1.2. Génesis 4 a la luz de Génesis 3

Toda la historia del asesinato de Abel por parte de Caín en Génesis 4 constantemente hace referencia a Génesis 3. Podemos notar esto a partir de la gran cantidad de repeticiones tanto de palabras como de frases de Génesis 3 en Génesis 4. Yahvé no se agradó de la ofrenda de Caín en 4:5, y en respuesta al enojo de Caín (4:6), le advirtió que "el pecado yace a la puerta y te codicia, pero tú debes dominarlo" (4:7). Esta declaración evoca las palabras de juicio que habló Dios a la mujer en 3:16: "Tu deseo será para tu marido, y él tendrá dominio sobre ti".

Old Testament: Encountering the Divine in Christian Scripture (Grand Rapids: Baker, 2020), 8-9. Al adoptar la recontextualización, la "regla de fe" (la cual Moberly describe de una manera muy subjetiva: "Una idea de cómo van las cosas" y "la clase de sentido que resuena, o no resuena"), y relativizar la intención del autor (sugiriendo que esta es una versión rigurosa de la respuesta del lector), Moberly realiza cambios que caracterizan a ciertos practicantes de la "interpretación teológica de la Escritura". Esto contrasta con el tipo de teología bíblica que perseguimos aquí, la cual busca hallar la intención del autor humano y practica la interpretación histórico-gramatical dentro de un contexto canónico, y cuyas diferencias tienen ramificaciones significativas en las conclusiones interpretativas, como puede verse a partir de la comparación del relato de Moberly acerca de Caín y Esaú (*ibid.*, 125-64) con el mío en este libro y en James M. Hamilton Jr., *Work and Our Labor in the Lord*, Short Studies in Biblical Theology (Wheaton, IL: Crossway, 2017), 45-48.

Gn 3:16: וְאֶל־אִישֵׁךְ תְּשׁוּקָתֵךְ וְהוּא יִמְשָׁל־בָּךְ

Gn 4:7: וְאֵלֶיךָ תְּשׁוּקָתוֹ וְאַתָּה תִּמְשָׁל־בּוֹ

El paralelo entre estas declaraciones nos ayuda a comprender la naturaleza del "deseo" y del "dominio" que se describe en ambos casos. El deseo de la mujer por su marido es como el deseo del pecado por Caín, un deseo de influenciar, incluso controlar, la conducta. De manera similar, el dominio del hombre sobre la mujer es un paralelo de lo que *debería* ser la respuesta de Caín al pecado. Además de la forma en que la reutilización de términos nos ayuda a entender lo que estos significan, el paralelismo de frases sugiere que debemos leer Génesis 4 a la luz de Génesis 3.

Teniendo en cuenta este indicio interpretativo de parte del autor del texto, colocamos el asesinato de Abel por parte de Caín (4:8) en paralelo con la primer pareja comiendo el fruto prohibido (3:6). Luego de que Adán y Eva pecaron, Yahvé confrontó a Adán con una pregunta que incluye dónde: "¿Dónde estás?". Luego del pecado de Caín, Yahvé lo confrontó con una pregunta que incluye dónde: "¿Dónde está tu hermano Abel?". El arreglo de palabras presente en ambas preguntas es similar:

Gn 3:9: וַיִּקְרָא יְהוָה אֱלֹהִים אֶל־הָאָדָם וַיֹּאמֶר לוֹ אַיֶּכָּה
"Y Yahvé Dios llamó al hombre y le dijo: ¿Dónde estás?".

Gn 4:9: וַיֹּאמֶר יְהוָה אֶל־קַיִן אֵי הֶבֶל אָחִיךָ
"Y Yahvé dijo a Caín: ¿Dónde está tu hermano Abel?".

La respuesta de Adán a la pregunta de Yahvé en 3:10 reveló su culpa: Adán tenía miedo porque sabía que había pecado, y sabía que estaba desnudo pues había comido del árbol. De igual forma, la respuesta de Caín a la pregunta de Yahvé en 4:9 revela su culpa: la declaración de que no sabe la ubicación de Abel es una mentira, y la indignante pregunta acerca de si él es el guardián de su hermano revela su falta de amor al prójimo.

En Génesis 3:13, "Yahvé Dios dijo a la mujer: ¿Qué es esto que has hecho?". Y en Génesis 4:10, el Señor dice a Caín: "¿Qué has hecho?".

Gn 3:13: מַה־זֹּאת עָשִׂית וַתֹּאמֶר

Gn 4:10: וַיֹּאמֶר מֶה עָשִׂיתָ

Después de haber confrontado el pecado en Génesis 3:9-13, Yahvé maldice a la serpiente en 3:14 con las palabras: "Por cuanto has hecho esto, maldita serás…". Después de haber confrontado a Caín por su pecado en 4:9, 10, Yahvé lo maldice en 4:11 con las palabras: "Ahora pues, maldito eres…".

Gn 3:14: כִּי עָשִׂיתָ זֹּאת אָרוּר אַתָּה מִכָּל־הַבְּהֵמָה

Gn 4:11: וְעַתָּה אָרוּר אָתָּה מִן־הָאֲדָמָה

Las similitudes entre Génesis 3 y Génesis 4 indican que los dos capítulos se fundamentan entre sí, y por lo tanto debemos compararlos y contrastarlos. La similitud entre Génesis 3:14 y 4:11 sorprende debido a la conexión que forja entre Caín y *la serpiente*. Cuando Dios pronunció palabras de juicio a Adán y Eva en 3:16-19, no dijo las palabras "maldito eres" a ninguno de ellos. La única que oyó esas palabras en Génesis 3 fue la serpiente en 3:14. Cuando Moisés presenta a Dios diciendo aquellas palabras a Caín, provee una respuesta narrativa a la pregunta que surge de 3:15: ¿Quién es la simiente de la serpiente? Respuesta: las personas como Caín, cuyas acciones incurren en la maldición de Dios del mismo modo en que lo hizo la serpiente.

1.1.3. *La simiente maldita de la serpiente*

¿De qué manera estas conexiones entre Génesis 3 y 4 modifican nuestra comprensión de la trama que se desarrolla en Génesis, la Biblia y el mundo? La promesa en Génesis 3:15 vino en palabras de juicio a la serpiente anunciando que habría enemistad entre ella y la mujer, entre su simiente y la de esta. Las respuestas de Eva a los nacimientos de sus hijos en 4:1 y 4:25 indican que ella espera que un descendiente varón se levante como la simiente de la mujer que herirá la cabeza de la serpiente. La maldición de Caín en 4:11 identifica a este con su padre *figurativo*, el diablo (Gn 3:14; cf. Juan 8:44-47; 1 Juan 3:8-15).

La promesa de Dios en Génesis 3:15 crea un conjunto de expectativas, que incluye ideas en las siguientes direcciones:

- Los que se rebelen contra Yahvé y sus propósitos serán identificados con la serpiente.
- Quienes se unan a Yahvé y sus propósitos serán identificados con la mujer y su simiente.
- Habrá un conflicto continuo entre la simiente de la mujer y la simiente de la serpiente.
- Mientras la simiente de la mujer infligirá una herida en la cabeza de la simiente de la serpiente, aquel solo sufrirá una herida en el calcañar.

Este conjunto de expectativas ha sido creado por la palabra de juicio declarada por Dios a la serpiente, lo cual se convierte en una palabra de promesa a la mujer y a su simiente. La palabra de la promesa, incluso, da forma a las expectativas de quienes la creen. En Génesis 4, Moisés pretende presentar el asesinato de Abel a manos de Caín como un evento que debe ser entendido a la luz del pecado y de las palabras de juicio resultantes en Génesis 3, como lo confirma la repetición de tantas frases de Génesis 3 en Génesis 4. Las palabras de Dios en Génesis 1–3 han dado forma a la manera en que Moisés percibe y narra los eventos de Génesis 4 y los subsiguientes.[17]

1.1.4. La impresión del tipo

Sobre la base de lo que hemos visto hasta ahora, sugeriré una relación entre el significado literal y figurado de la palabra τύπος. Nosotros, en español derivamos nuestro término "tipo" del término griego "τύπος" (ver Rm 5:14; 1 Cor 10:6; y cf. τυπικῶς en 1 Cor 10:11). BDAG[18] parece brindar en primer lugar el significado concreto de τύπος, "marca creada como resultado de un golpe o presión" (1019), y luego las ampliaciones figuradas y metafóricas del significado concreto, por ejemplo, "un arquetipo que sirve de modelo" (1020).[19] Parece que la relación entre el significado concreto y sus ampliaciones metafóricas podría ser entendida en este sentido: una

---

17. La influencia formativa de Génesis 3 también puede ser vista en el modo en que Dios dice a Adán en 3:17 (LBLA): "Por cuanto has escuchado la voz de tu mujer…". Posteriormente, cuando Saraí concibe el plan incrédulo que involucra a Agar, "Abram escuchó la voz de Saraí" (Gn 16:2, LBLA). Este patrón es roto, en cambio, cuando leemos sobre la mujer de Potifar: "Hablando ella a José cada día, y no escuchándola él…" (39:10, RV60). El evento en Génesis 16 también está conectado al pecado en Génesis 3 por la formulación en 3:6: "Tomó de su fruto y comió; y dio también a su marido que estaba con ella, y él comió", y en 16:3: "Saraí… tomó a su sierva Agar… y se la dio a su marido Abram…" (LBLA). Moisés pretende que el pecado de Saraí y Abram en Génesis 16 sea comprendido en el mismo sentido del pecado del hombre y la mujer en Génesis 3. La conexión de lo anterior con el rechazo por parte de José a escuchar a la mujer de Potifar nos indica que él fue victorioso donde Adán y Abram fallaron.

18. Walter Bauer, *A Greek-English Lexicon of the New Testament and Other Early Christian Literature*, ed. Frederick William Danker, trad. W. F. Arndt y F. W. Gingrich, 3ra ed. (Chicago: University of Chicago Press, 2001).

19. Ver también las entradas en Franco Montanari, *The Brill Dictionary of Ancient Greek*, ed. Madeleine Goh y Chad Schroeder (Boston: Brill, 2015) que comienzan con el verbo τυπάζω (pp. 2166-67), activo "golpear", pasivo "ser sellado". Términos relacionados se refieren a cosas como tambores (τυπάνον), pájaros carpinteros (τυπάνος) y martillos (τυπάς); luego, términos como τυπίδιον, "modelo", parecen ampliar la idea de lo "que es golpeado" o de "impresión sellada". Para un análisis léxico completo, ver Richard M. Davidson, *Typology in Scripture: A Study of Hermeneutical Typos Structures* (Berrien Springs, MI: Andrews University Press, 1981), 115-90.

persona ve algo que se *sella* en su consciencia, y otras cosas son interpretadas conforme a dicho sello.[20]

Estoy sugiriendo que la palabra de Dios ha sido sellada en la consciencia de aquellos que la creen, y que dicho sello hace que la realidad sea interpretada a la luz de la palabra de Dios. A través de este proceso, las promesas de Dios dan forma a las interpretaciones que producen los patrones, y dichos patrones reflejan la comprensión tipológica de los autores bíblicos tanto de lo que ha ocurrido como de lo que esto indica acerca del futuro.

1.1.5. La maldición de Canaán y de aquellos que deshonran a Abraham

La influencia formativa de Génesis 3:15 sigue siendo evidente a lo largo del relato de Génesis. Después de que Cam peca contra Noé, Noé maldice a los descendientes de su hijo en Génesis 9:25: "Maldito sea Canaán (אָרוּר כְּנָעַן)", utilizando el mismo término que Dios empleó para maldecir a la serpiente (3:14) y a Caín (4:11). Esto identifica al descendiente de Cam, Canaán, con la serpiente, marcándolo como simiente de la serpiente y estableciendo el fundamento para que la justicia de Dios se ejecute sobre los cananeos cuando Israel, la simiente de la mujer, conquiste la tierra de Canaán, la simiente de la serpiente, en el libro de Josué (cf. Génesis 15:16; Josué 10:15, 16).[21]

Unas páginas más adelante, Moisés narra que Yahvé prometió a Abraham: "Bendeciré a los que te bendigan, y al que te tome a la ligera, maldeciré" (Génesis 12:3, אֹר אָ). Dios declara que aquellos que se nieguen a honrar a Abraham serán malditos de la misma manera que Él maldijo a la serpiente, a Caín y a Canaán. De este modo, Moisés señala a su audiencia que, de aquí en adelante, cualquiera que se oponga a Abraham debe ser identificado como la simiente de la serpiente, mientras que cualquiera que se alinee con Abraham será identificado como la simiente de la mujer.

Cuando Dios promete a finales de 12:3 que todas las familias de la tierra serán bendecidas en Abraham, la implicación es que la serpiente y su simiente serán derrotados a través de Abraham y su simiente (cf. Gn 22:17, 18), y que todos los que se alineen con Abraham experimentarán la paz

---

20. Leonhard Goppelt escribe acerca del término τύπος: "Se deriva etimológicamente de τύπτω 'golpear', pero retiene el sentido de 'explotar' solo en el dicho antiguo de Heródoto (Hdt I, 67, 41)… En cualquier otro lado la referencia es siempre a la marca creada por el golpe, a lo que es formado, a lo que deja su sello, a la forma que da forma… En virtud de su expresividad ha hecho camino como una palabra heredada en casi todos los idiomas europeos" (τύπος κτλ, en *Theological Dictionary of the New Testament* 8:246-47).

21. Esta dinámica también explica por qué Abraham no quiere que Isaac se case con una cananea (Gn 24:3), e Isaac y Rebeca tengan la misma preocupación por Jacob (28:1, 6-9; cf. 26:34, 35).

bendita que resulta del triunfo de la simiente de Abraham, cuyos descendientes han sido rastreados desde Génesis 5 y 11 hasta Adán. La simiente de la mujer bendecirá al mundo a través de la derrota de la simiente de la serpiente (3:15; 12:1-3; 22:17, 18).

1.2. La naturaleza fundacional de Génesis

El comienzo de Génesis define los parámetros y expectativas para el resto del libro: la historia de Dios creando al mundo por su palabra, siendo todo bueno; creando al hombre a su imagen y colocándolo en el jardín para trabajarlo y guardarlo, junto con la prohibición de comer del árbol de la vida; creándolos varón y mujer así como uniéndolos entre sí en el matrimonio, y luego de su transgresión, dándoles esperanza mediante la palabra de juicio de Dios. Esta historia no solo define el libro de los comienzos, Génesis, sino de toda la Torá de Moisés (Génesis, Éxodo, Levítico, Números y Deuteronomio). Todo autor bíblico subsecuente adoptó la Torá de Moisés y continuó la historia que comenzó en Génesis.

El contenido de Génesis es necesario para comprender el resto de la Torá, y allí, Moisés enseña a los autores bíblicos que lo siguen cómo interpretar, cómo comunicarse, cómo estructurar el material, cómo simbolizar y cómo tipificar. En este primer capítulo estamos viendo cómo Moisés realiza esta tarea a nivel micro con sus palabras, sus oraciones, secuencias y asuntos de importancia. En el último capítulo de este libro examinaremos cómo Moisés hace esto mismo, pero a nivel macro, usando estructuras literarias que abarcan todo el libro de Génesis. Sostengo que los autores bíblicos adoptan la enseñanza de Moisés, aprendiendo de él cómo comprender el mundo y cómo estructurar sus propias presentaciones.

2. TIPOLOGÍA PRETENDIDA POR EL AUTOR

La promesa en Génesis 3:15 da inicio a la formación de los patrones que busco exponer en este libro. Antes de adentrarnos en los patrones, existen preguntas importantes acerca de la tipología que merecen algo de atención: ¿Cómo definimos "tipología", cuáles son sus características, y cuáles son los controles interpretativos por los cuales podemos evaluar y establecer que los autores bíblicos tuvieron la intención de comunicar los patrones tipológicos que veremos en el texto? Iré trabajando en estas preguntas en orden inverso, comenzando por el control interpretativo de la intención del autor, y luego me trasladaré a las características de la tipología antes de sugerir una definición de este término fundamental y concluiré con reflexiones sobre la intención del autor divino de la Escritura. Esta subsección tiene la siguiente estructura:

2.1. *La intención del autor humano*

El criterio más importante para determinar qué quiere decir un texto está determinado por la intención de su autor humano.[22] Como ha escrito Elizabeth Robar: "Se habrá producido una comunicación satisfactoria en la medida en que el lector interprete el texto según la intención del autor".[23] Determinamos la intención de un autor a través de la interpretación histórico-gramatical del texto que escribió dicho autor.[24] Queremos comprender el significado gramatical de las palabras y frases que ha empleado el autor, y queremos comprender dicho significado gramatical dentro del contexto histórico. Este estudio utilizará la interpretación histórico-gramatical en busca de la intención de los autores humanos del texto bíblico.[25]

Todos los textos tienen contexto, y todos los autores tienen contextos ideológicos en los cuales pretenden que sus escritos sean comprendidos. Mi hipótesis de trabajo es que el primer autor bíblico, Moisés, presenta toda

22. Ver la discusión matizada defendiendo la intención del autor en Dale C. Allison Jr., *The New Moses: A Matthean Typology* (Minneapolis: Fortress, 1994), 1-8. El reemplazo que realiza Ounsworth de la intención del autor por "el concepto de una primera audiencia plausible" no es persuasivo. Richard Ounsworth, *Joshua Typology in the New Testament*, Wissenschaftliche Untersuchungen zum Neuen Testament 2/328 (Tübingen: Mohr Siebeck, 2012), 3, cf. 19-28. Las audiencias pueden muy fácilmente malinterpretar o rechazar lo que los autores/hablantes intentan comunicar (ver, por ejemplo, Dt 31:29; Mt 13:10; 16:22).

23. Robar, *The Verb and the Paragraph in Biblical Hebrew*, 41. *Pace* Moberly, *The God of the Old Testament*, 9.

24. En este estudio interpretaré los sesenta y seis libros del canon protestante de la Escritura, comenzando con los textos originales estándar del Antiguo y del Nuevo Testamento, y partiendo de ellos me trasladaré hacia traducciones en inglés. Primeramente trabajaré a partir del texto de la BHS del A. T., el NA28 del N. T., el texto de Rahlfs de la traducción griega del A. T. (LXX), y de la LBLA, a pesar de que, como habrán notado, también presentaré mi propia traducción.

25. E. D. Hirsch escribe: "La falacia intencional es propiamente aplicable solo al éxito artístico y a otros criterios normativos como profundidad, consistencia, etc., la falacia intencional no tiene una aplicación adecuada en lo que concierne al significado verbal". Hirsch, *Validity in Interpretation*, 12.

la Torá como contexto relevante para las declaraciones aisladas dentro de sus cinco libros.[26]

Siguiendo esta línea de pensamiento, los autores bíblicos posteriores asumen la Escritura antigua como el contexto más amplio en el cual pretenden que sus escritos sean entendidos. Como ha escrito Beale:

> La tipología puede ser llamada exégesis contextual dentro del marco de trabajo del canon, dado que primeramente involucra la interpretación y la elucidación del significado de partes anteriores de la Escritura mediante partes posteriores... En lugar de interpretar un texto solo bajo la luz de su contexto literario inmediato dentro de un libro, ahora simplemente estamos interpretando el pasaje en vista del contexto canónico más amplio.[27]

Las características de la tipología, a las cuales ahora volcaremos nuestra atención, nos ayudarán a establecer la intención de los autores humanos.

2.2. Características de la tipología

Las dos características clave de la tipología son la *correspondencia histórica* entre eventos, personas e instituciones en el desarrollo histórico-salvífico de la Biblia, y el consecuente *incremento en importancia* que corresponde a

---

26. Moisés parece esperar que su audiencia se encuentre repetidamente con su material, a fin de que, después de leerlo por primera vez, conozca lo que presentó anteriormente, pero que explicó más tarde. Por ejemplo, vea la forma en que Moisés en Gn 13:10 asume la destrucción de Sodoma la cual será narrada recién en Gn 19 con las palabras: "Esto fue antes de que el Señor destruyera a Sodoma y Gomorra" (Gn 13:10, LBLA). Similarmente, los animales limpios e impuros no serán delineados hasta Levítico, pero la clasificación ya se asume en las instrucciones para Noé en Génesis 7. La distinción limpio/impuro parece comunicar la liberación del cuervo y la paloma en Génesis 8:6-12, y el hecho de que las palomas serán usadas para sacrificio (p. ej., Gn 15:9; Lv 12:6) y que el aceite de oliva será utilizado tanto para la unción del tabernáculo como para combustible de la menorá (Ex 27:20; 30:24, 25) parece arrojar luz a la paloma, la cual regresa con una hoja de olivo recién arrancada (Gn 8:11). Mientras más confiemos en que Moisés pretendió que todo el Pentateuco fuera leído junto, más significativo se vuelve el hecho de que la serpiente, que posteriormente será declarada impura (Lv 11:42-44) evadió al encargado de mantener limpio el reino de la vida (Adán), y llegó al jardín, para tentar a la mujer a pecar. Para ver otros ejemplos en esta dirección, ver la nota número 4 al pie de página.

27. G. K. Beale, "Did Jesus and His Followers Preach the Right Doctrine from the Wrong Texts? An Examination of the Presuppositions of Jesus' and the Apostles' Exegetical Method", en *The Right Doctrine from the Wrong Texts? Essays on the Use of the Old Testament in the New*, ed. G. K. Beale (Grand Rapids: Baker, 1994), 401.

patrones recurrentes.[28] La clase de interpretación tipológica que practican los autores bíblicos afirma la historicidad tanto de la instancia inicial del patrón como de sus repeticiones.[29] Como aseguró Melitón de Sardes en el siglo II: "La figura ocurrió".[30] Es decir, los autores bíblicos no se involucran en artilugios literarios que crean estos patrones y paralelos.[31] Melitón también afirmó el incremento cuando habló acerca de la figura siendo superada por su cumplimiento, el cual sería "más alto en altura, y más fuerte en poder, y hermoso en forma, y rico en su construcción".[32] La correspondencia histórica y el incremento trabajan juntos, como veremos cuando consideremos cada uno a su vez.

2.2.1. Correspondencia histórica

¿Cómo establecemos la correspondencia histórica?[33] Tenemos evidencia de que los autores bíblicos posteriores buscan establecer una correspondencia histórica con pasajes antiguos de la Escritura cuando reutilizan términos significativos, citan frases completas u oraciones enteras, repiten secuencias de eventos y establecen paralelos en la importancia histórica de la salvación o la importancia pactual. Los términos raramente usados, así como las expresiones peculiares, atraen la atención de manera natural y establecen conexiones en las mentes de los lectores, de la misma forma en que lo hacen las citas de material anterior. En ciertas ocasiones, debemos pensar para poder reconocer las secuencias de eventos repetidas, pero una

---

28. E. Earle Ellis, "Foreword", en *Typos: The Typological Interpretation of the Old Testament in the New*, by Leonhard Goppelt, trad. Donald H. Madvig (Grand Rapids: Eerdmans, 1982), x.

29. Joshua Philpot aplica persuasivamente este principio para demostrar la historicidad de Adán; de lo contrario, los autores bíblicos no lo habrían tratado como figura del que había de venir, en "See the True and Better Adam: Typology and Human Origins", *Bulletin of Ecclesial Theology* 5, no. 2 (2018): 79-103. La posición de Bell —"Adán es un tipo del que habría de venir (Rm 5:14), pero el pasaje debe ser entendido como mítico"— destroza la conexión de cualquier referencia importante. Richard H. Bell, *The Irrevocable Call of God: An Inquiry into Paul's Theology of Israel*, Wissenschaftliche Untersuchungen zum Neuen Testament 184 (Tübingen: Mohr Siebeck, 2005), 186 n. 139.

30. Mi traducción, consultando con M. A. G. Haykin, acerca de la línea en griego: ὁ μὲν γὰρ τύπος [ἐγένετο]. Melitón, *Peri Pascha* 4. Hall traduce: "Pues el modelo ciertamente existió". Ver Stuart George Hall, ed., *Melito of Sardis on Pascha and Fragments: Texts and Translations* (Oxford: Clarendon Press, 1979), 4-5.

31. Como parece sugerir Robert Alter, *The Art of Biblical Narrative*, 2nd ed. (New York: Basic, 2011), 55-78.

32. Melitón, *Peri Pascha*, 36. Hall, Melito on Pascha and Fragments, 18-19.

33. Para una discusión profunda de "Evaluando la evidencia para la correspondencia entre textos: Criterio establecido", con el cual estoy ampliamente de acuerdo, ver Gibson, *Covenant Continuity and Fidelity*, 33-44.

vez notadas ya no pueden pasar inadvertidas. En cuanto a la importancia histórica de la salvación, otra forma de describirla sería hablar de una conexión *pactual*.

Consideremos los siguientes ejemplos:

Términos importantes. La palabra para "arca" (תֵּבָה) solo ocurre en dos relatos del Antiguo Testamento: en Génesis 6–9, donde describe al arca de Noé, y en Éxodo 2:3 y 2:5, donde describe la "cestilla" (LBLA) en la cual la madre de Moisés lo colocó. Este punto de contacto lingüístico es notado frecuentemente. En el capítulo 4 argumentaré que esta es una de las características de la correspondencia histórica entre Noé y Moisés. En este momento, basta con observar que virtualmente todos los lectores (tanto del hebreo como de traducciones literales que preservan esta conexión) piensan de manera natural en el arca de Noé cuando leen acerca de la canasta-arca que llevaba al bebé Moisés entre los juncos. Es más, sugeriría que Moisés empleó este término para describir la canasta en la cual su madre lo puso dado que pretendía que su audiencia viera una conexión entre él y Noé.[34]

Como otro ejemplo de reutilización de la terminología, notemos que en Éxodo 15:5, los carros del faraón y sus huestes se hundieron en el mar "como una piedra" (LBLA). Apenas unos pocos versículos después, en 15:16, la Canción del Mar dice que los habitantes de Canaán estarán inmóviles "como piedra" mientras Israel cruce. Duane Garrett explica que:

> La conquista futura de Canaán, en esta oración, verá una repetición de las acciones de Dios. Así como los egipcios se hundieron en el fondo del mar "como una piedra" (15:5b), la oración dice que los cananeos quedarán tan inmóviles como una piedra (15:16b) hasta que Israel haya "cruzado" hasta Canaán. El cruce (רבַע) hacia la Tierra Prometida es un espejo del cruce de Israel del *Yam Suf*; ambas son obras de Dios (ver también la descripción del cruce [רבַע] de Israel del Jordán en Josué 3).[35]

Sobre la base de estas clases de usos y reutilizaciones del idioma, argumentaré en el capítulo 8 que mientras Moisés celebra el cruce del mar Rojo en Éxodo 15, también indica que la conquista de Canaán será un nuevo éxodo.

Citas de frases u oraciones. Hemos visto anteriormente la manera en que la frase "maldito eres" de Génesis 3:14 es citada en 4:11, estableciendo un "parentesco" entre la serpiente y su simiente figurada, Caín. Los autores bíblicos generalmente se refieren a o citan la Escritura antigua. Como otro

---

34. Rightly Duane A. Garrett, *A Commentary on Exodus*, Kregel Exegetical Library (Grand Rapids: Kregel, 2014), 168: "Moisés es un nuevo Noé, que va por el agua en su arca sellada con alquitrán a fin de salvar al pueblo de Dios de una generación impía".

35. *Ibid.*, 405.

ejemplo, consideremos la forma en que Moisés forja una conexión entre la experiencia de Abraham y el éxodo de Egipto presentando al Señor diciendo las palabras: "Yo soy Yahvé, el que te sacó…" tanto en Génesis 15:7 como en Éxodo 20:2. Ubicado en su secuencia narrativa, Moisés presenta a Yahvé citándose a sí mismo y hablando las mismas palabras al hacer el pacto de Sinaí cuando hace pacto con Abraham:

Gn 15:7: אֲנִי יְהוָה אֲשֶׁר הוֹצֵאתִיךָ מֵאוּר כַּשְׂדִּים

Ex 20:2: אָנֹכִי יְהוָה אֱלֹהֶיךָ אֲשֶׁר הוֹצֵאתִיךָ מֵאֶרֶץ מִצְרַיִם

Como se argumenta en otra parte[36] (y será presentado nuevamente en el capítulo 8), Abraham experimenta una secuencia de eventos que sirven como una suerte de anticipo del éxodo de Egipto. La reutilización de la cita reúne una secuencia paralela de eventos, a los cuales dirigiremos nuestra atención.

Secuencias repetidas de eventos. Muchas veces una serie de características trabajan en conjunto, como ocurre en este caso. Consideremos los paralelos entre los éxodos de Egipto, tanto el de Abraham como el de Israel:

1. Tanto Abraham como Jacob (y su descendencia) descendieron a Egipto
2. debido a una hambruna en la tierra de la promesa.
3. En ambas instancias, los hebreos son oprimidos por los egipcios, siendo Sara llevada al harén del faraón y los hijos de Israel (eventualmente) esclavizados.
4. En ambos casos, los cautivos son liberados
5. cuando el Señor visita con plagas a faraón y a Egipto,
6. y en ambos casos los hebreos son enriquecidos por los egipcios,
7. antes de salir de Egipto y hacia el desierto
8. para entrar en una ceremonia pactual con Yahvé,
9. quien aparece a Abraham como la olla humeante y la antorcha ardiente pasando entre las partes del sacrificio, y a Israel en la densa oscuridad y fuego en el Monte Sinaí.

---

36. Ver, por ejemplo, L. Michael Morales, *Exodus Old and New: A Biblical Theology of Redemption,* Essential Studies in Biblical Theology 2 (Downers Grove, IL: InterVarsity, 2020), 19-36; y James M. Hamilton Jr., *With the Clouds of Heaven: The Book of Daniel in Biblical Theology,* New Studies in Biblical Theology 32 (Downers Grove, IL: InterVarsity, 2014), 225-26.

10. El hecho de que Moisés incluyera estas repeticiones, y dirigiera la atención a ellas por medio de la cita de Génesis 15:7 en Éxodo 20:2, sugiere que Moisés percibió una importancia creciente en este patrón repetido y se esforzó por asegurarse de que su audiencia también lo entendiera.

Como vimos anteriormente en el caso del uso del término "piedra" en la Canción del Mar en Éxodo 15, pareciera que Moisés esperaba que el patrón de eventos, que tuvo lugar en la vida de Abraham y en el éxodo de Egipto, volviera a repetirse en el futuro de Israel cuando conquistaran Canaán.

Importancia histórica de la salvación (i.e. importancia pactual). Más arriba vimos que Moisés usa el término תֵּבָה "arca" para describir tanto el bote de Noé como la canastilla en la cual su propia madre lo colocó. Moisés tiene una obvia *importancia pactual:* él era el mediador humano a través de quien Yahvé entró en pacto con Israel en el monte Sinaí. Noé, del mismo modo, tiene importancia pactual. Cuando anteriormente consideramos las *citas,* podríamos haber estudiado la manera en que Génesis 1:28 es citado en Génesis 9:1, y más adelante, en el capítulo 2, también veremos una repetición de la *secuencia de eventos* concerniente al pecado de Adán en el episodio de la embriaguez de Noé. En medio de la forma en que estas características trabajan juntas, y habiendo considerado ya la *relevancia pactual* de Moisés, notemos que Yahvé declara estar *estableciendo su pacto* con Noé (Gn 9:9, 11, 12, 17). La (1) reutilización del término "arca" funciona con (2) citas de frases o líneas completas, Génesis 1:28 en 9:1, y (3) secuencias de eventos repetidas (las cuales veremos en el capítulo 2), todas las cuales se unen con la (4) similitud en la importancia histórica de la salvación y del pacto para establecer una *correspondencia histórica* entre Noé y Moisés. A medida que estos elementos de correspondencia histórica son establecidos y luego repetidos, comenzamos a sospechar que los mismos apuntan más allá de sí mismos y hacia el futuro, lo cual nos prepara para la discusión de la segunda característica esencial de la tipología.

2.2.2. Aumento de la importancia

Contra la idea de que "la profecía es prospectiva mientras que la tipología es retrospectiva",[37] sugeriría que los patrones son notados y registrados por los autores bíblicos por dos razones: primero, ellos vieron algo importante en los patrones (repetición de patrones más antiguos o semejanzas entre eventos); y segundo, la importancia que notaron les sugería que debían esperar en el futuro esta clase de cosas. La repetición de liberaciones

---

37. Baker, *Two Testaments, One Bible,* 181.

al estilo de la del éxodo presagia liberaciones futuras al estilo de la del éxodo, incluso si los patrones no brindan detalles predictivos específicos. Las diferencias entre, por ejemplo, el avance del éxodo en la vida de Abraham, el éxodo mismo, y la conquista de Canaán, nos muestra que, aunque un autor del Antiguo Testamento pueda usar tipología del éxodo para indicar la manera en que Dios habrá de salvar en el futuro, esto no necesariamente detalla exactamente lo que habría de acontecer.

Aquí, las grandes ideas son las siguientes:

1. Que los mismos autores bíblicos notaron estos patrones;[38]

2. que pretendieron señalar la presencia de estos patrones a sus audiencias a través de las correspondencias históricas que construyeron dentro de sus presentaciones;[39]

3. y por lo tanto las repeticiones pretendían causar un incremento en la expectación conjunta con cada nueva entrega en el patrón de eventos.[40]

Para resumir: las características clave de la tipología son la correspondencia histórica y el incremento. Además, la correspondencia histórica es establecida por: (1) la reutilización de términos clave, (2) la cita de frases o líneas, (3) la repetición de secuencias de eventos y (4) la similitud en el sentido histórico-salvífico o en la importancia pactual. Estos medios para establecer la correspondencia histórica nos brindan un criterio que puede utilizarse cuando los autores bíblicos posteriores pretenden señalar relaciones tipológicas con material presente en pasajes más antiguos de la Escritura. Si logramos establecer que un autor posterior *pretendió* dirigir la atención a un patrón tipológico, podemos acreditar las correspondencias históricas, así como el incremento en el sentido y el desarrollo tipológico resultante, como algo *pretendido por el autor humano del pasaje*. Estos estándares representan mi intento de desarrollar rigor metodológico que pue-

38. Contra la afirmación de Walther Eichrodt: "Una figura posee su importancia, apuntando hacia el futuro, independientemente de cualquier medio humano y puramente a través de su realidad factual objetiva". "Is Typological Exegesis an Appropriate Method", en *Essays on Old Testament Interpretation*, ed. Claus Westermann, trad. James Barr (London: SCM, 1963), 229.

39. Contra Hays, *Echoes of Scripture in the Gospels*, 2. Aunque coincido en que los autores del A. T. no conocían detalles específicos (cf. Ef 3:5; 1 P 1:10-12), sostengo que estaban buscando al descendiente de la mujer mencionado en Génesis 3:15, a quien esperaban como aquel que traería una salvación culminante al estilo de un nuevo éxodo, capaz de superar el pecado y todas sus consecuencias. Además, afirmo que su comprensión de los patrones a los que intencionadamente llamaron la atención estaba moldeada por las promesas de Dios (p. ej., Juan 5:39; 12:41, etc.).

40. *Pace* Baker, *Two Testaments, One Bible*, 183.

da ser aplicado en un esfuerzo por remediar una deficiencia que muchos perciben en escritos anteriores relacionados a la tipología. Por ejemplo, S. Lewis Johnson escribió:

> El punto débil del trabajo de Fairbairn es en gran parte el punto débil de los estudios bíblicos que son realizados sin los beneficios del conocimiento obtenido a partir del desarrollo técnico en el estudio de los idiomas bíblicos, y sin los beneficios del conocimiento obtenido a partir de la investigación bíblica de más o menos el último siglo.[41]

Sin embargo, el hecho de que nos armemos de criterio no significa que toda pregunta sea respondida. Como concluye Dale Allison luego de una discusión similar, "no toda incertidumbre es exorcizada".[42] No existe sustituto para la larga, lenta y paciente lectura de textos en sus idiomas originales, complementada por la reflexión meditativa de los mismos. Por lo cual, Allison escribe:

> Solo un juicio maduro y dedicado nacido de la familiaridad con una tradición será capaz de percibir si es sólida o insustancial una alusión sugerida o una tipología: la verdad debe ser adivinada, buscada a tientas por "el gusto, el tacto y la intuición en lugar de un método de control".[43]

Propondría que los autores bíblicos comprendieron instintivamente que el desarrollo tipológico funciona de la siguiente manera: cuando a través de los relatos se repiten patrones de correspondencias históricas, las esperanzas se acumulan y causan un aumento de la importancia percibida tanto de los patrones como de las similitudes repetidas. Lo que ellos comprendieron y comunicaron instintivamente, se puede validar por medio de estos criterios.

---

41. S. Lewis Johnson, "A Response to Patrick Fairbairn and Biblical Hermeneutics as Related to the Quotations of the Old Testament in the New", en *Hermeneutics, Inerrancy, and the Bible: Papers from ICBI Summit II*, ed. Earl D. Radmacher y Robert D. Preus (Grand Rapids: Zondervan, 1984), 796. Refiriéndose a Patrick Fairbairn, *Typology of Scripture* (1845; repr., Grand Rapids: Kregel, 1989).

42. Allison, *The New Moses*, 21.

43. *Ibid.* Citando a M. H. Abrams, "Rationality and Imagination in Cultural History", en *Critical Understanding: The Powers and Limits of Pluralism*, por Wayne C. Booth (Chicago: University of Chicago Press, 1979), 176.

Las características clave de la tipología

Correspondencia histórica	Aumento de la importancia
Establecida por: 1. Términos clave. 2. Citas. 3. Repeticiones de secuencias de eventos. 4. Similitud en la importancia histórica de la salvación o del pacto.	Cuando los términos clave, las citas de material anterior y las similitudes en la importancia histórico-salvífica o pactual dirigen nuestra atención hacia repeticiones de patrones de eventos, nuestro sentido de la importancia de esos patrones aumenta.

El punto que es validado por estas características clave de la tipología es que los autores del Antiguo Testamento *pretendieron* crear los puntos tipológicos de incremento y correspondencia histórica, de los cuales los autores del Nuevo Testamento aseguran cumplimiento. Es decir, es *válida* la interpretación de la Escritura antigua por parte de los autores bíblicos posteriores. Pero quiero ir un paso más allá de decir que los autores bíblicos posteriores han interpretado correctamente la Escritura antigua, y afirmar que sus lecturas no solo son *válidas*, sino también *normativas*. Es decir, a través de su interpretación de la Escritura antigua, los autores bíblicos posteriores instruyeron a sus audiencias sobre cómo interpretar la Biblia.[44] La hermenéutica *normativa* es la que los mismos autores bíblicos han empleado. Si decidiéramos leer las Escrituras de tal forma que nuestras lecturas fueran válidas, las mismas deben alinearse con las interpretaciones normativas provistas por los propios autores bíblicos.

Con estas ideas sobre la mesa, estoy listo para arriesgar una definición de *tipología*.

2.3. Definiendo el término "tipología"

Reuniendo las características de la tipología que fueron discutidas hasta este punto, podemos ofrecer una definición útil del término:

> La tipología es la correspondencia histórica y el aumento en la importancia entre personas, eventos, e instituciones a lo largo de la historia redentora

---

44. Constra Richard N. Longenecker, *Biblical Exegesis in the Apostolic Period*, 2nd ed. (Grand Rapids: Eerdmans, 1999), xxxiv-ix.

> de la Biblia (es decir, en el contexto del pacto), establecida por Dios y pretendida por los autores.[45]

La única parte de esta definición que aún no hemos discutido es la frase "ordenada por Dios". Con esto me refiero a la manera en que el Dios soberano de la Biblia ha orquestado la historia de tal manera que los paralelos notados y destacados por los autores bíblicos *realmente ocurrieron*. Como ha escrito Earle Ellis: "La exégesis tipológica asume la soberanía divina sobre la historia".[46] La tipología no es un mero artilugio literario, ni tampoco el resultado de la creatividad imaginativa de los autores bíblicos o de aquellos que los interpretan. El Espíritu Santo supervisó el proceso a fin de que los autores bíblicos interpretaran correctamente tanto la historia que observaban como la Escritura antigua a la cual tenían acceso.

Habiendo ofrecido esta definición útil del término tipología, podemos hacer lo mismo para la frase "interpretación tipológica".

> La interpretación tipológica establece la correspondencia histórica sobre la base de puntos de contacto lingüísticos (es decir, la reutilización de términos significativos), citas, secuencias de eventos repetidas, y similitudes en el significado histórico de la salvación y en el contexto del pacto. A medida que estas características son distinguidas en el texto, los intérpretes detectan paralelos diseñados intencionalmente por el autor entre personas, eventos e instituciones, y cuentan con el aval del texto para percibir una importancia creciente en los patrones que se repiten. La inspiración del Espíritu Santo garantizó que los autores bíblicos interpretaran infaliblemente la Escritura antigua y la presentaran de manera inerrante. Los intérpretes posteriores, que no son inspirados por el Espíritu Santo ni escriben las Escrituras, no son ni infalibles ni inerrantes, sin embargo, deberían intentar leer, pensar e interpretar de acuerdo a lo que los autores bíblicos pretenden enseñar.

---

45. Contra David Crump, quien escribe: "La tipología en la interpretación bíblica implica entender a ciertos personajes e historias del Antiguo Testamento como alegorías que prefiguran eventos en el Nuevo Testamento". David Crump, Encountering Jesus, *Encountering Scripture: Reading the Bible Critically in Faith* (Grand Rapids: Eerdmans, 2013), 26 n. 36. La tipología y la alegoría no deben ser consideradas iguales. Mitchell Chase explica: "Una alegoría es un pasaje que dice una cosa a fin de decir algo más". Mitchell L. Chase, *40 Questions About Typology and Allegory* (Grand Rapids: Kregel, 2020), 193. Chase da el ejemplo de Isaías 5, donde la viña representa a Israel, como una alegoría. Peter J. Gentry y Stephen J. Wellum ofrecen una definición similar de tipología, diferenciándola de la alegoría, en *Kingdom through Covenant: A Biblical-Theological Understanding of the Covenants*, segunda ed. (Wheaton, IL: Crossway, 2018), 129-30.

46. Ellis, "Foreword," xv.

Para dejar en claro lo que quiero decir en esta última declaración (que deberíamos buscar pensar, leer e interpretar de acuerdo con lo que los autores bíblicos pretendieron enseñar), me refiero a que mientras los autores bíblicos posteriores interpretaban la Escritura antigua, también enseñaban a sus audiencias a hacerlo. Aquellos que acepten lo que enseñan los autores bíblicos también buscarán aceptar su forma de pensar, sus patrones de pensamiento y las prácticas interpretativas que usaron en sus escritos. La primera oración del primer capítulo del libro de Vernard Eller dice:

> Fue Karl Barth, según creo, quien una vez dijo algo acerca de que los cristianos tienen la obligación de volverse competentes en "el idioma de Canaán" (es decir, formas bíblicas de pensar y hablar) en lugar de simplemente demandar que todo sea traducido a *nuestro* idioma (es decir, a formas de pensamiento contemporáneo).[47]

Bajo mi punto de vista, esta es la tarea de la teología bíblica, la de comprender y aceptar la perspectiva interpretativa de los autores bíblicos.[48] Todo esto surge de la idea de que la perspectiva interpretativa de los autores bíblicos es tanto *válida* como *normativa*.

2.4. La intención del autor divino

¿Qué diremos sobre la intención del autor divino de la Escritura? Creyendo que la Biblia es inspirada por el Espíritu Santo (2 Tm 3:16), que sus autores humanos, "inspirados por el Espíritu Santo hablaron de parte de Dios" (2 P 1:21, LBLA), podemos determinar la intención del autor divino de la Escritura si definimos la intención del autor humano de la misma. Es más, podemos ver, a partir de interpretaciones posteriores inspiradas por el Espíritu, lo que el autor divino pretendió comunicar en la Escritura antigua. Es decir, donde los autores bíblicos posteriores han interpretado textos bíblicos anteriores, podemos ver lo que el autor divino —a quien considero que ha sido consistente consigo mismo— quiso transmitir en los textos anteriores. Este principio también se cumple en la dirección inversa, pues deberíamos asumir que lo que el autor divino intenta comunicar a

---

47. Vernard Eller, *The Language of Canaan and the Grammar of Feminism* (Grand Rapids: Eerdmans, 1982), 1.

48. Para una breve introducción, ver James M. Hamilton Jr., *What Is Biblical Theology?* (Wheaton, IL: Crossway, 2014).

través de los autores bíblicos posteriores es consistente con lo que comunicó a través de los autores anteriores.[49]

3. UN ADELANTO DE LO QUE SIGUE

Como se ha visto hasta este punto en el capítulo, la tipología se trata de repeticiones. Los contenidos de este libro han sido esbozados en este capítulo introductorio del mismo modo en que un arquetipo y sus ectipos[50] apuntan hacia su antitipo. Los autores bíblicos usaron estructuras literarias para guiar a los lectores a tomar nota de estas repeticiones, y por consiguiente, es necesario comprender la estructura literaria de un pasaje para poder entender lo que un autor pretendió transmitir. Imitando el método empleado por los autores bíblicos, este libro está estructurado como un quiasmo, pues el quiasmo me ayuda a transmitir la importancia de lo que estoy diciendo.

Esta Introducción se ha enfocado en qué es la tipología y cómo podemos verificar si acaso un autor pretendió comunicarla. Hemos analizado criterios para establecer la tipología prevista por el autor en el nivel micro: reutilización de términos y frases, citas de material antiguo, repeticiones de secuencias de eventos, y similitudes en importancia. Otra pista importante del autor sobre el patrón tipológico puede hallarse a nivel macro, en la estructura literaria de la narrativa más amplia, la cual discutiré en la *Conclusión*, el capítulo final de este libro. De esta manera, el libro se abre y se cierra con discusiones que buscan capacitar a los lectores a validar y verificar lo que los autores bíblicos quisieron comunicar. Como sucede con todo quiasmo que encontramos en los escritos bíblicos, es útil permitir que las unidades correspondientes se interpreten entre sí, como se pretendió desde un principio. Los lectores pueden ser ayudados leyendo primero la Introducción y luego la *Conclusión*, dado que los argumentos a lo largo del libro tratarán con la clase de estructuras literarias que se discuten en la Conclusión.

El segundo y el penúltimo capítulo tratan con el principio y el final de la Biblia, donde vemos las bodas del primer y del último Adán. El segundo capítulo se enfoca en el modo en que los autores bíblicos nos preparan para ver a Adán como hombre arquetípico, con su creación y su casamiento en Génesis 1–2 seguido por los episodios ectípicos en el rol adámico a través

49. Ver las excelentes reflexiones acerca de este tópico en Sequeira y Emadi, "Nature of Typology", 15-18.

50. Dictonary.com define "ectipo" como "una reproducción; copia (opuesto a prototipo)". Uso el término para referirme a una entrega en un patrón tipológico entre el arquetipo (o prototipo), la instancia inicial, y el antitipo, o cumplimiento final al cual el arquetipo y ectipo(s) apuntaban.

de las páginas de la Escritura. El penúltimo capítulo trata con la institución del matrimonio y la forma en que culmina en el del último Adán con el banquete de bodas del Cordero.

Los capítulos no solo se corresponden entre sí en una estructura quiástica, sino que además se desarrollan de manera lineal. Adán fue una figura sacerdotal, profética y real, y los capítulos tres, cuatro y cinco desarrollan estas realidades tipológicas. Es más, en la estructura quiástica de este libro, el capítulo que toca el tema de los sacerdotes se dispone frente al capítulo sobre el culto levítico (un simpático error tipográfico dio vida al término "Leviticulto", el cual he decidido utilizar). Naturalmente, el cumplimiento del sacerdocio y del culto son conceptos relacionados, pero Cristo lleva a plenitud tanto lo que los sacerdotes representaban como personas, como lo que el culto buscaba lograr como institución.

De manera similar, el capítulo cuatro trata con los profetas, y fue Moisés, un profeta, quien guio a Israel fuera de Egipto. Cristo cumple el rol de Moisés al cumplir con el (evento del) nuevo éxodo y guía a su pueblo a una nueva y mejor tierra de la promesa. Por lo tanto, el capítulo de los profetas se ubica frente al capítulo del éxodo.

El capítulo cinco sobre los reyes está relacionado con el capítulo siete sobre la creación. Dios dio dominio a Adán sobre el mundo que creó, y Cristo reinará como rey en la nueva creación.[51]

En el centro de la estructura quiástica de este libro se encuentra el Salvador, la víctima justa, cuyo rechazo y humillación dio paso a la resurrección triunfante y la entronización, cumpliendo los patrones tipológicos vistos en las vidas de José, Moisés y David (entre otros). Dios estableció su gloria en la salvación mediante el juicio llevado a cabo a través de la muerte y resurrección del Señor Jesús, en cumplimiento de las Escrituras. El hecho no solo es el centro de la teología bíblica, sino también el momento central de la historia humana, y el Cordero que está de pie a pesar de haber sido asesinado será la pieza central de la alabanza de los redimidos en la era venidera.

La estructura quiástica de este libro puede ser retratada como sigue:[52]

---

51. Christopher A. Beetham escribe: "El tema de la creación está inextricablemente entrelazado con aquel de la realeza divina y de la vicegerencia humana y... el programa divino de renovar la creación no es nada menos que la reafirmación del legítimo gobierno divino mediante la restaurada vicegerencia humana sobre el reino usurpado del mundo". "From Creation to New Creation: The Biblical Epic of King, Human Vicegerency, and Kingdom", en *From Creation to New Creation: Essays in Honor of G. K. Beale*, ed. Daniel M. Gurtner y Benjamin L. Gladd (Peabody, MA: Hendrickson, 2013), 235.

52. A riesgo de ser redundante, se alienta a los lectores a notar la similitud entre el primer y último capítulo, y luego que el único otro título de capítulo que no es una sola

1. Introducción a los patrones con forma de promesa: indicadores a nivel micro para determinar la intención del autor.

   2. Adán.

      3. Sacerdotes.

         4. Profetas.

            5. Reyes.

               6. La víctima justa.

            7. Creación.

         8. Éxodo.

      9. Leviticulto.

   10. Matrimonio.

11. Conclusión de los patrones con forma de promesa: indicadores a nivel macro para determinar la intención del autor.

La teología bíblica es el intento de comprender y adoptar la perspectiva interpretativa de los autores bíblicos, y el intento de comprender que lo *que* comunican se ve facilitado y es dependiente de la comprensión de *cómo* lo comunican. Como muchos otros, he hallado que los autores bíblicos hacen mucho uso de las estructuras quiásticas,[53] y aquí busco imitar la forma en que abordan la comunicación. En el último capítulo diré más acerca de cómo funcionan y qué es lo que consiguen los quiasmos.

Este libro también puede dividirse en tres partes, que corresponden a las formas en que la tipología frecuentemente es descrita, en su abordaje de personas, eventos e instituciones que prefiguran lo que Dios hará cuando salve a su pueblo:

---

palabra es el central. De manera similar, los capítulos de este libro están encabezados por epígrafes, y el único epígrafe de las Escrituras se reserva para ese capítulo central.

53. Cf. John W. Welch y Daniel B. McKinlay, eds., *Chiasmus Bibliography* (Provo: Research Press, 1999). L. Michael Morales propone una estructura quiástica para todo el Pentateuco en L. Michael Morales, *Who Shall Ascend the Mountain of the Lord? A Biblical Theology of the Book of Leviticus*, New Studies in Biblical Theology 37 (Downers Grove, IL: InterVarsity, 2015), 23-38. Para las estructuras quiásticas que veo en Apocalipsis, Daniel, Juan y Salmos, ver James M. Hamilton Jr., *Revelation: The Spirit Speaks to the Churches*, Preaching the Word (Wheaton, IL: Crossway, 2012), 165; Hamilton, With the Clouds of Heaven, 83; James M. Hamilton Jr., "John", en *ESV Expository Commentary: John–Acts*, ed. Ian M. Duguid, James M. Hamilton Jr., y Jay Sklar (Wheaton, IL: Crossway, 2019), 28-29; y ver la sección acerca de la estructura literaria en los Salmos y la discusión del contexto de cada Salmo en James M. Hamilton Jr., *Psalms*, 2 vols., Evangelical Biblical Theology Commentary (Bellingham, WA: Lexham, 2021).

Introducción: capítulo 1.

Parte I: Personas, capítulos 2-6.

Parte II: Eventos, capítulos 7-8.

Parte III: Instituciones, capítulos 9-10.

Conclusión: capítulo 11.

Cuando estudiemos "Personas" en la parte I (capítulos 2-6), veremos varias formas (algunas de ellas se superponen) en las cuales las figuras clave tipifican a quienes vendrán después. Comenzaremos en el capítulo 2 considerando al primer hombre, el arquetipo, Adán, "el cual es figura del que había de venir" (Rm 5:14, LBLA), y rastrearemos la historia a través de un número de ectipos, repeticiones del patrón, para culminar en el último Adán, Cristo (1 Cor 15:45). La discusión de sacerdotes, profetas y reyes en los capítulos 3-5 también comenzarán con Adán, dado que es el primero que cumple dichos roles. Luego nos mudaremos a la víctima justa en el capítulo 6.

En la parte II (capítulos 7-8), dirigiremos nuestra atención a ciertos eventos, comenzando con la creación en el capítulo 7, antes de volvernos al éxodo en el capítulo 8. Toda esta secuencia tendrá su cumplimiento en el nuevo éxodo, el nuevo estadio en el desierto, la nueva conquista de la tierra, la cual es la nueva Jerusalén, que a su vez es el nuevo Lugar Santísimo en el templo cósmico de la nueva tierra y del nuevo cielo.

La parte III (capítulos 9-10) examina el Leviticulto (capítulo 9) y el matrimonio (capítulo 10). Nuevamente, aquí tendremos cumplimiento en el sumo sacerdocio melquisedeciano de Cristo, cuya muerte en la cruz cumple el sistema sacrificial e inaugura un nuevo pacto matrimonial que será celebrado en la fiesta de bodas del Cordero.

La conclusión del libro, el capítulo 11, considera lo que son y lo que hacen los quiasmos, y la manera en que estos funcionan en Génesis. La estructura literaria facilita los patrones tipológicos, y cuando los autores los incluyen en sus trabajos, estos operan en los lectores incluso cuando no los reconozcan conscientemente. Las personas tienen un sentido del desarrollo, del clímax y del fin, así como una consciencia de la expectativa, incluso sin poder explicar por qué.

PARTE I
PERSONAS

¿Sobre qué base afirma Pablo que Adán era "un tipo del que había de venir" (Romanos 5:14)? Aplicando la pregunta hermenéutica clave a esta cuestión: ¿Tenía Moisés la intención de que su audiencia pensara en Adán como tipo de uno que vendría después? Si es así, ¿cómo establece Moisés esa realidad? Un conjunto de preguntas relacionadas tiene que ver con cómo Moisés presenta a Adán, y si desarrolla su presentación de Adán en relación con la nación de Israel. ¿Hay algo más que una relación genealógica entre Adán y la nación de Israel? Si es así, ¿cómo se desarrolla? Podemos hacer preguntas similares sobre la relación entre Adán y David. ¿Hay más en la presentación de la relación entre Adán y David que la línea de descendencia rastreada a través de las genealogías? ¿Los autores bíblicos pretenden indicar que si el futuro rey prometido a David será un hijo para Dios, él será un nuevo Adán?

Los próximos cinco capítulos de este libro (caps. 2-6) tratan de "Personas" y los primeros cuatro (caps. 2-5) están estrechamente relacionados. El capítulo 2 busca descifrar el camino a través del que Moisés intentó que su audiencia entendiera a Adán, y luego los capítulos 3-5 consideran sacerdotes, profetas y reyes. Por la forma en que a Adán se le concede dominio (Gn 1:26, 28), es una figura real, por lo que la realeza podría discutirse fácilmente en el capítulo 2. La cantidad de material a cubrir, sin embargo, resulta en un tratamiento discreto de estos temas, lo que a su vez brinda las posibilidades estructurales perseguidas aquí (ver punto 3 del capítulo 1). Sacerdotes, profetas y reyes serán discutidos en diferentes capítulos, pero están relacionados entre sí, sobre todo por el hecho de que Adán encarnó estos oficios en su persona prototípica.

Ahora aplicamos la discusión en el capítulo 1 a la presentación de Moisés de Adán y el camino que se desarrolla a través de la Torá en los Profetas y Escritos para encontrar el cumplimiento en el Nuevo Adán del Nuevo Testamento.

2

Adán

La comprensión del Nuevo Testamento y la exposición del Antiguo Testamento se encuentran en el corazón de su teología, y se expresan principalmente en el marco de una interpretación tipológica.
E. EARLE ELLIS[54]

¿Pretendía Moisés presentar a Adán como un tipo, y, de ser así, cómo establece y desarrolla esa realidad? Argumentaré en este capítulo que Moisés presenta a Adán no solo como un tipo del que había de venir, sino también de figuras clave que lo suceden. Lo hace mediante líneas citadas, frases repetidas, repeticiones en secuencias de eventos y similitudes clave de carácter pactual e histórico-salvífico.[55]

Habiendo mostrado cómo Moisés ata personajes posteriores en sus escritos con Adán, pasaremos a considerar las formas en que los autores bíblicos posteriores discernieron las intenciones de Moisés, lo interpretaron correctamente y desarrollaron sus ideas de acuerdo con sus expectativas. No pretendo sugerir que Moisés sabía precisamente cómo se cumplirían las expectativas, pero sí que esperó el cumplimiento.

Este capítulo comienza mirando a Noé como un nuevo Adán y termina con Cristo como el nuevo Adán que tuvo éxito donde el Adán arquetípico y todos sus ectipos fallaron. Las secciones segunda y cuarta del capítulo se ocupan de los patriarcas Abraham, Isaac y Jacob por un lado, y David por el otro. La tercera sección central del capítulo trata de la nación de Israel como un nuevo Adán.

La estructura de paneles del capítulo se puede representar de la siguiente manera:

54. Ellis, "Foreword," xx.

55. Para una discusión de "Adán y Cristo en San Ireneo", ver Jean Daniélou, *From Shadows to Reality: Studies in the Biblical Typology of the Fathers*, TRAD. Wulstan Hibberd (London: Burns and Oates, 1960), 30-47.

1. Noé, el nuevo Adán.

   2. Los nuevos Adán: Abraham, Isaac y Jacob.

     3. Israel, el nuevo Adán.

  4. David, el nuevo Adán.

1. Cristo, el nuevo Adán.

Este capítulo comienza explorando las formas en que Moisés une primero a los patriarcas y luego a la nación con Adán. A partir de ahí nos dirigimos a la forma en que la narración de Samuel vincula a David con Israel, Abraham y Adán, una comprensión también reflejada en el Salmo 8. Luego consideraremos las expectativas para "uno como un hijo de hombre" en Daniel 7, que viene como un nuevo Adán, rey del linaje de David, para ejercer dominio sobre las bestias en un reino eterno.[56] El capítulo concluye con la forma en que tanto Lucas como Pablo comparan y contrastan a Jesús y Adán.

Para ser claros: estoy afirmando que al vincular figuras posteriores en el Pentateuco hasta Adán, Moisés tiene la intención de enseñar a su audiencia que Adán es el hombre prototípico, con figuras sucesivas presentadas como entregas ectípicas en el patrón adámico, en espera del cumplimiento antitípico, cuando la simiente de la mujer surge para conquistar y redimir aquello en lo que Adán fue vencido y sometido. Desde su presentación de David y el esperado como un hijo de hombre, se puede ver que los autores posteriores del Antiguo Testamento aprendieron esta perspectiva de Moisés, que a su vez encontramos en los escritos del Nuevo Testamento de Lucas y Pablo.

1. NOÉ, EL NUEVO ADÁN

Busqué mostrar en el capítulo 1 que las promesas de Dios incitaron a los autores bíblicos para notar patrones. La promesa de Génesis 3:15 de que habría enemistad entre la simiente de la mujer y la simiente de la serpiente dio forma a la presentación interpretada de Caín como simiente de la serpiente después de matar a Abel. Moisés ha interpretado el material y su interpretación fue guiada por lo que Dios dijo. En este caso, según Génesis 3:14 y 4:11, Dios habló las palabras que identificaron a Caín con la serpiente. Para que Moisés los identificara entre sí, debía entonces seguir el ejem-

---

56. El hecho de que Dios concedió a Adán el dominio, haciéndolo efectivamente rey de la creación, revela que tanto la realeza como la tierra son igualmente importantes en el programa de Dios. Por lo tanto, Bell se equivoca al afirmar: "La promesa de la tierra, por ejemplo, fue más fundamental que, digamos, el hecho de que Israel tuviera un rey". Bell, *The Irrevocable Call of God*, 377 n. 3.

plo interpretativo del Señor; así como la palabra de Dios vino a Moisés, la propia palabra de Dios le enseñó la perspectiva reflejada en lo que escribió. En su presentación de Noé, Moisés da a sus lectores un nuevo Adán en una nueva creación con un nuevo pacto, quien luego experimenta una nueva caída en el pecado.

La promesa de la simiente de la mujer en Génesis 3:15 también proporciona la lógica para ambas, tanto de la genealogía en Génesis 5 como de las palabras de esperanza de nacimiento de Noé en 5:29. Esa primera promesa impulsa la genealogía porque la genealogía refleja la atención a la línea de descendencia de la simiente de la mujer. Proporciona la lógica de Génesis 5:29 porque las esperanzas de Lamec, el padre de Noé, están basadas en la promesa de Dios en Génesis 3:15. Tenga en cuenta la similitud entre la redacción de Génesis 3:17 y Génesis 5:29:

Génesis 3:17: אֲרוּרָה הָאֲדָמָה בַּעֲבוּרֶךָ בְּעִצָּבוֹן תֹּאכֲלֶנָּה
"Maldita será la tierra por tu causa; con dolor comerás de ella".

Génesis 5:29: וּמֵעִצְּבוֹן יָדֵינוּ מִן־הָאֲדָמָה אֲשֶׁר אֵרְרָהּ יְהוָה
"... el doloroso trabajo de nuestras manos de la tierra que Yahvé maldijo".[57]

Cuando Moisés relata las palabras de Lamec en el nacimiento de Noé, describe la esperanza informada por la palabra de Dios: Lamec se siente aliviado ya que ha discernido las palabras que Dios habló. No solo eso, sino que las dificultades que espera ver fueron superadas e introducidas por la palabra de juicio de Dios. La palabra de Dios ha dado forma al mundo. Los diez miembros de la genealogía en Génesis 5 trazan la línea de descendencia desde Adán hasta Noé. ¿Por qué trazar esa línea de descendencia tan cuidadosamente? La propia historia de mi familia no se extiende más allá de la memoria viva. Sin haber hecho una investigación genealógica, mi conocimiento de mi ascendencia no se extiende más allá del nombre del padre del padre de mi padre. ¿Por qué entonces esta línea de descendencia fue tan asiduamente conservada y transmitida a Moisés, quien consideró oportuno incluirla en el primero de sus cinco libros? La respuesta, al parecer, es que la promesa relativa a la simiente de la mujer llamó la atención sobre la línea de descendencia. Si Génesis 5:29 muestra que la promesa de Dios ha dado forma a las esperanzas y creencias de su pueblo, la genealogía muestra que también dio forma a la *acción* que tomaron para llevar un registro de la línea de descendencia.

57. Tenga en cuenta que עצבון "trabajo doloroso" también aparece en Génesis 3:16, y ארור "maldito" en 3:14.

Pero, ¿hay algo más que la línea genealógica de descendencia? ¿Hay evidencia de que Moisés pretendía presentar a Noé como un nuevo Adán, como un ectipo del arquetipo?

Considere la descripción similar de la creación en la que los lectores encuentran tanto a Adán como a Noé. En Génesis 1:2, el Espíritu de Dios (רוּחַ אֱלֹהִים) fue flotando sobre la faz de las aguas, y luego en 1:9, las aguas se juntan para que aparezca la tierra seca. Cuando Dios trae el diluvio, las aguas se sueltan para volver a cubrir la tierra seca en 7:10-12. Y luego como en 1:2, Dios (אֱלֹהִים) hizo pasar un viento (רוּחַ) sobre (עָבַר) la tierra en 8:1, y las aguas disminuyeron. Cuando las aguas se calmaron después del diluvio, así como la tierra seca había aparecido en 1:9, aparece otra vez en 8:5. Al forjar estas conexiones entre el escenario en el que sus lectores se encuentran con los dos hombres, Moisés indica que Noé debe ser entendido como un nuevo Adán. Beetham escribe: "Así como la destrucción por inundación se representa como decreación, la renovación posdiluviana es representada como recreación, como una nueva creación".[58]

Aún más significativo que la ubicación de Adán y Noé en escenarios similares donde suceden cosas similares es el hecho de que Moisés presenta a Dios diciendo a Noé lo mismo que antes le había dicho a Adán. Génesis 9:1 presenta una reafirmación de Génesis 1:28, brindándonos otra característica de la intención del autor histórico, la cita de material anterior:

וַיְבָרֶךְ אֹתָם אֱלֹהִים וַיֹּאמֶר לָהֶם אֱלֹהִים פְּרוּ וּרְבוּ וּמִלְאוּ אֶת־הָאָרֶץ Gn 1:28
"Y los bendijo Dios, y les dijo Dios: Fructificad y multiplicaos y llenad la tierra".

וַיְבָרֶךְ אֱלֹהִים אֶת־נֹחַ וְאֶת־בָּנָיו וַיֹּאמֶר לָהֶם פְּרוּ וּרְבוּ וּמִלְאוּ אֶת־הָאָרֶץ Gn 9:1
"Bendijo Dios a Noé y a sus hijos, y les dijo: Fructificad y multiplicaos, y llenad la tierra" (RV60).

El lenguaje de "fructificad y multiplicaos" será significativo a lo largo de Génesis, y Moisés presenta al Señor hablándole a Noé en estos términos nuevamente en 9:7. Junto con la cita de material anterior perteneciente a Adán (1:28 en 9:1), Génesis 6:18 (וַהֲקִמֹתִי אֶת־בְּרִיתִי) y 9:9 (מֵקִים אֶת־בְּרִיתִי) posiblemente presenten a Yahvé *estableciendo* con Noé el pacto que implícitamente *cortó* (כָּרַת) con Adán. Sobre la base de su análisis exhaustivo del término "pacto" en el Antiguo Testamento (בְּרִית), mi colega Peter Gentry sostiene que el patrón normal es que un pacto sea "cortado" (כָּרַת) cuando se hace, y luego cuando ese pacto existente se remite de nuevo a sus términos, se

---

58. Beetham, "From Creation to New Creation", 242.

mantienen o se "establecen" (הָקִים).[59] Si esto es correcto, entonces cuando Dios dice que *establecerá* su pacto con Noé, la declaración implica un pacto que ya se ha cortado, presumiblemente con Adán. Si Dios establece el pacto adámico con Noé, entonces Noé se encuentra en la misma relación de pacto con Yahvé que Adán había previamente disfrutado. Incluso si esta comprensión de la relación entre el *corte* y el *establecimiento* del mismo pacto es rechazada, sin embargo, en términos narrativos, el enfoque se mueve desde Adán como el principal agente humano hacia Noé. La historia de la Biblia avanza desde Adán hasta Noé.

Génesis ha pasado de Adán como personaje principal de la narración, desde su creación hasta su muerte registrada en Génesis 5, a Noé, quien toma el centro del escenario en Génesis 6–9. Desde una perspectiva histórico-salvífica, lo que Dios le encargó a Adán que hiciera en Génesis 1:28 se lo encargó a Noé en 9:1. Con la cita de 1:28 en 9:1, la bendición de Dios a Adán en 1:28 ha sido comunicada a Noé en 9:1. Las situaciones de Adán y Noé no son exactamente las mismas (Adán está en el jardín antes del pecado; Noé en un mundo posterior al pecado y al diluvio), pero sea que llamemos a la relación entre Dios y Adán un pacto o no, Dios estableció una relación tanto con Adán como con Noé, los bendijo a ambos y les encargó ser fecundos, multiplicarse y llenar la tierra. La esperanza de la simiente de la mujer que vencería a la serpiente y su simiente comienza con un hijo que Adán engendró (Set) y continúa hasta uno que Noé engendró (Sem). Junto con la cita de material anterior, entonces, tenemos la importancia histórica de la salvación y del pacto similar de Adán y Noé.

También vemos términos significativos de la descripción de Adán reutilizados en la descripción de Noé. Varios términos hebreos para "hombre/varón" se usan para describir a Adán en Génesis 1–2. Se lo conoce como "hombre/adán" (אָדָם) en 1:26, "varón" (זָכָר) en 1:27, y como "hombre" (אִישׁ) en 2:23. En Génesis 2:7, Yahvé forma el "adán" (אָדָם) del polvo de la tierra (אֲדָמָה). La conexión entre el "suelo" (אֲדָמָה) y el "hombre" (אָדָם) podría reflejarse en español si tradujéramos "tierra" con una forma que incluyera "hombre", tal vez algo como "hombre tierra", o si en lugar de "hombre" lo llamáramos "terrícola" o alguna otra expresión que incluyera "suelo" o "tierra". El punto es que en Génesis 2 el hombre parece ser nombrado según aquello de lo que fue hecho, tal como lo será la mujer (אִשָּׁה, "mujer", hecha de la costilla del אִישׁ, "hombre" en 2:23). El hombre no solo viene de la tierra, sino que también es hecho para trabajar la tierra. Génesis 2:5 habla del tiempo cuando "no había hombre [אָדָם] para que labrase la tierra [אֲדָמָה]" (RV60).

---

59. Gentry y Wellum, *Kingdom through Covenant*, 187-95. Ver el análisis léxico completo anotado de berit (בְּרִית) en las páginas 841-904. Encuentro a Gentry convincente en este punto, pero mi argumento sobre Moisés al presentar a Noé como un ectipo en el modelo adámico no se sostiene ni se cae con él.

Estas realidades hacen que Adán sea nuevamente recordado cuando leemos en 9:20 que "Noé comenzó a ser un hombre de la tierra [אִישׁ הָאֲדָמָה]", y eso nos lleva a una secuencia paralela de acontecimientos entre Adán y Noé.

Yahvé Dios plantó (וַיִּטַּע) un jardín en el Edén al este en 2:8, y en 9:20 Noé plantó (וַיִּטַּע) una viña. Adán comió del fruto prohibido (Gn 3:6); en ese punto, su desnudez fue expuesta (3:7) y las palabras de juicio lo siguieron (3:14-19). Así como Adán comió del fruto del árbol prohibido en el jardín, Noé se emborrachó con el vino de su viña (9:21a). Así como la desnudez de Adán fue expuesta, Noé yacía descubierto, desnudo, en su tienda (9:21b). Tal como Dios maldijo a la serpiente después del pecado de Adán, así Noé maldijo a Canaán (9:25), descendiente de Cam, identificando tanto a los egipcios (Ham) como a los cananeos como simiente de la serpiente (3:15; cf. 10:6).

Mediante la reutilización de términos clave, la cita de líneas enteras, las secuencias repetidas de eventos y el papel similar en el desarrollo del pacto de la historia redentora, Moisés presenta a Noé según el modelo de Adán. Adán es el hombre arquetípico y Noé es una instancia ectípica del patrón adámico.[60]

2. LOS NUEVOS ADÁN: ABRAHAM, ISAAC Y JACOB

La relación pactual e histórico-salvífica establecida entre Abraham, Isaac y Jacob los muestran como entregas ectípicas en el patrón tipológico adámico. Las genealogías de Génesis 5 y 11 trazan una línea directa de descendencia desde Adán hasta Abraham, y así como Dios había bendecido a Adán en Génesis 1:28, bendice a Abraham en Génesis 12:1-3. La narración reitera la bendición de Abraham a lo largo del relato de su vida (Gn 12:7; 13:15-18; 14:19, 20; 15:5, 18-21; 17:4-8; 18:18, 19; 22:16-18; 24:1, 7, 35), y luego el Señor pasa la bendición de Abraham directamente a Isaac (26:2-4, 24). Isaac a su vez pronuncia la bendición de Abraham sobre Jacob (28:3, 4); lo hace ante el Señor mismo (28:13-15).

2.1. El significado pactual de Abraham, Isaac y Jacob

La bendición de Abraham no solo se extiende y se elabora a partir de la bendición de Dios sobre Adán (Gn 1:28) y Noé (9:1), sino que responde también al juicio manifestado después del pecado en 3:14-19 punto por punto. Hay tres categorías de dificultades introducidas en Génesis 3:14-19: primero, la enemistad entre la simiente de la mujer y la simiente de la ser-

---

60. Así también Kenneth A. Mathews, *Genesis 1–11:26*, New American Commentary (Nashville: Broadman y Holman, 1996), 351.

piente; segundo, el dolor reproductivo y el conflicto entre varón y hembra; y tercero, la maldición sobre la tierra. La promesa de Dios a Abraham aborda directamente estas dificultades: primero, la enemistad entre la simiente maldita de la serpiente y la simiente de la mujer (3:14, 15) será vencida en la maldición de Dios sobre todos los que deshonran a Abraham y su bendición para todos los que lo bendicen; así todas las familias de la tierra serán benditas en Abraham y en su simiente (12:3; 18:18; 22:18; 26:4; 28:14). Segundo, aunque la esterilidad de Sara (11:30) es resultado del dolor del parto (3:16a), y, aunque su plan de tener simiente a través de Agar (16:2) es un ejemplo de su intento de tomar la iniciativa en la relación (3:16b), Dios promete hacer de Abraham una gran nación (12:2), una promesa de simiente cumplida con el nacimiento de Isaac (21:1-3). Y tercero, incluso en medio de hambrunas que resultan de la maldición sobre la tierra 3:17-19 (p. ej., 12:10), la promesa de Dios de la tierra a Abraham indica que la maldición sobre la tierra será vencida a través del regalo de la tierra (implícito en 12:1, 2; explícito en 12:7), apuntando como lo hace a la promesa de Dios de bendecir a su pueblo en su lugar. Dempster está en lo cierto: "El programa de Dios con y a través de Abram consiste en restaurar las condiciones originales de la creación descritas en Génesis 1–2 (Génesis 14:19, 20)".[61]

Dentro del libro de Génesis, José representa un cumplimiento inicial de estas promesas, cuando toda la tierra viene a él para comprar grano (41:57), siendo bendecido por su sabia y perspicaz gestión (41:33, 39). José también tipifica la simiente de Abraham que vencerá la enemistad con la simiente de la serpiente: aunque se piensa que está muerto (37:33-35), vive y reina sobre los gentiles (45:8) y vence la enemistad perdonando a los que buscaban su vida (45:3-15; 50:15-21).

En términos de pacto e histórico-salvíficos, lo que Dios se propuso lograr con Adán y llevar adelante con Noé continúa a través de Abraham, Isaac y Jacob. Además de la importancia de los roles que juegan estas figuras clave, tenemos abundante reutilización de términos clave, citas de frases completas y líneas y repeticiones significativas de secuencias de eventos.

2.2. Términos y citas clave

2.2.1. Y estableceré mi pacto

Dios bendijo a Adán (1:28) y luego estableció su pacto con Noé (6:18; 9:9). De manera similar, Dios bendice a Abraham (12:1-3) y luego hace un pacto con él (15:7-20, especialmente 15:18, כָּרַת יְהוָה אֶת־אַבְרָם בְּרִית, "Yahvé hizo un pacto con Abram"). Las mismas palabras dichas a Noé en 6:18 y 9:11 ("y

---

61. Dempster, *Dominion and Dynasty*, 79.

estableceré mi pacto") se dicen a Abraham en 17:7 y al respecto de Isaac en 17:19.

Génesis 6:18: וַהֲקִמֹתִי אֶת־בְּרִיתִי

Génesis 9:11: וַהֲקִמֹתִי אֶת־בְּרִיתִי

Génesis 17:7: וַהֲקִמֹתִי אֶת־בְּרִיתִי

Génesis 17:19: וַהֲקִמֹתִי אֶת־בְּרִיתִי

"Y estableceré mi pacto".

Con esto no se quiere sugerir que los pactos que Dios hace con Abraham y Noé son colindantes, pero sí que a través de ambos pactos Dios preserva la vida, continúa los propósitos que se propuso lograr cuando colocó a Adán en el jardín, y misericordiosamente bendice a su pueblo de una manera que los libera de su propia ira justa.

Moisés no solo relaciona estas figuras mostrando a Dios *bendiciendo* y *entrando en pacto* con Adán, Noé y Abraham, también usa y reutiliza el lenguaje visto por primera vez en Génesis 1:28, cuando Dios ordenó al primer hombre y a la primera mujer: "Sed fructíferos y multiplicaos". Como Adán, Noé también fue bendecido y se le dijo que fructificara, se multiplicara y llenara la tierra (9:1, 7); en todos estos casos (1:28; 9:1, 7), así como en 1:22, la frase es פְּרוּ וּרְבוּ (cf. también 8:17).

Excursus: ¿Es Ismael una instancia de un patrón tipológico?

Al considerar el lenguaje "fructificad y multiplicaos", hemos reutilizado un lenguaje significativo que no establece por sí solo una relación tipológica con Adán y la línea de la promesa. El ángel del Señor le dice a Agar: "Multiplicaré tanto tu descendencia, que no podrá ser contada a causa de la multitud" (16:10, RV60; הַרְבָּה אַרְבֶּה אֶת־זַרְעֵךְ), e incluso Dios le dice a Abraham: "Y en cuanto a Ismael, también te he oído; he aquí que le bendeciré, y le haré fructificar y multiplicar mucho en gran manera..." (17:20, RV60). Yahvé, sin embargo, no entra en una relación de pacto con Ismael. En realidad, en los versículos que preceden y siguen a la declaración de 17:20, la declaración de *bendecir* y *hacer fructificar y multiplicar* a Ismael, el Señor afirma que Él establecerá su pacto con Isaac, no con Ismael (17:19, 21). Junto con otras características de la narración, estas realidades indican que Ismael *es* una entrega en un patrón tipológico, pero *no es el* que traza la simiente de la promesa.

En el caso de Ismael, hemos repetido lenguaje y frases, pero no tenemos ni importancia pactual o histórico salvífica ni secuencias repetidas de eventos con Adán y la simiente de la mujer. Parece que Ismael fue bendecido y multiplicado simplemente porque descendió físicamente de Abraham. Dios bendijo a Ismael por su conexión con Abraham, pero Dios hizo un pacto con Isaac, no con Ismael (Gn 17:20, 21). Ismael no participa en los patrones tipológicos vistos en el desarrollo de Adán a través de Noé a Abraham, Isaac y Jacob.

Hay, sin embargo, otros patrones en los que la historia de Ismael sí establece hitos: el hecho de que se pasa por alto al primogénito; los problemas derivados de la poligamia; y la enemistad entre la simiente de la mujer y la simiente de la serpiente. Caín, el primogénito de Adán, fue pasado por alto: a Dios le agradó la ofrenda de Abel (Gn 4:4, 5), y luego Set invocó el nombre de Yahvé (4:26). Ismael, el primogénito de Abraham, fue pasado por alto en favor del hijo de la promesa nacido de Sara, Isaac (17:15-21). Esaú, el primogénito de Isaac, fue pasado por alto en favor de Jacob, ya que se le dijo a Rebeca que el mayor serviría al menor (25:23). Esto vuelve a suceder con Rubén, el primogénito de Jacob, que no recibe la bendición porque José, mucho más joven, es el favorito de su padre (37:3). La última instancia de esto en Génesis sucede cuando Jacob cruza sus manos para poner su mano derecha sobre la cabeza del joven Efraín en lugar de la del primogénito de José, Manasés (48:13-20). Una y otra vez en Génesis, el hijo mayor se pasa por alto, y el menor recibe la bendición. El hecho de que Moisés incluya este patrón en su narración revela que él entiende que Yahvé es uno que elige no de acuerdo con las expectativas mundanas y culturales, sino según sus propios consejos secretos.

A diferencia de los que Yahvé elige de manera inesperada, Moisés presenta una serie de personajes fuertes y orgullosos que son jactanciosos e impresionantes según los estándares mundanos. El linaje de Lamec de Caín se jacta de sus asesinatos y promete venganza extrema (Génesis 4:23, 24). La simiente de Nimrod de Cam fue un poderoso cazador (10:8-11). Y de manera similar, Ismael "será hombre fiero; su mano será contra todos, y la mano de todos contra él" (16:12, RV60). Más adelante leemos: "Y habitó en el desierto, y fue tirador de arco" (21:20, RV60), algo que no es diferente de Esaú: "Diestro en la caza, hombre del campo" (25:27, RV60). Cuando Isaac encarga a Esaú que prepare el banquete en el cual planea bendecirlo (la bendición que Jacob roba), Isaac envía a Esaú con el arma de Ismael, el arco (27:3). Agar consiguió para Ismael una esposa de Egipto (21:21), y Esaú se casa primero con hijas de Het, hititas (26:34), y luego con una hija de Ismael (28:9). Todas estas mujeres descienden de Cam, cuyo hijo Canaán fue maldecido por Noé (9:25; 10:6–15).[62]

62. La incapacidad de Moberly para comprender lo que Moisés pretendía comunicar se refleja en su comentario: "Es una lástima que en la historia de la interpretación,

La historia de Ismael también hace una contribución a un patrón de eventos que muestra que los problemas provienen de la poligamia. Saraí piensa que será una buena idea que Abram se una a Agar, pero no anticipó cómo reaccionaría Agar al concebir (Gn 16:1-6). Jacob se casa con Lea y Raquel, lo que provoca no pocos conflictos domésticos (ver Gn 29–35). Más tarde, en una historia notablemente similar a la de Abram, Saraí y Agar, un hombre llamado Elcana está casado con Ana y Penina.[63] Al igual que Saraí, Ana no tuvo hijos (1 S 1:2); como Saraí, sin embargo, Dios le concede un hijo (1:19, 20). Sorprendentemente, Hannah (Ana) le da a su hijo un nombre que tiene el mismo significado que el de Ismael: "Dios escucha". Los nombres Samuel (שְׁמוּאֵל) e Ismael (יִשְׁמָעֵאל) se construyen a partir de las palabras "escuchar" (שָׁמַה) y "Dios" (אֵל). El autor de Samuel logra varias cosas al contar su historia como lo hace: refuerza la idea de que la poligamia produce problemas; vincula la concepción de la antes estéril Hannah (Ana) a la de antes estéril Sara (mientras que la fértil Agar se identifica con la fértil Penina); y por lo tanto vincula los nacimientos milagrosos de Samuel e Isaac. Estas instancias se convierten en plazos de un patrón de mujeres estériles que dan a luz (Sara, Rebeca, Raquel, la madre de Sansón, Ana, la sunamita, Isabel).

Lo que aprendemos de Ismael muestra que entender la tipología de la Biblia no es como entender una fórmula matemática básica. Si la aplicación de estos criterios era una simple ecuación numérica,[64] sobre la base de Génesis 16:10 y 17:20, podríamos esperar que Ismael fuera uno de los chicos buenos. Como Adán, Abraham, Isaac y Jacob, el Señor promete multiplicar la descendencia de Ismael (Gn 16:10), bendiciéndolo, haciéndolo fértil y multiplicándolo (17:20). El Señor incluso lo convierte en padre de doce príncipes semejantes a tribus (17:20; 25:12-17; cf. los doce descendientes de Nacor en 22:20-24 y los doce hijos de Jacob), y luego leemos de Ismael: "Dios estaba con el muchacho" (21:20, RV60). Sin embargo, la interpretación bíblica es más que simplemente seguir reglas y aplicar criterios. Estamos tratando con literatura y tenemos que leerla, preferiblemente en su idioma original, en grandes trozos, repetidamente, con simpatía; así buscamos comprender las intenciones de sus autores.

Esaú haya recibido generalmente una mala prensa". R. W. L. Moberly, *The Theology of the Book of Genesis, Old Testament Theology* (New York: University of Cambridge Press, 2009), 98 n. 13. Esaú ha recibido mala prensa porque generalmente ha sido reconocido como simiente de la serpiente, porque, aunque buscó la bendición, no halló lugar para el arrepentimiento (Hebreos 12:17).

63. Volveremos a los nacimientos de Samuel e Ismael en el punto 4.2 del capítulo 4 a continuación.

64. Estoy agradecido por mi cuñado, profesor de matemáticas, Clint Armani, quien trajo paradojas matemáticas a mi atención.

La parte de la historia de Ismael lo conecta con la simiente de la serpiente cuando se opone a la simiente de la mujer: Caín mata a Abel; Ismael se burla de Isaac; Esaú busca matar a Jacob; y los hermanos de José lo venden como esclavo. Hay enemistad entre la simiente de la mujer y la simiente de la serpiente (Génesis 3:15); Ismael, hombre indómito como asno salvaje, vive esa enemistad con "su mano contra todos" y mientras vive "frente a todos sus parientes" (16:12; 25:18). Para volver a la evidencia de que Moisés quiere hacer entregas del patrón tipológico en la simiente adámica de la mujer, continuamos considerando el uso del lenguaje visto por primera vez en Génesis 1:28 cuando, habiendo bendecido al hombre y a la mujer, Dios les ordenó ser fructíferos y multiplicarse.

2.2.2. Sed fructíferos y multiplicaos

El Señor prometió hacer la descendencia de Abraham tan innumerable como el polvo de la tierra (Gn 13:16) y las estrellas del cielo (15:5) antes de decirle que le daría su pacto y lo multiplicaría (רָבָה) "en exceso (בִּמְאֹד מְאֹד)" (17:2). Solo unos pocos versículos después, el Señor prometió hacer a Abraham "fructífero (פָּרָה)... en exceso" (17:6; בִּמְאֹד מְאֹד). El Señor luego le dice a Abraham: "De cierto te bendeciré, y multiplicaré tu descendencia" (22:17, RV60). Cada vez que él reutiliza el lenguaje *fructificad y multiplicaos*, Moisés le recuerda a su audiencia lo que Dios se propuso lograr cuando bendijo al primer hombre y la primera mujer y les ordenó que hicieran precisamente eso (1:28).

Como aquellos hechos a imagen y semejanza de Dios, el primer hombre y la primera mujer eran los representantes visibles del Dios invisible en el templo cósmico que hizo el Señor.[65] Cuando Dios les ordenó que fueran fértiles y se multiplicaran y llenaran la tierra, indicó que quería que el mundo se llenara de aquellos que lo representan, los responsables de llevar su carácter, su autoridad, su presencia y su reino sobre toda la creación. En resumen, Dios quería que hombre y mujer fructificasen y se multiplicasen porque quería que el mundo se llenara con su gloria. Este aspecto del propósito de la creación de Dios se refuerza cuando encontramos referencias al pueblo de Dios *multiplicándose* y *siendo fructífero*.

Cuando el siervo de Abraham encontró a Rebeca y ella accedió a ser esposa de Isaac, Moisés cuenta cómo la familia de Rebeca se despidió de ella: "Y bendijeron a Rebeca, y le dijeron: Hermana nuestra, sé madre de millares de millares [רִבְבָה], y posean tus descendientes la puerta de sus

---

65. Véanse más adelante los capítulos 3 y 7 sobre los sacerdotes y la creación; cf. John H. Walton, "Creation" in *Dictionary of the Old Testament: Pentateuch*, ed. T. Desmond Alexander and David W. Baker (Downers Grove, IL: InterVarsity, 2003), 164-65.

enemigos" (Gn 24:60, RV60). Entonces el Señor le dijo a Isaac: "Te bendeciré... y confirmaré el juramento que hice a Abraham tu padre. Multiplicaré (רָבָה) tu descendencia como las estrellas del cielo... y todas las naciones de la tierra serán benditas en tu simiente" (26:3, 4, RV60). En su llegada a Rehobot, Isaac declara su confianza en que él y su pueblo "serán fructíferos (פָּרָה)" en la tierra (26:22), y apenas unas líneas después Yahvé se le aparece y le asegura que lo "bendecirá" y "multiplicará (רָבָה)" su "simiente" (26:24).

Mientras bendice a Jacob, Isaac dice: "El Shaddai te bendiga y te haga fructífero y te multiplique" (Gn 28:3). Más tarde, Dios se le apareció a Jacob y le dijo: "Yo soy El-Shaddai, 'Dios Todopoderoso'. Sé fructífero y multiplícate" (35:11, NVI; cf. 48:4). Cuando el segundo hijo de José nace en Egipto, le da un nombre etimológicamente relacionado con la idea de "fecundidad", Efraín (אֶפְרַיִם), y la explicación: "Dios... me hizo ser fructífero" (41:52; פָּרָה, JBS; cf. 49:22).

Hasta este punto, hemos visto el significado pactual de Abraham, Isaac y Jacob, y hemos visto cómo el lenguaje de "Sed fértiles y multiplicaos" también los conecta con Adán. El significado pactual y la reutilización de frases claves y citas de material anterior, además, fueron usados por Moisés, quien tenía la intención de llamar la atención de su audiencia sobre las entregas repetidas en patrones de eventos. Como dice Beetham:

> El uso intencional del lenguaje del mandato original de la vicegerencia de Gn 1 y su aplicación a la familia patriarcal demuestra por lejos que las intenciones de la creación original de Dios han sido concentradas y están siendo logradas a través de la simiente de Abraham.[66]

2.3. Secuencias de eventos

2.3.1. Una promesa de vida que anula la muerte esperada

El Dios que siempre elige al hijo menor sobre el primogénito es también el Dios que elige responder a la muerte con una promesa de simiente-descendencia. Dios le había advertido a Adán en Génesis 2:17 que ciertamente moriría en el día en que comiera del fruto prohibido. El hombre y la mujer comieron y huyeron de Dios esperando la muerte.

Cuando Dios maldijo a la serpiente, declaró que el hombre y la mujer tendrían simiente, un niño, que heriría la cabeza de la serpiente (Gn 3:15). Dios arrojó la promesa de la simiente directamente en el rostro de la muerte.

---

66. "From Creation to New Creation", 246.

El caso de Abraham es similar: una vez que la narración ha llegado a él a través de las genealogías de Génesis 5 y 11, leemos que su esposa es estéril (11:30). Una esposa estéril es como la muerte de la línea familiar. Como señala Jon Levenson: "La infertilidad y la pérdida de hijos sirven como el equivalente funcional de la muerte".[67] Sin embargo, en esa muerte, Dios habló vida, prometiendo hacer de Abraham una gran nación (12:2), para multiplicar su simiente (p. ej., 13:16), especificando que el niño vendría a través de la estéril Sara (17:16). En ambos casos, la expectativa de la muerte (3:8; 18:11) se anula cuando Dios promete simiente (3:15; 17:21; 18:10, 14).

La anulación de la muerte esperada por nacimiento por una mujer previamente estéril ocurre no solo en el caso de Sara (21:1-7), sino también con la esposa de Isaac, Rebeca (25:21), y Raquel, la esposa de Jacob (29:31). La expectativa de que la muerte sea revocada por Dios dando vida ata la simiente prometida de la mujer en Génesis 3:15 a los nacimientos por mujeres estériles en la línea de descendencia, conectando el patrón de eventos a la importancia del pacto, las citas y la reutilización de términos clave. Anteriormente consideramos el lenguaje "fructificad y multiplicaos" a través de Génesis, que obviamente está conectado a la secuencia de eventos aquí considerados. Estas tres características interrelacionadas de la narración (la orden/promesa de que Dios fructificaría y multiplicaría, las mujeres estériles dando a luz y el derrocamiento de la muerte esperada) muestran que, en todos estos casos, Dios trajo un nuevo nacimiento y nueva vida donde nadie tenía derecho a esperar nada más que la muerte.

2.3.2. Un sueño profundo en un contexto de pacto

En algunos casos, el término clave llama nuestra atención sobre la secuencia de eventos, como sucede cuando notamos que Moisés usa el término traducido como "sueño profundo" (תַּרְדֵּמָה) solo dos veces en todos sus escritos, en Génesis 2:21 y 15:12. Dios hizo que un "sueño profundo" cayera sobre Adán cuando tomó la costilla de su costado, hizo la mujer, y la trajo al hombre para que entraran los dos en unión de pacto. Cuando volvemos a encontrarnos con este raro[68] término para "sueño profundo" en Génesis 15:12, una vez más tenemos un contexto de pacto, ya que el Señor ha causado un "profundo sueño" que cae sobre Abraham antes de profetizarle sobre el éxodo y la conquista (15:13-16) y cortar el pacto haciendo que la

---

67. Jon D. Levenson, *Resurrection and the Restoration of Israel: The Ultimate Victory of the God of Life* (New Haven: Yale University Press, 2008), 119.

68. El término se usa solo en estos dos lugares en todo Génesis, en ningún otro lugar en el Pentateuco y solo cinco veces más en el resto del Antiguo Testamento: en 1 Samuel 26:12, Is 29:10, Job 4:13, 33:15 y Proverbios 19:15.

olla de fuego humeante y la antorcha encendida pasen entre los pedazos de los animales cortados por la mitad (15:17, 18).[69]

Mientras que el pacto matrimonial de Génesis 2 entre el hombre y la mujer es obviamente distinto del pacto de Génesis 15, el uso del raro término para "sueño profundo" (תַּרְדֵּמָה) naturalmente forja una asociación entre Génesis 2 y Génesis 15. Encontrar esta rara palabra en Génesis 15 hace que los lectores vuelvan a pensar en el único otro lugar donde la han visto, en Génesis 2. El uso de este término solo en estos lugares de todo el Pentateuco lleva a los lectores a asociar los pactos con los que el Señor bendijo a Adán y Abraham. Sobre ambos hombres, el Señor hizo caer un "sueño profundo", cuyo resultado fue ser participantes pasivos mientras el Señor preparaba bendiciones del pacto para ellos. No se usa el mismo término para describir el sueño de Jacob en Génesis 28:11, 12, pero Sailhamer señala que en los casos de Adán, Abraham y Jacob, "el receptor de la provisión de Dios duerme mientras Dios actúa... el sueño del hombre frente a la actividad divina parece tener la intención de retratar una sensación de pasividad y aceptación de la provisión divina (cf. Sal 127:2)".[70] El vínculo de Génesis 2 y 15 también conecta el matrimonio, el pacto, el éxodo y la derrota de la muerte por la simiente, conceptos relacionados, cada uno cargado de significado, mientras el evangelio se va gestando en las páginas de la Escritura.

2.3.3. Falta de protección

Adán no puede lograr lo que Dios le ha encargado hacer, ser fructífero y multiplicarse (Génesis 1:28), aparte de su esposa.[71] Adán ha sido además encargado de "guardar" el jardín, siendo "guardia", otra connotación de "guardar" en la frase "trabajar y guardar" (2:15). En cierto sentido, entonces, Adán debe proteger a la mujer para hacer lo que Dios le ha encargado. Las serpientes no son designadas como inmundas hasta el libro de Levítico (Levítico 11:42-44), pero Moisés probablemente intenta que la información influya en la consideración de su audiencia de la presencia de la serpiente en el jardín en Génesis 3:1.[72]

69. La conexión exegética que estoy destacando aquí entre Génesis 2:21 y 15:12 puede explicar el interés en el sueño de Adán en el comentario patrístico, sobre el cual véase Daniélou, *From Shadows to Reality*, 48-56.

70. John H. Sailhamer, "Génesis", en *The Expositor's Bible Commentary*, ed. Frank E. Gaebelein, vol. 2 (Grand Rapids: Zondervan, 1990), 46.

71. Véase además James M. Hamilton Jr., "A Biblical Theology of Motherhood", *Journal of Discipleship and Family Ministry* 2, no. 2 (2012): 6-13.

72. Véase la nota al pie 26 en la página 18 anterior, junto con la nota al pie 4 en la página 66 a continuación, que analiza la forma en que Moisés asume que su audiencia conocerá el material que presenta más adelante en sus escritos.

En lugar de confrontar a la serpiente, aunque Adán estuvo presente todo el tiempo mientras la serpiente tentaba a la mujer (Génesis 3:6b), él se quedó de brazos cruzados y permitió que la serpiente cuestionara a Dios (3:1), contradijera a Dios (3:4) y pusiera en duda el carácter de Dios (3:5). El hombre, cuya responsabilidad era "mantener" el jardín, debería haber interrumpido mucho tiempo antes al padre de las mentiras y pedirle amablemente que se marchara y, si la serpiente se negaba a marcharse, informarle que solo podría seguir envenenando la mente de la mujer sobre su propio cadáver. Esto quiere decir que Adán debió haber protegido a la mujer, y en caso de ser necesario, debió haber luchado contra la serpiente hasta la muerte.[73] Algo que, por desgracia, no hizo.

Hemos visto cómo la narración se mueve de Adán a Abraham por medio de las genealogías, los pactos, las citas y los términos clave, y Adán no fue el único que falló en proteger a una esposa vital para los propósitos de Dios. Inmediatamente después de que Dios prometiera a Abraham tierra, simiente y bendición (Gn 12:1-3), Abraham puso a Sara en posición de ser capturada por faraón y llevada a su harén (12:10-16). Sara era tan necesaria para los propósitos de Dios como lo había sido Eva. Por medio de Sara y solo de Sara, Dios pretendía dar descendencia a Abraham, y como su esposo, la responsabilidad de Abraham era guiarla, proveer para ella y protegerla. Él la llevó directamente al peligro y luego no solo no la protegió, sino que la usó para su propia protección (12:12, 13).

La narración no explora las otras opciones de Abraham (ir a algún otro lugar, encontrar alguna otra forma de proteger su propia vida, etc.), pero seguramente el curso de la acción que tomó no fue la única abierta para él. Incluso si lo hubiera sido, debió haber confiado en Yahvé para preservar su vida y proteger a su esposa pasara lo que pasara. En cambio, puso su propia seguridad por encima de la de ella y la trató como prescindible. ¡Y lo hizo no una, sino dos veces! Podría decirse que la segunda vez (Gn 20:1-7) es peor porque para entonces Dios ya había prometido explícitamente resucitar a Isaac a través de Sara (17:16-21), y en ese momento (Génesis 20), Sara incluso podría haber estado embarazada de Isaac (cf. 18:10, 14; 21:1-7).

Al igual que Adán, Abraham fracasó en proteger a la esposa que Dios le había dado, la esposa necesaria para el cumplimiento de las promesas divinas. Cuando Isaac peca de la misma manera con Rebeca (Gn 26:6-11), tenemos un patrón confirmado de abdicación de la responsabilidad de proteger como expresión de amor autosacrificial. Los hombres seguirán tomando, usando, mintiendo y abdicando hasta que venga uno que dirá: "Pues si me buscáis a mí, dejad ir a estos" (Juan 18:8, RV60). Esto no implica que ningún hombre hasta Jesús protegiera a las mujeres bajo

---

73. Véase Michael Barber, *Singing in the Reign: The Psalms and the Liturgy of God's Kingdom* (Steubenville, OH: Emmaus Road, 2001), 43-46.

su cuidado, pero incluso los buenos ejemplos, como Booz en el libro de Rut, apuntan hacia el único que haría esto perfectamente. Jesús se dio a sí mismo para proteger a aquellos bajo su cuidado de una forma en la que Adán, Abraham, Isaac, David y muchos otros no pudieron hacerlo.[74]

A pesar de que Adán se mostraría incapaz de proteger a su esposa (Gn 3:1-6), Dios lo bendijo (1:28) y, habiéndolo puesto en un sueño profundo en un contexto de pacto (2:21), le prometió que la simiente de la mujer se levantaría de su linaje para conquistar (3:15). Asombrosamente, la línea del destino desciende no a través del primogénito, sino a través de un hijo menor (4:25, 26); así es como el Señor da forma a una trama en la que la esperanza del mundo se realiza de una manera inesperada.

A pesar de que Abraham se mostró repetidamente incapaz de proteger a su esposa (Gn 12:10-16; 20:1-7), Dios lo bendijo (12:1-3) y, habiéndolo puesto en un sueño profundo en el contexto de un pacto (15:12), le prometió que su esposa estéril daría a luz a la simiente de la promesa (17:16). Asombrosamente, la línea del destino desciende, no a través de Ismael, el primogénito de Abraham, sino a través del joven Isaac (17:18-21), a medida que el Señor crea patrones en su trama, en los que la esperanza del mundo se realiza de manera inesperada.

2.4. Ectipos adámicos: Noé, Abraham, Isaac y Jacob

¿Por qué Moisés incluye estos episodios como lo hace, y por qué los expresa de la forma como lo hace? En el Génesis, Moisés pretende presentar a Noé, Abraham, Isaac y Jacob como entregas de un patrón adámico. Esta tesis da cuenta de las secuencias de eventos que se repiten a lo largo del libro, secuencias establecidas o resaltadas por la reutilización de términos clave, la cita de material anterior y los papeles similares que juegan estos hombres cuando Dios hace pacto con ellos para guardar sus promesas. Los términos clave se reutilizan y las citas se repiten porque el autor intenta llamar la atención de su audiencia sobre patrones en eventos repetidos. A medida que continuamos nuestro camino a través de la Biblia, rastreando la historia de la salvación narrativa a través de los pactos, que comprenden "la columna vertebral" de la historia bíblica,[75] veremos que los patrones en desarrollo comienzan a funcionar como *esquemas interpretativos* y *paradigmas predictivos*.

---

74. Lot, por ejemplo, despreciablemente se ofreció a usar a sus hijas para proteger a sus visitantes (Gn 19:8; cf. Jc 19:24, 25).

75. Gentry y Wellum, *Kingdom through Covenant*, 31. En esta página inicial del primer capítulo de su libro, los autores afirman: "La progresión de los pactos forma la columna vertebral de la Escritura metanarrativa" (énfasis suyo).

3. ISRAEL, EL NUEVO ADÁN

Ya en la más temprana mención de "hombre" en Génesis 1:26, 27 hay un sentido mediante el que referirse a Adán es referirse a la humanidad: "Hagamos al *hombre* [אָדָם]... y que gobiernen [וְיִרְדּוּ]... Y creó Dios al hombre [הָאָדָם]... hombre y hembra los creó...". Lo que estoy señalando aquí es una dinámica entre el singular y el plural, el uno y los muchos. El primer hombre es el representante humano, y las descripciones de él se mueven fácilmente entre él como individuo, por un lado, y como una especie de representante de "todo hombre" por el otro.

La misma dinámica se puede detectar en la referencia de Génesis 3:15 a la "simiente" de la mujer, siendo la palabra "simiente" un colectivo singular que puede referirse a un descendiente individual o a descendientes tan numerosos como las estrellas de los cielos. Los pronombres singulares y verbos en Génesis 3:15 indican que una simiente en particular está a la vista,[76] pero, por otro lado, cuando el Señor le dice a Abraham que su "simiente" será como el polvo de la tierra (Gn 13:16), la simiente colectiva está a la vista.

Llamo la atención sobre esta realidad aquí por la forma en que se relaciona con el hecho de que a medida que avanzamos a través de Génesis, el nombre "Israel" viene a referirse al patriarca Jacob o a la nación que desciende de él. El nombre de Jacob había sido cambiado a Israel en Génesis 32:28 (MT 32:29), pero para 34:7, la humillación de Dina se describe como algo vergonzoso "en Israel". Este cambio, que implica referirse al pueblo con el nombre del patriarca, es similar al proceso por el cual la humanidad es designada con el término que se utiliza para referirse al primer hombre.

3.1. *Personalidad corporativa*

La relación dinámica entre el primer *hombre* y la *humanidad*, y luego entre *Jacob-Israel* y *nación-Israel* puede ser capturada por la frase "personalidad corporativa". Esta idea está relacionada con la forma como, a lo largo del Antiguo Testamento, las naciones son identificadas con sus reyes o personificadas como un individuo humano, ya sea masculino o femenino. Este concepto de "personalidad corporativa" explica un texto como Génesis 47:27, que dice: "E *Israel* habitó en la tierra de Egipto, en la tierra de Gosén, y tomaron posesión de ella; y fueron fructíferos y se multiplicó en gran manera". La mayoría de las referencias a "Israel" en Génesis continúan señalando a Jacob, como lo hace la que precede inmediatamente a 47:27,

---

76. Jack Collins, "A Syntactical Note (Genesis 3:15): Is the Woman's Seed Singular or Plural?", *Tyndale Bulletin* 48 (1997): 139-48.

cuando Israel, que es Jacob, le habla a José en 46:30. Esperamos que el Israel de 47:27, entonces, sea Jacob, hasta que las formas plurales más adelante en el versículo nos obliga a reconocer que la referencia es al Israel *colectivo*, no al Israel *individual*.

3.2. Sed fructíferos y multiplicaos

El hecho de que el pueblo ya ha sido fructífero y multiplicado en Génesis 47:27 lo enlaza con Adán y lo que se le encomendó hacer en Génesis 1:28. Esta conexión entre Adán y el Israel *colectivo* se refuerza en Éxodo 1:7 (RV60): "Y los hijos de Israel fructificaron y se multiplicaron, y fueron aumentados y fortalecidos en extremo, y se llenó de ellos la tierra" (cf. Ex 1:12). La referencia a que la "tierra" estaba "llena" de los hijos de Israel se suma al lenguaje de fructificar y multiplicarse para señalar de nuevo a Génesis 1:28. La historia de Adán es llevada adelante por el Israel *colectivo*, o para decirlo de otra manera, la nación de Israel es un nuevo Adán.

3.3. Israel es mi hijo primogénito

La genealogía de Génesis 5 presenta implícitamente a Adán como hijo de Dios, una implicación correctamente reconocida en la genealogía de Jesús de Lucas, cuando, al retroceder desde Jesús hasta el primer hombre, Lucas llega a Adán y se refiere a él como "hijo de Dios" (Lucas 3:38). La idea se comunica en Génesis 5, donde Moisés comienza: "El día en que Dios creó al hombre (Adán), a imagen de Dios lo hizo… y llamó el nombre de ellos Varón (Adán) en el día que los creó" (Gn 5:1, 2). La genealogía continúa en el versículo 3: "Y vivió Adán ciento treinta años, y engendró un hijo a su semejanza, conforme a su imagen, y llamó su nombre Set". Para resaltar el punto, déjame establecer las frases de los versículos en un paralelo visual:

5:1, 2	5:3
"El día que Dios creó al hombre [Adán], a imagen de Dios lo hizo… y llamó el nombre de ellos Hombre [Adán] en el día en que los creó".	"Y sucedió que hombre [Adán] tenía 130 años, y engendró a su semejanza, según su imagen, y llamó su nombre Set".

Si Set, engendrado conforme a la imagen y semejanza de Adán, es hijo de Adán, entonces parece que Adán, creado a imagen y semejanza de Dios, es hijo de Dios. El texto no dice esto abiertamente, pero parece estar implícito.[77] La implicación, de nuevo, se refleja en la referencia a Adán como hijo de Dios en Lucas 3:38.

La idea de que Adán es hijo de Dios influye en esta discusión debido a la forma en la que Yahvé instruyó a Moisés para que hablara de Israel en Éxodo 4:22, 23:

> Y dirás a faraón: Yahvé ha dicho así: Israel es mi hijo, mi primogénito. Ya te he dicho que dejes ir a mi hijo, para que me sirva, mas no has querido dejarlo ir; he aquí yo voy a matar a tu hijo, tu primogénito.

Éxodo 4:22, 23 indica que Israel, que ha sido fructífero y se ha multiplicado y llenado la tierra (Ex 1:7), es un nuevo Adán. Adán, hijo de Dios, tiene un papel que es llevado adelante por Israel, el hijo de Dios. La identificación de Israel con Adán también sugiere que debemos identificar la tierra de la promesa con el jardín del Edén y el destierro de Adán del jardín con el exilio de Israel de la tierra.[78] Pero Adán e Israel no son las únicas figuras que se identifican como hijo de Dios en el Antiguo Testamento.

4. DAVID, EL NUEVO ADÁN

Tanto la filiación adámica como la personalidad corporativa informan las promesas que Dios hace a David en 2 Samuel 7. Estas promesas se refieren a la realeza, que ocupará nuestra atención en el capítulo 5 más adelante. Aquí nos interesa la manera como lo que Dios le dice a David a través del profeta Natán conecta a David y al futuro rey de su linaje con Adán.

El contexto del pasaje incluye un número de puntos que señalan a Adán y Abraham. El "descanso" en 2 Samuel 7:1 recuerda el descanso de Dios en Génesis 2:2, 3.[79] El deseo de David de construir una casa para Dios también recuerda la obra del Señor en la creación, construyendo su propio templo cósmico (ver capítulo 7). La promesa del Señor de hacer de David "un gran nombre" en 2 Samuel 7:9 recuerda su promesa de hacer de Abraham un gran nombre en Génesis 12:2. Cuando el Señor le dice a David que levantará su "simiente" en 2 Samuel 7:12, se nota el sonido del tema de la simiente que se deriva de Génesis 3:15 y continúa a través de la promesa de Dios a Abraham y su descendencia (p. ej., Génesis 22:17, 18). Las aso-

---

77. Así también Beetham, que escribe: "Como Set es hijo de Adán, así Adán es hijo de Dios". "From Creation to New Creation", 239.

78. *Ibíd.*, 246-47.

79. Génesis 2:2, 3 usa שָׁבַת para describir el descanso de Dios, pero Éxodo 20:11 emplea el mismo verbo usado en 2 Samuel 7:1, נוּחַ, cuando dice que Dios descansó el séptimo día.

ciaciones con Abraham son fortalecidas por la siguiente frase de 2 Samuel 7:12, "quien saldrá de tu cuerpo", lo cual solo ocurre en otro lugar en el Antiguo Testamento, en Génesis 15:4.

Génesis 15:4: אֲשֶׁר יֵצֵא מִמֵּעֶיךָ

2 Samuel 7:12: אֲשֶׁר יֵצֵא מִמֵּעֶיךָ

"Quien saldrá de tu cuerpo".

La simiente que Dios prometió levantar de David, entonces, está firmemente ligada a la simiente que Dios prometió levantar de Abraham, y por lo tanto, a la simiente prometida de la mujer. Luego, el Señor promete en 2 Samuel 7:14: "Yo seré para él un padre, y él será para mí un hijo". La *filiación* del rey del linaje de David significa que este rey reinará como lo haría Dios mismo, y esto pone de manifiesto la filiación de la vicerregencia adámica que el Señor comunica al respecto de la descendencia de David. El rey del linaje de David no solo será un nuevo Adán, sino que también será el representante del hijo corporativo de Dios en el Antiguo Testamento, Israel. Como rey de Israel, la simiente de David será el representante israelita y el nuevo Adán. En su persona, él defenderá al pueblo, como lo hizo David cuando peleó la batalla contra Goliat en lugar de Israel (1 S 17).

Comprender al rey davídico como el representante israelita y el nuevo Adán, hijo de Dios, daría sentido a lo que dice David en el Salmo 8.[80] Él comienza y termina afirmando que Dios logró lo que se había propuesto en la creación del mundo haciendo su nombre majestuoso en toda la tierra (Sal 8:1, 9). David luego afirma que Yahvé ha establecido su fuerza desde la boca de bebés e infantes, y que ha hecho esto a causa de sus enemigos, "para silenciar al enemigo y al vengativo" (8:2, NVI). La referencia al singular "enemigo" y "vengador" aquí parece señalar al archienemigo detrás de todos los enemigos, y el establecimiento de la fuerza de los bebés parecería señalar la forma en que Dios prometió que la simiente de la mujer heriría la cabeza de la serpiente (Génesis 3:15). Además, resalta cómo Dios preservó la línea de descendencia de esa simiente a pesar de que repetidamente las madres en dicha línea eran estériles.

El Salmo 8:3, con sus referencias a la creación, se sumaría a la interacción entre el Salmo 8 y los capítulos tempranos de Génesis. Esta interac-

---

80. Véase más adelante la discusión en Hamilton, Psalms ad loc. y James M. Hamilton Jr., "David's Biblical Theology and Typology in the Psalms: Authorial Intent and Patterns of the Seed of Promise", en *Reading the Psalms Theologically*, ed. David M. Howard y Andrew J. Schmutzer (Bellingham, WA: Lexham, 2023).

ción parece continuar, sutilmente, en 8:4. He señalado anteriormente que el nombre del primer hombre, Adán, también se convirtió en una forma de referirse a la humanidad, de modo que, cuando se encuentra el término hebreo (אָדָם), confiamos en el contexto que nos dice si estamos leyendo sobre Adán o la humanidad. Algo similar parece haber sucedido con el nombre del hijo del hijo de Adán: Adán tuvo a Set, y Set tuvo a Enós (אֱנוֹשׁ). Podemos ver el nombre de Enós en la forma plural de otro término hebreo: singular: אִישׁ, hombre; plural: אֲנָשִׁים, hombres. Cuando consideramos el Salmo 8:4 en hebreo, vemos una sutil referencia a la genealogía de Adán:

Sal 8:5 en hebreo: ... הָאֱנוֹשׁ ...וּבֶן־אָדָם

Sal 8:4 en español (NVI): "¿Qué es el hombre... qué es el hijo del hombre...".

Las traducciones al español no pueden preservar la conexión entre estos términos para "hombre" y los nombres de "Adán" y "Enós". Sin embargo, podemos presentar una interpretación que translitera los nombres en lugar de traducirlos como términos para "hombre" de la siguiente manera:

Sal 8:4/5 (para preservar los nombres): "¿Qué es Enós... el hijo de Adán...".

Para extraer la importancia de lo que los nombres denotan: el versículo comienza desde la tercera generación, Enós, luego menciona implícitamente a Set, "hijo de", antes de mencionar a Adán. Si vemos esto junto con la referencia a los bebés e infantes del versículo 2, se puede entender que estas preguntas aluden a la línea de descendencia de la que procede la simiente de la mujer.[81]

El siguiente versículo habla de cómo el hombre fue hecho un poco menor que los seres celestiales y fue coronado de gloria y honra (Sal 8:5), antes de que los términos de Génesis 1:26 y 1:28 sean proclamados en el Salmo 8:6-8. Dios le dio al hombre dominio sobre los animales en Génesis

---

81. En su libro *Eschatology in the Greek Psalter*, Joachim Schaper ha argumentado que la traducción griega de los Salmos es mesiánica y escatológica. El enfoque del Salmo 8 propuesto aquí comprende el texto hebreo original del Salmo como mesiánico y escatológico, lo que podría indicar que Schaper argumenta que las conexiones que el traductor griego hizo con Números 24:7, 17 estaban en consonancia con las intenciones de Moisés y David. Cf. Joachim Schaper, *Eschatology in the Greek Psalter*, Wissenschaftliche Untersuchungen zum Neuen Testament 2/76 (Tübingen: J.C.B. Mohr [Paul Siebeck], 1995), 76-78.

1:26 y 1:28, el mismo dominio sobre los mismos animales mencionados en el Salmo 8:6-8.[82]

Sugeriría que el Salmo 8 da fe de la comprensión de David de sí mismo, como nuevo Adán, rey de Israel, vicerregente de Yahvé. Más adelante, veremos que la línea de descendencia desde Adán y a través de Abraham, Judá y David, culmina en el Hijo de Dios, el último Adán, el verdadero Israel, el que es la imagen del Dios invisible.

5. CRISTO, EL NUEVO ADÁN

Al primer hombre, Adán, se le concedió dominio sobre los animales (Gn 1:28). A ese primer hombre se le encargó además trabajar y cuidar el jardín (2:15); debía protegerlo. Un animal que las Escrituras posteriores designan como impuro, la serpiente, se infiltró en el jardín, tentó a la mujer e indujo al hombre al pecado.

5.1. El Hijo del Hombre en Daniel 7

En el simbolismo apocalíptico de Daniel 7, los reinos mundanos que ejercen sucesivamente dominio en la tierra prometida son identificados como bestias (Daniel 7:1-8). Esta imagen vincula estos reinos no con Dios, sino con la serpiente. Es como si estos poderes idólatras se identificaran con su padre, el diablo. El reino de Dios, por el contrario, viene cuando la última bestia es asesinada, a las otras se les quita el dominio, y el dominio eterno se concede a "uno como hijo de hombre" (7:11-14).[83]

Daniel 7 fue escrito en arameo en lugar de hebreo, y la expresión para "hijo de hombre", por lo tanto, carece de referencia explícita a Adán (¡pero no a Enós!). La expresión aramea para "hijo de hombre" emplea el término que parece derivar de Enós, nombre del hijo de Set, hijo de Adán: אֱנוֹשׁ כְּבַר. El "como un hijo de hombre" que viene con las nubes del cielo y es presentado ante el Anciano de Días en Daniel 7:13 recibe eterno dominio y un reino que nunca será destruido en 7:14.[84] Solo hay un reino en el Antiguo

---

82. Nótese la cita del Salmo 8:6 (MT 8:7) en referencia a que todas las cosas son puestas bajo los pies de Cristo en 1 Cor 15:27 y Hebreos 2:8. Jamieson observa: "Pablo llega a la conclusión de que la muerte se cuenta entre 'todas las cosas' sujetas a Cristo resucitado, y que Dios, el que sujetó todas las cosas a Cristo, Él mismo no está sujeto a Cristo (15:27)". R. B. Jamieson, "1 Corinthians 15:28 and the Grammar of Paul's Christology", *New Testament Studies* 66 (2020): 189.

83. Cf. Beetham, "From Creation to New Creation", 240.

84. Comentando la forma en que en el Día de la Expiación el sumo sacerdote "entraba en el Lugar Santísimo, la contrapartida cúltica de la sala del trono celestial de Dios", donde pone incienso en el fuego a fin de "que la nube del incienso cubra el propiciatorio

Testamento que dura para siempre (el único que Dios prometió a David en 2 Samuel 7). Como señala Andrew Chester: "También hay claras afinidades en la Biblia hebrea entre Sal 110:1 y Dn 7:9-14".[85]

Este "como un hijo de hombre", entonces, debe ser identificado como el futuro rey de la línea de David. Algunos intérpretes de Daniel 7 han cuestionado esta conclusión por lo que, en su lectura, parece quedar fuera del resto del capítulo. La visión de Daniel se relata en 7:1-14, y luego en 7:15-28 relata la interpretación de la visión provista por un miembro de la hueste celestial (7:16; cf. 7:10).[86]

Mientras que, en la visión, "el que es como un hijo de hombre" recibe el reino en Daniel 7:13, 14, en la interpretación de la visión, la frase "uno como un hijo del hombre" no se repite y "los santos del Altísimo" reciben el reino (7:18, 22, 25, 27). Esto ha llevado a una "interpretación colectiva" de 7:13, como explica Ernest Lucas:

> La interpretación colectiva fue muy minoritaria hasta el siglo XIX. A mediados del siglo XX, se había convertido en una opinión común. Básico para esto es la equiparación del "uno como un hijo de hombre" con "los santos del Altísimo" (18, 22, 25) y "el pueblo de los santos del Altísimo" (27), los cuales, se supone, son el pueblo judío.[87]

La interpretación colectiva, sin embargo, no ha tenido en cuenta el uso de dos términos diferentes que significan "Altísimo" en Daniel 7.[88] Durante la

---

que está sobre el testimonio, para que no muera" (Lv 16:12, 13), escribe Morales: "El sumo sacerdote ciertamente entró en el 'cielo' con las nubes. Siendo este el caso, cuando durante el exilio el profeta Daniel prevé un Adán como figura que se acerca al trono de Dios con las nubes del cielo, probablemente debemos entender esto como una imagen sacerdotal". Morales, *Who Shall Ascend the Mountain of the Lord?*, 172.

85. Andrew Chester, *Messiah and Exaltation: Jewish Messianic and Visionary Traditions and New Testament Christology*, Wissenschaftliche Untersuchungen zum Neuen Testament 207 (Tübingen: Mohr Siebeck, 2007), 37.

86. Para saber sobre la fecha y la autoría de Daniel, ver Hamilton, *With the Clouds of Heaven*, 30-40.

87. Ernest C. Lucas, *Daniel*, Apollos Old Testament Commentary 20 (Downers Grove, IL: InterVarsity, 2002), 186.

88. Los comentaristas normalmente no intentan explicar los dos términos diferentes para "Altísimo" en Daniel 7. Ver John J. Collins, *Daniel: A Commentary on the Book of Daniel*, Hermeneia (Minneapolis: Fortress, 1993); Lucas, *Daniel*; y Andrew E. Steinmann, *Daniel*, Concordia Commentary (Saint Louis: Concordia, 2008). Para interpretaciones similares a la ofrecida aquí, ver Chrys Caragounis, *The Son of Man: Vision and Interpretation*, Wissenschaftliche Untersuchungen zum Neuen Testament 38. (Tübingen: Mohr Siebeck, 1986), 66-67, 75-81; Peter J. Gentry, "The Son of Man in Daniel 7: Individual or Corporate?", en *Acorns to Oaks: The Primacy and Practice of Biblical Theology*, ed. Michael

sección aramea de Daniel (Daniel 2:4–7:28), el término arameo normal para "Altísimo" (עֶלְיָה) se usa con referencia al Dios de Israel (3:26, 32; 4:17, 24, 25, 32, 34 [MT 4:14, 21, 22, 29, 31]; 5:18, 21; 7:25), el Anciano de Días que toma asiento en 7:9. Cada vez que aparece la frase "santos del Altísimo", sin embargo, aparece otro término para "Altísimo" (7:18, 22, 25, 27): el hebreo plural עֶלְיוֹן, hecho doblemente plural (así en BDB y HALOT) por la adición de la terminación plural aramea, que resulta en la forma עֶלְיוֹנִין (cf. BDB ad loc., 1106). La NASB reconoce los dos términos diferentes y traduce el término arameo (עִלָּיָא) como "Altísimo" y el término hebreo arameizado (עֶלְיוֹנִין) como "el más alto".

Estos dos términos para "Altísimo" aparecen juntos en el mismo versículo en Daniel 7:25: "Y palabras contra el Altísimo (עִלָּיָא) él hablará, y a los santos del Altísimo (עֶלְיוֹנִין) desgastará". ¿Por qué Daniel distingue entre el Anciano de Días, a quien se refiere con el término arameo, y esta otra figura con la que se identifican los santos? ¿A quién se refiere con el término hebreo arameizado?

Podemos avanzar hacia la respuesta a esta pregunta comparando Daniel 7:14 y 7:27 (las letras en **negritas**, *cursivas*, VERSALITAS y MAYÚSCULAS denotan frases coincidentes):

7:14	7:27
Y a él *se le dará* **dominio** y honor y un **reino**, y todo los pueblos, tribus y lenguas RENDIRÁN REVERENCIA a él.	Y el **reino** y el **dominio** y la grandeza de los reinos bajo todos los cielos *será dado* al pueblo de los santos del Altísimo (עֶלְיוֹנִין)
Su dominio es un dominio ETERNO, que no pasará, y **su reino** no será destruido.	**Su reino** es un reino ETERNO, y todos los dominios le RENDIRÁN REVERENCIA y serán obedientes a él.

Daniel 7:27 hace las mismas declaraciones acerca del reino que será recibido por "los santos del Altísimo" que fueron hechas sobre el reino del que es como un hijo de hombre en 7:13, 14. Esto sugiere que Daniel se refiere a *uno como un hijo de hombre* como el Altísimo con el término hebreo arameizado עֶלְיוֹנִין, para distinguirlo del Anciano de Días, a quien se refiere como Altísimo con el término arameo עִלָּיָא. En este entendimiento, los "santos"

A. G. Haykin (Toronto: Joshua Press, 2003), 59-75; y Hamilton, *With the Clouds of Heaven*, 147-53.

serían entendidos como los ciudadanos del reino del Altísimo (עֶלְיוֹנִין). El Hijo del Hombre reinará. Vale la pena señalar aquí, también, que Daniel presenta al intérprete angélico (7:16) introduciendo esta frase en 7:18; luego, el mismo Daniel la repite en 7:22, antes de que nuevamente el intérprete angélico la aplique en 7:25 y 7:27. Pareciera que el intérprete angélico comienza a referirse al que es como un hijo de hombre como "Altísimo" (עֶלְיוֹנִין), y de él Daniel aprendió a hacer lo mismo.

Para resumir la visión de Daniel: él ve los reinos del mundo como bestiales, como su padre, el diablo, derribado, y luego se le otorga el dominio a uno semejante a un hijo de hombre, que ya está presente en la corte celestial en el tiempo de la visión de Daniel. Esta figura, además, viaja sobre las nubes, como Dios hace en otras partes del Antiguo Testamento, y luego, como Dios, esta figura es nombrada como Altísimo, pero con una forma arameizada del término hebreo en lugar del término arameo que se ha usado para referirse al Anciano de Días. Es como si al que es como un hijo del hombre se le otorgase el mismo *status* que el Anciano de Días, incluso cuando se distingue de él, siendo ambos referidos con diferentes términos que significan "Altísimo".

El hijo del hombre en Daniel es hijo de Enós, hijo de Adán, imagen y semejanza de Dios, y ejercerá dominio adámico como rey davídico sobre toda la tierra, incluidas las bestias y sus reinos.[89]

5.2. El hijo de Adán en Lucas y Romanos

Para los propósitos de esta discusión quiero llamar la atención sobre dos pasajes en el Nuevo Testamento que parecen comparar y contrastar a Adán y Jesús, presentándolo como el que triunfó donde fracasó Adán.[90] Nosotros miraremos primero el relato lucano de Jesús siendo tentado por Satanás, luego la comparación con el relato de Pablo y el contraste entre Adán y Jesús en Romanos 5. Pablo y Lucas viajaron y ministraron juntos para hacer discípulos y plantar iglesias (Col 4:14; 2 Tm 4:11; Flm 24; y los

---

89. Varias declaraciones sobre el "hijo del hombre" en el Nuevo Testamento presentan a Jesús como el cumplimiento de la figura de Daniel 7:13, 14 (ver, por ejemplo, Mateo 26:64; Marcos 10:45; Juan 3:13, 14).

90. Para la discusión de ambos donde se nombra directamente a Adán en el Nuevo Testamento (Lucas 3:38; Rm 5:14; 1 Corintios 15:22, 45; 1 Timoteo 2:13, 14; Judas 14) y donde está implícito, véase Robert W. Yarbrough, "Adam in the New Testament", en *Adam, the Fall, and Original Sin: Theological, Biblical, and Scientific Perspectives*, ed. Hans Madueme y Michael Reeves (Grand Rapids: Baker, 2014), 33-52.

pasajes de "nosotros" en Hechos), y estos pasajes revelan su acuerdo fundamental sobre la relación tipológica entre Adán y Cristo.[91]

5.2.1. *Hijo de Adán, Hijo de Dios*

Mientras que la genealogía de Mateo va desde Abraham hasta Jesús, la genealogía de Lucas va desde Jesús hasta Adán. El último versículo de Lucas 3 dice: "Enós, Set, Adán, Dios" (Lucas 3:38, NVI); y luego Lucas 4 va inmediatamente al relato de la tentación, en el que el diablo le dice repetidas veces a Jesús: "Si eres Hijo de Dios..." (4:3, 9, NVI).

Lucas yuxtapone la genealogía que concluye: "Adán, hijo de Dios" (Lc 3:38) con el relato de la tentación en el que el diablo desafía Jesús con las palabras: "Si eres hijo de Dios..." (Lucas 4:3, 9). Al establecer la genealogía junto a la tentación, Lucas invita a los lectores a comparar y contrastar a Jesús y Adán.[92]

- Adán estaba en el exuberante jardín del Edén. Jesús estaba en el desierto.
- Adán no estaba solo, sino con su adecuada ayuda idónea. Jesús estaba solo.
- En el jardín, a Adán se le había concedido el derecho de comer libremente de todos los árboles salvo uno (Gn 2:16). Jesús no había comido nada durante cuarenta días.
- Adán fue tentado y pecó. El diablo desafió a Jesús, y Jesús le respondió con la Escritura, permaneciendo fiel a los mandamientos de Dios.

Earle Ellis señala respecto a la oferta de Satanás de darle a Jesús los reinos del mundo: "Aceptar la oferta no sería desplazar el señorío de Satanás, sino, como Adán, caer en su servidumbre".[93]

5.2.2. *Tipo del que había de venir*

En Romanos 5, Pablo afirma que Adán era "el tipo del que había de venir" (5:14). Compara la forma en que el pecado entró en el mundo, extendiendo

---

91. Kavin Rowe escribe: "A la luz de esta lectura de la cristología de Lucas, se hace posible situar a Lucas más cerca de Pablo y Juan de lo que es habitual en la erudición moderna del N. T.". C. Kavin Rowe, *Early Narrative Christology: The Lord in the Gospel of Luke* (Grand Rapids: Baker, 2009), 28.

92. E. Earle Ellis, *The Gospel of Luke*, New Century Bible Commentary (Grand Rapids: Eerdmans, 1981), 93-94.

93. *Ibid.*, 95.

la muerte a todos los hombres, a través de un hombre, Adán (5:12), con la manera en que el don gratuito de la justicia vino a través de la obediencia de un hombre, Jesucristo (5:15). Mientras muchos murieron a causa del pecado de Adán, muchos experimentaron la gracia abundante de Jesús. La transgresión de Adán resultó en condenación y juicio para muchos, pero después de todos los muchos pecados que se habían cometido, el don gratuito de Jesús trae justificación (5:16). El pecado de Adán hizo que la muerte reinara (5:17a, 14). La obediencia de Jesús, sin embargo, hizo que aquellos que reciben gracia abundante y el don gratuito de la justicia reinen en vida a través de él (5:17b). Mediante Adán vinieron la condenación y la muerte. A través de Jesús vienen la justificación y la vida (5:18), extendiéndose para hacer justos a los justificados (5:19).[94]

En este caso, Adán y Jesús funcionan como cabezas representativas de la humanidad. Todas las personas se ven afectadas por lo que hizo Adán (5:12), y de la misma manera lo que Cristo hizo afecta a todos los que reciben la gracia abundante y el libre don de justicia (5:17). La salvación depende de la conexión: debido al cumplimiento tipológico del papel de Adán en Cristo, aquellos que reciben la gracia y el don de la justicia pueden ser salvos de la condenación que resulta de lo que hizo Adán.

Pablo presenta esta relación de manera más sucinta en 1 Corintios 15:21, 22: "Porque por cuanto la muerte entró por un hombre, también por un hombre la resurrección de los muertos. Porque así como en Adán todos mueren, también en Cristo todos serán vivificados" (RV60). En 1 Corintios 15:45, Pablo incluso compara el momento en que Dios dio vida a Adán en Génesis 2:7 con la manera en que Cristo da vida: "Así también está escrito: El primer hombre, Adán, fue hecho alma viviente. El último Adán, espíritu que da vida" (LBLA).

El objetivo de este capítulo ha sido mostrar que los autores bíblicos que lo siguieron comprendieron lo que Moisés pretendía desde el principio. En Génesis, Moisés establece conexiones entre Adán, el hombre prototípico, y las entregas ectípicas en el modelo adámico que vienen después de él: Noé, Abraham, Isaac, Jacob, y luego en Éxodo, la nación de Israel. Esta presentación mosaica de Adán influenció a los autores bíblicos posteriores, como puede verse en la promesa a David en Samuel, las palabras de David en el Salmo 8, y en Daniel 7 sobre uno como un hijo de hombre. Jean Daniélou tiene razón:

Es particularmente notable que el Hijo del Hombre de Daniel es representado como triunfante sobre los animales, que representan a

94. Véase la interpretación en Thomas R. Schreiner, "Original Sin and Original Death: Romans 5:12-19", en *Adam, the Fall, and Original Sin*, 271-88.

las naciones idólatras. Este ciertamente recordaría al primer Adán y su dominio sobre el mundo animal. El Salmo 8 es aparentemente el vínculo entre Génesis y Daniel, mostrando de la forma como lo hace un hijo del hombre que debe reinar sobre la creación y particularmente sobre el mundo animal.[95]

Lucas y Pablo, entonces, aprendieron del mismo Moisés, de los autores del Antiguo Testamento, y de "los que oyeron" a Jesús (Hb 2:3) cómo interpretar a Moisés, y su presentación del espíritu inspirado de Jesús como el nuevo y mejor Adán encaja con afirmaciones más amplias de que Cristo es el cumplimiento de todo lo escrito de él en la Ley, los Profetas y las Escrituras (p. ej., Lucas 24:44; Juan 5:39, 46; 2 Corintios 1:20; Efesios 1:10).

---

95. Daniélou, *From Shadows to Reality*, 15.

3
Sacerdotes

Uno de los resultados más felices de la erudición del siglo XX ha sido el redescubrimiento de la importancia de la tipología para la comprensión de la Biblia.

S. L. JOHNSON[96]

Para esta discusión sobre los sacerdotes, comenzaremos con el carácter sacerdotal del rol de Adán en el jardín y lo que esto implica al respecto del carácter sacerdotal de la humanidad. A partir de allí, consideraremos a Melquisedec y las formas en que este se corresponde con Adán, para luego dirigir nuestra atención a la forma en que Dios hizo de Israel un reino de sacerdotes. Luego viene un estudio de la crítica veterotestamentaria del sacerdocio aarónico, junto con las promesas clave que realiza el Señor sobre cómo proveerá un sacerdote para su pueblo, antes de concluir el capítulo buscando patrones formados por dichas promesas. Este análisis está interesado principalmente en los patrones en forma de promesa relacionados con los sacerdotes cuando estos son considerados como *personas*; la *institución* del Leviticulto será considerada en el capítulo 9 más adelante. El esquema de este capítulo sigue de la siguiente forma:

1. Adán, el (rey) sacerdote.
2. Melquisedec, el (rey) sacerdote.
3. Israel, la nación (rey) sacerdote.
4. Aarón y los sacerdotes.
5. Promesas sobre un sacerdote fiel.

Hebreos 7 argumenta que Cristo es un sacerdote según el orden de Melquisedec. Melquisedec figuraba la manera en que Jesús cumpliría su rol de rey sacerdote. El sacerdocio de Melquisedec precedió al antiguo pacto y a la entrega de la ley en el Sinaí, y el autor de Hebreos entiende que el

---

96. Johnson, "A Response to Patrick Fairbairn", 794.

Salmo 110:4 indica que el pueblo de Dios tendrá asimismo un sacerdote no levítico, cuyo ministerio vendrá acompañado de un nuevo pacto, diferente del antiguo (ver Hb 7–8, esp. 7:12). Este capítulo analizará la evidencia presente en el Antiguo Testamento que apunta en la misma dirección, desde los indicios en la Torá de que el sacerdocio aarónico fallaría, hasta la declaración en los profetas anteriores de que la casa de Aarón sería removida, pasando por profecías pertenecientes a los profetas posteriores que apuntan a un nuevo tipo de sacerdocio, uno no autorizado por la Ley mosaica ni por el pacto de Sinaí.

Junto con la expectativa provocada por las promesas de un sacerdote fiel, aquellos que sirvieron como sacerdotes se convirtieron en instancias de patrones tipológicos. Debido a que muchas de estas figuras también tuvieron un papel de realeza, en los subtítulos subsiguientes haré referencia a su estatus de rey entre paréntesis. La forma en que los reyes figuraron al que había de venir será discutida en el capítulo 5.

1. ADÁN, EL (REY) SACERDOTE

Cuando consideremos la creación en el capítulo 7, esbozaremos la evidencia para la postura (que sostengo) de que Moisés pretende que su audiencia cree conexiones mentales entre la creación de Génesis 1–2 y el tabernáculo de Éxodo 25–40.[97] Hago mención de esto aquí pues, si se pretende que la creación sea entendida como un templo cósmico, este hecho apoya la noción de que Adán es un sacerdote prototípico. Refiriendo a los lectores a aquella discusión posterior, procederé en este capítulo asumiendo que la creación es comprendida como un templo cósmico y que el jardín del Edén es análogo al Lugar Santísimo. Esto tendrá obvias implicaciones para Adán: si el jardín corresponde al Lugar Santísimo posterior, y si solo el sumo sacerdote de Israel puede ingresar al Lugar Santísimo, ¿qué implica en referencia al estatus de aquel que está a cargo de trabajar y guardar el jardín?

1.1. Antes del pecado

La idea de que Dios creó el mundo como un templo cósmico da cuenta del propio concepto de que la humanidad fue hecha a imagen y semejanza de Dios (Gn 1:26-28). Mientras que los adoradores de otros dioses construyeron templos cuya función era simbolizar el cosmos, en el cual colocaban una estatua de roca o madera y de metal fundido para representar la pre-

---

97. Ver también R. E. Averbeck, "Tabernacle", en *Dictionary of the Old Testament: Pentateuch*, 816-18.

sencia, el carácter y la autoridad de su dios, la Biblia nos cuenta la verdadera historia. Yahvé construyó *la creación* como un templo cósmico, y dentro de dicho templo cósmico colocó una representación viva de sí mismo, que respira, que lo adora y posee su propia autoridad, carácter y dominio.

Para que podamos conceptualizar a Adán como el sumo sacerdote del jardín santísimo en el templo cósmico, primero debemos entender su rol. Dios bendijo al primer hombre y a la primera mujer y les ordenó ser fecundos, multiplicarse y llenar la tierra, sometiéndola mediante trabajo y cuidado, ejerciendo dominio sobre toda la creación de acuerdo con el carácter propio de Yahvé (Gn 1:26-28; 2:15).

Ser fecundos y multiplicarse, llenar, sojuzgar y reinar (Gn 1:28) significa que, en todo lugar, aquellos que llevan la imagen y semejanza de Dios, deben expandir la vida y por tanto hacer presente la imagen de Dios. Sojuzgar parece sugerir que se deben mejorar las cosas para todo lo que tiene vida, y al respecto de la multiplicación de las personas, esto significa la expansión de las fronteras de la tierra habitada, haciendo que lo que está fuera del jardín sea más parecido a este, con la creación sometida a las necesidades del hombre y los animales sujetos a su dominio. La responsabilidad de Adán es ser un mediador del conocimiento del Dios Creador para toda la creación, y llevar el carácter del Creador para influir en y sobre toda la creación. Al ser fecundos y multiplicarse, habrá más portadores de la imagen, quienes a medida que se unan a las tareas de llenar, sojuzgar y ejercer dominio, cubrirán las tierras desérticas con la gloria de Yahvé así como las aguas cubren los océanos, a fin de que el nombre de Yahvé sea alabado desde donde sale el sol hasta donde se pone.

Dios pone a Adán en el jardín "para trabajarlo y mantenerlo" (Gn 2:15). Las connotaciones de estos dos términos merecen ser comentadas pues son traducidas de diferentes formas en diferentes pasajes. El término traducido como "trabajo" (עָבַד) también puede traducirse como "servir" o "ministrar," y el término traducido como "mantener" (שָׁמַר) a veces es traducido como "guardar". En cualquier otro lugar del Pentateuco estos términos se usan juntos para describir las tareas que debían realizar los levitas en el tabernáculo (Nm 3:8), reflejando la manera en que el cosmos, como lugar de morada de Dios, con el jardín como el Lugar Santísimo, tiene designado su "cuidador" y "ministro", así como el tabernáculo posterior tiene a los levitas y sacerdotes de dicha tribu (Nm 1:53; 3:38).[98]

---

98. Gordon J. Wenham, "Sanctuary Symbolism in the Garden of Eden Story", en *I Studied Inscriptions from Before the Flood: Ancient Near Eastern, Literary, and Linguistic Approaches to Genesis 1–11*, ed. Richard Hess y David Toshio Tsumara (Winona Lake, IN: Eisenbrauns, 1994), 399-404.

Gn 2:15: "Tomó, pues, Jehová Dios al hombre, y lo puso en el huerto de Edén, para que lo *labrara* y lo *guardase"* (RV60; cursivas agregadas).

Nm 3:8: "Y *guarden [mantengan]* todos los utensilios del tabernáculo de reunión, y todo lo encargado a ellos por los hijos de Israel, y *ministren [trabajen]* en el servicio del tabernáculo" (RV60; cursivas agregadas).

Por tanto, el papel sacerdotal de Adán tiene el objetivo de llenar el mundo con portadores de la imagen de Yahvé, aquellos que vivirán el carácter de Yahvé en el mundo de Yahvé. Él está puesto para trabajar, servir y ministrar, intercediendo entre el Creador y su creación, a fin de que toda la creación conozca la mano reinante del Creador. Las responsabilidades de Adán —y las de sus descendientes— llevan consigo un fuerte componente sacerdotal. Más adelante, consideraremos a Adán como rey (teniendo "dominio," Gn 1:26, 28), pero aquí estudiaremos al hombre que fue hecho para ser un rey *sacerdote*, reinando sobre el mundo de Dios, intercediendo entre el mundo y Dios, haciendo conocido al Creador en toda la creación.

A partir del modo en que Génesis asume instrucciones que serán dadas posteriormente,[99] pareciera que Moisés pretendió que todo el Pentateuco fuera leído junto, lo que significaría que en los primeros relatos él asume información que solo se brindará más adelante. La entrada de una serpiente inmunda al jardín santísimo sugiere que el hombre ha fallado en *cuidar* el jardín (Gn 3:1, cf. 2:15). El fracaso de Adán en su tarea sacerdotal al no cuidar el jardín contra la intrusión de la serpiente inmunda explica, a su vez, por qué, a pesar de que la mujer comió primero, Dios llamó al hombre para dar cuenta de su falla y su pecado (Gn 3:9; Rm 5:12).

1.2. *Después del pecado*

Luego de que el hombre y la mujer pecaran (Gn 3:1-7), ambos son llamados a dar cuenta (3:8-13), y oyen palabras de juicio y promesa (3:14-19); el hombre nombra a su mujer como un acto de fe. Aunque merece morir, él

---

99. Por ejemplo, el mandamiento de no mezclarse en matrimonio con los pueblos de la tierra (Dt 7:3-5) da forma al matrimonio de Ismael con una egipcia (Gn 21:21), la insistencia de Abraham en que Isaac no se casara con una cananea (24:3), el casamiento de Esaú que preocupa a sus padres (26:34, 35; 28:6-9) y el deseo de que Jacob no desposara una hitita (27:46). Similarmente, las instrucciones en Levítico 18:7, 8 dan forma al pecado de Rubén con la concubina de su padre en Génesis 35:22, y las instrucciones para el casamiento en levirato en Deuteronomio 25:5-10 pueden ser asumidas en la historia de los hijos de Judá y Tamar en Génesis 38:6-14. Para otros ejemplos, ver anteriormente la nota al pie número 26.

cree que Dios dará vida (3:20). En Génesis 3:21 (LBLA), "el Señor Dios hizo vestiduras (כׇּתְנֹת) de piel para Adán y su mujer, y los vistió (לׇבַשׁ)".

Muchas veces he pensado acerca de este pasaje, tanto en clases como en iglesias, y la gente generalmente me pregunta si acaso las pieles fueron obtenidas de animales sacrificados. Por lo que puedo decir, el texto no indica abiertamente que ese fuera el caso. A lo que me refiero es que no veo conexiones directas entre Génesis 3:21 y textos posteriores del mismo autor (Moisés) que traten con sacrificios.[100] Si encontrásemos dichas conexiones, podríamos estar confiados en que Moisés pretendió que conectáramos las pieles con las cuales Yahvé vistió a Adán y Eva con las muertes sacrificiales de animales descritas posteriormente en Levítico. A pesar de que no conozco conexiones *sacrificiales* evidentes, sí existen conexiones *sacerdotales* sugestivas.

Dios *vistió* al hombre y a la mujer con *vestiduras* de *piel*. A pesar de que en ciertos casos la piel (עוֹר) del animal sacrificial debía ser consumida por el fuego (Lv 4:11, 12; 8:17), Levítico 7:8 declara: "Y el sacerdote que presente el holocausto de alguno, la piel del holocausto que haya ofrecido será para él". Los términos en Génesis 3:21 que se interpretan como "vestiduras" (כׇּתְנֹת) y "vistió" (לׇבַשׁ) son predominantemente utilizados en el resto del Pentateuco para hablar de las "vestiduras" que usaban los sacerdotes y de la forma en que estos eran "vestidos" cuando llevaban a cabo sus tareas.[101] En el Pentateuco, el término interpretado como "vestiduras" (כׇּתְנֹת) es usado solo en las siguientes instancias: para aquellas provistas por Dios para el hombre y la mujer en Génesis 3:21; para el abrigo especial que el padre de José hizo para este (Gn 37:3, 23, 31, 32, 33); y para la vestimenta de los sacerdotes (Ex 28:4, 39, 40; 29:5, 8; 39:27; 40:14; Lv 8:7, 13; 10:5; 16:4). El uso de este término en el Pentateuco construye conexiones importantes entre Adán (y José) y los sacerdotes. De manera similar, aunque no es utilizado exclusivamente para hablar de cómo se vestían los sacerdotes, el verbo interpretado como "vistió" en Génesis 3:21 (לׇבַשׁ) es usado masivamente en referencia a la vestimenta de los sacerdotes (Ex 28:41; 29:5, 8, 30; 40:13, 14; Lv 6:10, 11 [MT 6:3, 4]; 8:7, 13; 16:4, 23, 24, 32; 21:10; Nm 20:26, 28).[102]

---

100. Nuevamente aquí, si Moisés pretende que el Pentateuco sea leído como un todo, pensar en los sacrificios de Levítico brinda una conexión lógica entre las pieles y el animal presumiblemente asesinado del cual estas fueron tomadas.

101. Quien por primera vez me hizo notar esto fue Mathews, *Genesis 1–11:26*, 254-55.

102. Este verbo "vistió" también es usado en Génesis en referencia a Jacob (Gn 27:15, 16; 28:20), Tamar (38:19) y José, y también aparece en Deuteronomio para prohibir la mezcla de vestimenta (Dt 22:5) y la mezcla de lana y lino (22:11).

Adán no es llamado sacerdote abiertamente, pero (1) existen fuertes conexiones entre el cosmos y el templo, el jardín y el Lugar Santísimo, sugiriendo que en el jardín él es como el sumo sacerdote dentro del Lugar Santísimo; (2) su rol es mediar el conocimiento y la presencia de Dios ante la creación de Dios; (3) la "descripción de su rol" de trabajar y cuidar el jardín (Gn 2:15) emplea los mismos términos utilizados para hablar de los levitas trabajando y cuidando (guardando y ministrando) el tabernáculo (Nm 3:8); y (4) los términos utilizados para describir sus vestimentas y la acción de ser vestido con estas son los mismos que se usaron en referencia a los sacerdotes. Estos rasgos indican que Adán es un (rey) sacerdote prototípico.

2. MELQUISEDEC, EL (REY) SACERDOTE

Los relatos de Noé y Abraham tienen rasgos sacerdotales (es decir, Noé distingue entre animales puros e impuros, y tanto él como Abram construyen altares donde adorar), pero la primera figura en ser llamada "sacerdote" en la narración es Melquisedec (Gn 14:18). El autor de Hebreos encuentra significativo el nombre. Una palabra compuesta formada de los términos hebreos para "rey" (מֶלֶךְ) y "justicia" (צֶדֶק), el nombre de Melquisedec (מַלְכִּי־צֶדֶק) significa "rey de justicia" (Gn 14:18; Hb 7:2). También es designado como "rey de Salem" (Gn 14:18), y "Salem" es identificada con Jerusalén. Hebreos señala que debido a las conexiones entre "Salem" (שָׁלֵם) y "paz" (שָׁלוֹם), Melquisedec no solo es el "rey de justicia", sino también el "rey de paz" (Hb 7:2; cf. 2 S 12:24; Is 9:6 [MT 9:5]).

Moisés no identificó abiertamente a Adán, Noé o Abram como reyes sacerdotes, pero sí incluyó en su relato un sacerdote rey, Melquisedec, y posteriormente anunciaría a Israel que ellos debían ser un "reino de sacerdotes" para Yahvé (מַמְלֶכֶת כֹּהֲנִים, Ex 19:6). David llegó a reinar en Jerusalén mucho tiempo después de Moisés, así que, aunque Moisés puede que no haya esperado ese punto de contacto entre Melquisedec y el futuro rey de Israel, a partir de lo que vemos en sus escritos podemos decir que Moisés habría afirmado: (1) que Israel tendría un rey de la descendencia de Abraham (Gn 17:6, 16); (2) que Dios había prometido la tierra de Canaán a Abraham (12:7); y (3) que como sacerdote rey, Melquisedec encarnaba los roles asignados a Adán (ver sección 2.1), los cuales hallarían cumplimiento en el futuro rey de Israel, quien representaba al "reino de sacerdotes" (Ex 19:6), al "hijo de Dios" (Ex 4:22, 23) que era el Israel nacional (cf. 2 S 7:14, y ver la discusión de Reyes en el capítulo 5 más adelante). El hecho de que Melquisedec haya reinado en Salem probablemente influyó en David mientras componía el Salmo 110. Las conclusiones clave de este párrafo son que Adán fue un rey sacerdote prototípico, Melquisedec fue un ectipo de uno que encarnaba tales roles y que luego la nación de Israel se convirtió en un reino de sacerdotes.

Abram derrota a los reyes que secuestraron a Lot, llevando cautiva la cautividad (ver también el capítulo 5, 1.2 más adelante), y luego en Génesis 14:18, Melquisedec trae pan y vino. Esta secuencia de eventos coincide con la forma en que Yahvé derrota a los dioses de Egipto (Ex 12:12). Llega durante la noche de la Fiesta de Pascua, la cual incluye pan sin levadura (12:8) y probablemente también vino.[103] La Fiesta de Pascua debe ser celebrada anualmente para conmemorar lo que Yahvé hizo por su pueblo (12:1-27) y es llevada a cabo en la Cena del Señor, instituida en la noche en que Jesús fue traicionado.[104] Entonces, parece que tenemos un patrón de la derrota heroica de los enemigos, mediante la cual los cautivos son liberados, seguida de una celebración sacerdotal de la victoria con pan y vino. Moisés puede haber incluido el detalle de que Melquisedec trajo pan y vino en Génesis 14:18 porque vio un paralelo con el comer y beber no solo de la Pascua, sino también en la comida del pacto en Éxodo 24:11.

Melquisedec es identificado como "sacerdote del Dios Altísimo" en Génesis 14:18; luego, cuando bendice a Abram en 14:19, Melquisedec habla del "Dios Altísimo, dueño del cielo y la tierra". Apenas unos versículos después, cuando Abram se refiere al "Dios Altísimo, dueño del cielo y la tierra" en 14:22, el lector ve que Abram ha identificado a Dios con el mismo término que usó Melquisedec, indicando que Abram y Melquisedec adoran al mismo Dios. Esto naturalmente invita a reflexionar en el hecho de que, aunque Yahvé entra en pacto con Abram (Gn 15, 17), no se nos dice nada sobre el pacto bajo el cual Melquisedec sirve como sacerdote. El único pacto mencionado abiertamente a esta altura en Génesis ha sido el noético (ver 6:18; 9:8-17). Tal vez la especulación acerca del pacto noético y el sacerdocio de Melquisedec contribuyó en los intentos de identificar a Melquisedec con Sem, hijo de Noé,[105] pero el texto de Génesis no especifica ni que Melquisedec fuera Sem ni que Melquisedec hubiera servido bajo el

---

103. El vino no estaba incluido específicamente en las instrucciones para la Pascua, pero Dt 14:24-26 y 16:1-8 podrían indicarnos que esto se daba por sentado. Cuando Jesús celebra la Pascua con sus discípulos, una copa de vino parece haberse convertido en algo firmemente instalado en la celebración de la festividad (Mt 26:27-29; Mc 14:23-25; Lc 22:20; 1 Cor 11:25, 26).

104. Para una comprensión tipológica de cómo Pablo trata el cumplimiento de la Pascua en Cristo, ver James M. Hamilton Jr., "The Lord's Supper in Paul: An Identity-Forming Proclamation of the Gospel", en *The Lord's Supper: Remembering and Proclaiming Christ Until He Comes*, ed. Thomas R. Schreiner y Matthew R. Crawford (Nashville: Broadman & Holman, 2010), 68-102.

105. Scott W. Hahn nota que "en tradiciones judías y cristianas antiguas", Sem "típicamente es identificado como Melquisedec", y Hahn afirma que esto es correcto. Scott W. Hahn, *Kinship by Covenant: A Canonical Approach to the Fulfillment of God's Saving Promises* (New Haven: Yale University Press, 2009), 97-100, 390-92. Sin embargo, la identificación carece de garantías exegéticas explícitas tanto en la narrativa de Génesis como en la Epístola a los Hebreos.

pacto noético. El sacerdocio aarónico posteriormente se establecerá como parte del pacto de Yahvé con Israel en Sinaí (cf. Ex 4:14-16; 28:1, etc.).

Si prestamos atención a la forma en que Génesis frecuentemente presenta la descendencia genealógica de estos personajes principales y luego sus muertes cuando ocurren, veremos que el autor de Hebreos recoge el hecho de que Moisés no incluye tal información al respecto de Melquisedec, lo cual lo hace similar al hijo de Dios, "sin padre, sin madre, sin genealogía, no teniendo principio de días ni fin de vida" (Hb 7:3, LBLA). Hebreos también resalta el hecho de que Abraham dio un diezmo a Melquisedec (Gn 14:20; Hb 7:4-10) y fue bendecido por este (Gn 14:19; Hb 7:6).

Al incluir a Melquisedec en su narrativa, Moisés presenta en Génesis una figura como Adán: un rey reinante que también intercede como sacerdote entre el pueblo y Dios. Después de Melquisedec, encontramos un sacerdote real cuando se le dice a la nación de Israel (luego de ser designada como "hijo de Dios") que el propósito divino para ellos era que fueran un reino de sacerdotes.

3. ISRAEL, LA NACIÓN (REY) SACERDOTE

¿Cuál es el fundamento para la afirmación del Señor "y vosotros seréis para mí un reino de sacerdotes y una nación santa" en Éxodo 19:6? En la sección 3 del capítulo 2, vimos que Adán era el hijo de Dios que debía ser fecundo y multiplicarse, lo que significa que él era un prototipo de la nación de Israel, el hijo de Dios (Ex 4:22, 23) que fue fecundo y se multiplicó grandemente (1:7). Si la nación de Israel era un nuevo Adán, y este era un sacerdote rey, entonces la nación sería un reino de sacerdotes. Si el rol de Adán era mediar el conocimiento de Dios ante toda la creación, el rol de Israel era mediar el conocimiento de Dios ante todas las naciones.

La nación de Israel debía cumplir sacerdotalmente aquello en lo que Adán había fallado: llenar la tierra, sojuzgarla y reinar sobre ella para la gloria de Yahvé. Al igual que Adán fue puesto en el jardín, Israel fue puesto en la tierra santa, y así como Adán debía expandir las fronteras del jardín (sojuzgando la tierra, Gn 1:28), a fin de que el lugar de habitación de Dios abarcara toda la tierra, de igual forma Israel debía expandir sus fronteras, a fin de que las naciones fueran su heredad y los confines de la tierra su posesión (cf. Sal 2:8). Al igual que Adán transgredió las estipulaciones del pacto y fue expulsado del jardín, de igual manera, Israel rompió el pacto de Sinaí y fue exiliado de la tierra. En su historia, la nación de Israel repite el patrón del fracaso de Adán como sacerdote.

La intención mundial de Dios para el rol sacerdotal de la nación de Israel parece ser reflejada en Isaías 49:6 (LBLA): "Poca cosa es que tú seas mi siervo, para levantar las tribus de Jacob y para restaurar a los que quedaron de Israel; también te haré luz de las naciones, para que mi salvación alcance hasta los confines de la tierra". El Señor quiere salvar no solamente al remanente de Israel, sino a todas las naciones, y la salvación vendrá del trabajo de su siervo. Adán fue el primero de los siervos de Dios a quien se le dio esta tarea, luego Israel continuó con ella, y una vez que ellos fallaron, Jesús la llevó a cabo. Pablo, mientras proclama lo cumplido por Jesús, cita Isaías 49:6, refiriéndose a su propio ministerio de intercesión sacerdotal de llevar el evangelio a los gentiles en Hechos 13:47. La cita de Pablo de Isaías 49:6, con sus matices sacerdotales, encaja perfectamente con la forma en la que habla en el libro de Romanos (Rm 1:9; 15:16) de su ministerio a los gentiles en términos sacerdotales.

> Romanos 1:9: "A quien sirvo [λατρεύω] en mi espíritu en la predicación del evangelio de su Hijo" (LBLA).

> Romanos 15:16: "Para ser ministro [λειτουργὸν] de Cristo Jesús a los gentiles, ministrando a manera de sacerdote el evangelio de Dios [ἱερουργοῦντα τὸ εὐαγγέλιον], a fin de que la ofrenda [προσφορὰ] que hago de los gentiles sea aceptable [εὐπρόσδεκτος], santificada por el Espíritu Santo" (LBLA).

El cumplimiento de Cristo del rol sacerdotal de intercesión no solo habilita a Pablo a seguir sirviendo al Señor de esta forma, mediando el conocimiento de Dios ante el mundo, sino que además constituye a su pueblo como un reino de sacerdotes (1 P 2:9; Ap 1:5, 6; 5:10). Adán fue puesto en el jardín como un sacerdote real y falló. Israel fue puesto en la tierra como un sacerdote real y falló. Cristo vino como un sacerdote real y triunfó, y luego comisionó a Pablo, su apóstol, para ser luz a las naciones, a fin de que la iglesia pudiera ofrecer un sacerdocio real mediante la creación de discípulos de Jesús, el sacerdote real.

4. AARÓN Y LOS SACERDOTES

Además de la amplia trayectoria sacerdotal que va desde Adán hasta Melquisedec, y de Israel a Cristo, llegando hasta la iglesia, también hallamos formas en que la ley de Moisés indica que el sacerdocio aarónico fallaría. Estos indicios son desarrollados por los profetas anteriores y posteriores, y la dirección en la cual apuntan es cristalizada en los Escritos —específicamente en el Salmo 110, que apunta a un futuro nuevo sacerdocio, basado en lo que tipificó Melquisedec, sin relación con el pacto de Sinaí—. A pesar de todo, el sacerdocio aarónico tipificó el sacerdocio que Cristo cumpliría en rol, responsabilidad y acción.

Según la presentación en el Pentateuco, Israel no tenía rey cuando Aarón y sus hijos fueron hechos sacerdotes, y nada parece indicar en el Pentateuco que los sacerdotes debían cumplir la función de reyes. Moisés nunca fue llamado rey, pero sí realizaba funciones que cumplirían los reyes posteriores: interactuar con el rey de Egipto (p. ej., Ex 7:1; 9:1, 13; 10:28, 29) y juzgar al pueblo de Israel (18:13; cf. 1 R 3:16-28). Juntos, Moisés y Aarón casi conformaron un tándem sacerdote-rey.

En las instrucciones que venían con el pacto de Sinaí en el Pentateuco, las únicas *personas* que debían ser ungidas eran los sacerdotes (Ex 28:41; 29:7; 30:30; 40:13, 15; Lv 8:30, etc.; el mismo tabernáculo y los utensilios de adoración también debían ser ungidos). Dado que la ley nunca da instrucción para la unción de reyes, cuando el Señor instruye a Samuel para que hiciera esto mismo —ungir a Saúl como rey (1 S 9:16; cf. Jc 9:8)— la unción asocia naturalmente la monarquía con el sacerdocio. Algo similar puede ser dicho sobre la instrucción que Dios dio posteriormente a Elías: ungir a Jehú como rey y a Eliseo como profeta (1 R 19:16).

El establecimiento de Aarón y sus hijos como sacerdotes vino junto con la entrega de la ley y el establecimiento del pacto en Sinaí. Ese conjunto de revelaciones lleva consigo indicios de que el pacto de Sinaí sería roto (p. ej., Lv 26:15; Dt 31:20) y que también Yahvé mostraría misericordia a su pueblo sobre la base del pacto que hizo con Abraham (p. ej. Lv 26:42; Dt 4:31; 7:8; 10:15; 30:5). Antes de que la nación saliera de Sinaí, tanto Aarón (Ex 32) como sus hijos (Lv 10) ya habían fallado de maneras devastadoras y que rompían el pacto (Ex 32:19; Lv 10:2). Dentro del Pentateuco, entonces, existen indicios de que fracasaría tanto el pacto de Sinaí como el sacerdocio asociado con él.

A medida que avanzamos por el Antiguo Testamento, tanto en los profetas anteriores como en los posteriores hallamos promesas de que el Señor reemplazaría el sacerdocio aarónico con uno que será fiel y efectivo.

5. PROMESAS SOBRE UN SACERDOTE FIEL

David Steinmetz ha comparado la lectura del Antiguo Testamento con la lectura de una novela de misterio.[106] Los autores que dominan este arte brindan a sus lectores toda la información necesaria, pero lo hacen de una manera que hace muy difícil la resolución del crimen mientras la historia

---

106. David C. Steinmetz, "Uncovering a Second Narrative: Detective Fiction and the Construction of a Historical Method", en *The Art of Reading Scripture*, ed. Ellen F. Davis y Richard B. Hays (Grand Rapids: Eerdmans, 2003), 54-65.

está siendo leída.[107] Sin embargo, una vez que un lector termina la historia y experimenta la revelación, en la relectura, pareciera como si el autor hubiera ocultado todas las pistas a simple vista.

El autor de novelas de misterio conoce dónde se dirige la historia. Los autores del Antiguo Testamento, de igual forma, parecen haber conocido en cierta medida hacia dónde se dirigía la historia. Ellos no conocían ni la persona ni el tiempo (1 P 1:11), y ciertas cosas les fueron mantenidas ocultas (Ef 3:5), pero el resto de este capítulo busca encontrar pistas ocultas a simple vista sobre la promesa de un sacerdote fiel. Comenzaremos con 1 Samuel 2.

5.1. El sacerdote fiel en 1 Samuel 2:35

Los hijos del sacerdote Elí, Ofni y Finees, eran "hijos de Belial" (בְּנֵי בְלִיָּעַל; 1 S 2:12), y debido a su grave pecado (2:13-17, 22, 23), "el Señor quería que murieran" (2:25, LBLA). Por lo tanto, vino un hombre de Dios a Elí con la profecía de que sus dos hijos morirían el mismo día (2:34), y la narración relata cómo ocurrió lo predicho (4:11).

La denuncia del hombre de Dios, sin embargo, iba dirigida más allá de la casa de Elí. Sus primeras palabras hacen recordar el momento en que Aarón fue constituido sacerdote en el tiempo del éxodo:

> Así dice el Señor: "¿No me revelé ciertamente a la casa de tu padre cuando ellos estaban en Egipto, esclavos de la casa de faraón? ¿No los escogí de entre todas las tribus de Israel para ser mis sacerdotes, para subir a mi altar, para quemar incienso, para llevar un efod delante de mí? ¿No di a la casa de tu padre todas las ofrendas encendidas de los hijos de Israel?". (1 S 2:27, 28, LBLA)

En estas declaraciones a Elí, las referencias a "la casa de tu padre" no pueden agotarse solo en uno de los hijos de Aarón. Aarón fue la cabeza de la casa que fue escogida para servir como sacerdotes (1 S 2:28; Ex 28:1) "cuando ellos estaban en Egipto, esclavos de la casa de faraón" (1 S 2:27). Aarón tuvo cuatro hijos; Nadab y Abiú murieron, quedando solo Eleazar e Itamar (Ex 6:23; Lv 10; 1 Cr 24:2). La línea de Elí, el sacerdote al que hace referencia 1 Samuel 2:27-35, desciende de Itamar (1 S 14:3; 22:20; 23:6; 1 Cr 24:3), mientras que la casa de Sadoc desciende de Eleazar (1 Cr 6:1-15, 50-53; 24:3).

---

107. Por ejemplo, el famoso "Detection Club", que era conformado por Agatha Christie, Dorothy Sayers, G. K. Chesterton y otros, habían acordado reglas que habían sido definidas para cuidarlos de engañar a sus lectores.

La referencia que hace 1 Samuel 2:27 de Dios revelándose a sí mismo a la casa del padre de Elí "cuando ellos estaban en Egipto, esclavos de la casa de faraón" demanda que "la casa de tu padre" signifique más que simplemente Itamar, hijo de Aarón, como opuesto a Eleazar, hijo de Aarón, dado que Aarón es la figura sacerdotal activa en Egipto antes del éxodo. No solo fue elegido Itamar, ancestro de Elí e hijo de Aarón, para servir como sacerdote (1 S 2:28). Fueron Aarón y sus hijos quienes fueron escogidos.

El hombre de Dios, luego de abordar tanto los pecados de los hijos de Elí como el fracaso de este en disciplinarlos en 1 Samuel 2:29 (aunque en 1 S 2:23-25, Elí los reprendió), anuncia no solamente el fin de la línea de Elí, sino también que *la casa de su padre será cortada*:

> Por tanto, el Señor, Dios de Israel, declara: "Ciertamente yo había dicho que tu casa y la casa de tu padre andarían delante de mí para siempre";[108] pero ahora el Señor declara: "Lejos esté esto de mí, porque yo honraré a los que me honran, y los que me menosprecian serán tenidos en poco. He aquí, vienen días cuando cortaré tu fuerza, y la fuerza de la casa de tu padre, y no habrá anciano en tu casa". (2:30, 31, LBLA)

El corte de la fuerza de Elí es detallado en 1 Samuel 2:32-34, donde se le dice que sus dos hijos morirán (2:34), que no habrá anciano en su casa (2:32), y que sus únicos descendientes que sobrevivan llorarán por la muerte a espada del resto de la casa de Elí (2:33, LBLA). Estas declaraciones en 1 Samuel 2:33 parecieran ser cumplidas cuando Doeg, bajo las órdenes de Saúl, asesina a los sacerdotes de Nob, y solo Abiatar escapa para ir con David (1 S 22:12-23).

Hemos visto que las referencias a la casa del padre de Elí (1 S 2:27, 28, 30, 31) deben referirse a la casa de Aarón (vea esp. 2:27: "La casa de tu padre cuando ellos estaban en Egipto, esclavos de la casa de faraón"). Notemos nuevamente las palabras de 1 Samuel 2:31: "Cortaré tu fuerza, y la fuerza de la casa de tu padre". Esto pareciera indicar no solo que la línea de Elí sería cortada, sino también la de Aarón, y esa realidad pareciera ser abordada en 1 Samuel 2:35: "Y levantaré para mí un sacerdote fiel que hará conforme a lo que está en mi corazón y en mi mente. Y le edificaré una casa duradera, y él entrará y saldrá delante de mi ungido por siempre".

---

108. Esta declaración apunta a las antiguas promesas hechas en pasajes tales como Ex 27:21, donde "Aarón y sus hijos la mantendrán en orden delante del Señor desde la tarde hasta la mañana; será estatuto perpetuo para todas las generaciones de los hijos de Israel" (LBLA). Vea también Ex 29:9: "Y les ceñirás los cinturones a Aarón y a sus hijos, y les atarás las mitras, y tendrán el sacerdocio por estatuto perpetuo. Así consagrarás a Aarón y a sus hijos" (LBLA).

Antes de que miremos más en detalle 1 Samuel 2:35, deberíamos considerar 1 Reyes 2:27: "Así echó Salomón a Abiatar del sacerdocio de Jehová, para que se cumpliese la palabra de Jehová que había dicho sobre la casa de Elí en Silo" (RV60). Este cumplimiento descrito en 1 Reyes 2:27 se refiere específicamente a "la casa de Elí" y es consumado cuando Abiatar, descendiente de Elí, es desplazado por Sadoc. Abiatar desciende de Itamar, hijo de Aarón, y Sadoc desciende de Eleazar, hijo de Aarón, pero ambas líneas descienden de Aarón. Es correcto, por lo tanto, que la referencia a la casa del padre de Elí en 1 Samuel 2:27-35 se refiera a la casa aarónica (y veamos nuevamente "cuando ellos estaban en Egipto" en 1 S 2:27); luego, mientras 1 Reyes 2:27 trae a cumplimiento la profecía contra la casa de Elí, las partes de la profecía que hacen referencia a toda la casa de Aarón esperan ser cumplidas, dado que la línea sadoquita es parte de la casa aarónica.

Cada frase de 1 Samuel 2:35 resuena con otras declaraciones importantes. La primera frase en español, "Y levantaré para mí", emplea la misma forma verbal (וַהֲקִימֹתִי) vista en 2 Samuel 7:12: "Levantaré tu descendencia después de ti" (וַהֲקִימֹתִי). Lo que el Señor afirma que levantará para sí mismo en 1 Samuel 2:35, "un sacerdote fiel" (כֹּהֵן נֶאֱמָן), contrasta con Elí y sus hijos (1 S 2:12-25), que mueren como fue profetizado (4:11, 18; 22:11-19). La línea de Elí fue posteriormente removida del servicio sacerdotal (1 R 2:26, 27, 35). El "sacerdote fiel" prometido en 1 Samuel 2:35 también se contrapone con los hijos de Samuel (1 S 8:1-5), y mirando hacia atrás, el sacerdote prometido contrasta también con Aarón (Ex 32) y sus hijos (Lv 10). Si el Señor está por "cortar... la fuerza de la casa de tu padre [de Elí]" (1 S 2:31), es decir, la casa de Aarón (2:27), ¿de dónde viene este "sacerdote fiel" (2:35)?

La descripción de este sacerdote en 1 Samuel 2:35 continúa con las palabras "hará conforme a los deseos de mi corazón y de mi alma" (LBLA, כַּאֲשֶׁר בִּלְבָבִי וּבְנַפְשִׁי יַעֲשֶׂה). Una expresión similar aparece cuando Samuel le dice a Saúl: "Pero ahora tu reino no perdurará. El Señor ha buscado para sí un hombre conforme a su corazón" (1 S 13:14, LBLA; כִּלְבָבוֹ). El contexto cercano de la declaración de 1 Samuel 13 crea una asociación entre David y Jonatán, cuyo escudero le dice: "Haz todo lo que tengas en tu corazón [בִּלְבָבֶךָ]... pues aquí estoy contigo a tu disposición [כִּלְבָבֶךָ]" (14:7, LBLA). Luego de la revelación que Dios da a David en 2 Samuel 7:1-17, David dice a Yahvé: "A causa de tu palabra, conforme a tu propio corazón [וּכְלִבְּךָ], tú has hecho toda esta grandeza, para que lo sepa tu siervo" (2 S 7:21, LBLA). La semejanza entre estas declaraciones acerca del "corazón" indica que Yahvé quiere un "sacerdote fiel" de la misma manera que desea un rey obediente; la declaración de 1 Samuel 13:14 dirigida a Saúl surge en el contexto de la reprensión de Samuel hacia Saúl por su sacrificio desobediente (1 S 13:8-15).

La siguiente afirmación del Señor en 1 Samuel 2:35 podría causar que los lectores piensen que están leyendo 2 Samuel 7: "Y le edificaré una casa duradera" (וּבָנִיתִי לוֹ בַּיִת נֶאֱמָן, 1 S 2:35, LBLA). En respuesta al deseo de David de construir (בָּנָה) una casa (בַּיִת) para Yahvé (esp. 2 S 7:5), en 2 Samuel 7:11, Natán le dice a David: "Y el Señor también te hace saber que el Señor te edificará una casa" (בַּיִת; LBLA). El Señor dice a David que su simiente "edificará casa a mi nombre" (הוּא יִבְנֶה־בַּיִת לִשְׁמִי, 2 S 7:13, LBLA), y el Señor promete a David: "Tu casa y tu reino permanecerán para siempre delante de mí" (וְנֶאְמַן בֵּיתְךָ, 2 S 7:16, LBLA). No es algo insignificante que el Señor prometa una "casa" (בַּיִת) duradera (נֶאֱמַן / נֶאֱמָן) tanto en 1 Samuel 2:35 como en 2 Samuel 7:16.

La frase final que describe al "sacerdote fiel" para quien Yahvé construirá una "casa duradera" dice en 1 Samuel 2:35: "Y él andará siempre delante de mi ungido" (LBLA). Esta traducción sigue la dirección del Texto Masorético, así como también lo hace la traducción griega (καὶ διελεύσεται ἐνώπιον χριστοῦ). Sin embargo, sobre la base de consideraciones gramaticales y contextuales, Karl Deenick ha propuesto una leve enmienda, que resultaría en la traducción: "Y mi ungido andará siempre delante de mí".[109]

La pregunta apunta a si la preposición "delante" (לפני) tiene como sufijo un *pataj-yod* (לְפָנַי, "delante de mí"), algo que argumenta Deenick, o un *sere-yod* (לְפְנֵי, "delante de mi ungido") como apuntaron los masoretas en el texto, y como también el traductor griego lo interpretó:

1 Samuel 2:35: וְהִתְהַלֵּךְ לִפְנֵי־מְשִׁיחִי כָּל־הַיָּמִים

Si lo que afirma Deenick es correcto, "mi ungido" (מְשִׁיחִי) se convierte en el sujeto del verbo "andar" (como en "mi ungido andará") en lugar del objeto de la preposición ("él [el sacerdote, que debe ser distinguido del rey ungido mencionado posteriormente] andará delante de mi ungido"). La propuesta de Deenick es atractiva, pero sin evidencia textual de que la preposición "delante" (לפני) fuera documentada con un *pataj-yod* en lugar de un *sere-yod*, parece imprudente apoyarnos demasiado en su lectura.[110]

Aun así, en 1 Samuel 2:27-35, tenemos una profecía de que la casa del padre de Elí —que sobre la base de 2:27, parece ser la casa de Aarón— será removida del sacerdocio y reemplazada. El cumplimiento visto en 1 Reyes

109. Karl Deenick, "Priest and King or Priest-King in 1 Samuel 2:35", *Westminster Theological Journal* 73 (2011): 325-39.

110. No existe discusión acerca de 1 Samuel 2:35 en Dominique Barthélemy, *Critique Textuelle de L'Ancien Testament* (Göttingen: Vandenhoeck and Ruprecht, 1982), 150.

2:27 se refiere a la casa de Elí, pero no se cumple la remoción de la casa del padre de Elí, es decir, de la casa de Aarón. Dado que textos posteriores del Antiguo Testamento apuntan a alteraciones del sacerdocio levítico, estos parecieran indicar que un cambio fundamental tendría lugar en la naturaleza de la ley y del sacerdocio, específicamente en los requerimientos legales correspondientes a quienes pueden servir en dichos roles. También es relevante la manera en que sería cumplido lo que fue tipificado en Adán y Melquisedec, en conjunto, tal vez, con el tándem Moisés-Aarón: el reino de un rey sacerdote.

5.2. Isaías sobre futuros sacerdotes y levitas

En Isaías 61:6, hablando al pueblo de Dios, el profeta apunta al día en que sería quitada la restricción del sacerdocio a la línea de Aarón: "Seréis llamados sacerdotes del Señor; hablarán de vosotros como ministros [מְשָׁרְתֵי ἰογρυοτιελ] de nuestro Dios". En estas declaraciones, Isaías afirma que será cumplido el propósito del Señor declarado en Éxodo 19:6: que la nación sería un reino de sacerdotes. Esta afirmación tiene las mismas implicaciones respecto a la ley mosaica y al sacerdocio levítico que el Salmo 110:4, el cual es expuesto en Hebreos 7:11-21.

Pero Isaías no se detiene en la declaración de que todos los israelitas serán sacerdotes: también incluye a los gentiles. Luego de listar una serie de naciones gentiles a las cuales serían enviados los sobrevivientes — Tarsis, Fut, Lud, Tubal y Javán—, Isaías afirma: "Y ellos traerán a todos vuestros hermanos de todas las naciones como una ofrenda al Señor... Y también tomaré a algunos de ellos para sacerdotes y para levitas, dice el Señor" (66:20, 21). Una vez más, no hay nada en la Torá de Moisés acerca del servicio de no israelitas como sacerdotes o levitas. Por definición, los que sirven como levitas son hombres de la tribu de Leví. Aarón y Moisés descienden de Leví, y solo hombres que descendían de Aarón podían servir como sacerdotes. Así como la afirmación en Isaías 61:6 invalida la ley concerniente a sacerdotes al decir que todo Israel será sacerdote, la profecía de Isaías 66:21 lo hace incluso más flagrantemente al apuntar más allá de los requerimientos genealógicos de la ley (cf. Nm 3:5-13) cuando asegura que los gentiles servirán como sacerdotes.

Mientras Isaías pregona sobre un día en el que todo el pueblo de Dios conocerá y guardará el pacto —"Todos tus hijos serán enseñados por el Señor" (Is 54:13)—, también anuncia un día cuando los términos del pacto serán cambiados, cuando el Señor levantará para sí sacerdotes fieles de todo Israel y levitas de las naciones. De la misma forma, Jeremías realiza una importante declaración acerca de los sacerdotes levíticos en 33:14-26.

5.3. Jeremías sobre futuros sacerdotes levíticos

Los profetas enseñan que cuando Dios lleve a cabo la salvación del nuevo éxodo (por ejemplo, Jr 16:14, 15; 23:7, 8), realizará un nuevo pacto con su pueblo que no será como el que hizo con ellos luego del éxodo (31:31-34). Isaías indica que esto resultará en que tanto los israelitas como los gentiles servirán como sacerdotes y levitas. ¿Acaso esto se mantiene también para Jeremías?, ¿o acaso Jeremías enseña que del mismo modo en que Dios hará que un rey davídico reine por siempre, también hará que los sacerdotes levíticos ministren para siempre? Si los sacerdotes levíticos debían continuar para siempre, ¿acaso eso no significaría que el pacto bajo el cual ministran, es decir, el pacto de Sinaí, también se mantendría en pie para siempre (cf. Hb 7:12)?

La traducción de la LBLA de Jeremías 33:17, 18 podría dar la impresión de que los dos versículos son declaraciones paralelas:

Jeremías 33:17	Jeremías 33:18
Porque así dice el Señor: Nunca le faltará a David quien se siente sobre el trono de la casa de Israel;	y a los sacerdotes levitas nunca les faltará quien en presencia mía ofrezca holocausto, queme ofrendas de cereal y prepare sacrificios todos los días.

Leídos de esta forma, los versículos 17 y 18 parecieran indicar (1) que un descendiente de David siempre se sentará en el trono de Israel, y (2) que un descendiente de Aarón de la tribu de Leví siempre servirá como sacerdote.[111] Las versiones RV60 y la JBS tienen lecturas similares, sin embargo,

---

111. Aparentemente, tomando el texto de esta forma, J. A. Thompson escribe: "Tanto el sacerdocio levítico, como la dinastía davídica, son vistos como compartiendo la misma promesa". J. A. Thompson, *The Book of Jeremiah*, New International Commentary on the Old Testament (Grand Rapids: Eerdmans, 1980), 602. La tensión que aquí remarco puede verse en el comentario de F. B. Huey, donde declara: "Estos versículos contienen una promesa de que en Israel las líneas davídica y levítica serían permanentes"; pero luego escribe en la siguiente página: "No es ilógico concluir que Cristo en su rol sacerdotal cumple el rol de sacerdote levítico". F. B. Huey, *Jeremiah, Lamentations*, New American Commentary (Nashville: Broadman & Holman, 1993), 301-2. Según mi punto de vista, entender Jeremías 33:18 como una promesa de la continuación del sacerdocio levítico es una mala interpretación de Jeremías. El autor de Hebreos enseña que para que uno de la tribu de Judá se convierta en sacerdote, es requerido un nuevo pacto en el cual el sacerdocio no se encuentre limitado a la tribu de Leví (Hb 7:12-22).

las traducciones de las versiones en inglés KJV y NET están más abiertas a una interpretación diferente. Consideremos mi propia traducción literal de estos versículos (las cursivas denotan frases coincidentes):

Jeremías 33:17	Jeremías 33:18
Porque así dice Yahvé:	y por los sacerdotes, los levitas,
No será cortado por David,	*él no será cortado*,
un hombre sentado sobre el trono de la casa de Israel;	*un hombre* de delante de mí que ofrezca ofrendas quemadas y haga tributos de humo y realice holocaustos todos los días.

El orden de las palabras y el fraseo de estos dos versículos dejan abierta la posibilidad de que el hombre que "no será cortado por David" en el versículo 17 es el mismo que "no será cortado" de los sacerdotes, los levitas, en el versículo 18. Notemos que en los versículos 17 y 18, la misma expresión es usada para "él no será cortado..., un hombre" (לֹא־יִכָּרֵת ...אִישׁ).

Como muestra mi traducción literal de más arriba, el versículo 17 tiene la frase "por David" seguida inmediatamente por la frase verbal "él no será cortado". En el versículo 18, en contraste, la frase "y por los sacerdotes, los levitas" precede a la cláusula verbal, lo que nos indica que en lugar de presentar declaraciones paralelas, en las cuales ni el hombre de David ni el hombre del sacerdocio levítico serán cortados, podría haber un hombre que no será cortado "por David... y por los sacerdotes, los levitas" (33:17, 18a). En esta lectura, la repetición de la frase "él no será cortado" en el versículo 18 sirve para reiterar que *el mismo hombre* del versículo 17, que "no será cortado por David", también representará a los sacerdotes.

Cinco líneas de evidencia avalan la idea de que Jeremías 33:17, 18 habla de una figura (el futuro rey davídico) que no será cortada, y no dos (un rey davídico y un sacerdote levítico): primero, la estructura literaria de Jeremías 33:14-26; segundo, los puntos de contacto léxicos con 1 Samuel 2:27-35; tercero, puntos de contacto con 1 Reyes 8:25; cuarto, el uso de los términos "levitas" y "sacerdotes" en Jeremías (e Isaías); y quinto, la interpretación tipológica de estas cuestiones en Zacarías 6:9-15.

5.3.1. La estructura literaria de Jeremías 33:14-26

Jeremías 33:14 comienza con la frase: "He aquí, los días están viniendo, declara el Señor". Esta declaración de tres partes —(1) "He aquí"; (2) "los días están viniendo"; (3) "declara el Señor"— ocurre trece veces en Jeremías (Jr 7:32; 9:25 [MT 9:24]; 16:14; 19:6; 23:5, 7; 30:3; 31:27, 31; 33:14; 48:12; 49:2; 51:52; cf. también 31:38) y solo una vez en otro lado (Amós 9:13). Jeremías 30–33 es reconocido ampliamente como una unidad que apunta a la salvación escatológica de Israel y la frase parece haber sido colocada estratégicamente dentro de estos capítulos. Jeremías la usa al comienzo de esta sección de su profecía en 30:3, y nuevamente emplea la frase como declaración inicial de la unidad final de estos capítulos en 33:14-26. Esta frase ocurre dos (o tres) veces cerca del centro de esta unidad en 31:27 y 31:31, pasajes que tienen una importancia obvia (cf. también 31:38, donde hay un problema con el texto). Este encabezado marca 33:14-26 como una declaración unificada, y la unidad del pasaje es reforzada por su enfoque en David (33:15, 17, 21, 22, 26), el cumplimiento de las promesas de Dios a Abraham y a Israel/Jacob (33:14, 17, 22, 24-26), y la mención de "los sacerdotes y levitas" (LBLA; 33:18, 21, 22, ver más adelante).

Jeremías 33:14-26 cae dentro de dos unidades, 33:14-18 y 33:19-26. La primera de estas, 33:14-18, sigue a la declaración "He aquí, los días están viniendo" en 33:14 con dos declaraciones: "En aquellos días" en 33:15 y 33:16. Estas dos expresiones de "En aquellos días" están por lo tanto basadas en la declaración "Pues así dice el Señor" en 33:17, 18.

La segunda unidad, 33:19-26, consta de dos secciones, cada una de las cuales comienza con: "Y vino palabra del Señor a Jeremías" (33:19, 23, LBLA). Ambas secciones (33:19-22 y 33:23-26) constan de una afirmación "si/entonces" precedida por "Así dice el Señor" (33:20, 21; 33:25, 26, LBLA).

El tema predominante a lo largo de este pasaje claramente estructurado es que Dios cumplirá sus promesas levantando al rey salvador de la línea de David: él es el que es prometido en el versículo 14; el renuevo justo que brotará en el versículo 15; el que trae salvación y lleva el nombre de Yahvé justicia nuestra en el versículo 16; el rey davídico que reina eternamente del versículo 17; y sostengo que él es el que en el versículo 18 no será cortado por los nuevos levitas, los sacerdotes.

Los dos enunciados "si/entonces" en los versículos 19-26 prometen primero que el pacto de Dios con David (que beneficiará a los sacerdotes levíticos transformados) es tan cierto como el día y la noche (Jr 33:19-21), y segundo, que el orden fijo del día y la noche constata que Dios no ha rechazado a "los dos clanes que escogió" (33:24), y esos dos clanes son identificados como "Jacob y David" (33:26). Dios escogió a la casa de Israel (designada aquí por el nombre del patriarca Jacob, antes que su nombre cambiara a Israel) y a la casa de David dentro de Israel.

Por lo tanto, pareciera que Jeremías 33:14-26 apunta al cumplimiento de las promesas de Dios respecto a Israel y a David, promesas que no incluyen la continuación del pacto mosaico, bajo el cual los levitas sirven al tabernáculo y los hombres de la línea de Aarón sirven como sacerdotes (ver Jr 31:31-34). Aunque "los sacerdotes levíticos" son mencionados en este pasaje, tenemos razones para creer que la frase no debería considerarse como haciendo referencia a un linaje tribal. Por ahora vemos que mientras en Jeremías 31:31-34 se proclama un nuevo pacto que no será como el antiguo hecho en Sinaí, en 33:22, Jeremías hace alusión a pasajes tales como Génesis 15:5 y 22:17 para afirmar que la simiente de David traerá el cumplimiento del pacto con Abraham a medida que se multipliquen los que adoran a Yahvé.

5.3.2. Puntos de contacto léxicos con 1 Samuel 2:27-35

Vimos anteriormente que la frase tripartita —(1) "He aquí"; (2) "los días están viniendo"; (3) "declara el Señor"— ocurre regularmente en Jeremías, pero solo una vez fuera de este libro. Las primeras dos partes de esta frase —(1) "He aquí," (2) "los días están viniendo"— ocurren catorce veces en Jeremías y solo seis veces en otro sitio (además de las trece instancias de la frase tripartita que vimos anteriormente; ver Jr 51:47). De estas seis apariciones de la frase fuera de Jeremías, tres se encuentran en Amós (Amós 4:2; 8:11 y 9:13), dos aparecen en un pasaje paralelo ubicado tanto en Isaías como en Reyes (2 R 20:17; Is 39:6), lo cual deja la primera aparición de la frase en la Biblia en 1 Samuel 2:31:

> 1 S 2:31: "He aquí, los días están viniendo".
> הִנֵּה יָמִים בָּאִים

> Jr 33:14: "He aquí, los días están viniendo".
> הִנֵּה יָמִים בָּאִים

Como hemos visto en la discusión anterior, en 1 Samuel 2:27-35 un hombre de Dios profetiza a Elí que la fuerza de su casa y de la casa de su padre será cortada y que el Señor levantará para sí un sacerdote fiel. En Jeremías 33:14-26, el profeta declara que el Señor cumplirá las promesas del nuevo pacto hechas a Abraham y David, agregando que dicho pacto incluirá que los sacerdotes levíticos siempre tendrán a alguien que los represente. Jeremías comienza con una frase que fue usada por primera vez en medio del oráculo contra Elí y la casa de su padre en 1 Samuel 2:31.

En 1 Samuel 2:33, el hombre de Dios dice a Elí: "Sin embargo, a algunos de los tuyos no cortaré de mi altar para que tus ojos se consuman llorando y tu alma sufra; pero todos los nacidos en tu casa morirán en la flor de la juventud" (LBLA). Como vimos anteriormente, esta profecía parecería ser cumplida cuando Saúl ordena a Doeg que asesine a los sacerdotes, escapando solamente Abiatar (1 S 22:11-23). Notemos la similitud entre estas referencias a los que no serán cortados:

1 S 2:33: "Y no cortaré a un hombre por ti".

וְאִישׁ לֹא־אַכְרִית לְךָ

Jr 33:17: "Un hombre no será cortado por David".

לֹא־יִכָּרֵת לְדָוִד אִישׁ

Jr 33:18: "Un hombre no será cortado de delante de mí".

לֹא־יִכָּרֵת אִישׁ מִלְּפָנָי

En cada una de estas afirmaciones, vemos la partícula de negación לֹא ("no"), el verbo para "cortar" (כָּרַת) y el término "hombre" (אִישׁ). El autor de Reyes presenta a David usando esta terminología mientras habla con Salomón en 1 Reyes 2:4: "Por ti un hombre no será cortado del trono de Israel", y Salomón la usa mientras ora en 1 Reyes 8:25 (ver 5.3.3 más adelante y el paralelo en 2 Cr 6:16). En 1 Reyes 9:5, el autor presenta al Señor reiterando la promesa a Salomón con el mismo lenguaje: "Un hombre no será cortado por ti" (ver paralelo en 2 Cr 7:18). Isaías habla de esta forma refiriéndose a la descendencia de Jacob (Is 48:19; cf. 48:12), a la naturaleza perdurable de la gloria futura de Dios (55:13), y al nombre que Dios dará a los eunucos que escojan lo que le agrada (56:4, 5). Jeremías hace esta clase de promesa a los recabitas (Jr 35:19) y Zacarías la hace a aquellos que sobrevivan al fin (Za 14:2). La frase לֹא־יִכָּרֵת ("él no será cortado") ocurre doce veces en el Antiguo Testamento, con al menos seis de ellas refiriéndose al futuro rey davídico, siete veces si es que Jeremías 33:18 se refiere a la misma figura que 33:17.

Las frases de Jeremías "He aquí, los días están viniendo" y "un hombre no será cortado" coinciden con las mismas en 1 Samuel 2:31 y 2:33, y la frase traducida como "para siempre" en Jeremías 33:18 aparece en 1 Samuel 2:32 y 2:35.

1 S 2:32: "Todos los días" (es decir, "para siempre").

כָּל־הַיָּמִים

1 S 2:35: "Todos los días" (es decir, "para siempre").

כָּל־הַיָּמִים

Jr 33:18: "Todos los días" (es decir, "para siempre").

כָּל־הַיָּמִים

Esta frase ocurre cuarenta y seis veces en el Antiguo Testamento, pero no es la única forma de decir "para siempre" en hebreo (cf., por ejemplo, לְעֹלָם literalmente, "a la edad"; עַד־עֹלָם, "hasta la edad"; לָנֶצַח, "hasta el extremo"; y לָעַד, "a perpetuidad", etc.). La NBV usa el término "siempre" dieciséis veces para traducir una de las tantas expresiones de Jeremías, pero el profeta solo utiliza cuatro veces esta frase: "Todos los días" (Jr 31:36; 32:39; 33:18; 35:19). En este pasaje, en el cual habla de un hombre que no será cortado por los sacerdotes levíticos, él escoge una frase que ocurre dos veces en 1 Samuel 2:27-35, y elige dicha frase junto con al menos otras dos que coinciden con el pasaje.

Teniendo en cuenta las tres frases discutidas hasta ahora, otros puntos de contacto léxicos entre 1 Samuel 2:27-35 y Jeremías 33:14-26 parecieran confirmar que Jeremías pretendió evocar 1 Samuel 2:27-35. Por ejemplo, aunque la frase "así dice Yahvé" ocurre 291 veces en el Antiguo Testamento, aparece predominantemente en nuestros dos pasajes:

1 S 2:27: "Así dice Yahvé".

כֹּה אָמַר יְהוָה

Jr 33:17: "Así dice Yahvé".

כִּי־כֹה אָמַר יְהוָה

Jr 33:20: "Así dice Yahvé".

כֹּה אָמַר יְהוָה

Jr 33:25: "Así dice Yahvé".

כֹּה אָמַר יְהוָה

Ambos pasajes también tratan con la elección de Dios:

1 S 2:28: "¿Yo lo escogí (בָּחַר)?".

Jr 33:24: "¿... los dos clanes que escogió (בָּחַר)?".

Y ambos pasajes repiten terminología sacrificial:

1 Samuel 2:28, 29 (LBLA)	Jeremías 33:18 (LBLA)
"... para subir a mi altar (לַעֲלוֹת עַל־מִזְבְּחִי), para quemar incienso (לְהַקְטִיר)... mis sacrificios (בְּזִבְחִי) y mi ofrenda (וּבְמִנְחָתִי)..."	"... ofrezca holocausto (מַעֲלֶה עוֹלָה), queme (וּמַקְטִיר) ofrendas de cereal (מִנְחָה), y prepare sacrificios (וְעֹשֶׂה־זֶבַח)..."

Habiendo visto esta evidencia, parece probable que, en 33:14-26, Jeremías pretende hacer recordar a su audiencia 1 Samuel 2:27-35, y es más: Jeremías pareciera profetizar sobre el cumplimiento de lo allí profetizado.

5.3.3. Puntos de contacto con 1 Reyes 8:25

1 Reyes 8:25 presenta a Salomón orando en la dedicación del templo, y lo que pide tiene importantes puntos de contacto con 1 Samuel 2:27-35 y Jeremías 33:17, 18. Dado que Salomón pide al Señor por el cumplimiento de la promesa de Dios a David, el uso de fraseología similar en 1 Samuel 2:35 y Jeremías 33:18 confirma el tinte davídico de dichos pasajes:

> Ahora, pues, Jehová Dios de Israel, cumple a tu siervo David mi padre lo que le prometiste, diciendo: No te faltará varón delante de mí, que se siente en el trono de Israel, con tal que tus hijos guarden mi camino y anden delante de mí como tú has andado delante de mí. (1 R 8:25, RV60)

La interpretación de la RV60, "No te faltará varón", traduce la frase que hemos visto en 1 Samuel 2:33 y Jeremías 33:17, 18: "Un hombre no será cortado por ti" (לֹא־יִכָּרֵת לְךָ אִישׁ, 1 R 8:25). El Señor dice, este hombre no será cortado por Salomón "delante de mí" y la frase en 1 Reyes 8:25 coincide con la frase en Jeremías 33:18:

1 R 8:25: "Un hombre no será cortado por ti de delante de mí".
לֹא־יִכָּרֵת לְךָ אִישׁ מִלְּפָנָי

Jr 33:18: "Un hombre no será cortado de delante de mí".
לֹא־יִכָּרֵת אִישׁ מִלְּפָנָי

La frase siguiente en 1 Reyes 8:25 afirma que este hombre que "no será cortado de delante de Yahvé" se sentará "en el trono de Israel". De igual forma, en Jeremías 33:17, el hombre que no será cortado por David "se sentará en el trono de la casa de Israel".

1 R 8:25: "Se siente en el trono de Israel".

יֵשֵׁב עַל־כִּסֵּא יִשְׂרָאֵל

Jr 33:17: "Se siente sobre el trono de la casa de Israel".

יֹשֵׁב עַל־כִּסֵּא בֵית־יִשְׂרָאֵל

Jeremías 33:17, 18, entonces, simplemente reafirma 1 Reyes 8:25, como podemos ver en la siguiente tabla:

1 Reyes 8:25	Jeremías 33:17	Jeremías 33:18
"un hombre no será cortado por ti de delante de mí sentado en el trono de Israel para caminar delante de mí como tú has caminado delante de mí".	"un hombre no será cortado por David sentado en el trono de la casa de Israel".	"un hombre no será cortado de delante de mí".

En la frase final de 1 Reyes 8:25, se presenta a Salomón citando la promesa del Señor sobre la necesidad de que los hijos de David presten "especial atención a sus caminos, de caminar delante de mí como tú has caminado delante de mí". Estas declaraciones son muy similares a 1 Samuel 2:30 (el don del Señor del sacerdocio a la casa de Aarón y a la casa de Elí) y a 1 Samuel 2:35 (el sacerdote fiel).

1 R 8:25: "De caminar delante de mí como tú caminaste delante de mí".

לָלֶכֶת לְפָנַי כַּאֲשֶׁר הָלַכְתָּ לְפָנָי

1 S 2:30: "Caminarían delante de mí".

יִתְהַלְּכוּ לְפָנָי

1 S 2:35: "Y él caminará delante de mi Mesías".

וְהִתְהַלֵּךְ לִפְנֵי־מְשִׁיחִי

Como fue discutido anteriormente, si el final de la preposición utiliza un *pátaj* en lugar de una *tsere*, 1 S 2:35 se leería de la siguiente forma: "Y mi Mesías caminará delante de mí". Si la identidad de la figura en 1 Samuel 2:35 es incierta, en 1 Reyes 8:25, con el cual otros textos (1 S 2:35; Jr 33:17, 18) tienen mucho en común, esta figura es indiscutiblemente el rey de la línea de David.

5.3.4. Levitas y sacerdotes en Jeremías (e Isaías)

Jeremías frecuentemente apunta al futuro escatológico, y esto es especialmente así en los capítulos 30-33. En estas profecías de lo que será, los sacerdotes y levitas no juegan ningún papel en absoluto. De hecho, los únicos versículos de todo Jeremías en que se mencionan los levitas son 33:18, 21 y 22.[112] La mayoría de las referencias de Jeremías a los sacerdotes pertenecen a sacerdotes históricos en los días del profeta. Aparte de las referencias a sacerdotes en Jeremías 33:18 y 33:21, la única otra referencia a sacerdotes escatológicos se encuentra en 31:14: "Alimentaré el alma de los sacerdotes con abundancia, y mi pueblo será saciado con mi bondad, declara el Señor". El punto aquí es que mientras Jeremías regularmente apunta a un rey futuro de la línea de David, solo en unos pocos lugares dice algo del lugar que tendrán los levitas y sacerdotes en el futuro escatológico. Si los levitas y sacerdotes de la línea de Aarón fueran a tener lugar en el nuevo pacto que Jeremías profetiza en 31:31, 34, podríamos esperar que Jeremías profetice de ellos como futuros sacerdotes al igual que lo hace al respecto del futuro rey de la línea de David. Como puede verse, el profeta tiene muy poco que decir tanto de los sacerdotes como de los levitas, y no hay razones para pensar que estuviera en desacuerdo con lo que profetizó Isaías sobre la identidad de los futuros levitas.

Isaías usa el término "sacerdote" solo cuatro veces en sus profecías, y cada una de ellas se refiere a sacerdotes históricos de su propio tiempo (Is 8:2; 24:2; 28:7; 37:2). Isaías se refiere a "levitas" solo una vez (66:21), y en dicho pasaje dice que los gentiles servirán como levitas. Por lo tanto, Isaías parece anticipar un nuevo conjunto de requisitos para los levitas.

¿Acaso Jeremías 33:18 indica que la tribu de Leví y los sacerdotes de la línea de Aarón nunca serán cortados, o acaso ese versículo indica que el rey de la línea de David (el cual no será cortado en 33:17) es quien representará a los sacerdotes levitas en el versículo 18? Tal vez nos pueda ayudar a responder esta pregunta la interpretación que brindó el profeta que vino luego de Jeremías: Zacarías.

---

112. Thompson escribe: "Esta es la única referencia en el libro donde se menciona el reavivamiento del sacerdocio". *Jeremiah*, 602.

5.3.5. Zacarías 6:9-15

El mayor indicio de que en Zacarías 6:9-15 el profeta interpreta a Jeremías puede verse en la referencia al "hombre cuyo nombre es Renuevo" en 6:12 (LBLA). Jeremías había profetizado que el Señor levantaría "a David un Renuevo justo" en 23:5 (LBLA), y nuevamente en 33:15: "Haré brotar de David un Renuevo justo" (LBLA, cf. Is 4:2).

Zacarías, al igual que Jeremías, hace referencia a esta figura en dos oportunidades. En primera instancia, el Señor declara a Josué el sumo sacerdote que traerá a su siervo el Renuevo: "Escucha ahora, Josué, sumo sacerdote, tú y tus compañeros que se sientan ante ti, que son hombres de presagio, pues he aquí, yo voy a traer a mi siervo, el Renuevo" (Za 3:8). Debido a lo que veremos en Zacarías 6, notamos aquí que Josué no es identificado con el renuevo, aunque él y los hombres que lo acompañan son "hombres de presagio [מוֹפֵת]", indicando que ellos "presagian" o "prefiguran" lo que será.[113] Podemos ver este "presagio" siendo promulgado en el pasaje del segundo "renuevo" en Zacarías 6:12.

Zacarías requiere una interpretación parabólica de lo que tendrá lugar en el futuro. La palabra de Yahvé ordena que Josué, el sumo sacerdote, debe ser coronado como rey e identificado como "el Renuevo". Josué no era el renuevo en 3:8, pero presagia o tipifica al renuevo en 6:12. Aparte de este signo-acto profético promulgado simbólicamente, el sumo sacerdote Josué jamás fue coronado rey, por lo que la profecía no fue cumplida de esa manera. Sin embargo, Zacarías apuesta su propia autenticidad como profeta al cumplimiento de sus palabras: cuando lo que ha profetizado en 6:9-15a se haga realidad, Zacarías declara: "Sabréis que Yahvé de los ejércitos me ha enviado a vosotros" (Za 6:15b). Pareciera entonces que Zacarías apunta a un día cuando el sumo sacerdote del pueblo de Dios también sea su rey.

¿Acaso tenemos razones para pensar que la profecía tipológica de Zacarías fue formada por promesas previas? En lo que sigue, examinaremos los puntos de contacto entre Zacarías 6 y los pasajes considerados en esta discusión.

Zacarías ordena a los que regresaron del exilio que hicieran una corona y la colocaran sobre la cabeza de Josué el sumo sacerdote (Za 6:9, 10), y luego comienza su declaración acerca de "un hombre cuyo nombre es el Renuevo" en 6:12 (LBLA) usando la misma fórmula vista en 1 Samuel 2:27,

---

113. Rose observa que "la misma palabra מופת es usada para referirse al profeta Isaías y sus hijos (Isaías 8:18)". Wolter Rose, *Zemah and Zerubbabel: Messianic Expectations in the Early Postexilic Period*, Library of Hebrew Bible/Old Testament Studies 304 (Sheffield: Sheffield Academic Press, 2000), 44.

Jeremías 33:17, 20 y 25: "Así dice el Señor" (כֹּה אָמַר יְהוָה, Zac 6:12, LBLA). A pesar de que es una fórmula común, se une, junto con otras características del pasaje, para apuntar a Jeremías 33:14-26.

Cuando el sumo sacerdote Josué es coronado en esta acción simbólica, Zacarías anuncia en 6:12: "He aquí el hombre, Renuevo es su nombre". Esta declaración, junto con Jeremías 23:5, 6, y 33:15, comparten el foco en el rey de la línea de David siendo *nombrado* el *Renuevo*:

Za 6:12: "He aquí el hombre, Renuevo es su nombre".	הִנֵּה־אִישׁ צֶמַח שְׁמוֹ
Jr 33:15: "Haré brotar de David un renuevo justo".	אַצְמִיחַ לְדָוִד צֶמַח צְדָקָה
Jr 23:5, 6: "Y levantaré para David un Renuevo justo, y él reinará como rey y actuará sabiamente… y este es su nombre por el cual será llamado, 'Yahvé justicia nuestra'".	וַהֲקִמֹתִי לְדָוִד צֶמַח צַדִּיק וּמָלַךְ מֶלֶךְ וְהִשְׂכִּיל וְזֶה־שְּׁמוֹ אֲשֶׁר־יִקְרְאוֹ יְהוָה צִדְקֵנוּ...

Notemos que en Jeremías 23:5, la declaración "levantaré" (וַהֲקִמֹתִי) emplea la misma forma que vimos en 1 Samuel 2:35 y 2 Samuel 17:12. Es más, aquí Jeremías declara directamente que esta figura "reinará como rey [וּמָלַךְ מֶלֶךְ] y actuará sabiamente [וְהִשְׂכִּיל]".

Zacarías crea un vínculo directo con las promesas de 2 Samuel 7 cuando afirma en 6:12: "Y él construirá el templo de Yahvé" (וּבָנָה אֶת־הֵיכַל יְהוָה). Zacarías reafirma este punto en el siguiente versículo, 6:13: "Y el construirá el templo de Yahvé" (וְהוּא יִבְנֶה אֶת־הֵיכַל יְהוָה). Estas declaraciones nos recuerdan a 2 Samuel 7:13, al cual se acerca mucho la cita de Zacarías 6:13, donde Yahvé dice del descendiente de David: "Él construirá una casa para mi nombre" (הוּא יִבְנֶה־בַּיִת לִשְׁמִי, 2 S 7:13).

Vimos referencias al futuro rey de la línea de David "sentado sobre el trono" en 1 Reyes 8:25 y Jeremías 33:17, y ahora Zacarías declara que el renuevo, el sumo sacerdote que será coronado rey y construirá el templo, "se sentará y gobernará en su trono" (וְיָשַׁב וּמָשַׁל עַל־כִּסְאוֹ, Za 6:13). Zacarías deja esto bien claro en las siguientes frases de 6:13 cuando afirma: "Y un sacerdote estará en su trono, y el consejo de paz estará entre ambos" (וְהָיָה כֹהֵן עַל־כִּסְאוֹ וַעֲצַת שָׁלוֹם תִּהְיֶה בֵּין שְׁנֵיהֶם).

Para repasar lo que vimos anteriormente en 1 Samuel 2 y Jeremías 33: el señalamiento masorético de 1 Samuel 2:35 indicaría que un sacerdote fiel caminará delante del Mesías del Señor. Un texto hebreo sin puntos vocálicos podría ser interpretado como diciendo que el Mesías será el sacerdote fiel que caminará delante del Señor. Y mientras algunas traducciones siguen la interpretación de que Jeremías 33:17, 18, indica que el Señor nunca permitirá que sean cortadas las dos figuras (un rey de la línea de David o un sacerdote levítico), el contexto del texto, su sintaxis y su gramática indican que el rey de la línea de David nunca será cortado, y que este nunca será cortado en beneficio de los sacerdotes levíticos.

Estas observaciones sugieren que Zacarías 6:9-15 está vinculado con y arroja más luz a 1 Samuel 2:35 y Jeremías 33:17, 18. Dependiendo de la identidad del/los autor/es de Samuel, puede que David haya compuesto el Salmo 110 para el tiempo en que 1 y 2 Samuel fueron escritos. Jeremías vivió mucho tiempo después de David y habría tenido acceso al Salmo 110, y a la afirmación de que el Señor de David sería sacerdote por siempre según el orden de Melquisedec (Sal 110:4), y lo mismo ocurre con Zacarías. Hemos visto fuertes puntos de contacto entre 1 Samuel 2, Jeremías 33 y Zacarías 6 (y pasajes relacionados, tales como 1 R 8:25). Si no estamos seguros después de 1 Samuel 2:35, el significado de Jeremías 33:17, 18, en contexto trae claridad, y Zacarías 6:9-15 describe un coronamiento tipológico del sumo sacerdote como rey, apuntando al día en que los oficios de rey y de sacerdote serán unidos en una persona, ambos ostentados por el rey davídico constructor del templo.[114]

La promesa del sacerdote fiel da lugar al patrón en Zacarías, un patrón en el cual el sumo sacerdote es coronado rey. El patrón a su vez refuerza la promesa.

5.4. Patrón del sacerdote (rey) que vendrá

Además de los patrones vistos en las vidas de Adán, Melquisedec, Israel, Aarón y las promesas de un sacerdote fiel en el futuro, los relatos que tratan sobre David incluyen un interesante matiz sacerdotal. Como vimos anteriormente en la sección 4, las únicas personas en ser ungidas en el Pentateuco eran los sacerdotes. Por lo que el ungimiento del rey (Jc 9:8; 1 S 9:16; 16:1-3), donde se unge al rey con aceite, hace pensar en los sacerdotes. Además de ser ungido, cuando David llevó el arca a Jerusalén vistió un efod de lino como vemos en 2 Samuel 6:14. El fraseo de David usando el efod en 2 Samuel 6:14 coincide exactamente con la descripción de Samuel (que era un levita, 1 Cr 6:1, 28 [MT 5:27; 6:13], ministrando en el templo, 1 S 3:1, 3), vistiendo lo mismo en 1 Samuel 2:18, y se corresponde casi

---

114. De manera similar, Anthony R. Petterson, "Zechariah", en *ESV Expository Commentary: Daniel–Malachi*, ed. Iain M. Duguid, James M. Hamilton Jr., y Jay Sklar (Wheaton, IL: Crossway, 2018), 677.

perfectamente con la descripción de los sacerdotes asesinados por Doeg en 1 Samuel 22:18.

2 S 6:14, David, חָגוּר אֵפוֹד בָּד
"Vestido con un efod de lino".

1 S 2:18, Samuel, חָגוּר אֵפוֹד בָּד
"Vestido con un efod de lino".

1 S 22:18, sacerdotes, נֹשֵׂא אֵפוֹד בָּד
"Vestían un efod de lino".

David fue ungido como eran ungidos los sacerdotes, se vistió como se vestían los sacerdotes cuando trasladó el arca a Jerusalén, y una vez que el arca estuvo en Jerusalén, organizó el servicio de alabanza en la casa de Yahvé (1 Cr 6:31). Cuando David declara a Yahvé como su herencia tribal en el Salmo 16:5, 6, escoge para sí mismo la herencia dada a Aarón (Nm 18:20). Además, la última frase de 2 Samuel 8:18 dice: "Los hijos de David eran sacerdotes" (DHH). Algunas traducciones toman de este versículo el plural para "sacerdotes" (כֹּהֲנִים) para referirse a "ministros principales" (LBLA) o a "los príncipes" (RV60), pero el uso de este término es un misterio.

Tal vez David entendía que Adán fue un rey sacerdote en el jardín, y que la designación de Melquisedec como dicha clase de figura en Génesis 14 tenía implicaciones para el futuro nuevo Adán rey de su descendencia. Tal comprensión de Adán y Melquisedec probablemente colorearía nuestro entendimiento de Abraham, quien construyó altares como un sacerdote (Gn 12:7, 8; 13:18), ganó batallas y negoció con gobernantes como un rey (Gn 14).

En el Salmo 110, David profetiza de cómo su Señor se sentará a la diestra de Yahvé (Sal 110:1) y será hecho "sacerdote para siempre según el orden de Melquisedec" (110:4, LBLA).[115] Mientras consideramos la forma en que el Antiguo Testamento construye la interpretación neotestamentaria del sumo sacerdocio melquisedeciano de Jesús (ver esp. Hb 5–7), las figuras del Antiguo Testamento brindan las piezas fundamentales para el desenlace del Nuevo Testamento. Estas figuras incluyen al arquetipo adámico, el fracaso de los sacerdotes aarónicos en el Sinaí y en lo posterior (Ex 32; Lv 10), y las profecías de un sacerdote fiel (1 S 2:35). A estas se agregan

---

115. Ver además, Matthew Emadi, "You Are Priest Forever: Psalm 110 and the Melchizedekian Priesthood of Christ", *Southern Baptist Journal of Theology* 23 (2019): 57-84.

el patrón melquisedeciano de un rey sacerdote y los patrones de la propia vida de David, complementados por las profecías de Jeremías y Zacarías. Las profecías y los patrones trabajan en conjunto para prefigurar a aquel que cumpliría lo que presagió Josué, el sumo sacerdote (Za 3:8), sobre uno que ciertamente construiría "el templo de Yahvé" y sería "un sacerdote en su trono" (6:13).[116]

116. Si esto es así, estaría de acuerdo con el argumento de Hansley al respecto de las relaciones pactuales en los Salmos: "Los editores de los Salmos veían los pactos abrahámico, mosaico y davídico como una unidad teológica y anticipaban su cumplimiento conjunto a través de un futuro sucesor davídico. Los Salmos atribuyen a este 'nuevo David' el rol mosaico tradicional de mediador en la renovación del pacto (cf. Ex 33–34), cumplir las promesas pactuales tradicionalmente abrahámicas, sustituir a Moisés como intercesor por el pueblo frente a su infidelidad al pacto, y ser fiel a las obligaciones del pacto mosaico". Adam D. Hensley, *Covenant Relationships and the Editing of the Hebrew Psalter*, Library of Hebrew Bible/Old Testament Studies 666 (New York: T&T Clark, 2018), 9.

4
Profetas

Halláis que todo lo que está escrito acerca de nuestro padre Abraham, está escrito también respecto a sus hijos.
GEN. RAB. 40.6[117]

Un enfoque para explorar los tipos de la Biblia sería moverse exegéticamente *lectio continua* (lectura continua en secuencia) a través de cada pasaje de la Biblia. Siguiendo ese método, podríamos mirar diferentes capas de significado tipológico antes de pasar al siguiente pasaje. Tratando con Adán de esta manera, podríamos discutir de una vez la forma en que tipifica las figuras posteriores —su significado profético, sacerdotal y real, su matrimonio, su pecado y su exilio—, hasta los patrones que culminan en Cristo, el nuevo Adán. Tal enfoque sería hacer capítulos *muy* largos, por no hablar de todo el proyecto.

Como estrategia organizativa para este libro, he optado por pasar por las categorías tipológicas ampliamente utilizadas de personas (Parte I), eventos (Parte II) e instituciones (Parte III). Dentro de estas partes de la discusión, además, vamos a considerar diferentes aspectos relacionados del desarrollo tipológico de la Biblia. Este resultará en exploraciones superpuestas y en capas de la forma en que la expectativa tipológica se construye desde el Antiguo Testamento hasta el Nuevo.

Como esto se relaciona con Adán, en los dos capítulos anteriores consideramos dos capas tipológicas: cómo Moisés forja una serie de patrones que se construyen desde el primer Adán hasta el último, de modo que Adán tipifica al Mesías, y cómo Adán sirve como un arquetipo de sacerdote, apuntando hacia el eterno sacerdocio de Melquisedec del segundo Adán. Ahora, una tercera capa agrega aún más textura al tejido de la Biblia: la forma como Adán es un ejemplo prototípico de una figura profética, y cómo los profetas se mantienen en relación unos con otros a lo largo del Antiguo Testamento, y cómo los patrones de sus experiencias se fusionan

---

117. Debo esta referencia a Mathews, *Genesis 1–11:26*, 53.

con las promesas de Dios para provocar la anticipación del que cumple todo lo que ellos tipifican.

Este capítulo comenzará con el primer Adán y terminará con el último, centrándose en Moisés, habiendo pasado por figuras como Noé y Isaías, Abraham y Elías/Eliseo, así como Isaac y Josué. El capítulo tiene una estructura quiástica:

1. Adán.
  2. Noé.
    3. Abraham.
      4. Isaac.
        5. Moisés.
      6. Josué.
      7. Elías y Eliseo.
    8. Isaías.
  9. Jesús.

Comenzamos con figuras clave en Génesis buscando mostrar (1) que eran profetas, y (2) que Moisés pretendía que su audiencia los conectara uno con otro. Una descripción completa de cómo el Señor se revela a sí mismo a los profetas es provista en Números 12:6-8:[118]

> Si hay profeta [נָבִיא] entre vosotros, yo, el Señor, me doy a conocer [יָדַע] a él en una visión [מַרְאָה]; hablo [דָּבַר] con él en un sueño [חֲלוֹם]. No así con mi siervo Moisés. Él es fiel en toda mi casa. Con él hablo [דָּבַר] boca a boca [פֶּה אֶל־פֶּה], claramente [מַרְאֶה], y no en acertijos [חִידָה] y él contempla [נָבַט] la imagen [תְּמוּנָה] del Señor.

El contenido que Yahvé revela se describe aquí como *darse a conocer* (Números 12:6). El Señor articula varias formas en las que *habla*, incluyendo *visiones y sueños y enigmas*, pero con Moisés el Señor habla *cara a cara* al *contemplar* la forma de Yahvé. Moisés por este medio presenta a Yahvé esbozando cómo se revela a sí mismo a los profetas, por lo que este pasaje nos ayuda a considerar las relaciones entre los profetas a los que Yahvé se ha revelado a sí mismo.

---

118. Cf. La discusión de la naturaleza seminal de Números 12 y Deuteronomio 18 en O. Palmer Robertson, *The Christ of the Prophets* (Phillipsburg, NJ: P & R, 2004), 33-39.

1. ADÁN

Como el primer hombre y el primer personaje humano que se encuentra en la narración de la Biblia, sería difícil que Adán no fuera un prototipo. El texto nunca se refiere a Adán como profeta, pero cuando Yahvé Dios le dice al hombre que puede comer libremente de todo árbol en el jardín (Gn 2:16) excepto del árbol del conocimiento del bien y del mal, advirtiendo que el día que coma de aquel árbol, morirá (2:17), la mujer aún no ha sido creada. Aquella mujer sabe de la advertencia en 3:2, 3, lo que indica que el hombre se lo comunicó. Nosotros discutiremos un punto de contacto léxico entre Génesis 2:17 y Génesis 20:7, donde Abraham es llamado profeta, en la discusión de Abraham a continuación (punto 3). Un profeta es aquel que recibe la revelación de Dios y la comunica a los demás, y la implicación de la narración de Génesis 2–3 es que Adán ha llevado este papel profético.

2. NOÉ

Vimos puntos de contacto significativos entre Adán y Noé en el capítulo 2. Aunque el texto no identifica a Noé como profeta, sí encontramos puntos de contacto sugerentes entre Noé y Moisés. Para que podamos ponerlos al lado de nuestra consideración de Moisés, consideraremos las similitudes entre Noé y Moisés en la discusión de Moisés a continuación. Aquí me limito a señalar que las conexiones entre Adán y Noé, y Noé y Moisés probablemente proporcionan la base para la identificación de Noé como un "predicador de justicia" en 2 Pedro 2:5.

3. ABRAHAM

La narración de Génesis comienza con Adán, y las genealogías de Génesis 5 y 11 localizan la línea de descendencia de Abraham, quien como Adán lleva la importancia prototípica debido a su aparición temprana y la relevancia obvia para todo lo que sigue. Las promesas del pacto que Dios le da a Abraham son aquellas que se cumplirán cuando Dios lleve a cabo la salvación final de su pueblo (ver Gn 12, 15, 17; *passim* a continuación, y, por ejemplo, Lucas 1:54, 55, 72, 73; Romanos 4; Gálatas 3:14). En el punto 2 del capítulo 2, vimos conexiones entre Adán y Abraham que cumplen criterios para establecer una correspondencia histórica: puntos de contacto lingüísticos, patrones de eventos similares y una significación comparable en la historia de la salvación y el ámbito del pacto.

En Génesis 20:7, Moisés presenta a Yahvé diciendo de Abraham: "Él es un profeta [נָבִיא]". Incluso con esta declaración directa de que Abraham es un profeta, es fácil pasar por alto las características de la narración en la que Yahvé se revela a sí mismo a Abraham y, en varias ocasiones, le da información sobre lo que ocurrirá en el futuro.

El Señor habla (אָמַר) a Abraham en Génesis 12:1-3, luego "aparece" (רָאָה en nifal) y le habla en 12:7. La revelación de Yahvé de sí mismo a Abraham en Génesis 15:1 emplea un lenguaje que, aunque no es usado en Números 12:6-8, es sinónimo de los términos que se encuentran allí: "La palabra de Yahvé vino a Abram en una visión". La frase "la palabra de Yahvé vino a…" (הָיָה דְבַר־יְהוָה אֶל) aparece con frecuencia cuando el Señor se revela a los profetas (Jeremías 14:1; 46:1; 47:1; 49:34; Ezequiel 1:3; Hageo 2:10; Zacarías 1:1, 7; 7:1; Daniel 9:2; 2 Crónicas 12:7).[119] La forma en que la palabra de Yahvé vino a Abram aquí, "en una visión", emplea un término diferente (מַחֲזֶה) del usado en Números 12:6 (מַרְאָה), pero la naturaleza sinónima de los dos términos se puede ver en el hecho de que las traducciones al español habitualmente traducen ambos términos hebreos como "visión" (LBLA, JBS, NVI, RV60, RVA, DHH). Yahvé se reveló a sí mismo para que el receptor humano de la revelación viera cosas.

En vista de las "visiones nocturnas" de Zacarías (p. ej., Zacarías 1:8) y Daniel (p. ej., Dn 7:13), es interesante observar que así como Yahvé hace un pacto con Abram en Génesis 15, le da una "visión nocturna". La palabra "visión" aparece en Génesis 15:1, luego se instruye a Abram a contar las estrellas en 15:5, situando la escena de noche, antes de que el "sueño profundo" y la "gran oscuridad" cayeran sobre Abram en 15:12, mientras Yahvé le habla del futuro en 15:13-16.

A lo largo de las narraciones del Génesis, Yahvé se revela a sí mismo y habla con Abraham, y nuevamente le revela el futuro en Génesis 17. Yahvé le dice a Abraham que los reyes vendrán de su cuerpo y de Sara (Gn 17:6, 16). El Señor incluso especifica que la estéril Sara tendrá un hijo "en este tiempo el próximo año" (17:21; cf. 18:10, 14), revelando el futuro inmediato directamente a Abraham. Una vez más, antes de destruir Sodoma, el Señor se hace una pregunta retórica en Génesis 18:17: "¿Ocultaré a Abraham lo que voy a hacer?". La revelación de Génesis 18 de lo que Yahvé está a punto de hacerle a Sodoma resulta en la intercesión de Abraham por Lot y cualquier otro justo que pudiera encontrarse en la ciudad (18:22-33). Podríamos asociar instintivamente el acto mediador de intercesión con lo que hacen los sacerdotes, pero en la reflexión, el profeta Moisés fue el intercesor de Israel por excelencia (ver especialmente Éxodo 32:10-15 y Números 14:12-23). De manera similar, el Señor identifica a Abraham

---

119. Las referencias enumeradas tienen la frase exacta tal como aparece en Génesis 15:1. Si modificamos nuestra búsqueda quitando el verbo "ser-estar" (הָיָה, cuya inflexión varía), encontramos muchos más casos de la frase "palabra de Yahvé a" (דְבַר־יְהוָה אֶל). Véase, por ejemplo, Génesis 15:4.

como un profeta en Génesis 20, cuando dice a Abimelec, quien ha quitado a Sara de Abraham:

> Ahora, pues, devuelve la mujer a su marido; porque es profeta, y orará por ti, y vivirás. Y si no la devolvieres, sabe que de cierto morirás [מוֹת תָּמוּת], tú y todos los tuyos. (20:7, RV60)

Yahvé identifica a Abraham como un profeta y luego le dice a Abimelec que Abraham intercederá por él en oración. Los profetas se comunican con la gente en nombre de Yahvé y también se comunican con Yahvé en nombre de las personas.

El carácter ricamente autorreferencial del Génesis se ha manifestado de nuevo en Génesis 20:7. Adán se dedicó a la actividad profética cuando le comunicó a la mujer la prohibición de Génesis 2:17: "El día que de él comieres ciertamente morirás [מוֹת תָּמוּת]". Los dos únicos casos de la frase "Ciertamente morirás" en Génesis están en 2:17 y 20:7. Hay una tercera afirmación estrechamente relacionada que emplea declaraciones en tercera persona ("él") en lugar de la segunda persona ("tú") en Génesis 26:11 (מוֹת יוּמָת, "de cierto morirá"). Nosotros tendremos más que decir sobre la interconexión de estos episodios de la "mentira de la hermana" en Génesis 12, 20 y 26 a continuación. Aquí observamos este punto de contacto entre ellos porque las conexiones entre Adán, Abraham e Isaac apuntan a los tres siendo entendidos en términos proféticos. En el primero, Adán actúa como profeta; en el segundo, Abraham es identificado como uno; y en el tercero, Isaac es presentado como un episodio en el patrón de Abraham, su padre. El carácter distintivo de la frase "de seguro morirás" naturalmente incita a los lectores a pensar de su primera instancia cuando se encuentran con la segunda y la tercera. Aquí otra vez tenemos una fuerte indicación de que Moisés tenía la intención de que su audiencia hiciera asociaciones mentales entre Adán y Abraham. Y en cuanto a Isaac, otra característica de la narración de Génesis 26 que lo vincula con Adán es el hecho de que una vez que Abimelec sabe que Rebeca es su esposa, él advierte a su pueblo con las palabras: "El que toque [נֹגֵעַ] a este hombre o a su mujer, de cierto morirá" (Gn 26:11). Esto nos recuerda la respuesta de Eva a la serpiente en Génesis 3:3, "ni lo tocaréis [תִגְּעוּ], para que no muráis", y de la palabra de Dios a Abimelec en 20:6: "No te dejé que la tocaras [לִנְגֹּעַ]".

Como la primera figura en el libro que se llama profeta, Abraham forma las expectativas de la audiencia de Génesis. Es decir, la impronta del patrón del rol profético de Abraham forma la manera en que los estudiantes de la Torá de Moisés interpretarán a los futuros profetas. Aunque Isaac no es llamado profeta, las muchas similitudes narrativas y la forma en que Yahvé se revela directamente a Isaac sugiere que él es una entrega en el patrón profético.

4. ISAAC

¿Por qué Génesis 26 tiene la forma que leemos? Si fallamos en ver las conexiones que Moisés hace con lo que ya ha narrado y lo que narrará en los próximos capítulos, especularemos con los críticos más elevados o permaneceremos desconcertados por los detalles aparentemente aleatorios.[120] Sin embargo, los detalles no son aleatorios, y Moisés logra una notable cantidad en el espacio relativamente pequeño que dedica a la vida adulta de Isaac. La muerte de Abraham se narra en Génesis 25, y Jacob roba la bendición de Esaú en Génesis 27. Isaac es el centro del escenario solo en Génesis 26.

Los primeros cinco versículos de Génesis 26 son como retazos de una colcha construida casi en su totalidad de frases que los lectores de Génesis ya han encontrado, y luego el resto del capítulo cuenta una serie de historias tan notablemente similares a los eventos de la vida de Abraham como para haber sido considerados como insignificantes por muchos intérpretes. Hacer ese juicio es no ver lo que Moisés busca lograr en Génesis 26.

4.1. Isaac como profeta

Buscaré mostrar aquí que al repetir las *promesas* a Isaac y presentarlo como una entrega en un *patrón* de eventos, Moisés establece a Isaac como una entrega en el patrón de Abraham. ¿Cuál es el significado de este patrón? Un autor bíblico posterior, el salmista que escribió el Salmo 105, ha interpretado correctamente lo que Moisés pretendía comunicar. El salmista habla del "pacto que [Yahvé] hizo con Abraham, su promesa jurada a Isaac" en 105:9. Luego, aparentemente describiendo los eventos de la mentira de la hermana (Génesis 12:10-20 cuando Yahvé liberó a Abram y Saraí de faraón, Génesis 20:1-18 cuando lo mismo sucede con Abimelec, y Génesis 26:6-11, cuando Isaac hace lo que hizo su padre), el salmista escribe en 105:12-15 (NVI):

> Cuando eran pocos en número, de poca importancia y peregrinos en ella [la tierra], vagando de nación en nación, de un reino a otro pueblo, no permitió que nadie los oprimiera; reprendió a los reyes por su cuenta, diciendo: "¡No toquen a mis ungidos, no hagan daño a mis profetas!".

---

120. Para leer sobre la estructura literaria del libro de Génesis, ver el capítulo 11 más adelante.

116

Debido a la mención de Abraham e Isaac en el Salmo 105:9, y la referencia a la reprensión de reyes en 105:14, parece que el salmista tiene el incidente de la mentira de la hermana a la vista. Hay un evento similar en la vida de Jacob cuando el Señor reprende a Labán (Génesis 31:29), pero a diferencia de Abimelec, Labán no es directamente llamado rey, entonces pensamos principalmente en Abraham e Isaac. Jacob finalmente peregrinó en Egipto (Salmo 105:23), pero Abraham e Isaac encajan en la descripción de "pocos en número, de poca consideración y peregrinos en" la tierra de Canaán (105:11, 12).

Cuando faraón se apoderó de Saraí, Yahvé lo reprendió (Gn 12:17). Cuando Abimelec se apoderó de Sara, Dios lo reprendió (20:3-7). Y cuando Abimelec se apoderó de Rebeca, Dios providencialmente la libró (26:6-11). Aunque el Señor se revela a Isaac tal como lo hizo con Abraham (p. ej., Génesis 26:2), Moisés nunca lo llama profeta en el libro de Génesis. Sin embargo, Moisés tampoco presenta un relato en el que ni Abraham ni Isaac hayan sido ungidos con aceite, y aun así, ambos parecen ser referidos como "ungidos" y "profetas" en el Salmo 105:15.

El salmista, entonces, establece una conexión entre Abraham e Isaac y los que fueron ungidos con aceite más adelante en la narración bíblica. Los sacerdotes fueron ungidos (Ex 28:41; 30:30), los reyes fueron ungidos (1 S 10:1; 16:13; 1 Reyes 1:39), y se le dice a Elías que unja a Eliseo como profeta (1 Reyes 19:16). La vocación de Abraham e Isaac como "ungidos" los identifica con profetas posteriores, sacerdotes y reyes de Israel.

El salmista parece haber aplicado la declaración del Señor de que Abraham "es un profeta", tomada de uno de los episodios de la mentira de la hermana (Gn 20:7), tanto a Abraham como a Isaac. Mi argumento aquí es que el salmista ha discernido correctamente lo que Moisés intentó comunicar. Trataré de mostrar esto demostrando los puntos de contacto lingüísticos entre las narraciones que tratan sobre Abraham e Isaac, las citas de material anterior, las secuencias paralelas de eventos y la similitud en el significado histórico-redentor y pactual. Para ponerlo claramente, estos puntos demuestran que Moisés intentó presentar a Isaac después del patrón de Abraham, y el salmista ha reconocido ese punto interpretativo y lo reflejó en el Salmo 105:15.

Génesis 26:1 describe una "hambruna (רָעָב) en la tierra, además de la primera hambre que sucedió en los días de Abraham". Esta declaración vincula el contexto de la mentira de la hermana de Génesis 26 (ver Gn 26:6-11) con la hambruna que llevó a Abram y Saraí a Egipto en 12:10, ocasionando el primer incidente de la mentira de la hermana en Génesis (12:10-13). Moisés usa la misma frase para abrir ambas narraciones:

Génesis 12:10: וַיְהִי רָעָב בָּאָרֶץ

Génesis 26:1: וַיְהִי רָעָב בָּאָרֶץ

"Y aconteció que hubo hambre en la tierra".

La mención de la hambruna en 26:1, y su referencia a la primera en 12:10, también anticipa la hambruna que José predecirá a faraón (ver 41:27), que a su vez llevará a Jacob y a sus hijos a Egipto. Las hambrunas en Génesis 12 y 41, entonces, resultaron en que Abraham y Jacob "vivieron como peregrinos" en Egipto (12:10; 47:4), y eso da sentido al hecho de que Yahvé le dijera a Isaac que no fuera a Egipto en Génesis 26:2.[121]

Isaac va "a Gerar a Abimelec rey de los filisteos" al final de Génesis 26:1, recordando el incidente de la mentira de la hermana en Génesis 20: "Abraham viajó… y peregrinó en Gerar… Y Abimelec rey de Gerar envió y tomó a Sara" (Gn 20:1, 2). Moisés presenta a Isaac experimentando los mismos eventos en el mismo lugar e interactuando con personas con los mismos nombres: el patrón de la vida de Abraham es el patrón de Isaac. Isaac es una entrega en el patrón tipológico abrahámico.

El significado de Abraham en Génesis 26 se puede ver en la estructura literaria de los primeros cinco versículos del capítulo. Estos versículos forman un quiasmo en el que Abraham es nombrado al principio, en el medio y al final, y las promesas de la tierra, la simiente, y la bendición hecha a Abraham se declaran en la primera mitad y de nuevo en la segunda, con mención al juramento que Yahvé le hizo a Abraham en el centro:

26:1. Abraham.
   26:2. Tierra.
      26:3a. Bendición.
         26:3b. Simiente.
            26:3c. Juramento a Abraham.
         26:4a. Simiente.
      26:4b. Tierra.
   26:4c. Bendición a todas las naciones.
26:5. Abraham.

Leemos sobre la aparición del Señor a Isaac en Génesis 26:2: "Y Yahvé se le apareció" (וַיֵּרָא אֵלָיו יְהוָה), y esta frase exacta aparece solo tres veces en toda la Biblia hebrea: en Génesis 18:1; 26:2; y 26:24. Es usada por primera vez

---

121. Cf. Gn 46:2, donde Dios se aparece a Jacob y le dice que no tema descender a Egipto.

en Génesis 18:1, haciendo referencia a la aparición del Señor a Abraham; Moisés describe al Señor apareciéndosele a Isaac de la misma manera.

Lo que el Señor le dice a Isaac en Génesis 26:2 recuerda lo que dijo a Abram en 12:1 y 22:2.

Génesis 12:1: "Ve… a la tierra que yo te mostraré".

אֶל־הָאָרֶץ אֲשֶׁר אַרְאֶךָּ

Génesis 22:2: "Uno de los montes de los cuales te diré".

הֶהָרִים אֲשֶׁר אֹמַר אֵלֶיךָ

Génesis 26:2: "Habitad en la tierra que yo os diré".

בָּאָרֶץ אֲשֶׁר אֹמַר אֵלֶיךָ

Estas no serán las únicas citas de Génesis 12 y 22 en el capítulo 26, y para ver el significado de estas citas debemos considerar la estructura literaria de la vida de Abraham. Moisés ha construido su relato de la vida de Abraham como un quiasmo que se extiende desde Génesis 11:27–22:24.[122] Al inicio y al final encontramos genealogías del padre de Abraham, Taré (Génesis 11:27-32), y de su hermano Nacor (22:20-24). Las unidades segunda y penúltima se centran en las promesas de Dios a Abraham y su cumplimiento, estableciendo un paralelismo entre el llamado de Dios a Abraham para dejar su país, su parentela y la casa de su padre, y el llamado de Dios para llevar a su hijo, su único hijo a quien ama, al monte Moriah para sacrificarlo (12:1-9; 21–22). En el tercer y antepenúltimo episodios, Abraham utiliza la mentira sobre que Sara es su hermana, primero con faraón (12:10-20) y luego con Abimelec (20:1-18). Las unidades cuarta y cuarta desde el final consisten en dos capítulos relacionados con Lot en cada lado; Abraham le da a elegir la mejor tierra en el capítulo 13, luego lo rescata en el capítulo 14, e intercede por él en el capítulo 18, antes de que Dios lo rescate de Sodoma en el capítulo 19. En el centro de esta estructura quiástica se encuentra la profecía del pacto de Dios en el capítulo 15, seguido por el pecado de Abraham con Agar en el capítulo 16, y la señal del pacto de circuncisión en el capítulo 17:

11:27-32. Genealogía de Taré.
  12:1-9. Bendición de Abraham: tierra, simiente, bendición.
    12:10-20. MENTIRA DE LA HERMANA 1 (anticipación de Éxodo).
    13–14. Lot.

122. He adaptado el quiasmo presentado por Kenneth A. Mathews, *Genesis 11:27–50:26: An Exegetical and Theological Exposition of Holy Scripture*, New American Commentary (Nashville: Broadman & Holman, 2005), 90.

> 15. Eliezer, fe, alianza, éxodo.
> 16. Agar, Ismael.
> 17. Circuncisión, pacto con Isaac.
> 18–19. Lot.
> 20:1-18. MENTIRA DE LA HERMANA 2.
> 21–22. Nacimiento de Isaac, ofrenda de Isaac, reiteración de la bendición.
> 22:20-24. Genealogía de Nacor.

Los paralelos entre Génesis 12 y 21–22 (simiente prometida y nacida, Abraham llamado a partir y llamado al sacrificio) y la estructura literaria de la narrativa hacen que la cita de los capítulos 12 y 22 evoque la totalidad de la vida de Abraham. Génesis 26 no es el primer lugar donde Moisés hace esto. El envío del sirviente a la familia de Nacor para encontrar una esposa para Isaac en Génesis 24 también emplea esta estrategia, citando Génesis 12:7, la promesa de tierra a la simiente temprana de Abraham (en 24:7), y luego citando la promesa de Génesis 22:17 de que la simiente de Abraham poseerá la puerta de sus enemigos cerca del final (en 24:60). El capítulo largo (Gn 24) sobre el viaje del siervo para obtener a Rebeca como esposa de Isaac, asegurando la línea de descendencia en curso, se intercala entre las muertes de Sara y Abraham:

> Gn 23. Muerte de Sara.
> Gn 24. Una esposa para Isaac.
> Gn 25:1-11. Muerte de Abraham.

Yahvé le dice a Isaac en 26:3: "Yo estaré contigo y te bendeciré", y la forma exacta de "y te bendeciré" solo aparece en Génesis 12:2 y 26:3 (וַאֲבָרְכֶךָ).[123] De manera similar, la frase exacta que se usa aquí cuando el Señor dice: "Estaré contigo", (אֶהְיֶה עִמָּךְ) solo aparece cuatro veces en todo el Antiguo Testamento: con referencia a Isaac en Génesis 26:3, a Jacob en 31:3, y a David en 2 Samuel 7:9 y en el pasaje paralelo de 1 Crónicas 17:8. Esta expresión distinta y notable naturalmente conecta a Isaac, Jacob y David entre sí.

El Señor luego le declara a Isaac en Génesis 26:3: "A ti y a tu descendencia daré todas estas tierras", frase que reitera la promesa de Dios a Abram en Génesis 12:7: "A tu descendencia daré esta tierra".

---

123. La forma hebrea de "te bendeciré" está puntuada de manera ligeramente diferente en Génesis 12:2 en comparación con 26:3 porque en 26:3 la forma está en pausa (nótese el *athnach*). En ambos casos, tenemos imperfectos piel con sufijos de 2ms.

Génesis 12:7: "A tu descendencia daré esta tierra".

לְזַרְעֲךָ אֶתֵּן אֶת־הָאָרֶץ הַזֹּאת

Génesis 26:3: "A tu descendencia daré todas estas tierras".

וּלְזַרְעֲךָ אֶתֵּן אֶת־כָּל־הָאֲרָצֹת הָאֵל

Cf. también Gn 24:7: "A tu descendencia daré esta tierra".

לְזַרְעֲךָ אֶתֵּן אֶת־הָאָרֶץ הַזֹּאת

La siguiente frase en Génesis 26:3 confirma que las repeticiones de estas frases establecen el significado del pacto: "Y estableceré [וַהֲקִמֹתִי] el juramento [הַשְּׁבֻעָה] que juré [נִשְׁבַּעְתִּי] a Abraham tu padre". Para Dios "establecer" el "juramento" que "juró" implica mantener los términos del pacto que hizo. Al hacer el pacto, Dios hizo promesas, y para Dios hacer promesas significa tomar "juramentos", declaraciones promisorias; el incumplimiento de estas traerá consigo las maldiciones del pacto (cf. Gn 15:7-11, 17, 18; Jeremías 33:18). Dios nunca sufrirá las maldiciones del pacto porque nunca romperá ninguno de sus juramentos. Él cumple sus promesas. Dios hizo estas promesas a Abraham en Génesis 12, 15, 17 y 22.

Había connotaciones de la bendición de Dios en Génesis 1:28 al primer hombre y la primera mujer cuando Dios dijo que bendeciría a Isaac en 26:3, y 26:4 resuena con la nota de "sé fructífero y multiplícate" de Génesis 1:28, cuando Dios le promete a Isaac: "Yo *multiplicaré* tu descendencia". Las siguientes palabras recuerdan al Señor diciéndole a Abraham sobre "mirar hacia el cielo, y contar las estrellas" en Génesis 15:5, tal como el Señor dice que la simiente de Isaac se multiplicará "como las estrellas del cielo" (Gn 26:4), antes reiterando la promesa de la tierra y luego retomando la promesa de 12:3, que "en ti serán benditas todas las familias de la tierra", con las palabras: "Y en vuestra descendencia serán benditas todas las naciones de la tierra" (26:4; cf. 18:18; 22:18; 28:14). Estas promesas a Isaac en Génesis 26:4 son palabra por palabra citas de la promesa a Abraham en 22:17, 18.

Génesis 22:17: "Y multiplicaré en gran manera tu descendencia como las estrellas del cielo".

וְהַרְבָּה אַרְבֶּה אֶת־זַרְעֲךָ כְּכוֹכְבֵי הַשָּׁמַיִם

Génesis 26:4: "Y multiplicaré tu descendencia como las estrellas del cielo".

וְהִרְבֵּיתִי אֶת־זַרְעֲךָ כְּכוֹכְבֵי הַשָּׁמַיִם

Génesis 22:18: "Serán benditas en tu simiente todas las naciones de la tierra".

וְהִתְבָּרֲכוּ בְזַרְעֲךָ כֹּל גּוֹיֵי הָאָרֶץ

Génesis 26:4: "Serán benditas en tu simiente todas las naciones de la tierra".

וְהִתְבָּרֲכוּ בְזַרְעֲךָ כֹּל גּוֹיֵי הָאָרֶץ

En la frase final de Génesis 22:18, el Señor le explica a Abraham por qué todas las naciones de la tierra serán benditas en su simiente: "Por cuanto habéis obedecido mi voz". La misma explicación es ofrecida a Isaac después de que Génesis 22:18 es citado en 26:4: "Por cuanto obedeció Abraham mi voz..." (Gn 26:5; cf. 26:24). Debido a las citas de Génesis 12 y 22, la obediencia en vista pareciera incluir todo, desde la fe de Abraham al salir de Ur de los caldeos (11:31) hasta su acto de fe ofreciendo a Isaac (Gn 22). Esta obediencia es como la de Noé, cuando en respuesta a la palabra de Dios, Noé preparó el arca. Estas respuestas creyentes a los mandamientos de Dios dan como resultado que Abram tenga su fe contada por justicia (15:6) y Noé sea "visto" como justo (7:1). Esto es lo que significa "hallar gracia ante los ojos de Yahvé" (6:8), ser justo, irreprensibles y caminar con Dios (6:9): oír la palabra de Dios, creerla y actuar de acuerdo con ella.

En Génesis 26:1-5, entonces, tenemos la reutilización de términos clave, la cita de frases completas, secuencias repetidas de eventos y similitud en la significación histórico-salvífica y pactual. Dios persigue el cumplimiento de las promesas a Abraham a través de Isaac. Luego, en 26:6-11, Isaac peca de la misma manera que su padre lo había hecho, repitiendo "la mentira de la hermana" al poner a su esposa —a través de quien se prometió que la simiente vendrá— en peligro.

Moisés ha conectado los episodios de la mentira de la hermana en Génesis 12, 20 y 26 por medio de los criterios que hemos estado discutiendo. En todo el Antiguo Testamento, la frase "mi hermana es ella" (אֲחֹתִי הִוא) aparece solo en 12:19, 20:2, 5, y 26:7, 9. La preocupación del patriarca de que será asesinado se expresa en 12:12, 20:11 y 26:7. Abram e Isaac están preocupados de que los asesinen a causa de sus esposas "hermosas" (12:11; 26:7). Tanto Abram como Isaac son informados por el rey extranjero: "¡Ella es tu esposa!" (26:9, 12:18, אִשְׁתְּךָ הִוא). Moisés señala la pecaminosidad de lo que han hecho Abram e Isaac, cuando presenta al rey extranjero preguntándoles a ambos: "¿Qué es esto que habéis hecho...?" (12:18; 26:10). La misma pregunta construida con las mismas palabras en el mismo orden que se le hizo a la mujer en Génesis 3:13: "¿Qué es esto que has hecho?" (en los tres casos, el hebreo dice מַה־זֹּאת עָשִׂיתָ, siendo la única variación la forma femenina cuando la pregunta se le hace a la mujer en 3:13).[124]

Al mostrar a Abraham haciendo esto dos veces, una vez en Génesis 12 y otra vez en Génesis 20, Moisés ha establecido el patrón. Cuando Isaac repite este curso de acción, vemos que va siguiendo las huellas de su padre Abraham, pasos no solo de fe, sino también de fracaso. Los destinatarios de la promesa creen lo que Dios ha dicho, pero son hombres defectuosos e insensatos que valoran su propia seguridad temporal por encima de sus esposas y el cumplimiento de la promesa de Dios a largo plazo.

Como con Abraham, así con Isaac: a pesar de la insensatez pecaminosa del patriarca, el Señor entrega a su esposa y lo bendice (Gn 26:11, 12). Hay enemistad entre la simiente de la mujer y la simiente de la serpiente (26:14-16, 20), pero Yahvé permite que la simiente de la mujer sea fecunda y se multiplique (26:22, 24). Cuando Isaac construye un altar e invoca el nombre de Yahvé en Génesis 26:25, se nos recuerda la forma en que Set, Noé y Abraham hicieron lo mismo (4:26; 8:20; 12:7, 8; 13:4, 18; 21:33).

Abraham e Isaac están unidos por medio de los episodios de la mentira de la hermana en Génesis 12, 20 y 26, y Abraham es llamado profeta en Génesis 20 (Gn 20:7). La referencia del salmista a Isaac también como profeta en el Salmo 105:15 puede entenderse a partir de dos características prominentes en la narración de Génesis: primero, el Señor sí se reveló a Isaac y le concedió revelación que comunicó a otros (esp. Gn 26:2, 24).[125] Segundo, los muchos vínculos entre Abraham e Isaac sugieren fuertemente que lo que el Señor dijo acerca de Abraham en Génesis 20:7 también se puede decir de Isaac.

4.2. El extraordinario nacimiento de Isaac

Moisés vincula a Isaac con varias otras figuras en Génesis al señalar que tienen madres "estériles" (עֲקָרָה). Se dice que varias mujeres en Génesis son estériles, pero luego dan a luz: esto es cierto de Saraí, la madre de Isaac (Gn 11:30), de Jacob y la madre de Esaú, Rebeca (la esposa de Isaac, 25:21), y de José y de los hijos de la madre de Benjamín, Raquel (esposa de Jacob, 29:31).

El autor de Jueces conecta a Sansón con Abraham, Isaac y Jacob al notar que su madre también es estéril (עֲקָרָה, Jueces 13:2, 3), y el autor de Samuel

---

124. Más adelante en Génesis 29:25, Jacob le hace esta pregunta a Labán cuando se da cuenta de que se ha casado con Lea en lugar de Raquel. Una pregunta similar redactada ligeramente diferente se le plantea a Caín en 4:10: "¿Qué has hecho?" (מֶה עָשִׂיתָ).

125. Ken Mathews sugiere que cuando Rebeca "fue a consultar al Señor" en Génesis 25:22, ella lo hizo a través de su marido. Mathews, *Genesis 11:27–50:26*, 387.

cuenta la historia de cómo Ana, la madre de Samuel, no tuvo hijos hasta que el Señor se acordó de ella (cf. 1 S 1, cf. 2:5). Aunque la palabra "estéril" no se usa en 2 Reyes 4, el autor de Reyes relata una historia del ministerio de Eliseo con conexiones con la historia de Isaac (2 Reyes 4:11-17).

Una esposa estéril significa la muerte de la línea familiar.[126] Sin descendencia, sin semilla, no habrá continuidad en la línea de descendencia del hombre cuya esposa tiene un vientre estéril. Para una mujer estéril tener un hijo es semejante, por tanto, a la resurrección de un cadáver de entre los muertos. Esta forma de pensar parece explicar la yuxtaposición de una mujer estéril dando a luz y la resurrección de entre los muertos vista en 1 Samuel 2:5b, 6 (RV60):

> La estéril ha dado a luz siete,
>> pero la que tiene muchos hijos está desamparada.
> El Señor mata y da vida;
>> hace descender al Seol y hace subir.

El contexto de esta declaración en la oración de Ana está vinculado a la historia de Isaac de muchas maneras. La naturaleza de estos vínculos es sorprendente porque el nacimiento de Samuel no está ligado directamente al nacimiento de Isaac, a pesar de que ambos hombres tenían madres estériles, sino a un nacimiento que tiene lugar en el contexto del nacimiento de Isaac, el de Ismael.[127] Considere estos paralelos:

- Tanto Agar como Ana están en matrimonios polígamos (infelices) (Génesis 16:1-6; 1 Samuel 1:1, 2).

- Tanto Agar como Ana son maltratadas por sus esposas rivales, y ambas sufrieron "aflicción" (עֳנִי, Gn 16:11; 1 S 1:11; cf. Gn 16:6; 1 S 1:6).

- Agar sabe que Dios la ha "visto" y "cuidado" (cuatro formas de רָאה en Génesis 16:13, 14), y Ana pide al Señor que "mire" su aflicción (רָאה en 1 S 1:11).

- Quizás el paralelo más prominente entre los nacimientos de Ismael y Samuel es el hecho de que a ambos se les da un nombre que significa "Dios escucha". Los nombres Ismael (יִשְׁמָעֵאל) y Samuel (Shmuel, שְׁמוּאֵל) son ambos construidos a partir de la palabra para "oír" (שָׁמַע) y la palabra "Dios" (אֵל).

---

126. Levenson señala "la equivalencia funcional de la infertilidad con la muerte y, correlativamente, de la concepción milagrosa o la restauración del niño perdido con la resurrección". *Resurrection and the Restoration of Israel*, xi.

127. Consideramos algunos de estos paralelos y sus implicaciones en el Excursus sobre Ismael en el capítulo 2 anterior.

Estos paralelos incitan a los lectores de Samuel a recordar el nacimiento de Ismael. Los contrastes entre Agar y Ana ponen a Ana en una luz positiva, y los contrastes entre Ismael y Samuel hacen lo mismo para Samuel. Mientras tanto, la esterilidad de Ana la vincula a Sara, y el notable nacimiento del profeta Samuel se remonta a Isaac y a otros que vendrán después.

Debe notarse una figura entre Isaac y Samuel antes de continuar debido a los paralelos entre ellos. Leemos de la madre estéril de Sansón en Jueces 13:2, 3, y cuando el ángel del Señor le anuncia el nacimiento de Sansón en 13:5, dice: "No pasará la navaja sobre su cabeza porque el niño va a ser nazareo, consagrado a Dios desde antes de nacer. Él comenzará a librar a Israel del poder de los filisteos" (NVI). La madre de Sansón completa con más detalle cuando informa sobre el incidente en 13:7 a su esposo, diciendo: "Y me dijo: He aquí que tú concebirás, y darás a luz un hijo; por tanto, ahora no bebas vino, ni sidra, ni comas cosa inmunda, porque este niño será nazareo a Dios desde su nacimiento hasta el día de su muerte" (RV60).

Quizás basado en la historia de Sansón, el autor de Samuel presenta a Ana orando en 1 Samuel 1:11 (RV60): "Yahvé de los ejércitos, si te dignares mirar a la aflicción de tu sierva, y te acordares de mí, y no te olvidares de tu sierva, sino que dieres a tu sierva un hijo varón, yo lo dedicaré a Yahvé todos los días de su vida, y no pasará navaja sobre su cabeza". Como Sansón, parece que Samuel será nazareo desde su nacimiento.

Tanto Sansón como Samuel nacieron de madres estériles y fueron designados como nazareos desde el nacimiento, y la esterilidad de sus madres (junto con otros puntos de contacto discutidos anteriormente) los conecta con Isaac. Una parte de este patrón tipológico se cumple cuando el ángel del Señor aparece a Zacarías, anciano, marido de una anciana, para anunciar que Elizabeth, estéril, dará a luz un profeta como Sansón y Samuel que será nazareo desde su nacimiento (Lucas 1:5-15). El patrón en cierto modo se repite, pero en todas las maneras es trascendente cuando el ángel anuncia a la virgen María que dará a luz a Jesús, quien traerá a cumplimiento el modelo de profetas devotos cuyos nacimientos son inesperados, de hecho imposibles (Lc 1:26-33).

4.3. La ofrenda de Isaac y su resurrección

Isaac era el hijo amado de su padre (Gn 22:2), y Lucas presenta a Jesús usando la traducción griega de la frase en cuestión en su parábola de los labradores malvados:

LXX Génesis 22:2: τὸν υἱόν σου τὸν ἀγαπητόν
"Tu hijo, el amado" (es decir, "tu hijo amado").

Lucas 20:13: τὸν υἱόν μου τὸν ἀγαπητόν
"Mi hijo, el amado" (es decir, "mi hijo amado").

Además de ser el hijo amado, el nacimiento de Isaac fue un milagro (Gn 11:30). Y Yahvé se reveló repetidamente a Isaac (26:2, 24), declarando el futuro para él. Este hijo amado de su padre, nacido de milagro, profeta que recibió apariciones reveladoras de Yahvé, además, fue ofrecido por su padre como sacrificio y volvió con vida de la experiencia. La cita del material en el Nuevo Testamento, la similitud en la secuencia eventual, y el significado pactual establecen que lo que sucede en Jesús cumple lo tipificado por Isaac. Cuanto más comprendamos la Biblia, más interconectado lo vemos.

Aun así, hay preguntas. Por ejemplo: ¿Por qué el autor de Hebreos podría concluir que Abraham esperaba que Dios resucitara a Isaac de entre los muertos (Hb 11:17-19)? Hemos visto anteriormente que el nacimiento de un niño de una mujer estéril es conceptualmente como la resurrección de entre los muertos, perspectiva reflejada por el apóstol Pablo cuando describe a Abraham creyendo en Dios "que da vida a los muertos", y luego habla de cómo la fe de Abraham "no se debilitó, aunque reconocía que su cuerpo estaba como muerto… y que también estaba muerta la matriz de Sara" (Ro 4:19, NVI).

Además del hecho de que el nacimiento de Isaac en Génesis 21 es como la resurrección de los muertos, también está la preocupación de enterrar a Sara en la tierra prometida en Génesis 23, e igualmente con Abraham (Génesis 25:1-11), Jacob (49:29-33) y José (50:25; cf. Hb 11:22). La preocupación por el entierro, a pesar de que no han recibido la tierra como se prometió, indica que esperan ser levantados de los muertos para recibir la tierra prometida.[128]

Dentro de la narración de Génesis 22, Abraham claramente quiere obedecer a Yahvé y ofrecer a Isaac como sacrificio. Cuando usa plurales como primera persona en 22:5 para decir: "Iremos allá y adoraremos y volveremos a vosotros", indica que, aunque ofrecerá a Isaac como sacrificio, también cree que Isaac regresará vivo con él. Los matices de la resurrección del contexto circundante indican que Moisés tenía la intención de que su audiencia entendiera que Abraham pensó que Isaac sería resucitado de entre los muertos, tal como dice el autor de Hebreos (Hb 11:19). Esta conclusión está respaldada por la forma en que el autor de Reyes conecta la historia de Isaac con la historia de Eliseo resucitando a un niño de entre los muertos.

---

128. Ver esp. Chase, "The Genesis of Resurrection Hope", esp. 477-80.

El autor de Reyes, sostengo, refuerza lo que Moisés enseñó en Génesis al vincular un relato de resurrección en 2 Reyes 4 a la narración de Isaac en Génesis.[129] Este último autor bíblico ha discernido correctamente lo que Moisés pretendía comunicar, y para promover esa agenda mosaica, vinculó una narrativa donde Eliseo resucita a un niño de entre los muertos con la historia de Isaac, para reforzar la fe en el Dios que saca bien del mal y vida de la muerte.

El autor de Reyes relata cómo una mujer sunamita comenzó a proveer para las necesidades físicas del profeta Eliseo (2 Reyes 4:8-11; cf. Lucas 8:2, 3). En una de sus paradas para descansar, Eliseo pregunta cómo podría bendecir a la mujer sunamita por su bondad hacia él (2 Reyes 4:11-13). En 2 Reyes 4:14, leemos sobre cómo Eliseo dijo: "¿Qué, pues, haremos por ella? Y Giezi respondió: He aquí que ella no tiene hijo, y su marido es viejo" (RV60). Cualquier persona familiarizada con la historia de Abraham y Sara (un esposo anciano y una esposa sin hijos) los recordará. Cuando Eliseo ha convocado a la mujer en 2 Reyes 4:15 leemos que "ella se detuvo en la puerta" (NVI), y el término traducido aquí como "puerta" (פֶּתַח) es el mismo que se usa para hablar de Sara a "la puerta de la tienda (מִפֶּתַח הָאֹהֶל)" (LBLA), detrás de Abraham, cuando uno de los tres hombres (Gn 18:2) que habla por Yahvé le anunció el nacimiento de Isaac (Gn 18:10).

Con los mismos tipos de caracteres (vocero de Yahvé, anciano esposo, esposa estéril) en el mismo lugar (en la puerta), Eliseo hace la misma promesa a la sunamita que se le hizo a Abraham y Sara: "El año que viene, por este tiempo, abrazarás un hijo" (2 Reyes 4:16, RV60). En el siguiente versículo leemos que "la mujer concibió, y dio a luz un hijo el año siguiente, en el tiempo que Eliseo le había dicho" (4:17, RV60). Lo que Eliseo le dice a la sunamita se corresponde estrechamente con lo que Sara oyó hablar a Abraham cuando ella estaba de pie en la puerta: "De cierto volveré a ti; y según el tiempo de la vida, he aquí que Sara tu mujer tendrá un hijo" (Génesis 18:10, RV60). En respuesta a la risa de Sara, Yahvé le dice a Abraham en Génesis 18:14 (NVI): "¿Acaso hay algo imposible para el Señor? Dentro de un año volveré a visitarte en esta fecha y para entonces Sara habrá tenido un hijo". En el capítulo anterior de Génesis, Dios había prometido a Abraham: "Pero mi pacto lo estableceré con Isaac, el hijo que te dará Sara de aquí a un año, por estos días" (17:21, NVI). Estas declaraciones se repiten en 2 Reyes 4:16 y 4:17.

---

129. Para un análisis similar e independiente, véase Levenson, quien escribe sobre estas narrativas, que "específicos puntos de dicción sugieren que podemos estar tratando no solo con un tema similar, profundamente arraigado en la cultura israelita, sino también con una dependencia literaria real". Levenson, *Resurrection and the Restoration of Israel*, 123-26, cita en p. 124.

Génesis 17:21: אֲשֶׁר תֵּלֵד לְךָ שָׂרָה לַמּוֹעֵד הַזֶּה בַּשָּׁנָה הָאַחֶרֶת
"A quien Sara te dará a luz **en este tiempo señalado,** el año siguiente".

Génesis 18:10: שׁוֹב אָשׁוּב אֵלֶיךָ כָּעֵת חַיָּה וְהִנֵּה־בֵן לְשָׂרָה אִשְׁתֶּךָ
"Volviendo, volveré a vosotros **según el tiempo de la vida** [es decir, primavera], y he aquí un hijo para Sara tu mujer".

Génesis 18:14: לַמּוֹעֵד אָשׁוּב אֵלֶיךָ כָּעֵת חַיָּה וּלְשָׂרָה בֵן
"**A la hora señalada** volveré a vosotros, **según el tiempo de la vida,** y a Sara un hijo".

2 Reyes 4:16: לַמּוֹעֵד הַזֶּה כָּעֵת חַיָּה אַתְּ חֹבֶקֶת בֵּן
"**En este tiempo señalado, según el tiempo de la vida,** abrazaréis un hijo".

2 Reyes 4:17: וַתֵּלֶד בֵּן לַמּוֹעֵד הַזֶּה כָּעֵת חַיָּה
"Y ella dio a luz un hijo **en este tiempo señalado, conforme al tiempo de la vida**".

Mediante la repetición de las frases célebres del anuncio del nacimiento de Isaac en Génesis, el autor de Reyes da a entender que desea que su audiencia piense en la promesa del nacimiento de Isaac cuando presenta a Eliseo prometiendo a la mujer sunamita que tendrá un hijo. La frase (לַמּוֹעֵד הַזֶּה) "a esta hora señalada" aparece solo tres veces en todo el Antiguo Testamento: en Génesis 17:21; 2 Reyes 4:16 y 4:17. De manera similar, la frase "según el tiempo de vida" (כָּעֵת חַיָּה) aparece solo cuatro veces en todo el Antiguo Testamento: en Génesis 18:10; 18:14; 2 Reyes 4:16 y 4:17.

Otro interesante punto de contacto entre los dos pasajes es que Sara niega haberse reído, y su intento de engaño es rechazado (Gn 18:15). Cuando Eliseo le dice a la sunamita que tendrá un hijo, ella le dice que no le mienta (2 Reyes 4:16, cf. 4:28). Y por supuesto que no miente.

Entonces, el relato del nacimiento del hijo de la sunamita está vinculado nuevamente al relato del nacimiento de Isaac. ¿Cuál es el significado de eso? Considere los paralelos: después del nacimiento de Isaac en Génesis 21, el próximo evento en el que él está directamente involucrado es cuando lo llevan al monte Moriah para ser sacrificado en Génesis 22. En la narración de 2 Reyes, después de que nace el niño en 2 Reyes 4:17, muere cuando está con su padre entre los segadores en 4:18-21, y después su madre va a Eliseo en 4:22-31, y Eliseo resucita al niño de entre los muertos en 4:32-37. Al notar la similitud entre el anuncio del nacimiento del hijo de la sunamita y el anuncio del nacimiento de Isaac, el autor de Reyes pone la resurrección del hijo de la sunamita de entre los muertos en la misma "ranura" de la narración ocupada por el sacrificio de Isaac en Génesis. Más adelante en este capítulo, volveremos al ministerio profético de Eliseo. En este punto, mi propósito ha sido indicar que el autor de Reyes conectó la promesa de Eliseo de un hijo a una mujer estéril, y luego la resurrección de ese niño de entre los muertos, el nacimiento y el sacrificio de Isaac, confirmando y extendiendo los matices de la resurrección ya presentes en la narración del Génesis. Como dice Levenson al respecto de las narraciones de Génesis y Reyes: "El primero evita una muerte, el último revierte una muerte, pero cada uno actúa para garantizar que la línea de la pareja sobreviva y que tengan descendencia, es decir, continuación después de sus muertes individuales".[130]

Abraham no negó su amado hijo a Dios, nacido de un milagro, receptor de una revelación profética, sino que lo ofreció como sacrificio. Y tampoco el Padre, quien llevó a cumplimiento todo lo que Isaac tipificó en su Hijo amado, a quien no perdonó, sino que lo entregó por todos nosotros (Rm 8:32).

Se podría decir más acerca de los profetas en Génesis, sobre todo al respecto de Jacob y José. Avanzamos, sin embargo, a Moisés, que nos permitirá volver a Noé.

5. MOISÉS

Moisés es el profeta paradigmático del Antiguo Testamento.[131] De la amenaza a su vida en su nacimiento (Ex 2:1-10), a la promesa de un profeta como él (Dt 18:15-19) —que se une a la afirmación de que todavía no se ha levantado ninguno como él (Dt 34:10-12)—, todo acerca de Moisés es como una caja de sonido, reverberando con el pasado, resonando hacia el futuro antes de que suceda. Empezamos por considerar las formas en que se establecen conexiones entre Moisés y Noé por medio de puntos léxicos de contacto, secuencias de eventos y significado pactual, antes resumiendo brevemente las características sobresalientes de las narraciones sobre Moisés para sembrar las simientes que serán regadas cuando consideremos a profetas como Moisés.

---

130. Levenson, *Resurrection and the Restoration of Israel*, 126.

131. Luego de escribir esta oración, tiempo más tarde me topé con la discusión de Rendtorff titulada "The Paradigmatic Prophet", en Rolf Rendtorff, *The Canonical Hebrew Bible: A Theology of the Old Testament* (Leiden: Deo, 2005), 550-52.

5.1. Noé y Moisés

Los puntos de contacto lingüísticos entre las narraciones sobre Noé y Moisés llaman nuestra atención a las similitudes en las secuencias de eventos entre los dos, y estas características se unen con el pacto y el significado histórico-salvífico tanto de Noé como de Moisés para producir una dinámica tipológica. Noé es una entrega en un patrón adámico, y la correspondencia histórica entre Noé y Moisés hace que Moisés sea una entrega en el patrón de Noé. Tanto Noé como Moisés señalan *al* profeta a través del cual Dios hace pacto con su pueblo.

Las narraciones que tratan sobre Noé y Moisés emplean el mismo lenguaje: Génesis 7:2 relata cómo el Señor le ordenó a Noé que tomara siete pares de animales limpios (טָהוֹר) y un par de animales inmundos (לֹא טָהֳרָה). Para los lectores del Pentateuco, la distinción limpio/impuro establece una conexión entre las instrucciones dadas a Noé y las instrucciones dadas a Moisés (ver Lv 11, esp. 11:47, טָמֵא, "inmundo", טָהוֹר, "limpio"). Del mismo modo, anticipando la edificación del altar de Abraham y su simiente y las instrucciones en el pacto mosaico (Éxodo 20:24-26), Noé "construyó un altar" y "sobre ese altar ofreció" holocausto y "el Señor percibió el grato aroma" (Gn 8:20, 21, NVI; véase Éxodo 29:18, 25, 41; Lv 1:9, 13, 17, etc.).

Note la manera en que aparecen las mismas frases en Génesis 8:20 y Éxodo 17:15:

Génesis 8:20: וַיִּבֶן נֹחַ מִזְבֵּחַ
"Y Noé edificó un altar".

Éxodo 17:15: וַיִּבֶן מֹשֶׁה מִזְבֵּחַ
"Y Moisés edificó un altar".

En muchos puntos, el pueblo de Israel ofrece holocausto bajo el liderazgo de Moisés (p. ej., Éxodo 24:5), y por supuesto bajo la ley mosaica solo los animales limpios deben ser ofrecidos a Yahvé (por ejemplo, Lv 14:4). La frase "aroma agradable" aparece regularmente con referencia a la forma como Yahvé percibirá los sacrificios prescritos en la ley mosaica. En Génesis 9:4, la prohibición del pacto noético posdiluviano de comer "carne con su vida, es decir, su sangre" anticipa la explicación más completa del principio detrás de la prohibición, con su reafirmación, en Levítico 17:10, 11. Tanto con Noé como con Moisés leemos de importantes períodos de siete y cuarenta días (Gn 7:4, 10, 12, 17; 8:6, 10, 12; Ex 7:25; 12:15; 20:9-11; 24:18; 34:28), y tanto a Noé como a Moisés se les dan "señales" (אות, Génesis 9:12-17; ej., Éxodo 3:12).

Podríamos continuar así con los puntos de contacto léxicos, pero la pregunta más importante es si la reutilización del lenguaje se produce para establecer secuencias de eventos paralelos. Y la respuesta es sí. Considere estos paralelos:

- Noé "halló gracia ante los ojos de Yahvé" (Gn 6:8), y el Señor lo vio como justo (7:1). En Éxodo 33:17, Yahvé le dice a Moisés: "Tú has hallado gracia ante mis ojos" (cf. Ex 33:12). Lo que la madre de Moisés percibió acerca de él como "un hermoso niño" (Éxodo 2:2) parece haber indicado que él sería importante en los propósitos de Dios (cf. Hechos 7:20, "hermoso a los ojos de Dios"; ver también Hebreos 11:23). El punto aquí es que en los relatos tanto de Noé como de Moisés tenemos indicación de que fueron "vistos" como importantes antes de que la liberación tuviera lugar.

- Dios se reveló a Noé y le dio instrucciones de que tenía que creer para ser liberado (Gn 6:13-21). Dios se reveló a Moisés y le dio instrucciones de que tenía que creer para que Israel fuera liberado (Éxodo 3–4).

- Dios instruyó a Noé al respecto de construir un "arca" (תֵּבָה) y "cubrirla… con brea" (Génesis 6:14, término para "brea" aquí כֹּפֶר), y en esta arca Noé fue salvado a través de las aguas del juicio en el que murieron todos sus contemporáneos. La madre de Moisés lo puso en un "arca" (תֵּבָה) "y la embadurnó con brea" (Éxodo 2:3, término para "brea" aquí זֶפֶת), y en esta "canasta" (RV95) Moisés fue salvado a través de las aguas de la muerte en las que todos los niños varones hebreos de su edad morirían (Éxodo 1:22).

- Tanto Noé como Moisés hicieron todo lo que Yahvé mandó. Considerar las declaraciones claramente paralelas en Génesis 6:22 y Éxodo 40:16.

Génesis 6:22: "E hizo Noé conforme a todo lo que Dios le había mandado él, así lo hizo".

וַיַּעַשׂ נֹחַ כְּכֹל אֲשֶׁר צִוָּה אֹתוֹ אֱלֹהִים כֵּן עָשָׂה

Éxodo 40:16: "Y Moisés hizo conforme a todo lo que Yahvé le había mandado él, así lo hizo".

וַיַּעַשׂ מֹשֶׁה כְּכֹל אֲשֶׁר צִוָּה יְהוָה אֹתוֹ כֵּן עָשָׂה

Este comentario sobre Noé viene en medio de su preparación para el diluvio, antes de que sucediera la liberación. El comentario sobre Moisés, por el contrario, viene después de que él mismo fuera entregado en el arca por el Nilo, luego del éxodo de Egipto, y después de la construcción del tabernáculo en el monte Sinaí. Aun así, el paralelo parece indicar que el autor de la Biblia pretendía que su audiencia conectara la obediencia de Noé con la de Moisés. El hecho de que las declaraciones paralelas no se coloquen en los mismos puntos de la secuencia indica que los paralelos realmente ocurrieron de esta manera en la historia y no son meros artilugios literarios del autor, un asunto que se encuentra en este paralelo y en muchos otros. La tipología se ocupa de las cosas que realmente sucedieron en la historia.

- Después de que cada uno experimentara la liberación en el arca a través de las aguas del juicio, tanto Noé como Moisés se encuentran al comienzo de nuevas eras en el progreso de la historia redentora, y en ambos casos, Yahvé entra en pacto con su pueblo (Gn 9:8-11; Ex 24:3-8), siendo Noé y Moisés los representantes ante Yahvé.
- Poco después de las liberaciones del arca y la realización de los pactos, en ambos casos hay un pecado significativo: la embriaguez de Noé y la deshonra de Cam a su padre (Gn 9:20-29), y el pecado del pueblo con el becerro de oro (Ex 32).

Los puntos de contacto lingüísticos, las similitudes en las secuencias de eventos y el significado paralelo del pacto de Noé y Moisés valida la idea de que Moisés es una entrega de un patrón tipológico visto en Noé. Como ha escrito Kenneth Mathews:

Hay notables similitudes entre la liberación de Noé y la de Moisés como se relata en Éxodo 1–2… [pruebas y observaciones]… Moisés, entonces, es otro Noé cuya carrera inaugura una nueva época.[132]

En este punto, se puede observar lo siguiente: después del bautismo del mundo en las aguas de la inundación de la ira de Dios, Dios hace un pacto con Noé. Después del bautismo del ejército de faraón en las aguas del juicio en el mar Rojo, Dios hace un pacto con Moisés. Después del bautismo que sufre Jesús, experimentando el cumplimiento del derramamiento de la ira de Dios, Dios hace el nuevo pacto con él. Morales escribe:

Israel no fue meramente librada de las aguas de la muerte, sino que a través de ellas, mueren a la vieja vida en Egipto en el proceso y en la preparación para la vida con Dios en la tierra de Canaán, así como Noé

---

132. Mathews, *Genesis 1–11:26, 363*; véase también p. 351.

fue entregado por las aguas de muerte, muriendo a la vieja creación para vivir en la presente.[133]

Podríamos parafrasear esto diciendo que experimentaron la salvación a través del juicio para la gloria de Dios, o, para decirlo a la manera de Pablo: "Somos sepultados juntamente con él para muerte por el bautismo, a fin de que como Cristo resucitó de los muertos por la gloria del Padre, así también nosotros andemos en vida nueva" (Rm 6:4, RV60; cf. 1 P 3:20, 21).

El bautismo del diluvio es seguido por un pacto con Noé.
El bautismo del mar Rojo es seguido por un pacto con Moisés.
Y el bautismo que Cristo sufre en la cruz inaugura la nueva alianza con Jesús.

5.2. Moisés como profeta

Hubo un tiempo en que escribía publicaciones en blogs y, de vez en cuando, recibía notificaciones de la plataforma de blogs sobre referencias externas. Estas referencias externas sucedían cuando otro sitio web se vinculaba a un blog que yo había publicado. Aunque todo lo que sabemos sobre Moisés y su ministerio en Éxodo, Levítico, Números y Deuteronomio es relevante para su ministerio profético, para agudizar nuestra discusión aquí quiero centrarme en unos pocos ejemplos donde lo que sucede en la vida de Moisés ha creado una referencia externa a un pasaje anterior y donde pasajes posteriores crean referencias externas a Moisés. Los tomaré en el orden en que aparecen en el Pentateuco. Estas conexiones forjan identificaciones tipológicas entre personas que sirvieron como profetas, sugiriendo que son instalaciones en patrones proféticos.

Después de que Moisés fuera entregado vivo a través de las aguas de la muerte en su arca-canasta, leemos en Éxodo 2:10: "Cuando el niño creció, ella lo trajo a la hija de faraón, la cual lo prohijó y le puso por nombre Moisés [מֹשֶׁה], diciendo: 'Porque de las aguas lo saqué [מִן־הַמַּיִם מְשִׁיתִהוּ]'" (RV60). En el Salmo 18:16 (MT 18:17), David escribe: "Envió desde lo alto, me tomó; me sacó de muchas aguas [יַמְשֵׁנִי מִמַּיִם רַבִּים]". Junto con el pasaje de 2 Samuel paralelo al Salmo 18 (2 S 22:17), estos son los únicos lugares donde este verbo ("sacó… fuera", מָשָׁה) aparece en todo el Antiguo Testamento. Esto viene después de las imágenes del Sinaí en el Salmo 18:7-14 (MT 18:8-15) y una cita de Éxodo 15:8 en el Salmo 18:15 (MT 18:16): "Entonces aparecieron los abismos de las aguas… Por el soplo del aliento de tu nariz [מִנִּשְׁמַת רוּחַ אַפֶּךָ]". Éxodo 15:8 habla de la división del mar Rojo

133. Morales, *Who Shall Ascend the Mountain of the Lord?*, 129.

con las palabras: "Con el soplo de tus narices [וּבְרוּחַ אַפֶּיךָ] se amontonaron las aguas...". David parece estar describiendo al Señor liberándolo en términos sacados de la forma en que el Señor liberó a Israel en el éxodo y en la división del mar Rojo, y en la referencia a Éxodo 2:10 en el Salmo 18:16 (MT 18:17), David habla de sí mismo en términos mosaicos.[134] Tal como el Señor hizo el pacto en Sinaí por medio de Moisés, así hizo un pacto con David con respecto al futuro rey de su línea. David se presenta en otra parte como profeta (ver especialmente 2 S 23:1, 2; Hechos 2:30).

Inmediatamente después de que la hija de faraón nombrara a Moisés, habiéndolo sacado de las aguas en Éxodo 2:10, leemos en 2:11-15 sobre cómo los parientes hebreos de Moisés le respondieron con las palabras: "¿Quién te ha puesto por príncipe y juez sobre nosotros?" (Éxodo 2:14). Entonces faraón busca matar a Moisés (2:15). Este rechazo de Moisés por parte de sus parientes no es diferente de la forma en que los hermanos de José lo rechazaron (Gn 37:18-28). Así como José y Moisés fueron rechazados por sus parientes, David sería confrontado duramente por sus hermanos y luego perseguido ferozmente por su pariente israelita Saúl (1 S 17–31; véase más adelante el capítulo 6 sobre la víctima justa).[135]

Habiendo huido de Egipto, Moisés se encuentra con su esposa junto a un pozo en Éxodo 2:15-22. El sirviente de Abraham conoció a Rebeca, quien sería la esposa de Isaac, en un pozo (Gn 24:11-15), y Jacob se encontró con Raquel en un pozo (29:8, 9). Jesús interactúa con la mujer samaritana, en un pasaje cargado de significado simbólico, en un pozo en Juan 4.

Cuando el Señor se apareció a Moisés en la zarza ardiente, la conversación que siguió involucró una serie de intercambios entre Yahvé y Moisés. Moisés protesta diciendo que no es un "hombre elocuente" (LBLA; lit. no es un "hombre de palabras", לֹא אִישׁ דְּבָרִים, Éxodo 4:10), y el Señor le dice: "Estaré con tu boca y te enseñaré lo que has de hablar" (4:12). Moisés, el profeta que ha de hablar por Dios, dice que hay un problema con su habilidad para hablar, y el Señor resuelve el problema diciendo que estará con Moisés. Los posteriores "profetas como Moisés" incluyen a Isaías y Jeremías. Tanto Isaías como Jeremías reconocen algún problema con su capacidad para hablar (Is 6:5; Jr 1:6; cf. también Ex 6:30), y en ambos casos el Señor trae resolución del problema (Is 6:6, 7; Jr 1:7-9; cf. también Ex 7:1, 2).

La línea genealógica de Adán a Abram es trazada en Génesis 5 y 11. Una preocupación genealógica similar por la ascendencia de Moisés aparece en Éxodo 6:14-27.

---

134. Ver la discusión del Salmo 18 en Hamilton, *Psalms* ad loc.

135. El capítulo 8 del excelente estudio de Hensley se titula, "David as a New Moses", Hensley, *Covenant and the Editing of the Psalter*, 157-82.

En un incidente significativo en la vida de Moisés, el Señor tomó algo del Espíritu que estaba sobre él y se lo dio a los setenta ancianos (Números 11:16-25). Cuando a Moisés se le preguntó si quería que dos de los ancianos que se habían quedado en el campamento y profetizaban allí fueran detenidos, exclamó su deseo de que todo el pueblo de Dios tuviera el Espíritu, que todos ellos fueran profetas (11:26-29). Si todos tuvieran el Espíritu y fueran profetas, ellos sabrían instintivamente lo que Dios querría que hicieran. Este episodio parece estar comprometido cuando Eliseo pregunta por una doble porción del espíritu de Elías (2 Reyes 2:9-15), y Joel parece señalar hacia un día en el que se haría realidad lo que Moisés deseaba: todo el pueblo de Dios tendría el Espíritu y serían profetas (Joel 2:28, 29, MT 3:1, 2; cf. Hechos 2:16-21).

Moisés no solo enfrentó el rechazo de sus parientes en Éxodo 2, sino que fue traicionado por sus allegados, cuando Miriam y Aarón hablaron en su contra en Números 12:1-9. La traición contra Moisés por parte de su hermano hace recordar al trato de Caín con Abel, y al trato de los hermanos de José hacia él. También anticipa la traición de David por parte de Ahitofel y luego de Absalón. Todo esto contribuye al tema del justo que sufre (ver el capítulo 6 a continuación).

La rebelión contra Moisés continúa en Números 14 cuando, en respuesta al mal informe de los espías (Nm 13), el pueblo se queja contra Moisés y Aarón, y quiere elegir un líder para volver a Egipto (Números 14:1-4). Como ya había hecho en el episodio del becerro de oro (Éxodo 32:10), Yahvé amenaza con destruir y desheredar al pueblo y hacer de Moisés una nación más grande (Nm 14:12). Como en esa ocasión anterior (Éxodo 32:11-14), Moisés intercede y Yahvé cede (Números 14:13-20). El patrón de la intercesión mosaica informa las experiencias de profetas como Moisés: Elí (1 Samuel 3:10-18), Elías (ver 1 Reyes 19:9-18) y Jeremías, a quien el Señor le dice que no ore por Israel (Jeremías 7:16; 11:14; 14:11).

Puede que no sea una exageración decir que cualquiera de los detalles de las narraciones de la manera en que Moisés condujo a Israel fuera de Egipto, a través del desierto, a las llanuras de Moab podría servir para evocar los actos poderosos de Yahvé a favor de la vida de su pueblo. Todo el complejo de acontecimientos, desde el éxodo hasta la conquista, sirve como un paradigma de la forma en que Yahvé salvaría a su pueblo en el futuro, y se puede hacer referencia a Moisés de muchas maneras, como veremos a medida que continuamos.

5.3. Profetas como Moisés

En Deuteronomio 18:9-14, Moisés advierte a Israel que no imite la forma en que la gente de Canaán busca información sobrenatural. Queman a sus hijos como ofrendas (Dt 18:10), aparentemente para solicitar la ayuda de deidades malvadas que reciben tales actos horribles como algo bueno, y practican la adivinación, dicen la suerte, interpretan presagios y hacen uso de hechiceros, encantadores, médiums y nigromantes, pero todo esto es abominable para Yahvé y no debe ser practicado por Israel (18:10-14). Entonces, ¿cómo obtiene Israel la guía sobrenatural? Moisés responde esa pregunta en Deuteronomio 18:15-22. Yahvé promete levantar un profeta como Moisés para Israel (Dt 18:15), y el ministerio del profeta es comparado con la forma en que Moisés intercedió por Israel al obtener la revelación de Yahvé para ellos en Sinaí en 18:16, 17. Yahvé reitera su promesa de levantar un profeta como Moisés en 18:18, luego advierte que él tratará con aquellos que no escuchan en 18:19, antes de advertir sobre aquellos que dicen ser profetas, pero no han sido enviados por él en 18:20-22.

Por la forma en que el ministerio del profeta como Moisés en 18:15-19 sigue a los abominables intentos cananeos de obtener revelación en 18:9-14, parece que debemos entender que Yahvé ha prometido levantar un profeta como Moisés de manera continua y regular. Cuando combinamos el contexto inmediato (el profeta contrastó la práctica cananea en curso) con el hecho de que los profetas posteriores son comparados con Moisés y presentados en términos que recuerdan su ministerio, parece que Moisés pretendía indicar que Israel podía esperar una serie de profetas como Moisés levantados según Yahvé lo considerara conveniente. Luego los autores bíblicos, comenzando con Josué, parecen haber presentado a los profetas que siguieron a Moisés como profetas como Moisés. Podría decirse que esto comienza dentro del Pentateuco con la forma en que Josué es designado como el sucesor de Moisés en Números 27:12-23.

Sin embargo, además de la forma en que el contexto de Deuteronomio 18 y la presentación de los profetas posteriores apuntan a una sucesión de profetas como Moisés, Deuteronomio 34:10 también atestigua una expectativa para un profeta singularmente como Moisés: "Y nunca más se levantó profeta en Israel como Moisés, a quien haya conocido Yahvé cara a cara" (RV60). Entonces, al final de la Torá, Deuteronomio engendra la expectativa de que el Señor reclute para Israel una sucesión de profetas como Moisés (Dt 18:15-19) y un profeta singularmente como Moisés (34:10).

Los relatos de la Torá sobre el liderazgo profético de Moisés establecen un patrón arquetípico, y ese patrón se entrelaza con la promesa de los profetas como Moisés para dar forma a la expectativa y guiar la interpretación. Moisés mismo presenta a Josué como el primer profeta como Moisés, como veremos en la siguiente sección, por su tratamiento de Josué en el libro de Números. Para los autores bíblicos posteriores, el patrón del ministerio de Moisés y la promesa de otros como él guían la manera en que ven e interpretan lo que sucede, y el Espíritu los inspira a escribir sus relatos de los profetas posteriores de acuerdo con la enseñanza de la Escritura anterior. Estos profetas posteriores, entonces, se convierten en entregas del patrón tipológico visto en Moisés.

6. JOSUÉ

El nombramiento de Josué como sucesor de Moisés en Números 27 apunta hacia atrás a figuras proféticas anteriores, incluido Moisés, y hacia aquellos que guiarían a Israel después de Josué. Debido al orden en que aparecen las frases clave en el texto, primero consideraremos la forma en que Números 27 apunta hacia adelante, luego cómo apunta hacia atrás.

6.1. Apuntando hacia adelante

Números 27:12-23 relata cómo el Señor mandó a Moisés que nombrara a Josué como su sucesor. Moisés no era un rey y Josué no es un rey. Sin embargo, ambos guían al pueblo por caminos reales, haciéndolo como profetas de Dios a quienes el Señor ha designado para guiar a su pueblo y a través de quienes el Señor da guía y revelación a su pueblo. La cualidad arquetípica del liderazgo de Moisés y Josué se puede ver por la forma en que las narraciones posteriores sobre reyes emplearán frases usadas por primera vez con referencia a Josué en Números 27. Josué no es un rey, pero los reyes se interpretan a la luz de lo que él hizo y se presentan en términos que recuerdan la forma en que él guió a Israel. Allison comenta:

> Si, como parece, el propio Josué está destinado a ser "el prototipo del ideal rey de Israel"…, se sigue que Moisés es, por así decirlo, el modelo para el modelo del rey. Es decir, Moisés, como tipo de Josué, es implícitamente el prototipo del gobernante de Israel (o de Judá). El autor de Josué hizo de su héroe el estandarte de la realeza, entre otras cosas, estampando indeleblemente la forma de Moisés sobre él.[136]

El Señor le dice a Moisés que se le permitirá ver, pero no entrar en la tierra prometida en Números 27:12-14, en respuesta a lo cual Moisés invoca a Yahvé en Números 27:16 para "nombrar (פָּקַד) a un hombre sobre la congregación", describiendo la necesidad de la nación en 27:17 de un hombre "que salga delante de ellos y que entre delante de ellos, que los saque y los introduzca, para que la congregación de Yahvé no sea como ovejas sin pastor" (RV60).

---

136. Allison, *The New Moses*, 27.

La naturaleza paradigmática del liderazgo profético de Josué se puede ver en la forma en que los autores bíblicos posteriores incluyen el lenguaje de Números 27:17, principalmente la referencia a la necesidad de uno "que salga y entre delante de ellos" (LBLA), en relatos que tratan de reyes (siguiendo la LBLA en la lista a continuación):

- 1 Samuel 8:20: "Para que nuestro rey nos juzgue, salga delante de nosotros y dirija nuestras batallas".

- 1 Samuel 18:13: "Por tanto, Saúl lo alejó de su presencia nombrándolo comandante de mil hombres; y salía y entraba al frente de la tropa".

- 1 Reyes 3:7: "Y ahora, Señor Dios mío, has hecho a tu siervo rey en lugar de mi padre David, aunque soy un muchacho y no sé cómo salir ni entrar".

- 2 Crónicas 1:10: "Dame ahora sabiduría y conocimiento, para que pueda salir y entrar delante de este pueblo; porque, ¿quién podrá juzgar a este pueblo tuyo tan grande?".

También se relata la presentación de Caleb en Josué 14:11: "Todavía estoy tan fuerte como el día que Moisés me envió; cual era mi fuerza entonces, tal es ahora mi fuerza para la guerra, y para salir y para entrar" (RV60).

La declaración "ovejas sin pastor" en Números 27:17 también resuena través del Antiguo Testamento y hasta el Nuevo (los textos en la siguiente lista siguen la RV60):

- 1 Reyes 22:17: "Yo vi a todo Israel esparcido por los montes, como ovejas que no tienen pastor; y Jehová dijo: Estos no tienen señor; vuélvase cada uno a su casa en paz".

- Ezequiel 34:5: "Y andan errantes por falta de pastor, y son presa de todas las fieras del campo".

- Zacarías 10:2: "Porque los terafines han dado vanos oráculos, y los adivinos han visto mentira, han hablado sueños vanos, y vano es su consuelo; por lo cual el pueblo vaga como ovejas, y sufre porque no tiene pastor".

- Mateo 9:36: "Y al ver las multitudes, tuvo compasión de ellas; porque estaban desamparadas y dispersas como ovejas que no tienen pastor" (de manera similar, Marcos 6:34).

Toda la resonancia canónica sobre esta referencia al pueblo que necesita a Josué para guiarlos para que no sean como ovejas sin pastor da fe de la naturaleza prototípica del liderazgo de toda la nación de Moisés, seguido por las entregas ectípicas de Josué y otros profetas como Moisés, culminando en Jesús, el antitipo. La forma en que el liderazgo del conquistador profético Josué dio forma a las referencias a los reyes de Israel destaca la intersección y el desdoblamiento importante de los oficios de profeta y rey.

6.2. *Apuntando hacia atrás*

Así como textos posteriores retomarán el lenguaje de Números 27:17, Números 27:18 recoge el lenguaje de un texto anterior: "Entonces el Señor dijo a Moisés: 'Toma a Josué, hijo de Nun, un hombre en quien está el Espíritu' [אִישׁ אֲשֶׁר־רוּחַ בּוֹ], y puso su mano sobre él". En Génesis 41:38, faraón dice de José: "¿Podemos encontrar un hombre como este, en quién está el Espíritu de Dios [אִישׁ אֲשֶׁר רוּחַ אֱלֹהִים בּוֹ]?".[137] Moisés parece haber notado la similitud entre lo que Yahvé dijo acerca de Josué y lo que faraón dijo acerca de José, y porque Moisés quería que su audiencia conectara a José y Josué, se aseguró de incluir ambas declaraciones en su narración. Muchas características de la narración de Josué se discutirán cuando consideremos la conquista como un nuevo éxodo en el capítulo 8 a continuación. Aquí quiero examinar paralelos entre Josué y Moisés que lo muestran como un profeta como Moisés, una instancia de un patrón tipológico que se cumpliría cuando surgiera *el* profeta como Moisés. Josué es presentado como el sucesor directo de Moisés (Josué 1:1, 2), y Yahvé promete estar con Josué *como estuvo con Moisés* (1:5; 3:7; cf. 1:17).

La conquista de la tierra se presenta como un nuevo éxodo, y este se extiende a Josué teniendo una experiencia notablemente similar a la de Moisés en la zarza ardiente (Éxodo 3:1-6), donde, como a Moisés, se le dice que se quite las sandalias pues la tierra es santa (Josué 5:13-15). Josué intercede por Israel como lo hizo Moisés (Josué 7:6-15; cf. Ex 32; Nm 14), y hace justicia como lo hizo Moisés (Jos 7:16-26; cf. Números 15:32-36).

Al final de Deuteronomio, cerca del final de su vida, Moisés encargó a Israel evitar la idolatría y advirtió de su incapacidad para guardar la ley sin el poder capacitador de Yahvé (Dt 28–33; véase especialmente 29:4 [MT 29:3]). Del mismo modo, en el final del libro de Josué, cerca del final de su vida, Josué encargó a Israel evitar la idolatría y advirtió de su incapacidad para guardar la ley sin el poder capacitador de Yahvé (Josué 23–24; véase especialmente 24:19). La descripción del escrito de Moisés en Deuteronomio 31:24-26 parece servir como modelo para Josué 24:26, 27. Estos pasajes son paralelos en al menos cuatro formas, y los cuatro puntos de correspondencia vienen en el mismo orden en ambos pasajes:

137. Compare declaraciones similares en Daniel 4:8, 18; 5:11, 14. Para una discusión, véase Joshua M. Philpot, "Was Joseph a Type of Daniel? Typological Correspondence in Genesis 37–50 and Daniel 1–6", *Journal of the Evangelical Theological Society* 61 (2018): 681-96.

TABLA 4.1. Correspondencias entre Deuteronomio 31:24-26 y Josué 24:26, 27 (las citas de esta tabla pertenecen a la NVI)

Punto de correspondencia	Deuteronomio 31:24-26	Josué 24:26, 27
1.El profeta escribió.	"Moisés terminó de escribir	"... y registró todo
2. En el rollo de la Torá.	en un libro todas las palabras de esta ley. Luego dio esta orden a los levitas que transportaban el arca del pacto del Señor: 'Tomen este libro de la Ley	en el libro de la Ley de Dios
3. En el Lugar Santo.	y pónganlo junto al arca del pacto del Señor su Dios.	Luego tomó una enorme piedra y la colocó bajo la encina que está cerca del santuario del Señor.
4. Como un testigo.	Allí permanecerá como testigo contra ustedes los israelitas...'".	Entonces dijo a todo el pueblo: —Esta piedra servirá de testigo contra ustedes. Ella ha escuchado todas las palabras que el Señor nos ha dicho hoy. Testificará contra ustedes en caso de que digan falsedades contra su Dios".

El final de los libros de Deuteronomio y Josué tiene que ver con "testigos" (Deuteronomio 31:26; Josué 24:22), y mientras que el final de Deuteronomio describe la muerte de Moisés (Dt 34:1-8), el final de Josué narra su muerte (Josué 24:29, 30).

Consideraremos la forma en la cual el cruce de Josué por el río Jordán recrea a Moisés guiando a Israel a través del mar Rojo en el capítulo 8 a continuación. En vista de lo que analizaremos sobre Elías y Eliseo en la siguiente sección, sin embargo, debemos observar la forma como el cruce del Jordán en Josué recrea y es directamente comparado con el cruce del mar Rojo: "Porque Yahvé vuestro Dios secó las aguas del Jordán delante de vosotros, hasta que habíais pasado, a la manera que Yahvé vuestro Dios lo había hecho en el mar Rojo, el cual secó delante de nosotros hasta que pasamos" (Josué 4:23, RV60).

La clara sucesión de Moisés a Josué está marcada por la repetición del cruce del mar Rojo en el cruce del río Jordán. Los profetas (como) Elías y Eliseo, se unen para repetir patrones vistos en Moisés y Josué, y las repeticiones hacen que aumente la expectativa, generando anticipación por otro par de profetas que vendrían después.

7. ELÍAS Y ELISEO

Como se mencionó en el capítulo 1, la reutilización de términos clave, la cita de líneas, las repeticiones de secuencias de eventos y las similitudes en significado se pueden considerar indicadores de que los autores bíblicos están forjando correspondencia histórica a nivel micro. Estas características también se utilizan para forjar repeticiones y paralelismos en narrativas más amplias para crear correspondencias a nivel macro por medio de estructuras literarias objetivas. Esta sección proporciona un anticipo de la discusión sobre estructuras literarias que concluye este estudio en el capítulo 11.

7.1. La estructura literaria de Reyes

La narración de 1-2 Reyes se ha estructurado cuidadosamente y parece tener un arreglo concéntrico. Al principio de la narración, la nación se une bajo el rey davídico (1 Reyes 1–11), y al final solo Judá permanece, Israel ha sido exiliado (2 Reyes 18–25). Las secciones segunda y penúltima narran la división del reino en Israel y Judá (1 Reyes 12) y la caída de Israel (2 Reyes 17). Las secciones tercera y antepenúltima del libro alternan entre relatos de los reyes de Israel y Judá (1 Reyes 13–16; 2 Reyes 8–16). La sección central del libro describe los ministerios de Elías y Eliseo (1 Reyes 17–2 Reyes 7). La estructura quiástica puede ser representada de la siguiente manera:[138]

1 Reyes 1–11. Reino davídico unido.
    1 Reyes 12. Dividido en Israel y Judá.

---

138. Adaptado de Bruce K. Waltke, *An Old Testament Theology: An Exegetical, Canonical, and Thematic Approach* (Grand Rapids: Zondervan, 2007), 693.

> 1 Reyes 13–16. Reyes de Israel y Judá.
> 1 Reyes 17–2 Reyes 7. Elías y Eliseo.
> 2 Reyes 8–16. Reyes de Israel y Judá.
> 2 Reyes 17. Caída de Israel.
> 2 Reyes 18–25. Judá hasta el exilio.

La sección central sobre Elías y Eliseo también parece tener un sentido de estructura concéntrica de la siguiente manera:

> 1 Reyes 17:8-24. Aceite de la viuda y resurrección.
> 1 Reyes 17–19. Sin lluvia, Baal, Jezabel, Sinaí-Moisés.
> (1 Reyes 20–21. Siria, Ben Hadad, viñedo de Nabot).[139]
> 1 Reyes 22. Acab y Josafat consultan a Micaías.
> 2 Reyes 1. Fuego cae del cielo.
> 2 Reyes 2. Elías al cielo en un torbellino.
> 2 Reyes 3. Joram y Josafat consultan a Eliseo.
> 2 Reyes 3. Sin agua, agua a la sangre (Moisés), sacrificio humano.
> 2 Reyes 4. Aceite de la viuda y resurrección.
> 2 Reyes 5–7. La doble porción de obras poderosas de Eliseo.

7.2. Correspondencia histórica entre Elías y Eliseo

Los sorprendentes paralelismos entre los ministerios de Elías y Eliseo sugieren que deben ser entendidos en relación el uno con el otro. En el centro de la estructura quiástica del relato de los ministerios de Elías y Eliseo, una transición del ministerio de Elías a Eliseo tiene lugar en el río Jordán, en la que Eliseo pide una doble porción del espíritu de Elías, y el espíritu de Elías viene a descansar sobre Eliseo. El autor de Reyes narra unas diez obras poderosas realizadas por (o marcando el ministerio de) Elías, y este número se va a más del doble en las veintidós obras poderosas realizadas por Eliseo.[140] Esto parece establecer un patrón de eventos donde un profeta

---

139. 1 Reyes 20–21 no encaja perfectamente en la estructura quiástica propuesta aquí, y Elías está notablemente ausente entre su llamado a Eliseo al final de 1 Reyes 19 hasta el 21:17. En esta sección leemos de "un profeta" (1 R 20:13), "el profeta" (20:22), "un hombre de Dios" (20:28), "un cierto varón de los hijos de los profetas" (20:35) y "uno de los profetas" (20:41), pero no se encuentra ninguna referencia a Elías. Cf. la observación de Leithart sobre el arte literario: "Los textos son estructuralmente tan complejos como una composición musical, que puede estar organizada por muchas estructuras (melódicas, armónicas, rítmicas) simultáneamente". Peter J. Leithart, *1 & 2 Kings*, Brazos Theological Commentary on the Bible (Grand Rapids: Brazos, 2006), 154 n. 2.

140. Las formas en que se enumeran las obras milagrosas varían, y hay diferentes estimaciones de lo que cuenta como una obra poderosa. Para mi evaluación, consulte la Tabla 4.2, "Las obras poderosas de Elías y Eliseo".

más prolífico sucede a su predecesor en el río Jordán con la participación del Espíritu.[141] Las obras poderosas de Elías y Eliseo están enumeradas en la Tabla 4.2, y aquí discutiremos el paralelismo de sus ministerios, pasando de los anillos exteriores a los episodios centrales, para establecer una discusión sobre la expectativa de que este patrón se cumpliera en las Escrituras posteriores, y la presentación de su cumplimiento en el Nuevo Testamento.

TABLA 4.2. Las obras poderosas de Elías y Eliseo

Elías	Eliseo
1. Sequía (1 Reyes 17:1).	1. Jordán partido (2 Reyes 2:14).
2. Alimentado por cuervos (17:6).	2. Agua curada (2:19-22).
3. Provisión para la viuda involucrando tinaja de aceite (17:14-16).	3. Los osos rompen/rasgan a los muchachos (2:23-25).
4. Niño resucitado (17:17-24).	4. Provisión de agua por inundación (3:16, 17, 20).
5. El fuego consume la ofrenda en el Monte Carmelo (18:38).	5. Provisión para la viuda involucrando tinaja de aceite (4:1-7).
6. Lluvia (18:41-46).	6. Esposa estéril concibe (4:16, 17).
7. Viaje de cuarenta días/cuarenta noches a Horeb (19:8).	7. Niño resucitado (4:18-37).
8. Fuego del cielo consume enemigos dos veces (2 Reyes 1:9-12).	8. Muerte en la olla eliminada (4:38-41).
9. El Jordán se divide (2:8).	9. Cien hombres alimentados por veinte panes (4:42-44).
10. Llevado por un torbellino al cielo (2:11).	10. Naamán el leproso sanado (5:1-15).
	11. Sabe lo que hizo Giezi y hace que la lepra de Naamán se le pegue a él (5:26, 27).

141. Correctamente dice Leithart: "Elías es un tipo de Juan el Bautista... y la transición de Elías a Eliseo presagia la sucesión de Juan a Jesús". Leithart, *1 & 2 Kings*, 171.

Elías	Eliseo
	12. El hacha flota (6:6).
	13. Conocer los planes del rey sirio (6:9, 10, 12).
	14. Los ojos de su siervo se abrieron para ver caballos y carros de fuego (6:17).
	15. Los sirios quedaron ciegos (6:18).
	16. Los ojos de los sirios se abrieron (6:20).
	17. Provisión de alimentos a través del campamento sirio abandonado y saqueado (7:1, 16).
	18. Capitán ve, pero no come (7:2, 19).
	19. Advertencia de siete años de hambruna (8:1-6; cf. José en Gn 41:25-32; Elías en 1 Reyes 17:1).
	20. Predicción de que Hazael mataría al rey de Siria (8:7-15).
	21. Predicción de la victoria sobre Siria (13:14-19).
	22. Hombre muerto resucitado por los huesos de Eliseo (13:20, 21).

7.2.1. Provisión para una viuda y resurrección de un hijo (1 Reyes 17 y 2 Reyes 4)

Inicialmente mi atención se centró en los paralelos entre Elías y Eliseo por la similitud de 1 Reyes 17 y 2 Reyes 4. Elías provee para una viuda en una forma que involucra una vasija de aceite y luego resucita a un niño de entre los muertos en 1 Reyes 17, y Eliseo hace las mismas obras poderosas en el mismo orden en 2 Reyes 4.

- Ambas provisiones involucran a viudas (1 Reyes 17:9; 2 Reyes 4:1) que no tienen nada más que tinajas de aceite (1 Reyes 17:12, 14; 2

Reyes 4:2), de las que el profeta anuncia que no se gastarán hasta que se provea lo suficiente (1 Reyes 17:14; 2 Reyes 4:3-6).

- En ambos capítulos, a la provisión para la viuda sigue inmediatamente la resurrección de un niño.

- En 1 Reyes 17 muere el hijo de la viuda, pero en 2 Reyes 4, Eliseo primero anuncia a una mujer estéril que concebirá, y luego cuando ese muchacho muere, Eliseo lo resucita de entre los muertos.

- El anuncio del nacimiento del niño hace del relato de lo que Eliseo hizo en 2 Reyes 4 algo aún más impresionante que 1 Reyes 17 (incremento).

- En ambas narraciones, el niño muerto es llevado al aposento del propio profeta en la parte superior, donde se lo acuesta en la cama del profeta (1 Reyes 17:19; 2 Reyes 4:10, 21), y en ambos casos el profeta "se tendió sobre" el niño (1 Reyes 17:21; 2 Reyes 4:34, NVI).

- Ambas narraciones concluyen con el profeta devolviendo al niño a la madre viva (1 Reyes 17:23; 2 Reyes 4:36), y la madre honrando la obra del Señor a través del profeta (1 Reyes 17:24; 2 Reyes 4:37).

Estos estupendos paralelismos son más que una repetición del ministerio de Elías en Eliseo. Señalan la intención del autor al respecto de la correspondencia histórica entre Elías y Eliseo; con la adición de la anunciación de que la esposa estéril con el esposo viejo tendrán un hijo, la importancia aumenta a medida que avanzamos de Elías a Eliseo.

7.2.2. Agua, idólatras, Moisés (1 Reyes 17–19 y 2 Reyes 3)

El complejo de eventos en 1 Reyes 17–19 tiene características que coinciden con elementos de 2 Reyes 3, ya que ambos pasajes tratan de la falta de agua y luego su provisión, ambos incluyen puntos de contacto con Moisés,[142] y ambos tienen conflicto con los idólatras. Elías anuncia que no habrá lluvia ni rocío en 1 Reyes 17:1, y en puntos a lo largo de la narración se hace referencia a la sequía (17:14; 18:1), hasta que finalmente llega la lluvia (18:41-45).[143] Eliseo se enfrenta a una circunstancia en 2 Reyes 3:9, ya que "les

---

142. Sobre la evidencia de Elías como un nuevo Moisés, véase Allison, *The New Moses*, 39-45. Véase también la discusión fascinante en Duane A. Garrett, *The Problem of the Old Testament: Hermeneutical, Schematic, and Theological Approaches* (Downers Grove, IL: InterVarsity, 2020), 272-90.

143. 1 Reyes 17:1 dice: "No habrá lluvia ni rocío en estos años", y luego 18:1 relata que "la palabra del Señor vino a Elías, en el tercer año…". Lucas 4:25 presenta a Jesús especificando que "los cielos se cerraron por tres años y seis meses, y vino una gran hambre sobre toda la tierra", y Santiago 5:17 dice que cuando Elías oró "durante tres

faltó agua para el ejército, y para las bestias que los seguían" (RV60). Eliseo anuncia que el Señor proporcionará agua que no vendrá por el viento o la lluvia, pero que, sin embargo, llenará el lecho del arroyo en 3:17.

Un punto significativo de contacto entre estas dos narraciones es la frase: "Como vive Yahvé de los ejércitos, en cuya presencia estoy" (חַי יְהוָה צְבָאוֹת אֲשֶׁר עָמַדְתִּי לְפָנָיו), que ocurre solo en 1 Reyes 18:15 y 2 Reyes 3:14.[144] En la primera, Yahvé le dice a Elías que se muestre a Acab y él enviará lluvia (18:1). Elías se presenta a Abdías, quien teme que Elías no siga adelante al presentarse ante Acab (18:7-14), en respuesta a lo cual Elías pronuncia esta declaración para afirmar que en verdad se mostrará a Acab. Allí sigue la disputa con los profetas de Baal, y luego viene la lluvia. Del mismo modo, Eliseo hace esta declaración cuando se dispone a resolver el problema de la falta de agua en 2 Reyes 3. El uso de las mismas palabras en el mismo orden en contextos similares funciona para vincular los dos pasajes, creando una correspondencia histórica entre Elías y Eliseo.

Otro punto de contacto entre estas narrativas tiene que ver con la forma como ambos tratan con idólatras. En el caso de Elías, tiene la contienda épica con los profetas de Baal en el Monte Carmelo (1 Reyes 18:20-40). En 2 Reyes 3:27, en contraste, el rey de Moab sacrifica a su hijo mayor y la ira cae sobre Israel.

Más significativamente, ambas narraciones contienen detalles que recuerdan a Moisés. Elías viaja "cuarenta días y cuarenta noches a Horeb, el monte de Dios" (1 Reyes 19:8). En esa misma montaña, Moisés famosamente ayunó cuarenta días y cuarenta noches, en las que se reunió con Yahvé ¡dos veces! (Éxodo 24:18; 34:28). Cuando 1 Reyes 19:9 señala que

---

años y seis meses no llovió sobre la tierra". Al notar el período de tiempo de tres años y medio, Lucas y Santiago relacionan la sequía de Elías con la reducción a la mitad de la sequía de Daniel. La septuagésima semana (Daniel 9:27), también conocida como "un tiempo, tiempos y la mitad de un tiempo" (7:25; 12:7) y mediante cuentas de días de "1290 días" (12:11), "1335 días" (12:12) y "2300 noches y mañanas" (8:14). El período de 3 años y medio también es un factor significativo en Apocalipsis: "Cuarenta y dos meses" (Ap 11:2; 13:5, 12×3=36, 3 años, 36+6=42, 3 ½ años); "1260 días" (11:3, días de un mes, 30, multiplicado por 3 ½ años de meses, 42, 42×30=1260); y "un tiempo, y tiempos, y la mitad de un tiempo" (12:14, cf. 1260 días en 12:6). Los tres años y medio de sequía de Elías proporcionan la visita arquetípica del juicio de Dios. El período de tres años y medio en Daniel 8:14 bajo el tercer reino (Antíoco Epífanes) proporciona una entrega ectípica del patrón. Y el cumplimiento antitípico llega con la representación de los tres años y medio de persecución visitada por el Anticristo en Daniel 7:25 y Apocalipsis 13:5. Ver más discusión de estos pasajes en Hamilton, *Revelation*; Hamilton, *With the Clouds of Heaven*; and James M. Hamilton Jr., "Suffering in Revelation: The Fulfillment of the Messianic Woes", *Southern Baptist Journal of Theology* 17, no. 4 (2014): 34-47.

144. Cf. Declaraciones similares en 1 Reyes 17:1, 12; 18:10; 22:14; 2 Reyes 2:2, 4, 6; 4:30; 5:16, 20. Ninguno de estos está redactado exactamente igual que 1 Reyes 18:15 y 2 Reyes 3:14.

Elías "llegó a la cueva", la cueva a la vista es muy probablemente la hendidura de la roca donde Yahvé puso a Moisés al pasar (Ex 33:22). Yahvé entonces pasa por Elías y se le revela (1 R 19:9-18), recordando el modo en que Yahvé pasó junto a Moisés (Éxodo 34:6, 7).[145] Los puntos de contacto entre Eliseo y Moisés son menos detallados, más sutiles, pero como Moisés sacó agua de la roca en el desierto en Éxodo 17 y Números 20, Eliseo proveyó agua que no vino mediante la lluvia en 2 Reyes 3:17-20. Además, Moisés convirtió en sangre el agua en Egipto (Éxodo 7:14-25), y leemos en 2 Reyes 3:22 (RV60): "Cuando se levantaron por la mañana, y brilló el sol sobre las aguas, vieron los de Moab desde lejos las aguas rojas como sangre". Así como el agua que se convirtió en sangre condujo a la derrota de Egipto, el agua que aparece como sangre condujo a la derrota de Moab. Como la gente recibió maná del cielo en el desierto bajo Moisés (Éxodo 16), señalando a otro profeta que multiplicaría los panes, Eliseo alimentó a unos cien hombres con apenas veinte panes en 2 Reyes 4:42-44.

7.2.3. ¿No hay un profeta de Yahvé? (1 Reyes 22 y 2 Reyes 3)

Los puntos de contacto entre 1 Reyes 22 y 2 Reyes 3 son particularmente fuertes. En 1 Reyes 22:4, Acab le pregunta a Josafat: "¿Irás conmigo a la batalla...?". En 2 Reyes 3:7, el hijo de Acab, Joram, le formula a Josafat la misma pregunta:

1 Reyes 22:4: "¿Irás conmigo a la batalla en Ramot de Galaad?".

הֲתֵלֵךְ אִתִּי לַמִּלְחָמָה רָמֹת גִּלְעָד

2 Reyes 3:7: "¿Irás conmigo a Moab a la batalla?".

הֲתֵלֵךְ אִתִּי אֶל־מוֹאָב לַמִּלְחָמָה

Cuando Josafat quiere consultar la palabra de Yahvé en 1 Reyes 22:5, Acab saca a relucir a los profetas que le dicen lo que quiere oír en 22:6, incitando a Josafat a preguntar en 22:7: "¿No hay aquí algún profeta de Yahvé a quién podamos preguntar?". De manera similar, cuando no hay agua en 2 Reyes 3:9 y Joram se desespera en 3:10, Josafat hace la misma pregunta en 2 Reyes 3:11 que había formulado en 1 Reyes 22:7.

1 Reyes 22:7: "¿No hay todavía aquí algún profeta de Yahvé, para que le preguntemos?".

הַאֵין פֹּה נָבִיא לַיהוָה עוֹד וְנִדְרְשָׁה מֵאוֹתוֹ

---

145. Véase además Allison, *The New Moses*, 39-45.

2 Reyes 3:11: "¿No hay aquí algún profeta de Yahvé, para que consultemos a Yahvé de él?".

הַאֵין פֹּה נָבִיא לַיהוָה וְנִדְרְשָׁה אֶת־יְהוָה מֵאוֹתוֹ

En 1 Reyes 22, Acab provoca a Micaías, de quien dice: "Mas yo le aborrezco, porque nunca me profetiza bien, sino solamente mal" (1 Reyes 22:8, RV60). Una vez convocado, Micaías tiene una interacción de confrontación con los falsos profetas de Acab, mientras revela lo que sucederá (22:9-28). De manera similar, en 2 Reyes 3 se presenta a Eliseo, y cuando entra en escena le dice a Joram hijo de Acab: "¿Qué tengo yo contigo? Ve a los profetas de tu padre, y a los profetas de tu madre" (2 Reyes 3:13, RV60). Como Micaías, Eliseo revela lo que ocurrirá (3:15-19).

Vimos arriba cómo la frase "Vive Yahvé de los ejércitos, en cuya presencia estoy de pie" ocurre solo dos veces (1 Reyes 18:15; 2 Reyes 3:14), vinculando a Eliseo y Elías. Otra frase que aparece solo dos veces en Reyes es la "mano de Yahvé", que viene sobre Elías en 1 Reyes 18:46 y sobre Eliseo en 2 Reyes 3:15.

7.2.4. *Dos profetas en el Jordán (2 Reyes 1–2)*

En el centro de la estructura quiástica en el corazón del libro de Reyes se hallan los dos primeros capítulos de 2 Reyes. En el primero de ellos hay muchas referencias a "subir" y "bajar" (2 Reyes 1:2, 3, 4, 6, 9, 10, 11, 13, 14, 15, 16).[146] La vestimenta de Elías se describe en 2 Reyes 1:8 (RV60): "Un varón que tenía vestido de pelo, y ceñía sus lomos con un cinturón de cuero". Y dos veces hace descender fuego del cielo para consumir a aquellos enviados a convocarlo y reivindicar su condición de "hombre de Dios" (1:10, 12). Lo que impulsa el capítulo es el hecho de que Ocozías, rey de Israel, ha enviado a "inquirir de Baal-zebub, el dios de Ecrón" (1:2), en respuesta a lo que Elías le pregunta: "¿Es porque no hay Dios en Israel que vas a consultar a Baal-zebub, el Dios de Ecrón" (1:3, 6, 16). Ocozías consulta a Baal-zebub para saber si se recuperará de su caída (1:2), y Elías anuncia que no lo hará (1:16). La veracidad de la palabra profética acentúa la narración: "Y murió conforme a la palabra de Yahvé que Elías había hablado" (1:17).

En 2 Reyes 1, dos veces vinieron capitanes de cincuenta por Elías y dos veces llamó fuego del cielo sobre ellos, hasta que el tercer capitán rogó humildemente por su vida y Elías descendió con él al rey (2 Reyes 1:9-15). En 2 Reyes 2, Elías le pide dos veces a Eliseo que deje de seguirlo, Eliseo

---

146. Un punto que me fue señalado por J. Gary Millar, "1–2 Kings", en *ESV Expository Commentary: 1 Samuel–2 Chronicles*, ed. Iain M. Duguid, James M. Hamilton Jr., y Jay Sklar, vol. 3 (Wheaton, IL: Crossway, 2019), 726.

le dice dos veces a Elías que, mientras viva el Señor y mientras él viva, no lo abandonará. Los hijos de los profetas le dicen dos veces a Eliseo que su maestro será tomado, y dos veces Eliseo los hace callar (2:2-5). La tercera vez a través de esta misma secuencia llegan Elías y Eliseo al río Jordán, que Elías parte, y él y Eliseo lo cruzan, tal como Moisés dirigió al pueblo al otro lado del mar Rojo y Josué al otro lado del mismo río "sobre tierra seca" (2:8). El término traducido como "tierra seca" (חָרָבָה) aparece en Éxodo 14:21 para describir el cruce del mar Rojo, y tanto en Josué 3:17 como en 2 Reyes 2:8 para describir el cruce del río Jordán. Parece que el autor de Reyes tenía la intención de que su audiencia pensara en la transición del ministerio de Moisés a Josué al contar la historia de la traslación de Elías y la realización de su ministerio por parte de Eliseo.

En ese momento, Eliseo pide una doble porción del espíritu de Elías (2 Reyes 2:9), y Elías promete que si lo ve al ser arrebatado "así será" (2:10). Aparecen los carros y los caballos de fuego, Elías es llevado al cielo en un torbellino, Eliseo lanza su exclamación, rasga sus propias vestiduras y toma el manto de Elías (2:11-13). "Y tomando el manto de Elías que se le había caído, golpeó las aguas, y dijo: ¿Dónde está Yahvé, el Dios de Elías? Y así que hubo golpeado del mismo modo las aguas, se apartaron a uno y a otro lado, y pasó Eliseo" (2:14, RV60). Los hijos de los profetas entonces reconocieron que "el espíritu de Elías reposa sobre Eliseo" (2:15).

7.3. Moisés-Josué y Elías-Eliseo

La transición del ministerio de Elías al de Eliseo en el río Jordán con el don del espíritu de Elías tiene varios puntos de contacto con la transición del liderazgo de Moisés al de Josué, y esto nos ayuda a interpretar la correspondencia histórica entre los ministerios de los dos profetas:

- El pedido de Eliseo a Elías de "una doble porción de tu espíritu sobre mí" en 2 Reyes 2:9 refleja casi con certeza lo que el Señor le dijo a Moisés: "Y tomaré del Espíritu que está sobre ti y lo pondré sobre ellos [los setenta ancianos]" en Números 11:17. Aunque no está claro que Josué sea uno de los setenta ancianos, sí aparece en ese pasaje (Nm 11:28). Aun así, el Señor claramente continúa el ministerio de Moisés a través de Josué. (Ver siguiente).

- El ministerio del primer profeta (Elías/Moisés) obviamente continúa en el ministerio del segundo (Eliseo/Josué). Esto lo atestiguan claramente declaraciones en la Torá (ver discusión de Números 27 arriba en 6.1 y pasajes como Dt 31:3, 7, 8) y en Josué 1 (esp. Jos 1:1, 2, 5, 17, etc.). La narración de Reyes, por su parte, lo establece claramente: "El espíritu de Elías descansa sobre Eliseo" (2 Reyes 2:15).

- Esta continuación del ministerio de Elías puede verse en la forma en que Eliseo toma su manto (2 Reyes 2:13), lo que indica que él continúa el ministerio de Elías. En este sentido, a Josué se le encargó no apartar la Torá de su boca, porque él iba a continuar el ministerio de Moisés (Josué 1:8).

- Elías sale de la tierra partiendo el Jordán para cruzar "en tierra seca" (2 Reyes 2:8), y luego Eliseo vuelve a entrar en la tierra partiendo el Jordán (2:14). Esto coincide con el cruce del mar Rojo de Moisés seguido por el cruce del río Jordán de Josué, y mientras Moisés y Elías iban hacia el este cuando cruzaron el agua, Josué y Eliseo iban hacia el oeste.

Estos puntos de correspondencia histórica sugieren que la transición de Elías a Eliseo es una entrega en el patrón de la transición de Moisés a Josué. La duplicación de las obras poderosas de Elías en el ministerio de Eliseo añade un aumento en la importancia de la correspondencia histórica, señalando un patrón tipológico de eventos que genera la expectativa de más eventos similares en el futuro.

Después del ascenso de Elías al cielo "en un torbellino" en 2 Reyes 2:11, los hijos de los profetas en Jericó buscan su cuerpo, pero no lo encuentran (2 Reyes 2:15-18). Los paralelos más cercanos a esto en las Escrituras anteriores son Enoc siendo llevado por Dios en Génesis 5:24 y Moisés siendo enterrado por Dios en un lugar no revelado en Deuteronomio 34:5, 6.

Parece, también, que a medida que Eliseo continúa el ministerio de Elías, él mismo se vuelve una especie de nuevo Moisés, o dicho de otro modo, un profeta como Moisés. Esto se puede ver en las secuencias de eventos paralelos en Éxodo 14–15 y 2 Reyes 2. En Éxodo 14, Moisés conduce al pueblo a través del mar Rojo sobre tierra seca, hecho celebrado en la Canción del Mar, y después de un período de tiempo de tres días, al no poder encontrar agua, lo siguiente que hace es endulzar las aguas en Éxodo 15:22-27. Del mismo modo, habiendo cruzado el Jordán (2 R 2:14), una vez que los hijos de los profetas han buscado en vano a Elías durante tres días, Eliseo sana las aguas en 2 Reyes 2:19-22.

Ambos contextos mencionan períodos de tiempo de tres días, y en ambos contextos hay un grupo que no logra encontrar lo que busca:

Éxodo 15:22: "Anduvieron tres días por el desierto y no hallaron agua".

וַיֵּלְכוּ שְׁלֹשֶׁת־יָמִים בַּמִּדְבָּר וְלֹא־מָצְאוּ מָיִם

2 Reyes 2:17: "Durante tres días lo buscaron [a Elías], pero no lo encontraron".

וַיְבַקְשׁוּ שְׁלֹשָׁה־יָמִים וְלֹא מְצָאֻהוּ

En Éxodo 15:25, el profeta Moisés arrojó (וַיַּשְׁלֵךְ) un leño en el agua amarga "y el agua se volvió dulce". En 2 Reyes 2:21, el profeta Eliseo arrojó (וַיַּשְׁלֵךְ) sal en el agua mala con las palabras: "Así dice Yahvé, he sanado (רִפֵּאתִי) esta agua…". De manera similar, en Éxodo 15:26, Yahvé declara: "Porque yo soy Yahvé, tu sanador (רֹפְאֶךָ)".[147]

Esta secuencia de eventos —cruce de agua, seguido de un período de tiempo de tres días y una búsqueda infructuosa, seguida de la curación/endulzamiento del agua potable arrojando algo en ella— indica que para el autor de Reyes, Eliseo debe ser entendido como un profeta como Moisés, una entrega en el patrón tipológico mosaico. Al mismo tiempo, Elías es un profeta como Moisés, y la transición de su ministerio al de Eliseo refuerza la forma en que el ministerio de Moisés fue continuado por Josué. Estos patrones parecen informar lo que Malaquías profetiza.

7.4. Elías y el Día del Señor en Malaquías

Tal vez involucrando la forma en que el ministerio de Elías fue preparado para y continuado por Eliseo, Malaquías afirma:

> He aquí, yo os envío el profeta Elías, antes que venga el día de Yahvé, grande y terrible. Él hará volver el corazón de los padres hacia los hijos, y el corazón de los hijos hacia los padres, no sea que yo venga y hiera la tierra con maldición. (Malaquías 4:5, 6, RV60)

El volverse de los corazones de padres e hijos los unos hacia los otros recuerda la oración de Elías en la contienda con los profetas de Baal: "Respóndeme, Yahvé, respóndeme, para que conozca este pueblo que tú, oh Yahvé, eres el Dios, y que tú vuelves a ti el corazón de ellos" (1 R 18:37, RV60). Malaquías, entonces, parece esperar que el nuevo Elías tenga un ministerio como el del Elías histórico.

La mención de Elías en Malaquías 4:5 parece desarrollar lo que Malaquías dijo en 3:1: "He aquí, yo envío mi mensajero, el cual preparará el camino delante de mí; y vendrá súbitamente a su templo el Señor a quien vosotros buscáis, y el ángel del pacto, a quien deseáis vosotros. He aquí viene, ha dicho Yahvé de los ejércitos" (RV60). Malaquías 3:1 a su vez recoge el lenguaje de Éxodo 23:20, indicando que el "mensajero" a quien Yahvé envía para "preparar el camino" será un nuevo Elías, que será un precursor profético de la venida del Señor para el cumplimiento de la

---

147. No hay ningún relato de Jesús curando o endulzando aguas en los Evangelios, pero sí convierte el agua en vino al tercer día (Juan 2:1-11), que trasciende lo que Eliseo y Moisés lograron, y él ofrece agua viva (4:10-14; cf. 7:37-39). De varias otras maneras, Jesús cumple lo que tanto Eliseo como Moisés tipificaron; sobre este punto, ver más abajo.

salvación culminante del nuevo éxodo (cf. la discusión de Génesis 24:7, Éxodo 23:20, Isaías 40:3, Malaquías 3:1 y Marcos 1:2 en las páginas iniciales y finales de este libro).

7.5. Elías y Eliseo en el Nuevo Testamento

Los autores del Nuevo Testamento presentan el cumplimiento de Elías y Eliseo en un número de puntos. Hay importantes correspondencias entre Elías y el Bautista, y así como hubo una transición de Elías a Eliseo en el Jordán, el Bautista y Cristo se encuentran en el Jordán. El Nuevo Testamento presenta a Jesús como el profeta esperado como Moisés (Lc 9:35; Hch 3:22; 7:37), y también presenta al Bautista como el Elías que había de venir (Mt 11:14). En vista de que Eliseo pidió una doble porción del espíritu de Elías en el Jordán, el descenso del Espíritu cuando Juan bautiza a Jesús en el Jordán ocurre como cumplimiento del patrón profético.

7.5.1. Elías y el Bautista

Los cuatro Evangelios presentan a Juan el Bautista preparando el camino para la venida de Jesús. De varias maneras presentan a Juan cumpliendo tipológicamente el papel que jugó Elías en relación con Eliseo, del cual profetizó Malaquías. Mateo y Marcos notan que el Bautista estaba vestido como Elías:[148]

> Mateo 3:4 (cf. Marcos 1:6): "Y Juan estaba vestido de pelo de camello, y tenía un cinto de cuero alrededor de sus lomos" (RV60).

> 2 Reyes 1:8: "[Elías] tenía vestido de pelo, y ceñía sus lomos con un cinturón de cuero" (RV60).

Mateo, Marcos, Lucas y Juan citan el cumplimiento de Isaías 40:3 en el ministerio del Bautista al preparar el camino para Jesús: "Una voz clama: 'En el desierto prepara el camino del Señor…'" (Isaías 40:3; Mateo 3:3; Marcos 1:2-4; Lucas 3:4-6; Juan 1:23). Marcos añade Malaquías 3:1 (con su cita de Éxodo 23:20) hasta el comienzo de su cita de Isaías 40:3: "He aquí, yo envío mi mensajero delante de tu rostro" (Marcos 1:2; Ml 3:1). Jonathan Gibson

---

148. Allison comenta sobre esta similitud: "El texto también podría decir: Juan era como Elías". Allison, *The New Moses*, 19.

indica la posibilidad de una alusión a Isaías 40:3 en Malaquías 3:1,[149] y hay una notable similitud entre los dos textos:

Isaías 40:3: פַּנּוּ דֶּרֶךְ יְהוָה
"Preparad el camino de Yahvé".

Malaquías 3:1: וּפִנָּה־דֶרֶךְ לְפָנָי
"Y él preparará el camino delante de mí".

El Nuevo Testamento cita Isaías 40:3 para establecer que el papel del Bautista es preparar el camino para Jesús. La cita de Malaquías 3:1 en Marcos 1:2 se une con el hecho de que Jesús mismo identifica al Bautista como el "Elías que había de venir" (Mateo 11:14, NVI) para afirmar que el Bautista cumple tipológicamente el papel de Elías al preceder al profeta que viene después de él, uno que tendrá una experiencia aún mayor del Espíritu (Juan 3:34) y hace obras aún más poderosas que él mismo (21:25).

El traslado de Elías al cielo y la declaración de Malaquías de que el Señor lo enviaría podría haber llevado a la idea de que el Elías literal e histórico volvería algún día. Esto parece ser lo que el Bautista niega en Juan 1:21: "Y le preguntaron: ¿Qué pues? ¿Eres tú Elías? Dijo: No soy. ¿Eres tú el profeta? Y respondió: No" (RV60). El intercambio se ajusta al patrón de los malentendidos joánicos, donde aquellos que escuchan a Jesús piensan que está hablando del nacimiento literal (3:4), agua física (4:15), o pan real (6:34), cuando Jesús habla del nuevo nacimiento y el alimento y la bebida espiritual que da a los que permanecen en él. Del mismo modo, aquí en Juan 1:21, el Bautista niega ser el Elías literal e histórico que regresó a la tierra, pero está vestido de una manera, ubicado en un lugar y haciendo ciertas cosas para llevar a cabo el cumplimiento tipológico del patrón del ministerio de Elías visto en 1–2 Reyes y profetizado en Malaquías 3:1 y 4:5.

7.5.2. Dos profetas en el Jordán (Juan 1)

Vimos arriba cómo Elías y Eliseo cruzaron el Jordán, Eliseo pidió una doble porción del Espíritu sobre Elías, después de lo cual este último fue llevado al cielo por un torbellino, y Eliseo volvió a cruzar el Jordán (2 Reyes 2:1-15). Esta secuencia de acontecimientos encuentra cumplimiento tipológico cuando el "Elías que ha de venir" (Mateo 11:14), Juan el Bautista,

149. Gibson, *Covenant Continuity and Fidelity*, 174-77. Gibson señala: "La secuencia sintáctica de piel פנה + objeto directo דרך es compartido por Ml 3:1b e Is 40:3 únicamente, lo que sugiere una alusión intencionada" (176).

sumerge a Jesús de Nazaret en el río Jordán (cf. Mateo 3:13-17; Marcos 1:9-11; Lucas 3:21, 22).

También dio Juan testimonio, diciendo: Vi al Espíritu que descendía del cielo como paloma, y permaneció sobre él. Y yo no le conocía; pero el que me envió a bautizar con agua, aquel me dijo: Sobre quien veas descender el Espíritu y que permanece sobre él, ese es el que bautiza con el Espíritu Santo. Y yo le vi, y he dado testimonio de que este es el Hijo de Dios. (Juan 1:32-34, RV60)

Dos profetas en el Jordán, y en su paso por las aguas, la plenitud del Espíritu viene sobre el segundo. En Juan 3:34, el Bautista se refiere al "Espíritu sin medida" (LBLA) en el ministerio de Jesús que trasciende la doble porción del espíritu de Elías en el ministerio de Eliseo. Y como Eliseo hizo el doble de obras poderosas que Elías, Jesús habla de cuánto mayor será la era que él inaugurará en Mateo 11:11 (NVI): "Les aseguro que entre los mortales no se ha levantado nadie más grande que Juan el Bautista; sin embargo, el más pequeño en el reino de los cielos es más grande que él".

7.6. El profeta como Moisés

El Nuevo Testamento presenta a Jesús en continuidad y cumplimiento de lo que tipificaron Moisés y los profetas, incluido Juan.

7.6.1. Jesús y el Bautista

De la misma manera que Eliseo continúa y duplica el ministerio de Elías, se puede ver que Jesús continúa y trasciende el ministerio del Bautista. Mateo resume la predicación del Bautista en la línea: "Arrepiéntanse, porque el reino de los cielos está cerca" (Mateo 3:2, NVI). Después del bautismo, la tentación y el traslado de Jesús a Capernaum, "desde entonces comenzó Jesús a predicar, y a decir: 'Arrepentíos, porque el reino de los cielos se ha acercado'" (4:17, RV60). Del mismo modo, Jesús y sus discípulos extienden y fomentan el ministerio bautismal de Juan el Bautista (Juan 3:22–4:1),[150] incitando al Bautista a declarar: "Él debe crecer, pero yo debo disminuir" (3:30).

---

150. Dale Allison presenta dos páginas de lado a lado sobre similitudes entre el Bautista y Jesús en el Evangelio de Mateo (*The New Moses*, 137-39).

7.6.2. Jesús y Elías

Nada de esto debe tomarse como un desaire hacia Elías. Hay formas en que los autores del Nuevo Testamento lo entienden para tipificar no solo a Juan el Bautista, sino también a Jesús.[151] Por ejemplo, Lucas cita la traducción griega de una frase del relato de Elías resucitando al hijo de la viuda de la muerte cuando relata cómo Jesús resucitó al hijo de la viuda en Naín:

> Lucas 7:15: "Entonces se incorporó el que había muerto y comenzó a hablar. Y [Jesús] *lo dio a su madre*" (RV60).
> καὶ ἔδωκεν αὐτὸν τῇ μητρὶ αὐτου

> LXX 1 Reyes 17:23: "Y Elías tomó al niño y lo bajó del aposento alto a la casa y se *lo dio a su madre*".
> καὶ ἔδωκεν αὐτὸν τῇ μητρὶ αὐτου

7.6.3. Jesús y Eliseo

La cita en Lucas 7:15 conecta el milagro de la resurrección en el ministerio de Elías con Jesús, el profeta del cumplimiento. Del mismo modo, varios de los milagros realizados por Eliseo prefiguran cosas que Jesús cumpliría:

- Presentado únicamente con "veinte panes de cebada y espigas frescas en su saco" en 2 Reyes 4:43a, se le pregunta a Eliseo: "¿Cómo puedo poner esto delante de cien hombres?". La suposición es que no hay suficiente comida, pero Eliseo anuncia: "Así dice el Señor: 'Comerán y habrá de sobra'" (2 Reyes 4:43b, NVI). En varias ocasiones, Jesús alimentó a multitudes con pequeñas porciones de comida, y los discípulos juntaron canastas con las sobras, doce una vez, siete otra vez (véanse Mateo 14:13-21; 15:32-39; Marcos 6:30-44; 8:1-10; Lucas 9:10-17; Juan 6:1-15).
- En 2 Reyes 5:1-14, Eliseo cura a Naamán de lepra, una hazaña que solo repite Jesús (Mateo 8:2-4; Marcos 1:40-44; Lucas 5:12-16).
- Eliseo sabe adónde fue Giezi, lo que dijo y lo que estaba pensando (2 Reyes 5:25-27); en cierto modo presagia la capacidad de Jesús para conocer lo que acaba de suceder, lo que se ha dicho o incluso lo que la gente estaba pensando (p. ej., Mateo 17:24-27; Marcos 2:7, 8).
- A través de la oración de Eliseo, los ojos de su siervo se abren para ver realidades espirituales; el Señor hiere al ejército sirio con ceguera y

---

151. Cf. Leithart: "Elías en sí mismo es un tipo de Jesús, y Eliseo, de los discípulos que continuaron el camino del ministerio de Jesús después de su ascensión". Leithart, *1 & 2 Kings*, 171.

luego abre sus ojos otra vez (2 Reyes 6:17-20). Jesús también concede la vista espiritual y abre los ojos de los ciegos (esp. Marcos 8:22-26; Juan 9).

- Como Elías, y como se discutió anteriormente, Eliseo resucita a un niño de entre los muertos. Sin embargo, no solo eso, sino que en la muerte, Eliseo demuestra ser un profeta dador de vida, cuando un hombre recientemente asesinado es arrojado a la tumba de Eliseo y, habiendo entrado en contacto con sus huesos, resucita de entre los muertos (2 Reyes 13:20, 21). Jesús no solo resucita a los muertos (Lucas 7:11-17; Juan 11:38-44), sino que él también demuestra ser dador de vida en su muerte; los santos muertos resucitan cuando muere en la cruz (Mateo 27:51-53). Jesús también trasciende cualquier cosa que Eliseo haya logrado en este sentido, ya que él mismo resucitó de entre los muertos (por ejemplo, Mateo 28:6).

7.6.4. La transfiguración

Habiendo considerado las formas en que Jesús cumple lo tipificado por Eliseo, hay más que decir en este sentido con referencia a Elías, quien tipifica no solo al Bautista, sino también a Cristo. Como se señaló anteriormente, Elías fue al Sinaí, a "la cueva", donde Yahvé pasó junto a él tal como había pasado junto a Moisés, cuyo rostro resplandecía con gloria reflejada. La experiencia de Moisés y Elías en el Sinaí, junto con el rostro resplandeciente de Moisés (Éxodo 34:29-33), influyen en los relatos de Jesús ascendiendo a "un monte alto" con Pedro, Santiago y Juan, donde "se transfiguró delante de ellos; y su rostro resplandeció como el sol, y sus vestiduras se volvieron blancas como la luz. Y he aquí, se les aparecieron Moisés y Elías hablando con Él" (Mt. 17:2, 3; NVI). El relato de Lucas especifica que ellos "hablaron de su éxodo, que estaba por cumplir en Jerusalén" (Lucas 9:31).

Jesús realiza el cumplimiento tipológico de lo que Moisés y Elías prefiguraron. Él es el profeta cuyo rostro resplandece en la montaña; él llevará a cabo la salvación que las liberaciones forjaron a través del liderazgo señalado de Moisés y Elías; y como Elías, llevado al cielo en un torbellino, Jesús ascenderá al cielo sobre las nubes (Lucas 24:51; Hechos 1:8-11).

7.6.5. Los dos testigos en Apocalipsis 11

Esto, sin embargo, no es lo último que veremos de Moisés y Elías. Sus ministerios dan simbólicamente sentido a la representación de los dos testigos, que parecen personificar la proclamación del evangelio por parte de la iglesia, en Apocalipsis 11:3-7.[152] En esta lectura, la iglesia será protegida

---

152. Con razón Bauckham escribe de los dos testigos: "Por lo tanto, son la iglesia en la medida en que cumple su función de testigo fiel". *The Theology of the Book of*

como lo fue Elías cuando el rey envió al capitán y cincuenta hombres, sobre los cuales descendió fuego del cielo para consumirlos (2 Reyes 1:9-16). Así escribe Juan: "Si alguno quiere dañarlos, sale fuego de la boca de ellos, y devora a sus enemigos; y si alguno quiere hacerles daño, debe morir él de la misma manera" (Apocalipsis 11:5, RV60).

Elías no solo fue protegido para servir al propósito de Dios en su generación; la sequía que vino por su oración mostró que Yahvé, Dios de Israel, y no Baal, el dios de la tormenta, es quien riega la tierra con la lluvia (1 Reyes 17–18). A lo largo de estas líneas, Juan escribe que los dos testigos "tienen poder para cerrar el cielo a fin de que no llueva mientras estén profetizando" (Ap 11:6a, NVI). Tomo esto para indicar que la iglesia, con su testimonio verificado de la verdad (dos testigos), tiene como Elías poder para demostrar que el Dios de la Biblia es el único Dios vivo y verdadero, Creador del cielo y de la tierra, único Creador y salvador de todos los hombres. Y así como las plagas de Egipto fueron ejecutadas por Moisés, los dos testigos "tienen poder sobre las aguas para convertirlas en sangre, y para herir la tierra con toda suerte de plagas todas las veces que quieran" (Ap 11:6b, LBLA). Esta parece ser una forma simbólica de decir que la iglesia tiene el poder para llevar a cabo el cumplimiento del éxodo de Egipto. El punto no son las plagas, sino el mensaje de salvación del que da testimonio la iglesia. Sea que los lectores estén o no de acuerdo con mi interpretación del simbolismo, es indiscutible que los ministerios de Moisés y Elías presagian y tipifican no solo lo que Cristo mismo cumplió, sino también lo que Juan profetiza que los dos testigos cumplirán antes de que suene la trompeta final en Apocalipsis 11:15-19.

Se podría decir mucho acerca de otros profetas. Volcamos nuestra atención a Isaías y la forma en que él mismo tipifica lo que se cumplirá en Cristo.

8. ISAÍAS

Esta sección examina el contexto de Isaías 7–8 para entender lo que Isaías significó por las declaraciones en 8:17, 18, y de allí tratar de entender cómo el autor de Hebreos emplea ese pasaje cuando lo pone en los labios de Jesús en Hebreos 2:13.[153]

Revelation, New Testament Theology (New York: Cambridge University Press, 1993), 85, cf. 84-88.

153. Para una mirada de gran angular sobre la forma en que el autor de Hebreos se involucra en la interpretación tipológica, véase James M. Hamilton Jr., "Typology in Hebrews: A Response to Buist Fanning", *Southern Baptist Journal of Theology* 24 n. 1 (2020): 125-36. Para los casos más difíciles de entender del uso del Antiguo Testamento en Hebreos, véase Aubrey Maria Sequeira, "The Hermeneutics of Eschatological

8.1. Isaías y sus hijos

El profeta Isaías tiene al menos dos hijos con nombres portentosos. Leemos en Isaías 7:3: "Entonces dijo Yahvé a Isaías: Sal ahora al encuentro de Acaz, tú, y Sear-jasub tu hijo, al extremo del acueducto del estanque de arriba, en el camino de la heredad del Lavador" (RV60). Luego, en 8:3, Isaías escribe: "Y fui a la profetisa, y concibió y dio a luz un hijo. Entonces Yahvé me dijo: Llama su nombre Maher-shalal-hash-baz". Debido a las similitudes entre 8:3-10 y 7:7-20, algunos han llegado a la conclusión de que el niño que se llamará Emanuel en 7:14 se puede identificar con Maher-shalal-hash-baz. He discutido en otra parte que el contexto de la profecía de Emanuel en 7:14 requiere que sea dado ese nombre a un niño por nacer en el futuro cercano de Isaías, y que Mateo afirma el cumplimiento tipológico de la profecía de Isaías cuando nace Jesús (Mateo 1:22, 23).[154] Al menos Sear-Jashub y Maher-shalal-hash-baz están a la vista (quizás también Emanuel), cuando Isaías afirma en 8:18: "He aquí, yo y los hijos que me dio Yahvé somos por señales y presagios en Israel, de parte de Yahvé de los ejércitos, que mora en el monte de Sion". Para entender lo que el autor de Hebreos quiere decir cuando cita partes de Isaías 8:17, 18 en Hebreos 2:13, debemos entender las declaraciones de Isaías en su contexto.

¿En qué sentido son Isaías y sus hijos "señales y presagios"? En Isaías 7:1, 2, Acaz ha sido informado de la forma en que el reino del norte de Israel ha entrado en una conspiración con Siria para destituirlo y establecer un rey títere en su lugar (7:5, 6). Es probable que esté inspeccionando el suministro de agua de Jerusalén con anticipación a un asedio en 7:3, y su intercambio con Isaías en 7:10-13 indica que no tiene la costumbre de responder positivamente al profeta Isaías. Nosotros también sabemos por 2 Reyes 16:5-20 que en lugar de hacerle caso a Isaías y confiar en Yahvé, Acaz confió en Tiglat-pileser y adoró a sus dioses (2 Reyes 16:3, 7-14).

Acaz hizo un trato con Tiglat-pileser en el que el rey de Asiria lo ayudaría contra sus enemigos. Estaba tratando de evitar ser derrotado por esos enemigos y ser llevado cautivo por ellos al exilio. Por muy descontento que estuviera al ver a Isaías, esa desdicha solo se incrementaría al saber el nombre del hijo que Isaías estaba instruido a llevar consigo en 7:3. El

---

Fulfillment in Christ: Biblical-Theological Exegesis in the Epistle to the Hebrews" (PhD diss., Louisville, KY, The Southern Baptist Theological Seminary, 2016).

154. James M. Hamilton Jr., "The Virgin Will Conceive: Typological Fulfillment in Matthew 1:18–23", en *Built upon the Rock: Studies in the Gospel of Matthew*, ed. John Nolland y Daniel Gurtner (Grand Rapids: Eerdmans, 2008), 228-47. Véase también James M. Hamilton Jr., *God's Glory in Salvation through Judgment: A Biblical Theology* (Wheaton, IL: Crossway, 2010), 363-67. De manera similar, Andrew T. Abernethy y Gregory Goswell, *God's Messiah in the Old Testament: Expectations of a Coming King* (Grand Rapids: Baker, 2020), 88-89.

hijo de Isaías, Shear-jasub, tiene un nombre que significa "un remanente volverá", lo que implica que el pueblo se va al exilio. Isaías proclama fielmente la verdad a Acaz, rey de Judá, pero el rey y su poder establecido se oponen al mandato del mensaje de Isaías, no les gusta lo que significa y presagia el nombre del hijo de Isaías.

El nombramiento de Maher-shalal-hash-baz en Isaías 8 refleja una dinámica similar. Yahvé le ordena a Isaías que escriba el nombre del niño en una tablilla grande. Traducido literalmente, el nombre significa algo así como "apresurándose al saqueo, apresurándose al botín",[155] nombre que parece implicar "nos van a saquear rápido". O sea: cuando venga el ejército enemigo, el que llevará al pueblo al exilio, los soldados victoriosos serán rápidos en el robo y saqueo.

Los dos hijos de Isaías, entonces, tienen nombres que implican el exilio. El remanente volverá (Shear-jashub) después del exilio, y el enemigo se apresurará al despojo y al saqueo (Maher-shalal-hash-baz) al llevar a la gente al exilio. El exilio viene como una maldición del pacto. La maldición viene porque el pacto ha sido roto. Y el pacto ha sido quebrantado porque la gente falla en responder a profetas como Isaías, cuyo propio nombre, Yeshayahu (יְשַׁעְיָהוּ), declara que Yahvé salva. En lugar de creer en la predicación de Isaías y los profetas que lo precedieron, el no-remanente en Israel busca soluciones humanas, típicamente políticas, a sus problemas, esperando ser liberados por potencias extranjeras, ya sea Egipto o Asiria.

La forma en que Isaías y su pequeño grupo de seguidores se oponen a la población en general y su perspectiva cultural dominante se puede ver en lo que Isaías escribe en 8:11-16. En el versículo 11, Isaías relata cómo Yahvé le advirtió "que no anduviera en el camino de este pueblo", y el versículo 12 especifica que no debe consentir sus teorías de conspiración ni "temer lo que ellos temen". La conspiración a la vista probablemente involucre la amenaza a Acaz en el capítulo 7, y la gente en general teme lo que los reyes extranjeros puedan hacerles. En contraste con esto, Isaías enseña en 8:13 que "a Yahvé de los ejércitos, a él honraréis como santo. Dejen que él sea vuestro temor, y que él sea vuestro pavor". En los versículos 14, 15, Isaías explica que Yahvé protegerá a los que en él se refugian y juzgará a aquellos que lo desprecian. Y luego, reflejando la forma en que la población en general no presta atención a su ministerio profético, aunque tiene un pequeño grupo de seguidores que está con él en contra de la opinión establecida, Isaías afirma en 8:16-18 (RV60):

---

155. Véase la nota al pie sobre Isaías 8:1 en la NET Bible.

Ata el testimonio, sella la ley entre mis discípulos. Esperaré, pues, a Yahvé, el cual escondió su rostro de la casa de Jacob, y en él confiaré. He aquí, yo y los hijos que me dio Yahvé somos por señales y presagios en Israel, de parte de Yahvé de los ejércitos, que mora en el monte de Sion.

El término hebreo traducido como "enseñanza" en el versículo 16 es la palabra Torá (תּוֹרָה), que inicialmente se refiere a la Torá de Moisés y eventualmente se usará como una forma de referirse a todo lo que Israel reconoció como Escritura. Con estas palabras, Isaías se identifica a sí mismo y a sus discípulos con todos los que, en la primera frase del versículo 17, han esperado a Yahvé. Cuando Isaías continúa en el versículo 17 diciendo que Yahvé está "escondiendo su rostro", retoma conceptos de Deuteronomio 31:17, 18, y 32:20, donde Yahvé dice que esconderá su rostro de su pueblo cuando rompan su pacto y sean llevados al exilio (Dt 31:16-18).

8.2. Jesús y sus discípulos

Enseñando la solidaridad entre Jesús y su pueblo, exhortando a ese pueblo a ser fiel a Jesús a pesar de las presiones de la cultura que los impulsa a abandonarlo, el autor de Hebreos cita dos pasajes del Antiguo Testamento, el Salmo 22 e Isaías 8, para mostrar que Jesús "no se avergüenza de llamarlos hermanos" (Hebreos 2:11, NVI). Sostengo que el autor de Hebreos ve en ambos, David e Isaías, a figuras que tipifican a Jesús. Tras haber hablado de cómo Jesús ("el que santifica") y sus seguidores ("los que son santificados") son hijos de Dios el Padre ("todos tienen una fuente"), el autor de Hebreos explica: "Por lo cual no se avergüenza de llamarlos hermanos" (2:11, NVI). Luego, presenta a Jesús como el cumplimiento tipológico de lo que David prefiguró al colocar el Salmo 22:22 en los labios de Jesús.

David exclamó en el Salmo 22:22 (RV60): "Anunciaré tu nombre a mis hermanos; en medio de la congregación te alabaré".[156] Recordamos la manera en la que, cuando David supo que Saúl tenía la intención de matarlo, huyó a "la cueva de Adulam; y cuando sus hermanos y toda la casa de su padre lo supieron, vinieron allí a él" (1 S 22:1, RV60). Sería natural para David celebrar la liberación de Dios con su familia y todos aquellos alineados con él, sus "hermanos".[157] Esta solidaridad entre David y su

---

156. Discutiremos el Salmo 22 con más detalle en el punto 4.4 del capítulo 6. Para la exposición de todo el Salmo 22, y la discusión sobre la forma en que David tipifica a Jesús, ver mi comentario, Psalms, y mi ensayo, "Typology in the Psalms".

157. El término "hermano" (אָח) puede usarse para referirse a lazos de parentesco más amplios que los hermanos varones de la misma filiación. Por ejemplo, aunque Labán es el tío de Jacob, él y Jacob se refieren el uno al otro como "hermano" (אָח, LBLA traduce "pariente") en Génesis 29:12 y 29:15.

pueblo frente a la oposición se cumple en la solidaridad entre Jesús y su pueblo, y precisamente como David llamó a su pueblo sus "hermanos",[158] así el autor de Hebreos se refiere a los seguidores de Jesús como sus "hermanos" (Hebreos 2:11, 12).[159]

El autor de Hebreos añade más apoyo a esta conexión entre Jesús y su pueblo, que permanecen juntos contra la simiente de la serpiente, cuando presenta a Jesús citando Isaías 8:17, 18, como el cumplimiento tipológico de lo que Isaías prefiguró. Este es un caso particularmente claro en el que debemos entender la cita de Isaías 8:18 no como una expresión predictiva, en la que Isaías declara el futuro, sino como un ejemplo de la experiencia del profeta proporcionando un patrón tipológico del cual Hebreos reclama cumplimiento en Cristo. Jesús no engendró hijos biológicos, pero en el contexto de Isaías 7–8, el profeta Isaías habla de los hijos biológicos que engendró y el significado de sus nombres.

8.3. ¿Prosopología o tipología?

¿Cómo, entonces, debemos entender que Jesús está "diciendo" (primera palabra de Hebreos 2:12) las palabras del Salmo 22:22 e Isaías 8:17, 18? Matthew Bates ha argumentado que la exégesis prosopológica proporciona la clave para comprender lo que el autor de Hebreos ha hecho aquí, pero yo sostengo que tal solución vicia el significado del texto en su contexto del Antiguo Testamento. Bates reconoce esto, sin ofrecer ninguna explicación del contexto de Isaías 7–8, al escribir:

> Yo propondría que el autor de Hebreos determinó que Isaías había asumido el papel de Jesús, el Hijo, y que el Hijo estaba hablando aquí no con el Padre, sino que estaba lanzando una advertencia a la audiencia teodramática, el antiguo pueblo de Dios.[160]

He propuesto una comprensión contextual de las palabras de Isaías, y que el contexto no contiene ninguna indicación de que Isaías hubiera "asumido el papel de Jesús, el Hijo", lo que Bates propone que "el autor de Hebreos determinó". La sugerencia que Bates hace sobre el autor de Hebreos

---

158. David se dirige a sus guerreros como sus "hermanos" (אָח) en 1 Samuel 30:23 y llama a Jonatán su "hermano" (אָח) en 2 Samuel 1:26.

159. Jesús se refirió a sus seguidores como familia y específicamente como "hermanos" en varios lugares, por ejemplo, Mateo 12:48, 49; 23:8; 28:10; Juan 20:17, etc.

160. Matthew W. Bates, *The Birth of the Trinity: Jesus, God, and Spirit in New Testament and Early Christian Interpretations of the Old Testament* (New York: Oxford University Press, 2015), 142.

implica que el autor bíblico participó en un acto arbitrario, no contextual, en una práctica exegéticamente interpretativa e injustificada por la cual simplemente hace que el texto del Antiguo Testamento diga lo que él quiere que diga. Dado que el autor de Hebreos estaba tratando de persuadir a la gente de que podía acceder al texto del Antiguo Testamento, y dado que tanto el autor de Hebreos como su audiencia trataron al Antiguo Testamento como autoritativo, no creo que ni el autor de Hebreos ni su audiencia hubieran sido convencidos por afirmaciones sobre el significado del texto que no se pudiera derivar de las palabras reales del texto en contexto. El autor de Hebreos no hace abiertamente ni declara directamente todo lo que afirma Bates. Es decir, el autor de Hebreos presenta a Jesús hablando las palabras del Salmo 22 e Isaías 8, pero no explica la lógica de esa presentación.

Bates propone una lógica prosopológica que ignora el significado de los textos del Antiguo Testamento en su contexto. Tal propuesta implica que el autor de Hebreos participa en un juego de poder, mediante el cual la cita de un texto autoritativo se puede utilizar como una apelación a la autoridad, aunque el texto en su contexto original no signifique lo que el autor afirma. Esto solo será convincente si la audiencia tampoco piensa en el significado del texto en contexto o no tiene acceso a ese contexto. Si la audiencia tiene acceso al texto en contexto, y si reflexiona sobre el significado del texto y lo compara con la afirmación que Bates propone, su capacidad para ver lo que significa el texto en contexto debilitará la autoridad de la exégesis prosopológica. Cualquiera que entienda los capítulos 7 y 8 de Isaías rechazará la idea de que "Isaías había asumido el papel de Jesús, el Hijo"[161] porque podrá ver que Isaías hablaba sobre sus hijos Shear Jashub y Maher-shalal-hash-baz. Porque creo que el autor de Hebreos estaba tratando de persuadir a su audiencia para que le diera aprobación plena y lealtad obediente al significado verdadero del texto bíblico y la forma en que se cumple en Jesús, el Mesías, encuentro que una base tipológica para su presentación de Jesús pronunciando las palabras del Salmo 22 e Isaías 8 es más convincente que una prosopológica.

Para Bates, el autor de Hebreos identifica al hablante en el Salmo 22 e Isaías 8 ya no con David e Isaías, respectivamente, sino con Jesús.[162] Esto no solo hace que el significado del Salmo 22 e Isaías 8 en su contexto se vuelva irrelevante para el argumento que realiza el autor de Hebreos, sino

161. *Ibid.*
162. Véase *ibid.*, 140-46.

que también despoja la poderosa conexión tipológica entre David, Isaías y Jesús que forja el autor de Hebreos.[163]

Tanto David como Isaías hablan como representantes proféticos del remanente elegido por Dios. Ese remanente elegido representa la simiente colectiva de la mujer, que es identificada con el portavoz profético de Dios, ya sea David o Isaías, pues ambos tipifican la simiente singular de la mujer. Esta relación entre el pueblo y el profeta de Dios encuentran cumplimiento en la relación entre Cristo y su pueblo, que es precisamente la forma como el autor de Hebreos habla de la relación entre Jesús y los profetas: "Dios, habiendo hablado muchas veces y de muchas maneras en otro tiempo a los padres por los profetas, en estos postreros días nos ha hablado por el Hijo..." (Hebreos 1:1, 2a; RV60).

9. JESÚS

He aquí cuán grande es este hombre: arquetipo y cumplidor de los patrones; la larga historia de Israel se construye para él. Él es el nuevo Adán que obedeció donde el primer Adán pecó. Fue bautizado en las aguas del diluvio de la ira de Dios para que aquellos bautizados en su muerte y resurrección pudieran ser salvos. Abraham se alegró de ver su día, y a diferencia de Abraham, que no pudo proteger a su esposa cuando dijo la mentira de la hermana, Cristo se adelantó y dijo "tómame y deja en libertad a estos" (parafraseando a Juan 18:8). Abraham intercedió por Lot y Sodoma, y Cristo intercede por todos los que el Padre le ha dado (Juan 17:6-9, 20; Rm 8:34).

El sorprendente nacimiento del Señor Jesús iguala y supera al de Isaac, y mientras que se proporcionó un carnero como sustituto cuando Isaac fue ofrecido en el altar, Cristo murió como sustituto en la cruz. Abraham en sentido figurado recibió a Isaac de entre los muertos (Hebreos 11:19); Cristo realmente resucitó de la muerte. Jesús, el hombre de Nazaret, vino como profeta como Moisés (Juan 6:14),[164] y él mismo vendrá de nuevo como un nuevo Josué para conquistar la tierra. Cumpliendo todo lo tipificado por Elías y Eliseo, el Señor Jesús alimentó a las multitudes, sanó a mujeres desesperadas y resucitó al hijo muerto de una viuda.

---

163. Peter J. Gentry observa: "Es poco probable que los apóstoles fueran conscientes de los métodos [de exégesis prosopológica] promovidos en los manuales de retórica. Esto es anacrónico". Peter J. Gentry, "A Preliminary Evaluation and Critique of Prosopological Exegesis", *Southern Baptist Journal of Theology* 23, no. 2 (2019): 119. Cf. la discusión de Gentry sobre "las fuentes a las que a menudo se recurre" en las discusiones de la técnica (107-8).

164. Allison, *The New Moses*, 97-106, 140-270.

El Espíritu de Yahvé estaba sobre Isaías para proclamar el año favorable del Señor (Isaías 61:1), y Jesús predicó el cumplimiento de esa Escritura en la sinagoga de su ciudad natal (Lucas 4:16-21). Al igual que Isaías, fue rechazado (Lucas 4:28-30), pero se mantuvo de pie —y se mantiene— en solidaridad con sus discípulos, a quienes no se avergüenza de llamar hermanos, tal como lo hizo Isaías cuando pidió que la enseñanza se mantuviera unida entre sus discípulos mientras él y sus hijos con sus nombres portentosos esperaban a Yahvé (Is 8:16-18; Hb 2:11-13). En ese tiempo, Dios escondía su rostro (Is 8:17), pero aquellos que se vuelven a Dios en Cristo se han quitado el velo (2 Cor 3:16) y contemplan la gloria de Dios en el rostro de Jesucristo (3:18; 4:4, 6).

5

Reyes

Pues aquella fragancia que impregnaba todo era como el recuerdo de las mañanas de rocío en un cielo despejado en una tierra en la que el buen mundo en primavera es apenas una imagen fugaz... De pronto Faramir giró, abrió los ojos, y miró a Aragorn, que estaba inclinado hacia él; y una luz de conocimiento y de amor se le encendió en los ojos, y habló suavemente. Mi Señor, me has llamado. Aquí estoy. ¿Qué ordena el rey?... Y pronto la novedad de que el rey se encontraba en verdad entre ellos salió de la casa, y luego de la guerra trajo sanidad; y la noticia corrió por toda la ciudad.

J. R. R. TOLKIEN[165]

Cristo viene como el rey de Israel, y para que sea el rey de Israel debe ser hijo de David, hijo de hombre (Adán), hijo de Dios. Este nombramiento puede ser visto en las genealogías de Mateo y Lucas, e incluso en la forma en que Natanael alaba a Jesús en Juan 1:49 (LBLA): "Tú eres el Hijo de Dios, tú eres el Rey de Israel". Dios creó a Adán a su imagen y semejanza como su hijo (Lucas 3:38), luego anunció que Israel era su hijo (Ex 4:22, 23), antes de decirle a David que la simiente que Dios levantaría de su descendencia sería un hijo para él (2 S 7:14).

Aquí es relevante la personalidad corporativa que discutimos brevemente en el punto 3.1 del capítulo 2. El "hijo de Dios" que es la nación de Israel (Ex 4:22, 23), el sacerdocio real (19:6), tiene ahora un representante particular. De la misma manera que salió David para pelear por Israel contra Goliat en 1 Samuel 17, el pueblo de Israel insistió en tener un rey que "salga delante nuestro y pelee nuestras batallas" (1 S 8:20). En sentido real, el rey de Israel es la cabeza de su pacto, o *aquel* que representa a los *muchos*.[166]

165. J. R. R. Tolkien, *The Return of the King* (Boston: Houghton Mifflin, 1965), 142.

166. Describiendo la forma en que los "Salmos de lamento real" fueron "interpretados... como paradigmáticos", Richard B. Hays escribe lo siguiente: "De este modo, 'David' se convierte en un símbolo en estos Salmos para todo el pueblo y (al mismo

En el Antiguo Testamento encontramos promesas de un futuro rey y, en los relatos que describen personajes históricos, patrones formados por promesas, a fin de que los patrones tipifiquen al futuro rey. Todas estas cosas encuentran su cumplimiento en Cristo, que en cambio habilita a su pueblo a reinar con él (Ap 2:26, 27; 5:10). Este capítulo y el siguiente están intrínsecamente conectados. La discusión sobre la tipología de la realeza en este capítulo nos preparará para la tipología de la víctima justa que veremos en el siguiente. Aquí nos enfocaremos en Adán y Abraham, dejando para capítulos posteriores la discusión sobre la forma en que David tipifica al que había de venir.

1. DOMINIO ADÁMICO

Como hemos dicho, aunque Adán no es llamado "rey", existen al menos cuatro indicadores que confirman que es tratado como uno: (1) se le ordena reinar sobre la creación de Dios; (2) es hecho a imagen y semejanza de Dios y es implícitamente hijo de Dios; (3) se le encargó servir y cuidar la creación de Dios; y (4) ejerce la propia autoridad de Dios sobre el mundo de Dios cuando da nombre a todo lo creado. A través de estas cuatro formas, Adán adopta el papel de rey en el universo de Dios. La importancia de cada una de ellas para lo que viene en la Biblia después de Adán nos obliga a considerarlas particularmente.

1.1. Ejercer dominio

En Génesis 1:26, Dios dice: "Hagamos al hombre... y ejerza dominio"; luego, en 1:28: "Y los bendijo Dios y les dijo... ejerced dominio". En ambas declaraciones, el verbo que interpreta la LBLA como "dominio" es רָדָה. Este verbo aparece en algunos textos que establecen promesas y en otros que establecen patrones, en los cuales el dominio adámico es la base arquetípica para varias descripciones sinónimas de cómo los reyes deben reinar (con verbos tales como מָשַׁל o מָלַךְ), y es una imagen de aquel a quien Dios levantará para reinar a través de todo el Antiguo Testamento.

---

tiempo) en una prefiguración del futuro ungido (ὁ Χριστός) que será el heredero de las promesas y el restaurador del trono". Richard B. Hays, *The Conversion of the Imagination: Paul as Interpreter of Israel's Scripture* (Grand Rapids: Eerdmans, 2005), 110-11. En vez de decir que el David de los Salmos "se convierte en un símbolo para todo el pueblo", pienso que es más preciso decir que como rey de Israel, David fue la cabeza corporativa del pueblo, su representante individual, el israelita ideal, o la figura paterna nacional (es decir, el patriarca).

1.2. Promesas modeladas de un rey

Para ver la importancia del uso promisorio de este término en Números 24:19 (LBLA), "De Jacob saldrá el que tendrá dominio [רדה]", tenemos que considerar la forma en que Moisés despliega los oráculos de Balaam para reunir antiguas promesas y así asegurarse de que su audiencia comprenda correctamente la historia que está contando. Moisés describe a Balaam pronunciando oráculos que desarrollan declaraciones realizadas en la Torá anteriormente. Por ejemplo, lo presenta uniendo Génesis 49:9 y 27:29 (atándolo a 12:3) para profetizar sobre el futuro rey de Israel en Números 24:9 (siguiendo la LBLA en la tabla que sigue).

Génesis 49:9b	Números 24:9a
"Se agazapa, se echa como león, o como leona, ¿quién lo despertará?".	"Se agazapa, se echa como león, o como leona ¿quién se atreverá a despertarlo?".
כָּרַע רָבַץ כְּאַרְיֵה וּכְלָבִיא מִי יְקִימֶנּוּ	כָּרַע שָׁכַב כַּאֲרִי וּכְלָבִיא מִי יְקִימֶנּוּ
Génesis 27:29b	**Números 24:9b**
"Malditos los que te maldigan, y benditos los que te bendigan".	"Benditos los que te bendigan, y malditos los que te maldigan".
אֹרְרֶיךָ אָרוּר וּמְבָרֲכֶיךָ בָּרוּךְ	מְבָרֲכֶיךָ בָרוּךְ וְאֹרְרֶיךָ אָרוּר

En Génesis 27:29, Isaac piensa que está bendiciendo a Esaú, pero en realidad está pasando la bendición de Abraham a Jacob, que está disfrazado de Esaú, en concordancia con el oráculo que le fue dado a Rebeca cuando los gemelos luchaban en el vientre: "El mayor servirá al menor" (Gn 25:23). Incluso dentro del libro de Génesis podemos ver que la bendición de Isaac a Jacob está atada a la bendición de Jacob a Judá por las palabras repetidas y frases pertenecientes a 27:29 que se entrelazan con 49:8 (las frases repetidas están en cursivas).

Génesis 27:29a	Génesis 49:8
"Sírvante pueblos, y póstrense ante ti naciones;	"tu mano en la cerviz de tus enemigos;
sé señor de tus hermanos, e *inclínense* ante *ti* los hijos de tu madre".	se *inclinarán* a ti los hijos de tu padre".
הֱוֵה גְבִיר לְאַחֶיךָ וְיִשְׁתַּחֲווּ לְךָ בְּנֵי אִמֶּךָ	יָדְךָ בְּעֹרֶף אֹיְבֶיךָ יִשְׁתַּחֲווּ לְךָ בְּנֵי אָבִיךָ

El lector cuidadoso de Génesis, por lo tanto, habrá comprendido que la bendición de Abraham pasó a Isaac y luego a Jacob. Cuando Jacob bendice a Judá, hablando del "cetro" y "la vara de gobernante" (Gn 49:10), pareciera que la bendición de Abraham atravesará el reino del rey de la descendencia de Judá. Después de todo, a Abraham se le prometió que de él descenderían reyes (Gn 17:6, 16). Moisés reitera este punto a su audiencia cuando presenta a Balaam combinando declaraciones de Génesis 27 (Isaac pasando a Jacob la bendición de Abraham) con declaraciones de Génesis 49 (Jacob bendiciendo a Judá).

Y eso no es todo. Como recién mencionamos, la bendición de Judá habla de un "cetro" (Gn 49:10, שֵׁבֶט), y Moisés muestra a Balaam mencionando un "cetro" (Nm 24:17, שֵׁבֶט) que surge de Israel. Las hermosas palabras de Balaam en Números 24:17 fluyen directamente hacia el futuro rey de Israel ejerciendo el dominio adámico en 24:19, y Moisés aquí también pone la llave maestra en manos de Balaam[167] para descifrar las relaciones entre las promesas.

Las primeras palabras de Balaam en Números 24:17 indican que aquel de quien está hablando no está cerca en tiempo ni espacio: "Lo veo, pero no ahora; lo contemplo, pero no cerca" (Nm 24:17a). En la siguiente línea de 24:17, afirma: "Una estrella saldrá de Jacob…" (LBLA). Antes de Números 24:17, el término "estrella" (כּוֹכָב) había sido utilizado de la siguiente forma:

- para hablar de la creación de las estrellas (Gn 1:16);
- para mostrar a Abram la naturaleza incontable de sus descendientes (Gn 15:5);
- para prometer a Abraham cómo sería multiplicada su descendencia (Gn 22:17);
- para prometer a Isaac cómo sería multiplicada su simiente (Gn 26:4);
- para simbolizar a los hermanos de José postrándose ante él (Gn 37:9);
- para recordar al Señor su promesa de que habría de multiplicar la simiente de Abraham, Isaac y Jacob (Ex 32:13).

Como nos muestra este repaso de los diferentes usos, luego de la creación de las estrellas en Génesis 1:16, cada subsecuente referencia a ellas antes de Números pertenece a la simiente de Abraham. Las palabras de Balaam acerca de una estrella proveniente de Jacob en Números 24:17, por lo tanto, apuntan al surgimiento de un descendiente de Abraham en particular. La siguiente línea del versículo dice: "Un cetro se levantará de Israel". Esto pone al término "estrella" en paralelo con "cetro", haciendo lo mismo con

---

167. Quiero agradecer a mi amigo Alex Duke por esta metáfora.

los verbos "salir" y "levantar", y los nombres "Jacob" e "Israel". Como notamos anteriormente, el uso del término "cetro" en Números 24:17 nos recuerda el mismo término en Génesis 49:10.

Antes de comentar sobre cómo Balaam gira la llave en Números 24:17, deberíamos recordar por qué aparece en el relato en primer lugar: el rey de Moab lo convocó para que maldijera a Israel (Nm 22). Como hemos discutido anteriormente, Dios maldijo a la serpiente en Génesis 3:14, y luego prometió maldecir a cualquiera que deshonrara a Abram en Génesis 12:3. El lenguaje de "maldición" identifica como simiente de la serpiente a cualquiera que deshonre a Abraham. En Génesis 3:15, Dios dijo a la serpiente que la simiente de la mujer la heriría en la cabeza. El hecho de que Moab buscara que Balaam maldijera a Israel identifica a Moab con su padre, el diablo, marcando las siguientes palabras en Números 24:17 como una interpretación de Génesis 3:15: "[La estrella/El cetro] que aplastará la frente de Moab y derrumbará a todos los hijos de Set" (LBLA).

Cuando Balaam abre la puerta, Moisés muestra a su audiencia que la bendición de Abraham (Gn 12:1-3) será cumplida a través del rey de la línea de Judá (Gn 49:8-12) cuando este se levante para aplastar la cabeza de la serpiente y su simiente (Gn 3:15; Nm 24:7, 9, 17). A esta altura, Israel habrá conquistado Edom y Seir (Nm 24:18): "Y uno de Jacob ejercerá dominio y destruirá a los supervivientes de las ciudades" (Nm 24:19).

Aquel de quien profetiza Balaam ejercerá el dominio adámico de Génesis 1:28 (רָדָה). Este nuevo Adán de Números 24:19 es la simiente de la mujer y quien promulga Génesis 3:15 en Números 24:17, en cumplimiento de Génesis 12:1-3, 27:28, 29, y 49:8-12 (Nm 24:9).[168]

Números 24:19 es promisorio, y el patrón de dominio que Dios otorgó a Adán en Génesis 1:26 y 28 informa la comprensión de lo que se considera prometido. Así, cuando David ora por Salomón en el Salmo 72:8 (LBLA),[169] "Domine [וְרַדְ] él de mar a mar, y desde el río hasta los confines de la tierra", probablemente vislumbra al futuro rey de su descendencia restableciendo el dominio adámico (y cf. Sal 8) —como fue otorgado en Génesis 1:26 y 28— sobre la creación de Dios. El futuro rey de la línea de David será un nuevo Adán, y como rey tendrá éxito donde fracasó el primer Adán.

---

168. De manera similar, Dempster, *Dominion and Dynasty*, 116-17.

169. Dado que el contenido del Salmo 72, donde la oración es hecha por el "hijo real" (72:1), se junta con la referencia final a las oraciones de David (72:20), considero que el subtítulo del Salmo 72, "A Salomón", se refiere a que David realizó esta oración por Salomón. Ver más en Hamilton, *Psalms* ad loc. De la misma forma, Hensley: "En el Salmo 72, un David anciano ora por su hijo y sucesor, a través del cual Dios llevará a cabo sus promesas pactuales abrahámicas". Hensley, *Covenant and the Editing of the Psalter*, 205. Sin embargo, la interpretación no cambiaría significativamente si fuera Salomón quien orara por su hijo, y su oración fuera incluida entre las oraciones de David.

Beetham observa lo siguiente: "El Salmo 72 comienza leyéndose como una súplica por un reino edénico, asegurado por la vicerregencia davídica, en cumplimiento de las intenciones originales de Dios para la creación".[170]

1.3. Patrones salomónicos con forma de promesa

En Salomón, los patrones y las promesas vienen juntos. Primero, el patrón: cuando leemos en 1 Reyes 4:24 (MT 5:4) que "el dominio [רֹדֶה] de Salomón se extendía sobre todos los reinos al oeste del río Éufrates, desde Tifsa hasta Gaza" (NVI), probablemente el autor de Reyes pretenda que su audiencia piense en el dominio de Salomón conforme al patrón de lo que fue otorgado a Adán (Gn 1:26, 28) y prometido respecto al cetro/estrella (Nm 24:17-19).[171] El versículo siguiente apoya esta comprensión; 1 Reyes 4:25 (MT 5:5) describe a Israel viviendo bajo el reino bendito del rey ungido de la línea de David: "Y Judá e Israel vivieron seguros, cada uno bajo su parra y bajo su higuera, desde Dan hasta Beerseba, todos los días de Salomón" (LBLA).

1.4. Promesas estructuradas según el patrón de Salomón

El patrón del reino de Salomón sirve de base a promesas posteriores, ya que tanto Miqueas como Zacarías apuntan a un día futuro en el que todo volverá a ser como cuando reinaba Salomón:

> Mi 4:4 (LBLA): "Cada uno se sentará bajo su parra y bajo su higuera, y no habrá quién los atemorice".

> Za 3:8, 10 (LBLA): "Yo voy a traer a mi siervo, el Renuevo... Aquel día —declara el Señor de los ejércitos— convidaréis cada uno a su prójimo bajo su parra y bajo su higuera".

El Señor Jesús evocó estos patrones y promesas cuando, respondiendo a Natanael acerca de cómo lo conocía, declaró: "Antes de que Felipe te llamara, cuando estabas debajo de la higuera, te vi" (Juan 1:48). En respuesta, Natanael lo reconoció como "Hijo de Dios... Rey de Israel" (Juan 1:49).

Los patrones y promesas se entremezclan nuevamente haciendo referencia a Salomón en Zacarías 9:10. Hemos visto cómo el dominio adámico

---

170. Beetham, "From Creation to New Creation", 249.

171. Leithart, *1 & 2 Kings*, 49. Leithart también hace notar el uso de מוֹשֵׁל para describir la forma en que Salomón "gobernó" en 1 Reyes 4:21 (MT 5:1).

sirve de base para 1 Reyes 4:24 (MT 5:4) y Salmos 72:8. Vemos a partir de la cita del Salmo 72:8 en Zacarías 9:10 que no se pensaba que la oración de David hubiera sido respondida por Salomón. Haciendo uso del lenguaje que utilizó David para orar por Salomón en Salmos 72:8, Zacarías profetiza: "Su dominio [מָשָׁל] será de mar a mar, y desde el río hasta los confines de la tierra" (LBLA).

Sal 72:8: וְיֵרְדְּ מִיָּם עַד־יָם וּמִנָּהָר עַד־אַפְסֵי־אָרֶץ

Za 9:10b: וּמָשְׁלוֹ מִיָּם עַד־יָם וּמִנָּהָר עַד־אַפְסֵי־אָרֶץ

El uso por parte de Zacarías de un verbo distinto para "dominar" nos muestra que los dos términos hebreos (רָדָה y מָשַׁל) son sinónimos: uno es usado (מָשַׁל) para hablar del reino de Salomón en 1 Reyes 4:21, y el otro (רָדָה) para describir lo mismo en 4:24.

La declaración previa en Zacarías 9:9 (LBLA): "Regocíjate sobremanera, hija de Sion. Da voces de júbilo, hija de Jerusalén. He aquí, tu rey viene a ti, justo y dotado de salvación, humilde, montado en un asno, en un pollino, hijo de asna", parece haber tenido como base patrones salomónicos. Cuando el hermano mayor de Salomón, Adonías, (1 R 2:22) intentó levantarse a sí mismo como rey (1:5), David terminó la disputa diciendo:

> Llamadme al sacerdote Sadoc, al profeta Natán y a Benaía, hijo de Joiada. Ellos entraron a la presencia del rey, y el rey les dijo: Tomad con vosotros a los siervos de vuestro señor, haced montar a mi hijo Salomón en mi propia mula y bajadle a Gihón. Que allí el sacerdote Sadoc y el profeta Natán lo unjan como rey sobre Israel; y tocad trompeta y decid: "¡Viva el rey Salomón!". Después subiréis tras él, y él vendrá, se sentará en mi trono y reinará en mi lugar; porque lo he escogido para que sea príncipe sobre Israel y sobre Judá. (1:32-35, LBLA)

Estos eventos son tan importantes que el autor de Reyes hace un recuento de los detalles en tres oportunidades: en 1 Reyes 1:32-35, 1:38-40 y 1:43-48. Pareciera que el hecho de que Salomón montara la mula de David (1 R 1:33, 38, 44) para ser ungido rey nos brinda el evento histórico que sirve de base para la profecía de Zacarías cuando este dice que el rey vendría "humilde, montado en un asno, en un pollino, hijo de asna" (Za 9:9).[172]

---

172. Ver también Stephen Ahearne-Kroll, *The Psalms of Lament in Mark's Passion: Jesus' Davidic Suffering*, Society for New Testament Studies Monograph Series (New York: Cambridge University Press, 2007), 146. El patrón salomónico bien puede haber sido planteado a partir de un patrón davídico anterior. Petterson escribe: "El rey es 'humilde'

Los autores bíblicos parecen haber interpretado estos patrones históricos de los eventos que describen a la luz de las promesas que hizo Dios, y los patrones y promesas se unen para apuntar al futuro rey que vendrá. Luego vino uno que, habiendo anunciado que "algo más grande que Salomón está aquí" (Mt 12:42, LBLA), envió deliberadamente a sus discípulos a Jerusalén para que representaran el cumplimiento de Zacarías 9:9 (Mt 21:1-5).

Antes de dejar de lado esta discusión sobre el dominio adámico, permítanme subrayar brevemente otras maneras de describir el reino de un rey, además del verbo que encontramos en Génesis 1:26 y 28 (רָדָה). Hemos visto la forma en que Zacarías usa un término sinónimo cuando cita el Salmo 72:8 (מָשַׁל en Za 9:10; también en 1 R 4:21). El verbo afín aparece en el Salmo 8:6 (MT 8:7), mientras David reflexiona sobre cómo hizo Dios que el hombre gobierne sobre las obras de sus manos, comentando específicamente acerca de Génesis 1:26 y 28. De manera similar, el término hebreo para "rey" tiene un verbo afín formado por las mismas consonantes que significan algo como "gobernar como rey" (מָלַךְ, por ejemplo, Gn 37:8; 1 S 8:9; 2 S 5:4). Por lo tanto, como hemos visto, existen pasajes que no usan la palabra "rey" de manera directa, sino que hablan de cosas como cetros (Gn 49:8-12; Nm 24:17). Sugeriría que las declaraciones acerca de Adán y dirigidas a él en Génesis 1:26 y 28 hacen el primer aporte a la idea conceptual en la que se basarán todas las predicciones del futuro rey (cf., por ejemplo, Sal 110:2).

2. FILIACIÓN ADÁMICA

Discutimos en el capítulo 2 la dinámica Adán-Israel-hijo de Dios. Allí argumenté que la lógica de Génesis 5:1-3 implica que Adán es hijo de Dios. Para repasar brevemente: Génesis 5:3 presenta a Set, hijo de Adán, a imagen y semejanza de Adán, sugiriendo que Adán, semejanza de Dios en 5:1, es, por lo tanto, hijo de Dios, una conclusión que es reflejada en Lucas 3:38. Luego, Dios identifica a la nación de Israel con un nuevo Adán cuando se

---

(de manera alternativa, el hebreo puede ser traducido como 'afligido'; cf. Is 53:4, 7, donde el siervo sufriente de Isaías es 'afligido' no por sus propios pecados, como David, sino por el pecado de otros). El trasfondo de la imagen de Zacarías parece ser el David sufriente de 2 Samuel y de los Salmos, junto con el siervo sufriente de Isaías. Estos han sido tejidos juntos en el retrato que da Zacarías del futuro rey aquí y a través de los capítulos 9–14. Esto explica la descripción del rey como 'montado sobre un burro'. Durante el exilio de David de Jerusalén, cuando casi fue vencido por sus enemigos, él montó un burro (cf. 2 S 16:2)". Petterson, "Zechariah", 694.

refiere a Israel como a su hijo en Éxodo 4:22, 23, y cuando dice que la simiente de David (la cual será rey) es un hijo para él en 2 Samuel 7:14, Dios identifica al futuro rey con el nuevo Adán, cabeza del pacto de la nación. Esta sección busca agregar una nueva capa a la discusión anterior al considerar el desarrollo del nuevo Adán, hijo de Dios, en Proverbios 30.

2.1. ¿Cuál es el nombre de su hijo?

2.1.1. Proverbios a la luz de Deuteronomio 6 y 17

Al acercarnos a Proverbios 30, deberíamos reflexionar brevemente acerca de su contexto inmediato (el capítulo del libro de Proverbios) y su contexto más amplio (el lugar del libro dentro del canon). El hecho de que el orador inicial sea el rey Salomón dirigiéndose a su hijo vuelve relevante muchos rasgos de Deuteronomio. En Deuteronomio, los padres tienen la tarea de enseñar la Torá a sus hijos (Dt 6:6, 7), y los reyes deben copiarla a mano y leerla todos los días de su vida (17:14-20). El libro de Proverbios comienza con las palabras: "Los proverbios de Salomón, hijo de David, rey de Israel" (Prov 1:1), y en las palabras del libro, Salomón obedece Deuteronomio 6 y 17, mientras instruye a su hijo en la Torá que ha asimilado tan minuciosamente. Beetham comenta: "La literatura sapiencial brinda capacitación para la administración de la nobleza en Judá. Es instrucción para la vicerregencia".[173]

2.1.2. Proverbios a la luz de 2 Samuel 7:14

La enseñanza refleja no solo Deuteronomio 6 (cf. esp. Dt 6:1-9 y Prov 3:1-10 y 6:20-23), sino también la promesa hecha a David en 2 Samuel 7:14. Consideremos los puntos de contacto léxicos entre 2 Samuel 7:14 y Proverbios 3:11, 12.[174]

---

173. Beetham, "From Creation to New Creation", 249. Habiendo citado ya esta referencia a la "literatura sapiencial", quiero mencionar mi total acuerdo con el rechazo de los fundamentos filosóficos de esa etiqueta de género. Para lo cual, ver Will Kynes, *An Obituary for "Wisdom Literature": The Birth, Death, and Intertextual Reintegration of a Biblical Corpus* (Oxford: Oxford University Press, 2019).

174. Este punto me llamó la atención luego de dos presentaciones sobre Proverbios que brindó Gwilym Davies en la conferencia Proclamation Trust's EMA en el verano de 2018.

2 Samuel 7:14	Proverbios 3:11, 12
אֲנִי אֶהְיֶה־לּוֹ לְאָב וְהוּא יִהְיֶה־לִּי לְבֵן אֲשֶׁר בְּהַעֲוֹתוֹ וְהֹכַחְתִּיו בְּשֵׁבֶט אֲנָשִׁים וּבְנִגְעֵי בְּנֵי אָדָם	מוּסַר יְהוָה בְּנִי אַל־תִּמְאָס וְאַל־תָּקֹץ בְּתוֹכַחְתּוֹ כִּי אֶת אֲשֶׁר יֶאֱהַב יְהוָה יוֹכִיחַ וּכְאָב אֶת־בֵּן יִרְצֶה
"Seré un *padre* para él, y él será un *hijo* para mí. Cuando peque, lo *disciplinaré* con la vara de los hombres, con azotes de los hijos del hombre".	"La corrección de Yahvé, no rechaces, hijo mío, y no aborrezcas su disciplina, pues Yahvé *disciplina* a quien ama, como un *padre* a su *hijo* en quien se complace".

Salomón, hijo de David, a quien fueron comunicadas las promesas de 2 Samuel 7:14, enseña a su hijo sobre la casa que Yahvé prometió construir a David, anticipando la simiente que Yahvé prometió levantar de dicha casa, tanto en términos de la Torá como en términos de la promesa del pacto a David.

El libro de Proverbios presenta al hijo de David, el cual Dios dijo que sería un hijo para él, enseñando la sabiduría de la Torá a su hijo. Cerca del final del libro, la enseñanza de Salomón (1:1; 10:1; 25:1) y la de "los sabios" (22:17; 24:23) es complementada por un oráculo de Agur, hijo de Jaqué (30:1), el cual nos deja intrigados con su pregunta enigmática acerca del hijo del que estableció los confines de la tierra (30:4).

2.1.3. ¿Quién ha ascendido?

Luego de la declaración inicial que identifica a Agur como hijo de Jaqué y al capítulo como una "carga" (הַמַּשָּׂא), Proverbios 30:1 dice: "La declaración del hombre" (נְאֻם הַגֶּבֶר). Christopher Ansberry nota que, "con excepción de Proverbios 30:1, la expresión solo ocurre tres veces en el Antiguo Testamento (Nm 24:3, 15; 2 S 23:1)".[175] Sorprendentemente, cada uno de estos pasajes pertenece al rey de Israel:

- La "declaración del hombre" Balaam en Números 24:3-9 dice sobre Israel en 24:7: "Más grande que Agag será su rey, y su reino será exaltado" (LBLA), y luego, como discutimos anteriormente, Balaam

---

175. Christopher B. Ansberry, *Be Wise, My Son, and Make My Heart Glad: An Exploration of the Courtly Nature of the Book of Proverbs*, Beihefte zur Zeitschrift für die alttestamentliche Wissenschaft (New York: De Gruyter, 2010), 165 n. 9. Yo haría mención que mientras Proverbios 30:1 contiene נְאֻם הַגֶּבֶר, los otros tres textos (Nm 24:3, 15; 2 S 23:1) contienen וּנְאֻם הַגֶּבֶר.

reúne las bendiciones de Abraham (Gn 12:1-3; 27:29) y Judá (Gn 49:8-12) en Números 24:9.

- De forma similar, la "declaración del hombre" Balaam en Números 24:15-19 contiene el cetro que aplastará la cabeza de la simiente moabita de la serpiente en 24:17, con la simiente de Jacob ejerciendo el dominio adámico en 24:19.

- Y "la declaración del hombre" en 2 Samuel 23:1-7 es hecha por David, el profeta-rey. Él habla de un gobernante justo que "es como la luz de la mañana" (2 S 23:4, LBLA), antes de preguntar: "En verdad, ¿no es así mi casa para con Dios? Pues Él ha hecho conmigo un pacto eterno, ordenado en todo y seguro" (23:5, LBLA). Esta declaración acerca de la casa de David y del pacto que Dios hizo con él apunta a las promesas de 2 Samuel 7.

El uso de la frase "la declaración del hombre" (נְאֻם הַגֶּבֶר)[176] sugiere que lo que dice Agur en Proverbios 30 también está relacionado con el rey de Israel. El cuerpo del libro de Proverbios aboga por la sabiduría de Deuteronomio 4:6, la sabiduría de guardar y cumplir la Torá de Moisés, oyendo particularmente la instrucción paterna, evitando las mujeres prohibidas y los hombres criminales, y no prometiendo nada a extraños (Prov 1–9). A partir de allí, el libro continúa celebrando el discurso sabio, el trabajo diligente, el matrimonio y la sabiduría de caminar humildemente en el temor de Dios. Ansberry observa que a pesar de que los Proverbios "transmiten una visión moral general a cada miembro de la comunidad, dentro del documento esta visión es dirigida a la juventud noble".[177] Esta conclusión coincide con la idea de que Salomón busca preparar a su hijo para ascender al trono de David.

La famosa discrepancia entre la enseñanza de Proverbios y los fracasos de Salomón, Roboam, y los reyes que descendieron de ellos puede que expliquen el dicho de Agur: "Cansado estoy, oh Dios; cansado estoy, oh Dios, y débil" (30:1, NVI). William Brown sugiere: "Agur es un estudioso de la sabiduría que desahoga su fatiga y frustración por los rigores de su disciplina".[178] Me gustaría agregar que esta fatiga y frustración puede que

---

176. Waltke lo expresa como "la palabra inspirada del hombre". Ver Bruce K. Waltke, *The Book of Proverbs, Chapters 15–31*, New International Commentary on the Old Testament (Grand Rapids: Eerdmans, 2005), 454-55 n. 6.

177. Ansberry, *Be Wise, My Son*, 189.

178. William P. Brown, "The Pedagogy of Proverbs 10:1–31:9", en *Character and Scripture: Moral Formation, Community, and Biblical Interpretation*, ed. William P. Brown (Grand Rapids: Eerdmans, 2002), 176.

provengan de las inconsistencias entre lo que el rey enseñaba y su propia vida, una inconsistencia notoria también en los hijos del rey.

Agur comunica humildemente su falta de entendimiento en Proverbios 30:2, 3, y luego continúa con un notable conjunto de preguntas en 30:4 (LBLA):

> ¿Quién subió al cielo y descendió?
> ¿Quién recogió los vientos en sus puños?
> ¿Quién envolvió las aguas en su manto?
> ¿Quién estableció todos los confines de la tierra?
> ¿Cuál es su nombre o el nombre de su hijo?
> Ciertamente tú lo sabes.

Las primeras cuatro preguntas están relacionadas al cielo y la tierra, al aire y al agua, y la quinta pregunta insinúa la respuesta a las primeras cuatro. La primera pregunta evoca Deuteronomio 30:12 (LBLA): "No está en el cielo, para que digas: ¿Quién subirá por nosotros al cielo para traérnoslo...?".

Dt 30:12: מִי יַעֲלֶה־לָּנוּ הַשָּׁמַיְמָה וְיִקָּחֶהָ לָּנוּ

Prov 30:4: מִי עָלָה־שָׁמַיִם וַיֵּרַד

En todo el Antiguo Testamento, la pregunta "quién ascenderá" solo es complementada por "al cielo" en estos dos lugares, Deuteronomio 30:12 y Proverbios 30:4. El Salmo 24:3 es similar, y relevante, pues pregunta: "¿Quién ascenderá al monte de Yahvé?". Moisés subió al Monte Sinaí para recibir la Torá, a fin de que el pueblo no tuviera que hacerlo por su cuenta (Dt 30:12).[179] Sin embargo, la pregunta planteada en el Salmo 24:3 y en Proverbios 30:4 apunta más allá de la ascensión de Moisés, apunta a algo que solo Dios mismo puede realizar,[180] como indican las otras tres preguntas.

---

179. Comentando acerca de Moisés en el Sinaí, Morales escribe: "Moisés asciende a fin de representar al pueblo de Dios; Moisés desciende a fin de representar a Dios ante el pueblo". Morales, *Who Shall Ascend the Mountain of the Lord?*, 89.

180. Steinmann escribe: "Siglos más tarde, Pablo plantearía los mismos puntos teológicos que Agur al también recurrir a Dt 30:11-14. El apóstol declara que Jesucristo es la Palabra divina que ha descendido del cielo a fin de revelarnos la salvación de Dios. El Evangelio de Cristo, predicado y confesado, nos trae el conocimiento salvífico de Dios que jamás podríamos obtener por esfuerzo propio (Rm 10:6-17)". Andrew E. Steinmann, *Proverbs*, Concordia Commentary (Saint Louis: Concordia, 2009), 595.

Estas preguntas son como aquellas planteadas por Job,[181] y en el Antiguo Testamento solo existe una persona que ha reunido el viento en sus puños, que ha envuelto las aguas en un manto, y ha establecido los límites de la tierra. La identidad de esta persona es insinuada en la quinta pregunta: "¿Cuál es su nombre?". Las palabras están ordenadas de la misma forma en que Moisés las articuló cuando anticipó lo que el pueblo de Israel quería saber en Éxodo 3:13, y esta pregunta específica solo es hecha en Éxodo 3:13 y Proverbios 30:4.

Ex 3:13: מַה־שְּׁמוֹ
"¿Cuál es su nombre?".

Prov 30:4: מַה־שְּׁמוֹ
"¿Cuál es su nombre?".

Cualquiera que comprenda lo que el Antiguo Testamento enseña conocerá que su nombre es Yahvé, el único Creador del cielo y la tierra, y la alusión a Éxodo 3:13 en Proverbios 30:4 confirma esta conclusión. La pregunta que sigue nos sirve como punto de contacto con el tema de esta sección, el estatus de Adán como hijo de Dios: "¿Y cuál es el nombre de su hijo?". A riesgo de abusar del punto, notemos que las primeras cuatro preguntas de Proverbios 30:4 están muy relacionadas a la creación y a su ascenso al cielo, a su dominio sobre el viento y las olas, y al establecimiento de los confines de la tierra. El foco se encuentra puesto en Yahvé como *Creador* del cielo y la tierra. Luego siguen las preguntas acerca de su nombre y el de su hijo.

La alusión a Éxodo 3:13 establece su nombre como Yahvé, y luego de la revelación del pacto de Dios con David en 2 Samuel 7, la respuesta a la pregunta sobre el nombre de su hijo es: el nombre del que será un hijo para Yahvé; la "simiente de David". Aquí Agur alude nuevamente a la Escritura antigua para confirmar la conclusión a la cual quiere conducir a su audiencia sobre la identidad del hijo. Agur cita el Salmo 18:30, que también puede ser hallado en 2 Samuel 22:31: "La palabra del Señor es intachable. Escudo es Dios a los que en él se refugian" (las mismas palabras que en Sal 18:30 [MT 18:31]).

Sal 18:31: אִמְרַת־יְהוָה צְרוּפָה מָגֵן הוּא לְכֹל הַחֹסִים בּוֹ

Prov 30:5: כָּל־אִמְרַת אֱלוֹהַ צְרוּפָה מָגֵן הוּא לַחֹסִים בּוֹ

181. Solo en Job 38:5 y Proverbios 30:4 encontramos la exclamación: "Ciertamente tú lo sabes" כִּי תֵדָע.

Este es el salmo que David cantó a Yahvé el día en que Dios lo rescató de la mano de todos sus enemigos y de Saúl (Sal 18:1 ss. [MT 18:1]), y concluye con las palabras: "Gran salvación trae a su rey, y muestra amor inquebrantable a su mesías, a David y a su simiente para siempre" (18:50 [MT 18:51]). La cita del Salmo 18:30 en Proverbios 30:5: "La palabra del Señor es intachable. Escudo es Dios a los que en él se refugian", indica que la palabra que tendrá cumplimiento es la promesa hecha a David respecto al futuro rey de su descendencia. Esto resolvería la frustración que Agur presenta en Proverbios 30:1, 2. Cansado y debilitado por la discrepancia entre la sabiduría de Salomón y cómo este llevaba su vida, una discrepancia exacerbada cuando uno considera la sabiduría que Salomón enseñó a su hijo en los Proverbios y la forma en que vivió su hijo, Agur es forzado a recordar quién es el Creador y qué es lo que este ha dicho acerca de su hijo en 30:4, y esto es confirmado por la alusión a la promesa hecha a David en 30:5. Es más, teniendo en cuenta textos como Salmos 2:12: "Benditos son todos los que se refugian en él", y Salmos 84:9: "He aquí nuestro escudo, oh Dios; mira el rostro de tu mesías!", aquel que "es un escudo para quienes se refugian en él" (Prov 30:5b) ciertamente podría ser el nuevo Adán davídico hijo de Dios.[182]

2.2. Cuando Jesús respondió la pregunta de Agur

Si no estamos seguros de cuán específica fue la comprensión de Agur, lo que Jesús revela en su conversación con Nicodemo trae claridad y confirmación de la dirección en la cual se han estado moviendo estas reflexiones. En respuesta a lo dicho por Jesús sobre la necesidad de un nuevo nacimiento (Juan 3:3-8), Nicodemo pregunta: "¿Cómo puede ser esto?" (3:9). Jesús, sorprendido de que Nicodemo no entendiera (3:10) y habiendo afirmado que es testigo de las cosas que dijo a este (3:11), dice en Juan 3:12: "Si os he hablado de las cosas terrenales, y no creéis, ¿cómo creeréis si os hablo de las celestiales?" (LBLA). Nicodemo no recibió el testimonio de Jesús (3:11) sobre cómo la obra del Espíritu en el nuevo nacimiento capacita a las personas a ver y a ingresar al reino de Dios (3:3-8). Las palabras que Jesús ha-

---

182. Cf. la conclusión de Hensley: "Los Salmos y sus libros están elaborados alrededor de la esperanza de un futuro 'David' a través del cual YHWH renovará a su pueblo y a Sion (por ejemplo, Sal 102–103) y los guiará en la gratitud y alabanza a Dios (Sal 145 et al.). Anunciado como el 'ungido' e 'hijo' de YHWH en Sal 2, el rey vence a sus enemigos (Sal 2, 101, 110, 118, cf. 143:12) y sufre mientras es identificado como el siervo del pueblo de YHWH (Sal 78, 86, 88–89, 102; cf. 18:1). Este 'David' es instrumental en el cumplimiento de las promesas pactuales de YHWH hechas a Abraham y de la salvación de su pueblo al estilo del éxodo, anunciando la gracia y el favor de YHWH así como YHWH mismo lo ha hecho ante Moisés (Sal 103)". Hensley, *Covenant and the Editing of the Psalter*, 271.

bló allí (3:3-8) parecieran estar diseñadas para hacer que Nicodemo viera cómo todo lo dicho por Jesús es comprobado por el Antiguo Testamento.[183]

Las "cosas celestiales" a las que se refiere Jesús en Juan 3:12 parecerían explicar el "cómo" que Nicodemo buscaba comprender ("¿cómo puede ser esto?", 3:9, LBLA), y en Juan 3:13 Jesús pareciera afirmar que ciertamente tiene acceso a tales cosas celestiales, pues hace alusión a la primera pregunta en Proverbios 30:4 con la afirmación: "Nadie ha ascendido al cielo excepto el que ha descendido del cielo, el Hijo del Hombre".[184] La primera parte de esta afirmación acerca de ascender y descender resuelve el acertijo de Proverbios 30:4, y al agregar "el Hijo del Hombre" al final de la declaración, Jesús forja una conexión entre el hijo de Dios en Proverbios 30:4, el rey davídico, y el semejante a un hijo de hombre, que también es el rey davídico, en Daniel 7:13, 14 (ver 5.1 en el capítulo 2). En aquel pasaje el que es semejante a un hijo de hombre ya se encontraba presente en el cuarto del trono, a partir de lo cual, Jesús da a entender que él ha descendido, lo cual también lo vuelve capaz de ascender.

3. MANTENIMIENTO Y NOMBRAMIENTO ADÁMICO

Anteriormente hemos discutido la conexión entre el trabajo y el cuidado que le fue encomendado a Adán en el jardín (Gn 2:15), y el trabajo y el cuidado que los levitas llevaban a cabo en el tabernáculo (Nm 3:8). Esta sección plantea la siguiente pregunta: ¿Acaso los autores bíblicos pretendieron que sus audiencias asociaran el trabajo y el cuidado del jardín por parte de Adán con el trabajo de los reyes de Israel?

3.1. Los pastores reyes

El rol de Adán de trabajar el jardín (Gn 2:15) promulga su responsabilidad de dominar la tierra (1:28), haciendo que el mundo sea productivo para la vida al cultivar los frutos de la tierra. Mientras que el trabajo en el jardín se relaciona con proveer lo necesario para la vida, el cuidado del jardín (2:15) implica proteger y guardar. Cuando unimos esto a su responsabilidad de comunicar la prohibición de comer del árbol prohibido (2:17), podemos

---

183. Acerca de lo cual, ver Hamilton, "John", 69-74,

184. Comentando acerca de Proverbios 30:4, Duane Garrett escribe: "El intérprete cristiano… solo puede pensar en el Hijo de Dios aquí y recordar que descendió de arriba para revelar la verdad a su pueblo (Juan 3:31-33). Además, dado que 'Dios' es la única respuesta posible a esta pregunta, es sorprendente que el texto hable de su 'hijo'". Duane A. Garrett, *Proverbs, Ecclesiastes, Song of Songs*, New American Commentary (Nashville: Broadman & Holman, 1993), 237.

ver que sus responsabilidades de guiar, proveer y proteger eran fundamentales para la hombría de Adán.

Los dos aspectos de la responsabilidad de Adán de trabajar y proteger (cultivar y pastorear) parecen haber sido divididos entre Caín y Abel. Caín cultivaba la tierra, mientras que Abel era pastor (Gn 4:2). La descripción de Abel pastoreando es similar a la descripción de José y Moisés realizando la misma tarea:

Gn 4:2: וַיְהִי־הֶבֶל רֹעֵה צֹאן
"Y ocurrió que Abel fue pastor de un rebaño".

Gn 37:2: הָיָה רֹעֶה אֶת־אֶחָיו בַּצֹּאן
"Él estaba pastoreando el rebaño con sus hermanos".

Ex 3:1: הָיָה רֹעֶה אֶת־צֹאן יִתְרוֹ
"Él estaba pastoreando el rebaño de Jetro".

Posteriormente, David es traído para ser ungido como rey (1 S 16:11) mientras pastoreaba el rebaño (רֹעֶה בַּצֹּאן), Salomón describe una versión idealizada de él mismo como pastor en Cantar de los Cantares (Ct 1:7, 8), y los profetas de Israel apuntan al día en que Dios levantará un buen pastor para su pueblo (por ejemplo, Ez 34). En Zacarías 11, el mismo profeta Zacarías da forma a las promesas al convertirse en un pastor que es rechazado por su pueblo, comprado por ellos por treinta piezas de plata, cuyo dinero es echado en el tesoro de la casa de Yahvé (Za 11:4-14; cf. Mt 26:15; 27:9, 10). Jesús viene como el buen pastor (Juan 10:1-11) y el nuevo Adán (10:36-38), el cual dará su vida por las ovejas (10:14-18) y *es* la verdadera viña que Dios mismo cuida como jardinero (15:1; cf. 20:15).

3.2. Los nombres del rey

En Génesis 1, Dios habló y el mundo fue creado. En siete oportunidades dijo: "Hágase…". Esto sucedió una y otra vez, y luego Dios nombró lo que había creado, siguiendo la línea de Génesis 1:3 y 1:5 (LBLA): "Entonces dijo Dios: Sea la luz. Y hubo luz… Y llamó Dios a la luz día…". Aquí Dios ejerce su propia autoridad sobre lo que ha creado y en Génesis 2 permite que el hombre ejerza la misma autoridad:

Y el Señor Dios formó de la tierra todo animal del campo y toda ave del cielo, y los trajo al hombre para ver cómo los llamaría; y como el hombre llamó a cada ser viviente, ese fue su nombre. Y el hombre puso nombre a todo ganado y a las aves del cielo y a toda bestia del campo, mas para Adán no se encontró una ayuda que fuera idónea para él. (Gn 2:19, 20, LBLA)

Notamos anteriormente la manera en que 1 Reyes 4:24 (MT 5:4) retrata a Salomón ejerciendo el dominio adámico de Génesis 1:28, y vimos también que poco después, el autor de Reyes retrata a Salomón emprendiendo la tarea de Adán de nombrar y clasificar la creación de Dios. En 1 Reyes 4:33 (MT 5:13), podemos leer lo siguiente sobre Salomón: "Disertó sobre los árboles, desde el cedro que está en el Líbano hasta el hisopo que crece en la pared; también habló de ganados, aves, reptiles y peces" (LBLA). Fortaleciendo el vínculo con el contexto de creación en el que habla Salomón, el término aquí traducido como "reptiles" es el mismo término para "cosas que se arrastran" en Génesis 1 (רמש, Gn 1:24, 25, 26, 28, 30), y los otros animales mencionados coinciden con las listas de criaturas sobre las cuales Dios dio dominio a Adán:

Gn 1:26	Gn 1:28	1 Reyes 4:33 (MT 5:13)
peces, דָּגָה	peces, דָּגָה	bestias, בְּהֵמָה
pájaros, עוֹף	pájaros, עוֹף	pájaros, עוֹף
ganado, בְּהֵמָה	ser vivo que se mueve,	reptiles, רֶמֶשׂ
cosa que se arrastra, רֶמֶשׂ	חַיָּה הָרֹמֶשֶׂת	peces, דָּג

La referencia al dominio de Salomón se une a la descripción que lo muestra hablando de árboles y animales para presentarlo como un nuevo Adán rey de Israel. Luego de que Adán pusiera nombre a los animales, también nombró a la mujer que Dios creó para ser su esposa (Gn 2:23; cf. 3:20). Este patrón del rey adámico dando nombre a su amada parece hallar cumplimiento cuando, luego de prometer el derecho a comer del árbol de la vida (Ap 2:7), Jesús promete un nombre nuevo a aquellos que sean vencedores (2:17).

Lo que hemos considerado hasta este punto es algo fundacional para el concepto de monarquía en Israel. Dado que el Salmo 110 indica que el futuro rey de la línea de David también será un sacerdote según el orden de Melquisedec, deberíamos preguntarnos en qué contribuye Génesis 14 (donde Abraham se encuentra con Melquisedec) al desarrollo tipológico de las expectativas reales del Antiguo Testamento.[185]

185. Melquisedec solo es mencionado en Génesis 14, Salmo 110 y Hebreos 5, 6, y 7.

4. ABRAHAM Y SU CONQUISTA DE LOS REYES

Abraham nunca fue llamado rey, y sin embargo se le dice que habrá reyes que vendrán de él (Gn 17:6) y de Sara (17:16). Abraham también se comporta como si fuera de la realeza en Génesis 14, y existen importantes paralelos (los cuales conforman patrones tipológicos) entre Abraham, Gedeón y David. Al igual que Abraham, Gedeón no era rey de manera oficial, aunque se dice que parecía hijo de un rey (Jc 8:18), el pueblo quería que reinara (8:22, 23) y tenía un hijo llamado "Abimelec" ("mi padre es rey", 8:31).

La relación que propongo que existe entre Génesis 14, Jueces 6–8, y 1 Samuel 30, podría haberse desarrollado como sigue. Primero, Moisés notó la importancia de lo que narró en Génesis 14, importancia que justificó la inclusión del relato en el libro de Génesis. Es más, su presentación del evento subraya el hecho de que Abraham toma cautiva la cautividad (cf. Ef 4:8, RV60) cuando rescata a Lot de la coalición de cuatro reyes mesopotámicos que derrotaron a los cinco reyes cananeos, incluyendo al rey de Sodoma, y llevaron cautivo a Lot junto con el botín (ver Gn 14:1-16). Luego Abram interactúa con dos reyes: el rey de Sodoma y el rey de Salem (14:17-24). Moisés construye el contexto conceptual para las promesas que afirman que de Abraham y Sara saldrán reyes (17:6, 16) al presentar a Abraham como perteneciente a la realeza. Luego, el autor de Jueces ve paralelos entre Abraham en Génesis 14 y la forma en que Gedeón libera a Israel, y presenta a este a la luz de estos paralelos en Jueces 6–8 (dentro de poco hablaremos más de este tema). Posteriormente, el escritor de 1-2 Samuel, que conocía los paralelos entre Abraham y Gedeón, vio las secuencias de eventos similares, que narra en 1 Samuel 30.

Moisés une el patrón del comportamiento real de Abraham (Gn 14) con la promesa de que habría reyes que vendrían de él (Gn 17:6, 16) para producir un patrón en forma de promesa que será usado por los autores bíblicos posteriores. El repetido patrón de eventos en Génesis 14, Jueces 6–8 y 1 Samuel 30 también parece haber sido reconocido por David, pues en el Salmo 110 habla de un futuro rey de su descendencia de un modo en que indica que lo tipificado en estas narrativas se cumplirá en él. Los autores del Nuevo Testamento están completamente de acuerdo con tal perspectiva. Para establecer estas afirmaciones, primero debo establecer una correspondencia histórica y un aumento en la importancia entre Génesis 14, Jueces 6–8 y 1 Samuel 30, y a partir de allí debo mostrar que el Salmo 110 hace alusión a estos pasajes. Antes que nada haremos un resumen de Génesis 14 para luego enfocarnos en las maneras en que ciertos pasajes posteriores forman conexiones con él.

4.1. Estructuras literarias en Génesis 14

La batalla que resulta en el secuestro de Lot puede verse en Génesis 14:1-9, y dicho pasaje refleja una estructura quiástica como la siguiente:

14:1. Cuatro reyes mesopotámicos.
    14:2. Cinco reyes cananeos.
        14:3. Reunidos para la batalla.
            14:4. Luego de doce años de servicio, rebelión en el décimo tercero.
            14:5, 6. Intento de restablecer el control en el décimo cuarto año.
            14:7. Luego de la conquista en Ham, regresando para la batalla.
    14:8. Cinco reyes cananeos.
14:9. Cuatro reyes mesopotámicos.

En lugar de luchar hasta la muerte para proteger a su pueblo, los reyes de Sodoma y Gomorra huyeron por sus vidas y dejaron que los reyes piratas llevaran cautivos a quienes estaban bajo su protección, incluyendo a Lot (Gn 14:10-12). El punto de quiebre de esta sección de la narrativa llega con el relato del fugitivo que escapa para alertar a Abraham, el cual lleva consigo trescientos dieciocho hombres para rescatar a Lot (14:13, 14). Cuando consideramos el hecho de que estos trescientos dieciocho hombres son descritos como nacidos en la casa de Abraham, vemos que esto probablemente significa que los padres de estos hombres son empleados de Abraham y parte de su operación doméstica expansiva. Si cada uno de los padres de estos hombres (como probablemente fue el caso) tuviese otros hijos, y asumiendo que había otros que fueron dejados para atender y proteger la casa de Abraham, sus rebaños y manadas cuando tomó consigo los trescientos dieciocho para hallar a Lot, entonces la casa de Abraham, la cual estaba conformada por cientos, podría haber abarcado a miles de personas. Aunque no se hace referencia a Abraham como rey, ciertamente es un antiguo patriarca del Oriente Próximo, un caudillo de clases, un potentado. Y él se involucra en el esfuerzo riesgoso y determinado de perseguir a cuatro reyes poderosos que han derrotado a sus vecinos y capturado a su sobrino. Abraham conoce la guerra: divide sus fuerzas de noche, ataca al enemigo y persigue a los vencidos al norte de Damasco, expulsándolos de la tierra de Canaán, trayendo de vuelta a Lot, las mujeres, el pueblo y el botín que los reyes habían tomado (14:15, 16). Este pasaje también parece tener una estructura quiástica:

14:10. Huyen los reyes de Sodoma y Gomorra.

14:11, 12. Los enemigos saquean y capturan a Lot.

14:13. Un fugitivo informa a Abraham.

14:14. Abraham conduce a sus trescientos dieciocho hombres.

14:15. Abraham derrota y expulsa al enemigo.

14:16. Abraham trae de vuelta a Lot, al pueblo y al botín.

Cuando Abraham regresa, tanto el rey de Sodoma como el rey de Salem vienen a su encuentro (Gn 14:17, 18). La primera palabra en salir de la boca de Melquisedec, rey de Salem, es "Bendito" (14:19, 20). La primera palabra que salió de la boca de Bera, rey de Sodoma, es "Dame" (14:21).[186] Abraham rechaza quedarse con lo saqueado al rey de Sodoma, aunque sí provee para sus aliados (14:22-24). Aquí nuevamente el pasaje tiene una estructura quiástica:

14:17. Los vencedores en el valle del rey.

14:18. Melquisedec trae pan y vino.

14:19, 20. Melquisedec bendice a Abraham y recibe un diezmo.

14:21. El rey de Sodoma realiza demandas y ofrece despojos.

14:22, 23. Abraham rechaza los despojos ofrecidos.

14:24. Abraham provee para sus hombres y aliados.

Mucho más podría decirse acerca de este relato, pero ahora estamos en posición de considerar paralelos con pasajes posteriores.

4.2. Génesis 14 y Jueces 6–8

Consideremos los siguientes puntos de contacto históricos entre Génesis 14 y Jueces 6–8: Génesis 14:7 menciona que los amalecitas y los reyes mesopotámicos que secuestraron a Lot eran del este (14:2, 9). Jueces 6:3 cuenta cómo los "madianitas venían con los amalecitas y los hijos del oriente y subían contra" Israel. Estos son puntos de contacto sólidos con el éxodo de Egipto en el contexto cercano de Génesis 14 (esp. en Génesis 12 y 15, ver el capítulo 8 más adelante), y en Jueces 6:8-10 un profeta enviado por Yahvé hace recordar a Israel de cómo Dios los ayudó durante el éxodo. Yahvé apareció a Abraham mientras estaba sentado a la entrada de su tienda junto al encinar de Mamre en Génesis 18:1, y en Jueces 6:11, "vino el ángel

186. Mathews, *Genesis 11:27–50:26*, 146.

del Señor y se sentó debajo de la encina que estaba en Ofra" para llamar a Gedeón a liberar a Israel.

Una vez que Gedeón emprende la tarea de liberar Israel, su fuerza es reducida de veintidós mil a diez mil y luego a trescientos hombres. Gedeón luchó por Israel con una cantidad de hombres sorprendentemente cercana en número a los trescientos dieciocho que tomó Abram para recuperar a Lot. Es curioso que el Señor redujera el número de diez mil revelando que quienes se arrodillaran para beber no habrían de ir, mientras que los trescientos que se unirían a la misión serían los que lamieran el agua (Jc 7:4-8). ¿Por cierto, levantaron sus cabezas mientras bebían del arroyo (cf. Sal 110:7)?

Aunque Gedeón no recibió inteligencia de un fugitivo como ocurrió con Abraham (Gn 14:13), ni encontró un siervo dado por muerto como sucedió con David (1 S 30:11), sí oyó por casualidad una conversación clave que le dio confianza (Jc 7:9-14). Así como sucedió con Abraham en el rescate de Lot (Gn 14:15), Gedeón dividió su fuerza (Jc 7:16) durante la noche (7:9) y emboscó al enemigo (7:17, 18). En el proceso de perseguir al enemigo, Gedeón sí captura a un joven, del cual obtiene información crucial (8:14).

Cuando el rey de Sodoma ofreció a Abraham quedarse con el botín que había recuperado de los reyes de oriente, Abraham se negó a darle al rey de Sodoma la oportunidad de enriquecerlo. Aunque Gedeón rechazó el pedido del pueblo de convertirse en rey, sí recibió una pervertida ofrenda voluntaria de aretes pertenecientes a los enemigos derrotados, los cuales convirtió en un efod. Israel se prostituyó tras ese efod, y el mismo se convirtió en una trampa para Gedeón y su pueblo (Jc 8:22-28). El carácter sacerdotal del efod nos recuerda el encuentro de Abraham con Melquisedec, sacerdote del Dios Altísimo (Gn 14:18), y el rechazo de Abraham a recibir el botín (14:22-24) da cuenta del mal uso del botín por parte de Gedeón al convertirlo en un efod idolátrico (Jc 8:27). Mientras que Abraham actuó sabiamente, Gedeón no tanto.

Los puntos de contacto léxico entre Génesis 14 y Jueces 6–8 incluyen la referencia a los amalecitas (Gn 14:7; Jc 6:3), la fuerza de casi trescientos guerreros (Gn 14:14; Jc 7:2-8), el "ataque" al enemigo (נָכָה, Gn 14:5, 7, 15, 17; Jc 6:16; 7:13; 8:11), la "noche" (Gn 14:15; Jc 7:9), y la persecución del enemigo derrotado (Gn 14:14, 15; Jc 7:23, 25; 8:4, 5, 12).

Las similitudes de la secuencia de eventos incluyen especialmente la división de la fuerza de casi trescientos guerreros durante la noche para emboscar al enemigo, la recepción de información de parte de un fugitivo o de un joven capturado, la recuperación del botín del enemigo, y finalmente las respuestas completamente distintas de Abraham y Gedeón a las posibilidades brindadas por dicho botín (Abraham lo rechaza; Gedeón crea un efod idolátrico).

Cuando analizamos esto a la luz de la importancia histórica del pacto y la salvación, el ángel de Yahvé aparece tanto a Abraham como a Gedeón, y Gedeón claramente libera la simiente colectiva de Abraham, el pueblo de Israel, así como Abraham había liberado a su pariente Lot.

Aunque no estoy al tanto de que existan citas de líneas o frases de Génesis 14 en Jueces 6–8, el otro criterio para establecer la correspondencia histórica parece ser más que suficiente para establecer que la segunda narración tuvo la intención de ser un paralelo de la primera.

4.3. Génesis 14 y 1 Samuel 30

Abundan los puntos de contacto léxicos entre Génesis 14 y 1 Samuel 30, y muchos de los mismos eventos ocurren en el mismo orden. Así como en Génesis 14:7 y Jueces 6:3, los amalecitas son mencionados en 1 Samuel 30:1. Aquí, los amalecitas son los enemigos que invaden, roban, secuestran y "atacan" la ciudad de David, Siclag (1 S 30:1; Gn 14:7). De hecho, el "ataque" es presentado en la misma forma en Génesis 14:7 y 1 Samuel 30:1 (וַיַּכּוּ, "y ellos atacaron"). Y también con la descripción del secuestro: el mismo verbo usado para describir a Lot siendo "llevado cautivo" es utilizado para describir a las mujeres y a todos en Siclag siendo "llevados cautivos" (שָׁבָה, Gn 14:14; 1 S 30:2, 3, 5). Así como las mujeres fueron llevadas cautivas con Lot (Gn 14:16), del mismo modo fueron llevadas cautivas las mujeres de Siclag.

Al igual que Abraham, que persiguió a los reyes piratas saqueadores, así David persiguió a aquellos que saquearon Siclag, y aquí también el mismo verbo es utilizado en ambos lugares (רָדַף, Gn 14:14, 15; 1 S 30:8, 10). Aunque David salió en persecución con una fuerza de seiscientos hombres, doscientos se sintieron demasiado cansados para continuar, por lo que la fuerza de David de cuatrocientos hombres fue apenas mayor a los trescientos dieciocho de Abraham (1 S 30:9, 10; cf. Gn 14:14).

Un fugitivo había escapado para alertar a Abraham (Gn 14:13), y David y sus hombres hallaron un egipcio dado por muerto, a quien cuidaron hasta recuperar su salud, y que luego los condujo a los amalecitas (1 S 30:11-16). Para describir el botín de los asaltantes se utilizan diferentes términos —"posesiones" en Génesis 14 (רְכֻשׁ, Gn 14:11, 12, 16, 21) y "botín" en 1 Samuel 30:16 (שָׁלָל)—, pero ambos claramente son sinónimos para describir un botín tomado a la fuerza.

En ambos casos, una vez que Abraham y David habían perseguido al enemigo, lo atacaron, y las dos narrativas emplean el mismo significado de forma: "Y él los atacó" (וַיַּכֵּם, Gn 14:15; 1 S 30:17). Las dos narraciones también utilizan el mismo verbo (שׁוּב) para describir al héroe, Abraham y David respectivamente, "trayendo de vuelta" lo que había sido robado (Gn 14:16; 1 S 30:19).

Habiendo tomado cautiva la cautividad, tanto Abraham como David interactuaron con el justo y con el impío y proveyeron para sus aliados. Abraham interactuó con el rey de Sodoma y el de Salem y dio alimento a sus hombres y una parte del botín a sus aliados Mamre, Aner y Escol (Gn 14:17-24). David rechazó las objeciones de los "malvados e indignos" contra aquellos que habían quedado con el bagaje (1 S 30:22), se aseguró de que todos sus hombres obtuvieran su parte del botín recuperado (30:23-25) y envió presentes a los ancianos de Judá (30:26-31).

A diferencia de Gedeón, el cual dio mal uso al botín de sus enemigos ladrones para crear un efod sacerdotal, David guardó el botín de sus enemigos para que su hijo construyera el templo (1 Cr 29:2-5), recibiendo ofrendas voluntarias para el mismo fin (29:6-9) y vistiendo un efod de lino sacerdotal para la llegada del arca del pacto a Jerusalén (2 S 6:14).

Los puntos de contacto lingüísticos entre Génesis 14 y 1 Samuel 30, las similitudes en la secuencia de eventos y los roles similares que Abraham y David juegan en términos histórico-salvíficos y pactuales se unen para establecer la relación entre estos textos. Las repeticiones causan un sentido de unión y de aumento en la importancia del patrón, construyendo hacia el Salmo 110 y más allá hasta el Nuevo Testamento.

4.4. Génesis 14 y Salmo 110

En el Salmo 110, yo sugeriría que David, bajo la inspiración del Espíritu Santo, reúne las dos características prominentes de Génesis 14: la conquista real de Abraham y el sacerdocio de Melquisedec. Habiendo comprendido la importancia de su descendencia desde Abraham y habiendo notado los paralelos entre Génesis 14, Jueces 6–8 y los eventos de su propia vida en 1 Samuel 30, David entiende que él mismo es tipo del futuro rey de su descendencia.

La derrota de los reyes, como fue tipificada por Abraham en Génesis 14, Gedeón en Jueces 6–8 y David mismo en 1 Samuel 30 y en otros lugares, es prometida en la referencia presente en el Salmo 110:1, donde se menciona a Yahvé haciendo estrado de sus pies a los enemigos del Señor de David. Él gobernará en medio de aquellos enemigos cuando Yahvé envíe desde Sion su poderoso cetro en el versículo 2, cuando su pueblo se ofrezca a sí mismo como ofrenda voluntaria en el versículo 3, y destruya reyes con Yahvé a su diestra en el versículo 5, juzgando a las naciones en el versículo 6.

El Salmo 110:7 ha puesto a prueba a los intérpretes: "Beberá del arroyo en el camino; por tanto Él levantará la cabeza" (LBLA). Mientras en el versículo 6, el rey de Yahvé destruye la cabeza (la palabra hebrea para "cabeza", ראשׁ, es traducida como "jefes" en la RVA2015), en el versículo 7 este tiene su propia cabeza en alto. Obviamente, podríamos decir mucho más,[187] pero aquí quiero subrayar el hecho de que las fuerzas de Gedeón fueron disminuidas a trescientos hombres junto a las aguas, y que aquellos trescientos no fueron los que se "arrodillaron a beber" (Jc 7:4-8, NVI; esp. 7:5, 6). Los hombres que fueron con Gedeón parecen ser aquellos que mantuvieron sus cabezas en alto mientras bebían el agua. El "arroyo Besor" aparece prominentemente en 1 Samuel 30, dado que fue allí "donde se quedaron algunos rezagados" (1 S 30:9, 10, LBLA; cf. 30:21). La referencia en el Salmo 110:7 al rey conquistador melquisedeciano bebiendo de un arroyo por cierto (y por lo tanto) agrega una conexión sutil que apunta a aquellos episodios anteriores cuando este alza su cabeza.

No es de sorprender que sean notorias las similitudes entre guerreros conquistadores como Abraham, Gedeón y David, ni que dichas similitudes fueran comprendidas por los autores bíblicos como orquestadas por el Dios soberano para ser modelos que apunten al prometido futuro rey de la línea de David. Lo que sí sorprende es la forma en que la expectativa de un futuro rey es entrelazada con el anuncio de que dicho rey será un sumo sacerdote según el orden de Melquisedec.

En el Salmo 110, David une estos dos aspectos de Génesis 14: la conquista de Abraham a los reyes extranjeros en rescate de Lot, y el rol de Melquisedec como rey y sacerdote de Salem, al cual Abraham da un diezmo. La redacción del anuncio en el Salmo 110:4: "El Señor juró y no cambiará de parecer", nos recuerda la forma en que Dios hizo las promesas a Abraham en Génesis 12:1-3, la forma en que solo él atravesó las piezas del sacrificio para hacer el pacto en Génesis 15 y la forma en que juró por sí mismo en Génesis 22:16, un juramento al respecto del cual no cambiará de parecer (Nm 23:19; cf. Hb 6:13-18). El juramento del Salmo 110:4 es presentado de una manera que rememora los juramentos pactuales hechos a Abraham y refleja la importancia del vínculo entre Abraham y Melquisedec.

4.5. Resumen

Hasta este punto en nuestra discusión sobre la monarquía hemos considerado el dominio adámico (Gn 1:28), el rol de Adán como hijo de Dios, a Adán como el arquetípico labrador-pastor, y el ejercicio de la autoridad de

---

187. En otras oportunidades, he sugerido que el agua y el "camino" evocan a los Salmos 1 y 2, mientras que la cabeza en alto trae a la memoria el Salmo 3:3 (MT 3:4). Para más acerca de esto, ver Hamilton, *Psalms*; y Matthew Habib Emadi, "The Royal Priest: Psalm 110 in Biblical-Theological Perspective" (PhD diss., Louisville, KY, The Southern Baptist Theological Seminary, 2015).

Dios por parte de Adán al dar nombre a la creación de Dios. Hemos considerado cómo diferentes aspectos de estos patrones de la realeza fueron repetidos en figuras tales como José, el futuro rey de Judá, Moisés, David y Salomón, para hallar cumplimiento en Cristo. Luego hemos considerado la manera en que la conquista de Abraham a los reyes y el rescate de Lot, seguidas por su interacción con Melquisedec, constituyen un patrón repetido en las experiencias de Gedeón y David. La manera en que Pablo presenta a Jesús en Efesios reúne todo esto de un modo revelador.

5. CRISTO, REY DEL CUMPLIMIENTO, EN EFESIOS

Luego de haber celebrado las formas en que la iglesia experimenta el cumplimiento tipológico de las promesas de Dios realizadas a Israel en Efesios 1:3-14 y orado por la iglesia de Éfeso en 1:15-20a, Pablo describe la forma en que Cristo ha sido entronizado como rey en 1:20b-23. Pablo presenta a Jesús como el nuevo Adán melquisedeciano, rey-sacerdote del linaje de David que cumplirá lo que Dios se propuso lograr en la creación.

Afirmando que el poder de Dios que obra en los creyentes es el mismo que levantó a Cristo de entre los muertos en Efesios 1:19-20a, Pablo alude al Salmo 110:1 en Efesios 1:20b (LBLA en el siguiente cuadro).

Salmo 110:1	Efesios 1:20b
"Dice el Señor a mi Señor: Siéntate a mi diestra, hasta que ponga a tus enemigos por estrado de tus pies".	"y le sentó a su diestra en los lugares celestiales".

Pablo se explaya acerca de la exaltación de Cristo sobre todo en 1:21, antes de regresar a la idea del "estrado" del Salmo 110:1 en Efesios 1:22a, mediante una cita del Salmo 8:6 (MT 8:7): "Y él puso todas las cosas bajo sus pies".

Sal 8:7: כֹּל שַׁתָּה תַחַת־רַגְלָיו

LXX Sal 8:7: πάντα ὑπέταξας ὑποκάτω τῶν ποδῶν αὐτοῦ

Ef 1:22a: καὶ πάντα ὑπέταξεν ὑπὸ τοὺς πόδας αὐτοῦ

Esta cita del Salmo 8:6 (MT 8:7) en Efesios 1:22 confirma la lectura del Salmo 8 como una celebración davídica de la gloria de Dios alcanzada por el nuevo Adán, rey de Israel (como se discutió en en el punto del capítulo 2).

El resto de Efesios 1:22 y la primera parte de 1:23 presentan a Cristo como la cabeza y a la iglesia como el cuerpo; anteriormente Pablo había hablado de cómo Cristo ha cumplido la tarea de Génesis 1:28 de "llenar" la tierra en Ef 1:23b: "La plenitud de aquel que lo llena todo en todo".

Los textos del Antiguo Testamento que hemos examinado en este capítulo alcanzan un mayor desarrollo en Efesios 4. Regresaremos al uso que Pablo hace del Salmo 68:18 (MT 68:19) en Efesios 4:8 cuando consideremos la creación como un templo cósmico en el capítulo 7 más adelante (ver capítulo 7, 2.3). En el contexto del Salmo 68, la declaración: "Tú has ascendido a lo alto, has llevado en cautividad a tus cautivos; has recibido dones entre los hombres, y aun entre los rebeldes, para que el Señor Dios habite entre ellos" (Sal 68:18, LBLA [MT 68:19]), celebra la forma en que Yahvé guio a los cautivos de Israel fuera de Egipto por mano de Moisés. En Sinaí, Moisés subió al monte, recibió instrucciones para el tabernáculo, tomó ofrendas voluntarias del botín de Egipto para su construcción, y luego lo dio a Israel como el lugar de habitación de Yahvé. Allí, Israel dio a su vez sus sacrificios y ofrendas a Dios.

Hemos visto cómo Abraham, Gedeón y David vencieron a sus enemigos, tomaron cautiva la cautividad y utilizaron el botín para adorar. El Salmo 68 habla de cómo Moisés sacó a Israel de Egipto en estos términos, haciendo así a Moisés como Abraham, a Gedeón y David como Moisés, y todos ellos tipificaron lo que cumplió Jesús. Abram diezmó el botín enemigo a Melquisedec (Gn 14:20). Moisés utilizó el botín del enemigo para construir el tabernáculo. (Gedeón usó el botín enemigo para crear un efod idolátrico). David guardó el botín enemigo para que Salomón construyera el templo. Y Jesús utilizó el botín enemigo para construir la iglesia.

Mientras que Moisés subió al Monte Sinaí (cf. Dt 30:12; Sal 24:3) y David subió al Monte Sion, el cumplimiento tipológico que Pablo afirma de Cristo implica haber descendido del verdadero lugar altísimo al cual apuntaban las montañas santas del Antiguo Testamento: "Esta expresión: Ascendió, ¿qué significa, sino que Él también había descendido a las profundidades de la tierra? El que descendió es también el mismo que ascendió mucho más arriba de todos los cielos…" (Ef 4:9, 10a). Al enfatizar el descenso y el ascenso de Cristo, Pablo trae a la memoria el acertijo de Proverbios 30:4: "¿Quién ascendió al cielo y descendió?… ¿Cuál es su nombre y cuál el nombre de su hijo?" (cf. Rm 10:6-8).

Al igual que Juan, Pablo presenta a Jesús como el nuevo Adán "hijo de hombre" (cf. Dn 7:13, 14) que descendió del cielo. Las siguientes palabras en Efesios 4:10 confirman la conexión con Adán al regresar a la comisión de Génesis 1:28 de "llenar la tierra" con las palabras "para que pueda llenarlo todo" (Ef 4:10b; cf. 1:23).

Anteriormente sugerí que el rol de Adán como labrador-pastor fue repetido en los reyes-pastores de Israel, y Pablo detalla en Efesios 4:11 cómo Cristo, el Rey, pastorea su iglesia dándole pastores. Pablo mezcla la metáfora de "pastorear" con la connotación de "construcción del templo" mientras habla de "edificar" al cuerpo (Ef 4:12, 16).

Cuando Cristo haya completado su obra en la iglesia, él habrá cumplido su tarea adámica (Gn 1:28) de llenar la tierra, trayendo la semejanza de Cristo y haciendo que el carácter de Dios sea conocido en todos lados: "Hasta que todos lleguemos a la unidad de la fe y del conocimiento pleno del Hijo de Dios, a la condición de un hombre maduro, a la medida de la estatura de la plenitud de Cristo" (Ef 4:13).

Jesús, el nuevo Adán Hijo de Dios, ha sido sentado a la diestra de Dios como el sumo sacerdote y rey melquisedeciano. Luego de haber descendido del cielo para lograr la redención, ascendió para dar dones a su pueblo mientras los edifica como templo del Espíritu Santo, anticipando el día en que todas las cosas estarán bajo sus pies. Pablo interpreta muchos pasajes del Antiguo Testamento y celebra lo que Dios ha hecho en Cristo, y no todos estos pasajes son directamente promisorios. Algunos son narraciones históricas descriptivas, mientras que otros, en los Salmos, parecen conmemorar lo que Dios hizo en el pasado. ¿Cómo es que Pablo los comprende como hechos realidad en Cristo? ¿Son sus conclusiones interpretativas válidas y normativas? Cuando comprendemos la dinámica entre las promesas y los patrones, de hecho, la manera en que las promesas dieron forma a los patrones, podemos ver que los patrones son comprendidos como tipificadores de futuros cumplimientos debido a que han sido forjados por las promesas. Los autores del Antiguo Testamento pretendieron comunicar la misma dinámica que Pablo afirma haber sido cumplida en Cristo.

Aunque este capítulo se ha enfocado en Adán y Abraham, y un poco en David, el capítulo siguiente se dedica al modo en que David tipifica y prefigura, presagia y modela al rey que había de venir.

6

La víctima justa

Porque convenía a aquel por cuya causa son todas las cosas, y por quien todas las cosas subsisten, que habiendo de llevar muchos hijos a la gloria, perfeccionase por aflicciones al autor de la salvación de ellos. HEBREOS 2:10, 11, RV60

1. EL PATRÓN: RECHAZO Y LUEGO EXALTACIÓN

¿Cómo es que un texto como el Salmo 41 puede citarse como cumplido cuando Judas traiciona a Jesús en Juan 13:18? El Salmo 41 es un "Salmo de David" (Sal 41:1 ss. [MT 41:1]), y en él David habla en primera persona singular sobre sus propios problemas (41:4-12 [MT 41:5-13]). David ora en el versículo 9 (LBLA; MT 10): "Aun mi íntimo amigo en quien yo confiaba, el que de mi pan comía, contra mí ha levantado su calcañar". Las palabras del Salmo no articulan la idea de que el futuro distante está siendo predicho. Es decir, el Salmo 41 carece del tipo de indicadores que encontramos en los profetas cuando predicen el futuro, tales como: "Acontecerá en los postreros días" (Isaías 2:2, LBLA), o "Vienen días, afirma el Señor" (Jr 31:31, NVI). Entonces, ¿cómo puede Juan presentar a Jesús afirmando que una declaración en el Salmo 41 se cumplirá cuando Judas lo traicione (Juan 13:18)? Para responder brevemente: un programa escatológico más amplio que opera en el salterio canónico, leído como un libro, se une con el patrón tipológico del justo que sufre visto en la experiencia de David. En este contexto, el programa y el patrón son presentados por Juan, quien muestra a Jesús reclamando el cumplimiento cuando Judas lo traiciona.[188]

El ejemplo del Salmo 41:9 en Juan 13:18 nos lleva directamente al corazón del tema del Antiguo Testamento del justo que sufre, un tema que comienza con la muerte de Abel en Génesis 4 y continúa con el asesinato de Zacarías en 2 Crónicas 24 (cf. Mateo 23:34-36; Lucas 11:49-51). Este tema

---

188. Ver esp. David C. Mitchell, *The Message of the Psalter: An Eschatological Programme in the Book of Psalms*, Journal for the Study of the Old Testament Supplement Series 252 (Sheffield: Sheffield Academic Press, 1997); Emadi, "The Royal Priest"; y Hamilton, *Psalms*.

como forma de promesa surge de la enemistad entre la simiente de la serpiente y la simiente de la mujer (Génesis 3:15), y puede decirse claramente que aquellos a través de los cuales Dios quiere establecer la salvación primero sufrieron el rechazo y la persecución antes de ser inesperadamente exaltados para reinar. En este capítulo veremos este patrón de rechazo y luego exaltación en las vidas de José, Moisés y David; luego, a su experiencia histórica se unen las profecías del futuro rey de la línea de David en Isaías, cuando proyecta los patrones en el futuro para hacer el patrón en forma de promesa del siervo sufriente, todo esto encontrando cumplimiento en Cristo, quien primero fue rechazado y luego exaltado.

Las palabras de juicio y promesa en Génesis 3:15 dieron forma a las percepciones de Moisés y otros, incitando a los autores bíblicos a notar que la simiente de la mujer es constantemente perseguida, resistida, incluso asesinada, por la simiente de la serpiente. Como resultado de la manera en que la promesa dio forma a su percepción, la promesa también dio forma a los patrones que los autores bíblicos construyeron en sus presentaciones, de modo que a lo largo del Antiguo Testamento encontramos que este tema se va construyendo hacia el cumplimiento en la muerte de Jesús, solo para continuar (como Jesús dijo que sucedería) en la persecución y el martirio no infrecuente de su pueblo (p. ej., Mateo 5:11; 10:25; 23:34; 24:9; Juan 15:20; cf. Apocalipsis 6:11).

Un aspecto del argumento que hace Matthew Bates a favor de la exégesis prosopológica es su rechazo de la tipología porque, como él dice:

> El modelo tipológico aplicado al caso especial de Cristo como alguien que habla en el Antiguo Testamento, a mi juicio, tiene debilidades decisivas, especialmente la falta de evidencia de que los primeros cristianos tuvieran suficiente interés en el sufrimiento de David para proporcionar un vínculo imitativo.[189]

Aunque Bates habla de "debilidades" en plural, solo nombra esta supuesta falta de interés en el sufrimiento de David. El argumento de Bates es circular: él afirma que las citas del Nuevo Testamento sobre el sufrimiento de David en los Salmos son ejemplos de interpretación prosopológica más que tipológica, por lo tanto estas citas no evidencian interés en el sufrimiento de David. Luego argumenta que una comprensión tipológica es débil debido a "la falta de evidencia de que los primeros cristianos tenían suficiente interés en el sufrimiento de David como para proporcionar un enlace

---

189. Bates, *The Birth of the Trinity*, 9.

imitativo".[190] Sostengo que la evidencia sobre el interés del Nuevo Testamento en el sufrimiento de la simiente de la mujer del Antiguo Testamento es tan abundante y constante en sus páginas que resulta omnipresente, y que el interés en el sufrimiento de David es un aspecto de ese interés más amplio en la sangre de todos los mártires desde Abel hasta Zacarías.

El Nuevo Testamento presenta a los fieles del Antiguo Testamento como aquellos que fueron rechazados por el mundo (p. ej., Hebreos 11:32-38): precursores de la forma en que el mundo rechazaría a Cristo y a sus seguidores (cf., p. ej., Hechos 7) y entiende también a David de esta manera. Cuando el Nuevo Testamento afirma que el sufrimiento de David en los Salmos encuentra cumplimiento en Cristo, como lo hace Juan 13 con el Salmo 41 (y en otros ejemplos que se discutirán más adelante), no ignora el sufrimiento del David histórico. Los numerosos textos aquí considerados proporcionan abundante evidencia de un interés significativo no solo en los problemas de David, sino en los de toda la simiente de la mujer del Antiguo Testamento.

Este capítulo busca mostrar que el tema del justo que sufre impregna el Antiguo Testamento. El sufrimiento de David constituye una parte prominente del patrón, que se cumplirá en el justo sufriente, Jesús, el Mesías. En su enseñanza, además, Jesús indicó que el sufrimiento justo continuaría en la experiencia de los que lo siguen: "Os expulsarán de las sinagogas; y aun viene la hora cuando cualquiera que os mate, pensará que rinde servicio a Dios" (Juan 16:2).

Este capítulo tiene una estructura quiástica:

1. El patrón: rechazo y luego exaltación.
   2. José rechazado y luego exaltado.
      3. Moisés rechazado y luego exaltado.
      4. David rechazado y luego exaltado.
   5. El siervo sufriente rechazado luego exaltado.
6. Jesús rechazado luego exaltado.

Muchos quiasmos colocan la unidad más importante en el centro, pero en este el cumplimiento se encuentra al final.

2. JOSÉ ES RECHAZADO Y LUEGO EXALTADO

José recibió sueños en los que sus hermanos y padres se inclinaban ante él, luego sus hermanos lo vendieron como esclavo. En Egipto, como esclavo,

---

190. *Ibid.*

José fue falsamente acusado, arrojado a la prisión, luego inesperadamente exaltado a la diestra de faraón. Y la experiencia de José coincide con la textura de narraciones anteriores en Génesis. De hecho, todas las tramas principales de Génesis se unen en la narrativa de José.[191]

Discutimos la interconexión de Génesis 3–4 en el capítulo 1 con referencia específica a la forma en que, después del asesinato de Abel, Caín está vinculado a la serpiente por medio de la frase "maldita/o seas" (אָרוּר אַתָּה), que el Señor dice a la serpiente en Génesis 3:14 y a Caín en 4:11. Esto indica que Moisés pretende que su audiencia entienda el conflicto entre Caín y Abel como resultado de la enemistad entre la simiente de la mujer y la simiente de la serpiente introducida en Génesis 3:15. El mismo vínculo es establecido por la maldición de Canaán de Noé en Génesis 9:25, y luego cuando el Señor le dice a Abraham en 12:3 (NVI): "Y maldeciré a los que te maldigan", la audiencia de Génesis aprende a asociar a cualquiera que se oponga a Abraham con la serpiente: la simiente de la serpiente está en enemistad con la simiente de la mujer.

El hecho de que Agar "deshonra" a Saraí, esposa de Abraham, el mismo verbo hebreo (קלל) que aparece en Génesis 12:3 y 16:4, 5, indica que Agar e Ismael caerán bajo la maldición de Yahvé. Yahvé bendice a Ismael en 17:20, pero no en forma de pacto (Gn 17:21). Posteriormente, Ismael deshonra a Isaac por su burla (21:9).

Rebeca pregunta al Señor acerca de los niños que luchan en su matriz y aprende que "el mayor servirá al menor" (Gn 25:23, cf. 21-26). Esto marca al hijo menor, Jacob, como el que recibirá la bendición, por quien continuará la línea de descendencia. Por la forma en que se desarrollan los acontecimientos, Esaú quiere matar a Jacob (27:41). Jacob ha robado la primogenitura de Esaú y la bendición, haciendo comprensible la ira de Esaú. Aun así, mientras la misericordia de Dios envuelve a Jacob, las repeticiones de la elección del hijo menor y el conflicto fraterno proporcionan otra entrega en la enemistad entre la simiente de la mujer y la simiente de la serpiente.

Además de las manifestaciones de enemistad entre hermanos, Abraham e Isaac sufren en manos de los egipcios (Génesis 12:10-20) y los filisteos (20:1-18; 26:1-22). Estos patrones se juntan en el sufrimiento de José en las manos de sus hermanos, y una vez que lo venden como esclavo, también sufriendo a manos de los egipcios (Gn 37, 39; Hechos 7:9-16).

---

191. Véase Samuel Cyrus Emadi, "Covenant, Typology, and the Story of Joseph: A Literary-Canonical Examination of Genesis 37–50" (tesis doctoral, Louisville, The Southern Baptist Theological Seminary, 2016). Una versión revisada de la disertación de Emadi se publicará en New Studies in Biblical Theology, y véase ahora también Jeffrey Pulse, *Figuring Resurrection: Joseph as a Death and Resurrection Figure in the Old Testament and Second Temple Judaism*, Studies in Scripture and Biblical Theology (Bellingham, WA: Lexham, 2021).

3. MOISÉS ES RECHAZADO Y LUEGO EXALTADO

La familia de Moisés resistió el intento egipcio de exterminar a todos los hijos varones de Israel, con Egipto ocupando el papel de la simiente de la serpiente (Éxodo 1). Como Dios obró providencialmente a través de esto para el bien de su pueblo, Moisés fue criado en la casa de faraón y educado en toda la sabiduría de los egipcios (Éxodo 2:1-10; Hechos 7:17-22). Posteriormente, Moisés fue rechazado por sus parientes hebreos (Éxodo 2:11-14; Hechos 7:23-29), y el faraón trató de matarlo (2:15). Luego de que Moisés sacara a Israel de Egipto, a menudo ellos se quejaban de él, resistían su liderazgo e incluso buscaban darle muerte. Aun Aarón y Miriam se opusieron a Moisés en Números 12.

Por medio de las entregas repetidas en el patrón del conflicto fraterno en el Pentateuco (Caín-Abel, Ismael-Isaac, Esaú-Jacob, hermanos de José, Aarón-Moisés), Moisés crea un contexto en el que aquellos que conocen las Escrituras estarán familiarizados con la forma en que los hermanos mayores han traído sufrimiento y dificultad en la vida del hermano menor que ha sido aceptado por Dios (Abel), designado como el hijo del pacto (Isaac), como el elegido (Jacob), quien reinará (José) o librará y guiará (Moisés). Cuando los hermanos de David se han ido a la guerra con Saúl e Isaí envía a David a ver por ellos (1 Samuel 17:12-18), naturalmente pensamos en la forma en la cual Jacob envió a José a controlar a sus hermanos (Gn 37:12-17). Cuando el hermano de David le responde con dureza (1 S 17:28), vemos a David como un nuevo José,[192] una nueva entrega en un patrón que se cumplirá en futuros conflictos fraternos (ver Juan 7:1-9). Jesús no es el hijo menor, pero es inesperado y, al menos inicialmente, rechazado por sus hermanos (Marcos 3:21, 31-35).

Promesas como Génesis 3:15, 12:1-3, 49:8-12 y Números 24:17 generan expectativas sobre la línea de descendencia que se traza desde la simiente de la mujer, y estas promesas hacen que se reconozca y se note la enemistad entre la simiente de la mujer y la simiente de la serpiente (Génesis 3:15), con la esperanza de que la simiente de la mujer aplaste la cabeza de la serpiente (Números 24:17). El patrón del conflicto fraterno se entreteje con la construcción que promete y crea la matriz interpretativa dentro de la cual el pueblo de Dios se entiende a sí mismo.

---

192. Para la discusión de puntos de contacto lingüísticos, secuencias de eventos y similitud en pacto e importancia histórica de la salvación entre José y David, véase James M. Hamilton Jr., "Was Joseph a Type of the Messiah? Tracing the Typological Identification between Joseph, David, and Jesus", *The Southern Baptist Journal of Theology* 12 (2008): 52-77.

4. DAVID ES RECHAZADO Y LUEGO EXALTADO

Aquellos que operan dentro de esta matriz interpretativa, formados por las promesas y los patrones, interpretan los hechos posteriores desde esta perspectiva. Esto no resulta, sin embargo, en un curso de eventos predecibles y poco interesantes. Aunque antes ha sucedido repetidamente, porque va en contra de las expectativas, todos se sorprenden de lo que sucede cuando Samuel va a ungir a uno de los hijos de Isaí como rey. El padre, Isaí, evidentemente estaba tan seguro de que David no sería la elección de Dios que no se molestó en llamarlo del rebaño (1 Samuel 16:6-11). Y tan pronto como otro hijo menor ha sido marcado como aquel a quien Dios acepta (como Abel), aquel con quien Dios entra en pacto (como Isaac), el elegido de Dios (como Jacob) para reinar (como José) y liberar y guiar (como Moisés), su hermano mayor le responde con dureza en una escena que recuerda vívidamente cuando el padre de José lo envió a verificar cómo estaban sus hermanos mayores (1 S 17:12-30; cf. Gn 37:2, 12-28).

Una vez que el recientemente ungido David (1 S 16) mata a Goliat (1 S 17), su pariente Saúl comienza a perseguirlo, iniciando el período de sufrimiento y dificultad en la vida de David narrada a través del resto de 1 Samuel. Establecido como rey sobre Israel y Judá (2 S 5), David recibe las promesas del pacto de Dios (2 S 7). Luego comienza a expandir las fronteras del reino en cada dirección (2 S 8–10) antes de su devastador pecado con Betsabé (2 S 11–12). El juicio de Yahvé por esto incluyó su declaración de que él levantaría el mal contra David fuera de su propia casa (2 S 12:11), presagiando la revuelta de Absalón (2 S 15), que provoca un segundo período de gran sufrimiento y dificultad en la vida de David.

El sufrimiento de las figuras clave que precedieron a David creó el contexto en el que podría haber interpretado su propio sufrimiento como una entrega en el mismo patrón. Las narraciones del sufrimiento de David en Samuel luego proporcionan el telón de fondo histórico para interpretar las propias descripciones de David de su sufrimiento en los Salmos. Yo sugeriría que David entendió su propio sufrimiento como una instalación en el patrón de aquellos que lo habían precedido, principalmente José y Moisés,[193] y que en los Salmos se presenta como una entrega más de ese

---

193. Cf. Salmo 40:2 (MT 40:3) con Gn 37:24, 28. En las narraciones sobre la vida de David, nunca leemos de él estando en un "pozo". José, sin embargo, fue puesto en un pozo (Gn 37:24, 28), y parece que cuando David habla del Señor sacándolo del hoyo en el Salmo 40:2, se presenta de una manera que recuerda a su audiencia a José siendo sacado del pozo. De manera similar, mientras Moisés fue sacado de las aguas y nombrado por la experiencia en Éxodo 2:10, nunca leemos que David haya tenido tal experiencia. En el Salmo 18:16 (MT 18:17), sin embargo, David habla del Señor sacándolo de las aguas de una manera que recuerda a su audiencia a Moisés.

mismo patrón. David hace esto porque espera que se cumpla el patrón, en la vida de su descendencia, su simiente, a quien Dios prometió levantar de su línea, cuyo trono Dios prometió establecer para siempre (2 Samuel 7:13, 14).[194]

Contra la afirmación que hace Bates sobre "la falta de pruebas de que los primeros cristianos tenían suficiente interés en el sufrimiento de David como para proporcionar un enlace imitativo",[195] los autores del Nuevo Testamento citan los Salmos consistente y prominentemente. Bates afirma que estas citas no deben ser entendidas tipológicamente, y argumenta que en casos como el Salmo 22:

> La iglesia primitiva no leía este Salmo como si realmente se tratara de David en un primer nivel, y secundariamente acerca de Jesús en un segundo nivel más profundo, ya que él cumplía con el patrón davídico de sufrimiento mientras servía como símbolo de Israel. Hay poca evidencia de que los primeros cristianos tuvieran mucho interés (si es que alguno) en este primer nivel, y ese es el principal error en la manera como la crítica ha evaluado la significación del Salmo 21 LXX y otros salmos que presentan a un justo sufriente en la lectura de los primeros cristianos. Al contrario, la iglesia primitiva no creía que este Salmo fuera realmente sobre el sufrimiento de David (o del Israel corporativo) porque creía que la importancia de David aquí radicaba en su capacidad profética; es decir, que era un profeta dispuesto y capaz que había asumido un carácter, y de ese modo había hablado en el prósopon del futuro Cristo.[196]

Para Bates, la pregunta clave parece ser cómo entendió la iglesia primitiva el Salmo. Sostengo que la pregunta clave, más bien, es cómo el autor del Salmo intentó que se entendiera, y además cómo los editores finales de la forma canónica del Salterio pretendían que funcionara.[197] Bates puede estar en lo correcto de que algunos individuos en la iglesia primitiva —no los autores del Nuevo Testamento— entendieran el Salmo 22 en la forma en que lo describe. Cuando consideramos a los autores del Nuevo Testamento, sin embargo, nuevamente sostengo que ellos no han pasado por alto lo que el autor del Antiguo Testamento pretendía comunicar. Los autores del Nuevo Testamento no pretenden presentar diferentes interpretaciones de estos textos del Antiguo Testamento, sino cumplimientos de lo comunica-

---

194. Véase Hamilton, "Typology in the Psalms", y Hamilton, *Psalms*.

195. Bates, *The Birth of the Trinity*, 9.

196. *Ibid.*, 127.

197. Ver la Introducción a mi comentario, *Psalms*, junto con la discusión del Salmo 22.

do por sus autores. Pretender que David no estaba hablando de su propia experiencia, sino en el prósopon de Cristo es ofrecer una interpretación alternativa.[198] Afirmar que David habló de sí mismo y esperaba que el patrón de su experiencia se repitiera y se viviera de manera culminante en la simiente de la promesa es ofrecer un cumplimiento.

Bates afirma que la iglesia primitiva no estaba interesada en la historia del sufrimiento de David, y luego explica que las citas que hacen referencia a ese sufrimiento histórico presentan a David hablando "en el prósopon del futuro Cristo".[199] Si, sin embargo, esas citas se interpretan en una forma tipológica en lugar de interpretarse en un marco prosopológico, entonces el sufrimiento histórico de David y el significado de las declaraciones de los Salmos en contexto son confirmados, y la iglesia primitiva, de hecho, muestra bastante interés en el propio sufrimiento de David.

La propuesta prosopológica de Bates ignora el contexto del Antiguo Testamento y el significado de estas afirmaciones. Una comprensión tipológica de la cita de los Salmos en el Nuevo Testamento, por el contrario, dependería del significado del texto del Antiguo Testamento en su contexto, respetando ese significado y viéndolo cumplido de acuerdo con lo que su autor del Antiguo Testamento pretendía comunicar.[200]

La pregunta es qué propuesta interpretativa parece más preferible: una que permite preservar el significado del texto del Antiguo Testamento en contexto y su cumplimiento, o uno que ignora el contexto del Antiguo Testamento y afirma una interpretación alternativa sin ninguna base en ese contexto. Mi conclusión sobre este asunto será obvia para cualquiera que lea este libro.

Al repasar algunas de las pruebas con respecto al justo que sufre en los Salmos, y la cita de estos pasajes en el Nuevo Testamento, buscaré decir lo suficiente sobre las declaraciones citadas en su contexto del Antiguo

---

198. Gentry argumenta que los autores del N. T. siguieron los métodos interpretativos modelados por los autores del Antiguo Testamento (cuando los autores posteriores del A. T. interpretan textos anteriores del A. T.), que los autores del A. T. no modelan la exégesis prosopológica, y que —ya que los manuales que discuten la exégesis prosopológica vienen después de que los documentos del N. T. fueran escritos— afirmar que los autores del N. T. practicaron la exégesis prosopológica es anacrónico. Gentry, "Prosopological Exegesis",105-22, esp. 119-20.

199. Bates, *The Birth of the Trinity*, 127.

200. Moo escribe: "Es la identificación tipológica subyacente de Jesús con David lo que legitima la transferencia del lenguaje del registro de las experiencias del rey israelita a las narraciones de los sufrimientos del 'hijo mayor de David'". Douglas J. Moo, *The Old Testament in the Gospel Passion Narratives* (Sheffield: Almond Press, 1983), 300. Las objeciones de Ahearne-Kroll a la "caracterización de la relación literaria entre los dos como tipológica" no son convincentes. Ahearne-Kroll, *The Psalms of Lament in Mark's Passion*, 172-73.

Testamento para mostrar cómo una comprensión tipológica de su cumplimiento permite que el significado original se mantenga y se cumpla en Cristo.

Puesto que estoy interesado en el significado de las declaraciones citadas de los Salmos en su contexto en el Salterio, procederé en el orden canónico.

4.1. Salmo 2 en Hechos 4

Aunque no hay una inscripción en el Salmo 2, cuando Lucas presenta a la iglesia primitiva orando sus palabras en Hechos 4:24-30, se introduce la cita con las palabras: "Tú, por medio del Espíritu Santo, dijiste en labios de nuestro padre David, tu siervo..." (Hechos 4:25, NVI). La oración entonces cita el Salmo 2:1, señala su cumplimiento cuando los gentiles se enfurecieron, los pueblos tramaron, y los reyes se levantaron contra Jesús (4:27); y el hecho de que la oración responda a la persecución de Pedro y Juan (4:13-24) y anticipe más de lo mismo (4:29) indica que la iglesia primitiva esperaba que la enemistad entre la simiente de la mujer y la simiente de la serpiente siguiera siendo su experiencia. En el fluir del pensamiento en el Salterio, la interconexión de los Salmos 2–3,[201] y en verdad de todo el libro, indica que las lagunas de información del Salmo 2 están destinadas a ser llenadas con más información en el Salmo 3 y siguientes. Esto sugeriría que la persecución iniciada por Absalón en el Salmo 3 ilustra la furia de las naciones de las que se habla en el Salmo 2. El propio sufrimiento histórico de David a manos de Absalón, entonces, sigue el patrón de los que han venido antes y anticipa la simiente que Dios prometió levantar de su línea. El sufrimiento de Jesús cumple el patrón, y al llamar a sus discípulos a tomar la cruz y seguirlo (Mateo 16:24), Jesús indicó que sus seguidores sufrirían como él. Esta forma de ver las cosas parece ser reflejada en la oración de Hechos 4:24-30, que cita el Salmo 2:1 en Hechos 4:25, 26.

4.2. Salmo 6 en Juan 12

La interconexión de los Salmos 2–6 me lleva a sospechar que la misma dificultad que enfrentó David en el Salmo 3 (cf. el título: "Cuando huía de Absalón su hijo") impulsa su oración en el Salmo 6.[202] David dice en este contexto: "Mi alma también está muy turbada" (Sal 6:3, RV60), y la frase

---

201. Sobre esto, ver esp. Robert L. Cole, *Psalms 1–2: Gateway to the Psalter* (Sheffield: Sheffield Phoenix, 2013), que incluye el Salmo 3 en su discusión.

202. Para las conexiones de palabras de enlace entre los Salmos 2–6, vea la sección titulada "Context: Verbal and Thematic Links with Surrounding Psalms" en cada uno de estos salmos en Hamilton, *Psalms*.

usada cuando esto fue traducido al griego proporciona el vocabulario para la declaración que Juan presenta de Jesús en Juan 12:27 (NVI): "Ahora mi alma está angustiada".

LXX Sal 6:3 [MT 6:4]: ἡ ψυχή μου ἐταράχθη σφόδρα

Juan 12:27: ἡ ψυχή μου τετάρακται

Este pasaje en el contexto del Salterio produce un significado notablemente consistente con lo que Juan presenta cuando Jesús habla en Juan 12. Cuando David dice: "Mi alma está muy turbada" (Salmo 6:3, RV60 [MT 6:4]), el término traducido como "turbada" es el mismo empleado en el Salmo 2:5 en la declaración: "Y aterrorícelos (inquiételos) en su furor". En vista de las afirmaciones que estoy haciendo sobre David presentándose a sí mismo en términos que recuerdan a José, tenga en cuenta que el mismo verbo se usa cuando José se revela a sus hermanos: "Estaban turbados delante de él" (כִּי נִבְהֲלוּ מִפָּנָיו, Gn 45:3, RV60).

Sal 6:3 (MT 6:4): וְנַפְשִׁי נִבְהֲלָה מְאֹד

Sal 2:5: וּבַחֲרוֹנוֹ יְבַהֲלֵמוֹ

Sobre la base de esta y otras conexiones con el Salmo 2 en el Salmo 6,[203] especialmente la afirmación confiada en 6:10 (MT 6:11) y el uso de "turbada" (בָּהַל) nuevamente, sugeriría que en el Salmo 6:3 (MT 6:4), David siente que lo que se suponía que debía sucederles a sus enemigos, en cambio, le está ocurriendo a él.

Esta conexión se conserva en la traducción griega del Salterio, que traduce estos usos de בָּהַל como ταράσσω:

---

203. Las conexiones verbales entre los Salmos 2 y 6 incluyen lo siguiente:

2:5: "Les hablará en su ira" (בְאַפּוֹ, cf. 2:12).

6:1 (MT 6:2): "No me reprendas en tu ira" (בְאַפְּךָ).

2:5: "En su furor los aterrorizará" (יְבַהֲלֵמוֹ).

6:2 (MT 6:3): "Mis huesos están aterrorizados" (נִבְהֲלוּ).

6:10 (MT 6:11): "Serán… aterrorizados" (וְיִבָּהֲלוּ).

2:10: "Recibid corrección, oh jueces de la tierra" (הִוָּסְרוּ).

6:1 (MT 6:2): "Ni me corrijáis en vuestro enojo" (תְיַסְּרֵנִי).

Ver más sobre la discusión del Salmo 6 en mi comentario.

Sal 2:5: καὶ ἐν τῷ θυμῷ αὐτοῦ ταράξει αὐτούς
"Y en su ira los turbará".

Sal 6:3 (LXX 6:4): καὶ ἡ ψυχή μου ἐταράχθη σφόδρα
"Y mi alma está muy turbada".

Sal 6:10 (LXX 6:11): καὶ ταραχθείησαν σφόδρα
"Y que se turben en gran manera".

David se queja en el Salmo 6 de que él sufre como Dios dijo que sufrirían los enemigos en el Salmo 2, pero al final del Salmo 6, David está confiado de que el terror del Salmo 2:5 ciertamente caerá sobre esos enemigos (Sal 6:10 [MT 6:11]). Jesús se enfrenta a la cruz, donde sufrirá exactamente lo que sus enemigos merecen: la ira de Dios. Cuán apropiado es que cite el Salmo 6, y la forma como David pasa allí de la angustia a la confianza en el plan de Dios. Jesús anunció que había llegado la hora (Juan 12:23), habló del grano de trigo muriendo para dar mucho fruto (12:24) y de su muerte en términos de su ser levantado para atraer a todos los hombres a sí mismo (12:32, 33). El uso de la frase griega del Salmo 6:3 indica que en 12:27 Juan presenta a Jesús cumpliendo el patrón de sufrimiento de David. El significado del Salmo 6 en el contexto del Salterio se ajusta perfectamente a la presentación que Juan hace de Jesús.

Richard B. Hays observa otro punto de correspondencia entre el Salmo 6 y Juan 12:27, pero a mi juicio lo malinterpreta. Hays señala que en el Salmo 6:4, David ora: "Sálvame" (LXX 6:5, σῶσόν με). Habiendo apenas usado el lenguaje del Salmo 6:3 para hablar de su alma turbada en Juan 12:27, Jesús continúa diciendo: "¿Y qué diré? 'Padre, sálvame de esta hora'? Pero para esto he llegado a esta hora" (Juan 12:27, LBLA; también σῶσόν με). Hays luego escribe:

> Jesús se hace eco de David al lamentarse de que su alma esté turbada en un tiempo de prueba (Sal 6:3 LXX), pero luego se pregunta si debe continuar realizando el guion davídico, uniéndose a la oración de David por rescate ("Sálvame" [Sal 6:4 LXX]). De hecho, el Jesús de Juan rechaza esta opción; en cambio, elige abrazar la vocación de sufrimiento por la cual fue enviado al mundo.[204]

Para Jesús, hacer lo que dice Hays sería no orar para que Dios lo levantara de entre los muertos. El comentario de Hays refleja una falla al apre-

---

204. Hays, *Echoes of Scripture in the Gospels*, 326-27.

ciar la forma en que David sufre a lo largo del Libro 1 del Salterio (Salmos 1–41), y luego, con los salmos de los hijos de Coré al comienzo del Libro 2 (Salmos 42–72), pareciera que David ha sobrevivido a los intentos de Saúl de quitarle la vida para ser entronizado como rey de Israel (ver específicamente Sal 45). David soporta mucho sufrimiento en 1 Samuel 18–2 Samuel 5, y se niega a levantar su mano contra el ungido del Señor (1 S 24:6, 10, 12; 26:9, 11, 23; 2 S 1:14). Su oración por salvación en el Salmo 6:4 (MT 6:5) no es un rechazo de su propia "vocación de sufrimiento", sino que más bien refleja el tipo de confianza que articuló cuando se negó a permitir que Abisai golpeara a Saúl (1 S 26:8, 9), diciendo en 1 Samuel 26:10 (NVI): "Vive el Señor, el Señor lo herirá, o le llegará el día de morir, o descenderá a la batalla y perecerá". David confía en que Dios lo salvará de la mano de Saúl (cf. Sal 18:1 ss. [MT 18:1]), y confía en que Dios estará con él durante los sufrimientos que deberá soportar hasta que llegue la "hora" de Saúl. Del mismo modo, Jesús sabe que debe sufrir, que ha llegado su "hora", y no rechaza la oración de David pidiendo que Dios lo salve más de lo que David mismo rechazó el sufrimiento que tuvo que soportar.

4.3. Salmo 16 en Hechos 2

Al considerar la lógica interna del Salterio, podemos cuestionar la base de la confianza orante de David: ¿Qué le da a David la confianza desde la cual ora en un pasaje como el Salmo 16:8-11? El propio flujo de pensamiento del Salterio responde a esta pregunta, ya que ha presentado al hombre bendito que medita en la Torá en el Salmo 1, complementado por el decreto de Yahvé al rey davídico en el Salmo 2. Si complementamos nuestra comprensión con la historia de la vida de David como se relata en 1–2 Samuel, podemos sugerir que una vez que el profeta Samuel ungió a David para ser rey (1 S 16:12, 13), este creyó que Dios preservaría su vida y lo establecería en el trono (ver, p. ej., 26:10). De manera similar, una vez que el profeta Natán entregó las promesas relatadas en 2 Samuel 7, David creyó que Dios establecería el trono de su simiente para siempre. Por lo tanto, las promesas de Dios impulsaron su confianza. Y para alguien como David, cuya línea de descendencia se remonta hasta Abraham a través de Judá, las promesas previas de Dios y los patrones que estas crearon influirían en sus percepciones. Quiero exponer dos premisas de las que luego sacaré una conclusión.

Primero, que a lo largo del Salterio, cuando David habla de su propia experiencia, lo hace creyendo que Dios lo preservará para cumplir las promesas que le hizo de que sería rey, y también cree que Dios cumplirá la promesa de establecer el trono de su simiente.

Segundo, que David entendió que su propia experiencia de ser designado como el elegido de Dios, atestiguada por el favor y la bendición de Dios, solo para ser resistido y perseguido por la simiente de la serpiente, fue parte de un patrón de eventos vistos en la vida de José, Moisés y otros; David esperaba que ese patrón se repitiera en la vida de la simiente que Dios había prometido levantar de su linaje.

Por lo tanto, como escribió sobre su propia experiencia, David se entendió a sí mismo como un tipo, una parte en un patrón que se cumpliría en el futuro rey que Dios prometió levantar de su linaje, a través del cual Dios lograría la salvación.

Estas dos premisas y la conclusión que se deriva de ellas nos pone en posición de comprender el uso del Salmo 16:8-11 en Hechos 2:25-33. El Salmo 16 se lee como una oración muy personal de David. Desde sus palabras iniciales: "Protégeme, oh Dios, pues en ti me refugio" (16:1, LBLA), hasta su declaración final: "Me darás a conocer la senda de la vida" (16:11, LBLA), David habla en primera persona singular a lo largo del Salmo. A diferencia del Salmo 110, donde David presenta lo que Yahvé dijo a su Señor (de David) (Sal 110:1), en el Salmo 16, David habla de sí mismo y de su propia experiencia. El contexto del Antiguo Testamento de las declaraciones de David se opone a la idea de que David "no puede ser el orador del Salmo, y que debe buscarse un prósopon diferente como orador".[205] Por ejemplo, en 16:4 (RV60), David afirma: "Se multiplicarán los dolores de aquellos que sirven diligentes a otro dios. No ofreceré yo sus libaciones de sangre, ni en mis labios tomaré sus nombres". Esta declaración encaja perfectamente en el mundo del Antiguo Testamento, en cuyo contexto David insiste en que será fiel y hará sacrificios y ofrendas solo a Yahvé, a diferencia de los transigentes dispuestos a sacrificar a otros dioses (véase, por ejemplo, 1 Reyes 11:6-8). Del mismo modo, todas las declaraciones en el Salmo 16:5, 6, sobre la "porción" y la "suerte" de David y dónde "le cayeron las líneas" para su "herencia" están informadas por la conquista de Canaán por parte de Israel y la distribución de la tierra por sorteo a las tribus como herencia. Con este telón de fondo a la vista, David dice que lo que él valora y aquello en lo que se regocija es en realidad la heredad que se le dio a los levitas, Yahvé mismo, en lugar de una parcela de suelo (cf. Nm 18:20; Dt 10:8, 9). Estas declaraciones tienen sentido en el contexto del Antiguo Testamento de David. Es cierto que los autores del Antiguo Testamento a veces proyectan realidades del antiguo pacto en el futuro del nuevo pacto (p. ej., Ezequiel 40–48; Zacarías 14), pero cuando lo hacen,

---

205. Matthew W. Bates, *The Hermeneutics of the Apostolic Proclamation: The Center of Paul's Method of Scriptural Interpretation*, Reprint ed. (Waco: Baylor University Press, 2019), 213-14.

señalan explícitamente que están hablando del futuro con indicadores de "los días que vienen" o "en los postreros días".[206] Nada en el texto o contexto del Salmo 16 indica que alguien además de David está hablando en el Salmo.

De hecho, cuando Lucas introduce a Pedro citando el Salmo 16 en Hechos 2, lo presenta afirmando que David pronunció las palabras del Salmo. Pedro no sugiere que "debe buscarse un prósopon diferente como orador";[207] *más bien*, ¡afirma explícitamente a David como orador! En Hechos 2:25, Lucas presenta a Pedro diciendo: "Porque David dice acerca de él...". Después de esta declaración introductoria, podríamos esperar que Lucas presentara a Pedro citando uno de los Salmos que hablan del futuro rey en declaraciones sobre lo que "él" hará o cómo Dios lo librará "a él", como el Salmo 21: "Oh Señor, en tu fortaleza se alegrará el rey... Tú le has dado el deseo de su corazón... Vida te pidió y tú se la diste, largura de días eternamente y para siempre" (Salmo 21:1, 2, 4, LBLA). Si no fueran estas declaraciones en tercera persona (él, a él), Pedro podría citar en segunda persona (tú, tu) declaraciones como las del Salmo 91: "Porque él ordenará que sus ángeles te protejan en todos tus caminos" (91:11, NVI). En cambio, Lucas presenta a Pedro citando el Salmo 16, en el que David habla en primera persona del singular: "Vi al Señor siempre delante de mí..." (Hechos 2:25b, citando el Salmo 16:8).

La yuxtaposición de estas declaraciones es discordante (siguiendo la LBLA a continuación):

Hechos 2:25a: "Porque David dice de Él".

Hechos 2:25b: "Veía siempre al Señor en mi presencia; pues está a mi diestra para que yo no sea conmovido".

Pedro afirma claramente que David es el hablante en 2:25a, pero también afirma que David habla *acerca de* (εἰς) él, es decir, de Jesús. Entonces Pedro presenta a David hablando *de sí mismo* en *primera persona del singular* (LBLA):

Hechos 2:25: Yo... yo... mi... yo...

Hechos 2:26: Mi... mi... mi...

---

206. Por ejemplo, Ezequiel 40:2: "En visiones de Dios, Él me llevó a la tierra de Israel...". Y Za 14:1: "He aquí, viene el día..." (LBLA).

207. Bates, *The Hermeneutics of the Apostolic Proclamation*, 214.

Hechos 2:27: Mi…

Hechos 2:28: Yo… yo…

¿Cómo puede Lucas presentar a Pedro citando a David hablando de sí mismo y afirmar que David habla acerca de Jesús? He sugerido anteriormente que la respuesta a esta pregunta se nos proporciona si aceptamos que *al hablar de sí mismo,* David tenía la intención de hablar *sobre el futuro rey que Dios había prometido levantar de su descendencia.* Esta sugerencia implica abrazar la idea de que David entendió los patrones que hemos señalado en las vidas de José y Moisés, que vio repeticiones de ese patrón en su propia vida, y que por lo tanto se entendió conscientemente a sí mismo como un tipo, una entrega prefiguradora, presagiadora en un modelo de experiencia que se cumpliría en la simiente de la promesa.

La presentación de Lucas de la exposición de Pedro al respecto de las palabras citadas del Salmo 16 en Hechos 2:29-33 establece exactamente estos puntos. Lucas no presenta a Pedro explicando que David habló en el prósopon de Cristo. Más bien, afirmó que David habló acerca de Cristo (Hechos 2:25), y se propone probar esto señalando que, mientras Dios mantuvo vivo a David hasta que se convirtió en rey y preservó su línea de descendencia hasta la venida de Jesús, las palabras que David pronunció se cumplen en Jesús de una manera que no se cumplieron en la vida de David: "Hermanos, permítanme hablarles con franqueza acerca del patriarca David, quien murió y fue sepultado, y cuyo sepulcro está entre nosotros hasta el día de hoy" (Hechos 2:29, NVI).

Luego, Lucas señala que Pedro continúa afirmando que David era el orador (no alguna otra cara/prósopon), mientras explica cómo David llegó a su posición en Hechos 2:30, 31. Quiero comentar al respecto de lo que Lucas dice sobre Pedro, frase por frase. Lo primero que dice Pedro sobre el comentario de David es: "Era profeta" (Hechos 2:30a, NVI). Aquí Lucas presenta a Pedro afirmando que David habló inspirado por el Espíritu palabras de Dios.[208] Esta afirmación significa que la perspicacia de David no se basa meramente en la información disponible a la inteligencia humana, tan formidable como evidentemente lo era, dado el arte de los salmos. Más bien, al afirmar que David era un profeta, Pedro señala que Dios le reveló verdades, a través de esa percepción profética, que de otra manera serían inaccesibles.

---

208. Cf. la presentación similar de Lucas con respecto a las palabras de David en el Salmo 2 en Hechos 4:24, 25 (NVI): "Soberano Señor… tú, por medio del Espíritu Santo, dijiste en labios de nuestro padre David". Dios habló por el Espíritu a través de David.

A continuación, en Hechos 2:30b (NVI), Lucas presenta a Pedro agregando a la afirmación de que David era profeta: "Sabía que Dios le había prometido bajo juramento poner en el trono a uno de sus descendientes". Aquí Pedro afirma que David estaba al tanto de las promesas que Dios le entregó a través del profeta Natán en 2 Samuel 7. El conocimiento de esas promesas, según Pedro, ilumina lo que David quiso comunicar en el Salmo 16.[209] Pedro afirma que David era un profeta, que Dios le hizo promesas, y que David sabía y entendía esas promesas.

A partir de la interacción dinámica entre el propio entendimiento del profeta y la revelación continua de Dios, Pedro afirma en Hechos 2:31 (NVI) que David, "viéndolo antes, habló de la resurrección de Cristo, que su alma no fue dejada en el Hades, ni su carne vio corrupción". Yo sostengo que fue sobre la base de (1) su percepción de los patrones (que ciertamente Pedro no menciona) que (2) el *profeta* David (3) entendió las relaciones entre las promesas y el modelo, de modo que (4) recibió revelación divina para entender que lo que había experimentado tipificaba y por lo tanto predecía lo que tendría lugar en la vida de su descendiente.[210]

Las muchas experiencias de David cercanas a la muerte, ya sea a manos de Saúl o Absalón, a menudo dan como resultado que él hable de cómo el Señor lo rescató de la muerte y el Seol (por ejemplo, Salmos 16:10a; 18:4, 5). De hecho, en Hechos 2:31, Pedro hace referencia a la traducción griega del Salmo 16:10, que acababa de citar en Hechos 2:27. Considere la traducción de la LBLA de los dos versículos siguientes:

Salmo 16:10: Pues tú no abandonarás mi alma en el Seol, ni permitirás a tu Santo ver corrupción.

---

209. Esto no implica necesariamente que David recibiera las promesas antes de escribir el Salmo 16. Entre otras posibilidades, podría encontrarse el siguiente escenario: David recibe la unción profética de Samuel y, creyendo que Dios lo establecería como rey, escribe el Salmo 16 en medio de los intentos de Saúl para matarlo (cf. el encabezamiento del Salmo 18). Más adelante en su vida, una vez que Dios lo ha establecido como rey y le ha dado las promesas registradas en 2 Samuel 7, David reflexiona sobre lo que escribió en el Salmo 16 y, con las promesas adicionales de Dios plenamente en mente, incorpora el Salmo 16 en su propia colección de Salmos con arreglo intencional, poniendo en marcha el proceso que culminará con la conclusión del Salterio en su forma canónica, tal como la tenemos ahora. Sugeriría que la agenda reflejada en el Salterio era la idea de David, y que aquellos que completaron el proyecto entendieron sus intenciones y las honraron al llevarlo a término.

210. Contra Lindars, quien escribe: "No había expectativas de un Mesías que muriera y resucitara". Barnabas Lindars, *New Testament Apologetic* (Philadelphia: Westminster, 1961), 41. En su tratamiento del uso del A. T. en el N. T., Lindars falla regularmente en apreciar el significado del contexto bíblico-teológico del propio A. T., lo que a su vez resulta en una falla en apreciar las formas en que los autores del N. T. lo entienden y citan.

Hechos 2:31: Miró hacia el futuro y habló de la resurrección de Cristo, que no fue abandonado en el Hades, ni su carne sufrió corrupción.

En su exposición de los versículos citados del Salmo 16 en Hechos 2:29-33, Pedro apunta al *aumento* de la importancia del antitipo. Es decir, Pedro asume los puntos de correspondencia histórica entre David y Jesús, y señala las formas en que la experiencia de Jesús *va más allá* y, por lo tanto, *cumple* aquella de David:

- David disfrutó de la presencia del Señor con él (p. ej., 1 Samuel 18:12); el Señor protegió a David (por ejemplo, 23:14); David se regocijó en el Señor (Sal 16:8, 9; Hechos 2:25, 26, y ver a lo largo de los salmos de David). Jesús también disfrutó la presencia y protección permanente de Dios, gozándose siempre en su Padre en un compañerismo inquebrantable que trasciende la experiencia de todos los pecadores.

- David fue guardado de la muerte, no abandonado en el Seol/ Hades, en el sentido de que fue preservado vivo para ser entronizado como rey (Salmo 16:10; Hechos 2:27).[211] Jesús fue perseguido, como lo fue David, y fue guardado de la muerte en el sentido de que resucitó.

- David murió y fue sepultado, y su tumba permanece, pero Jesús ha sido resucitado (Hechos 2:29).[212]

- David tuvo experiencias cercanas a la muerte, momentos en los que casi fue llevado al Seol, de donde Dios lo libró (2:31), pero Jesús *realmente* murió. Dios resucitó a Jesús (2:32), y no está en el sepulcro, sino a la diestra de Dios (2:33).

---

211. Cf. el comentario de Levenson: "Cuando el salmista le dice al Señor: 'No me abandonarás en el Seol, ni dejarás que tu fiel vea el abismo…' (Sal 16:10), no está afirmando la noción absurda de que Dios lo salvará para siempre de la muerte. Más bien… está expresando su fe en que 'tú [Dios] no dejarás a tu siervo fiel morir de una muerte prematura y maligna'". Levenson, *Resurrection and the Restoration of Israel*, 73.

212. Lucas presenta a Pablo haciendo la misma comparación y contraste tipológico en Hechos 13:35-37, donde, tras citar el Salmo 16:10 en Hechos 13:35 (NVI), explica que "David… durmió… y vio corrupción. Pero aquel a quien Dios resucitó no vio corrupción". Aquí Pablo juega con la correspondencia histórica —tanto David como Jesús murieron (Hechos 13:28, 29, 36, y cf. 13:29, "lo pusieron [a Jesús] en un sepulcro", con 13:36, "David… fue puesto con sus padres")— y la intensificación: aunque hay un sentido en el que las palabras de David son verdaderas sobre su propia vida (Dios la preservó para que sirviera "al propósito de Dios en su propia generación", 13:36), Dios sacó a relucir el significado más profundo de estas palabras al cumplirlas a través de la resurrección de Jesús de entre los muertos.

- En el Salterio, la referencia del Salmo 16:8 a Dios estando a la "diestra" de David es como la declaración en el versículo final del Salmo 109: "Él está de pie a la diestra del necesitado…" (Sal 109:31), que inmediatamente precede a la invitación de Yahvé en el Salmo 110:1 para que el Señor de David se siente a su diestra (de Yahvé), seguida por la declaración de 110:5 dirigida a ese futuro rey: "El Señor está a tu diestra…". Todas estas referencias a la "diestra" parecen conectar el Salmo 16 con el Salmo 110, y dichas declaraciones encuentran cumplimiento en aquel junto a quien Yahvé estuvo, situado a su derecha, durante toda su vida, que luego es invitado a sentarse a la diestra de Yahvé cuando asciende, es decir, Jesús (Hechos 2:33).

4.4. Salmo 22 en Hebreos y los Evangelios

Me estoy moviendo a través de los Salmos en orden canónico, pero aquí analizo el uso del Salmo 22:22 en Hebreos 2:12 antes del uso del Salmo 22 en los Evangelios. Hago esto principalmente por la forma en que la cita de Isaías 8:17, 18, en Hebreos 2:13 apoya lo que estoy argumentando aquí. Como se discutió en el punto 8.1 del capítulo 4, Isaías en realidad tuvo hijos literales, y en el contexto de Isaías 7–8 sus nombres significaban una revelación portentosa de Dios a través del profeta, revelación que el rey y el poder establecido no querían escuchar. Isaías se puso en desacuerdo con la cultura incrédula dominante al advertir que el pueblo había quebrantado el pacto con Yahvé y enfrentaba el exilio, nombrando a un hijo "Nos van a saquear rápido" (Maher-shalal-hash-baz) y a otro "Un remanente volverá" (Shear-jashub). Ambos nombres dicen: el juicio de Dios caerá porque hemos quebrantado el pacto y Él nos envía al destierro, del cual traerá a un remanente. Este mensaje no fue recibido por Acaz y su corte, pero Isaías se mantuvo firme con sus discípulos diciendo: "Aquí me tienen, con los hijos que el Señor me ha dado. Somos en Israel señales y presagios del Señor de los Ejércitos…" (Isaías 8:18, NVI).

Escribiendo a cristianos perseguidos, instándolos a guardar la fe, el autor de Hebreos pone a Jesús en el lugar de Isaías y a los seguidores de Jesús en el lugar de los hijos de Isaías, citando Isaías 8:18 en Hebreos 2:13 para mostrar que Jesús "no se avergüenza de llamar" a sus seguidores "hermanos" (Hb 2:11b). Para mostrar la solidaridad entre Jesús y su pueblo, el autor de Hebreos cita a David hablando de sus "hermanos" del Salmo 22:22 (Hebreos 2:12). Luego cita a Isaías hablando de la solidaridad entre él y sus hijos en Hebreos 2:13. El papel de Isaías como profeta rechazado como Moisés encuentra cumplimiento en Jesús, el profeta rechazado como Moisés, y los hijos de Isaías encuentran cumplimiento en el nuevo pacto de los hijos de Dios. El mismo tipo de cumplimiento tipológico que se aplica en la cita de Isaías 8:17, 18 en Hebreos 2:13 está presente en la cita del Salmo 22:22 en Hebreos 2:12.

Se podría decir mucho acerca de la ubicación del Salmo 22 en el Salterio y la estructura literaria del Salmo mismo, realidades que a la vez vinculan al Salmo 22 con su significado como un Salmo de David y se unen a declaraciones de los Salmos circundantes para apuntar más allá de David hacia la descendencia prometida (ver especialmente Sal 18:50 y 24:8-10). A lo largo de esta discusión sobre el justo que sufre en los Salmos, mi argumento es que una lectura que mantiene el significado de los Salmos en contexto, reconociendo el cumplimiento de ese significado en el Nuevo Testamento, debe preferirse a una lectura que desestima o anula el sentido del texto del Antiguo Testamento en su contexto del Antiguo Testamento.

Al respecto del Salmo 22, entonces, propondría que el Salmo se mueve desde el sentimiento de David de que Dios lo ha abandonado en 22:1 hacia una experiencia cercana a la muerte, que hizo de las palabras de 22:15c una verdadera descripción de sus circunstancias: "Me has hundido en el polvo de la muerte" (NVI), aunque David no estaba literalmente muerto (de lo contrario, no podría haber escrito el Salmo). David luego celebra la forma en que Dios lo libró de su situación en 22:21b. Habiendo representado metafóricamente a sus enemigos como animales que lo atacan (toros, 22:12; un león, 22:13; perros, 22:16, 20; un león, 22:21a), David exclama en 22:21b: "Sálvame de los cuernos de los toros" (NVI). En respuesta a la liberación de Dios del "polvo de muerte" (22:15c), David afirma las palabras citadas en Hebreos 2:12: "Proclamaré tu nombre a mis hermanos; en medio de la congregación te alabaré" (22:22, NVI), procediendo a llamar a los que temen a Yahvé para que lo alaben, lo glorifiquen y sientan asombro ante él (22:23), explicando que Dios no lo abandonó en su propia aflicción (22:24), y continuando en alabanza hasta el final del Salmo (22:25-31). Los "hermanos" y la "congregación" en los que David alaba al Señor por su liberación se pueden explicar fácilmente como aquellos parientes y aliados que permanecieron leales a él en tiempos de gran dificultad (p. ej., 1 S 22:1, 2; cf. 2 S 15:13-37).

¿Respeta acaso el autor de Hebreos el contexto del Salmo 22? Parece que quiere hacer coincidir el sufrimiento de David (e Isaías) con el sufrimiento de Jesús.

El autor de Hebreos presenta primero a Jesús sufriendo y luego recibiendo la gloria, el mismo patrón visto en la vida de David cuando soportó la persecución a manos de Saúl de camino a ser entronizado. En Hebreos 2:9 (NVI) leemos cómo Jesús es ahora "coronado de gloria y honra a causa del sufrimiento de la muerte", y luego en 2:10 cómo Dios hizo a Jesús "perfecto por medio del sufrimiento". Entonces él apunta a la solidaridad entre el unigénito del Padre, Jesús, y los nacidos de Dios, los creyentes (cf. 1 Juan 5:18), diciendo en Hebreos 2:11: "Porque el que santifica y los que son santificados, de uno son todos; por lo cual no se avergüenza de llamarlos hermanos" (RV60), antes de presentar a Jesús diciendo las palabras del Salmo 22:22 en Hebreos 2:12, seguidas de las palabras de Isaías 8:17, 18 en Hebreos 2:13.

La lógica tipológica que funciona en la cita del Salmo 22:22 en Hebreos 2:12 implica correspondencia histórica y aumento de la siguiente manera:

- Tanto David como Jesús sufrieron (Salmo 22:15; Hebreos 2:9, 10).
- Tanto David como Jesús estaban rodeados de hermanos y otros seguidores (Salmo 22:22; Hebreos 2:10-12).
- La experiencia cercana a la muerte de David (Salmo 22:15) se intensifica en la muerte de Jesús (Hebreos 2:9).
- La liberación de la dificultad cercana a la muerte de David (Sal 22:21) escala hacia la resurrección de Jesús de entre los muertos (Hebreos 2:14).
- Así como la liberación de David significa victoria para aquellos aliados con él (Sal 22:22), la resurrección de Jesús trae la salvación al pueblo de Dios (Hebreos 2:10, 12, 14, 15).
- Así como la experiencia de David es una manifestación de la bendición de Abraham (cf. Sal 22:27; Gn 12:3), así también, y en cumplimiento de la bendición de Abraham, Jesús "ayuda a la descendencia de Abraham" (Hebreos 2:16, LBLA).

El contexto histórico del Salmo 22 de David también encuentra cumplimiento tipológico en la muerte de Cristo en la cruz.

Considere las palabras del Salmo 22 en paralelo con citas o alusiones a ella en Mateo 27:35-46.

TABLA 6.1. Salmo 22 en Mateo 27 (NVI)

Salmo 22	Evangelios
22:1: "Dios mío, Dios mío, ¿por qué me has abandonado?".	Mateo 27:46: "Elí, Elí, ¿lema sabactani? —que significa 'Dios mío, Dios mío, ¿por qué me has abandonado?'" (Marcos 15:34).

Salmo 22	Evangelios
22:7: "Cuantos me ven se ríen de mí; lanzan insultos, meneando la cabeza".	Mateo 27:39: "Los que pasaban meneaban la cabeza y blasfemaban contra él".
22:8: "Que se encomiende al Señor; que Él lo libre, que Él lo rescate, puesto que en Él se deleita" (LBLA).	Mateo 27:43: "En Dios confía; que le libre ahora si Él le quiere; porque ha dicho: 'Yo soy el Hijo de Dios'" (LBLA).
22:18: "Se repartieron entre ellos mi manto y sobre mi ropa echaron suertes".	Mateo 27:35: "Lo crucificaron y repartieron su ropa, echando suertes" (Marcos 15:24; Lucas 23:34; Juan 19:24).

Mientras que la exégesis prosopológica solo podía dar cuenta de la cita del Salmo 22:1 cuando Cristo pronunció esas palabras desde la cruz, la exégesis tipológica puede dar cuenta de todas las referencias al Salmo 22 en los Evangelios. Mateo, en particular, parece querer recordar a su audiencia el sufrimiento de David mientras relata la experiencia de Jesús siendo crucificado.[213] Mateo no recupera sin más palabras del Salmo 22 fuera de su contexto ni afirma que David no las pronunció, sino que fue Jesús. No, Mateo presenta a Jesús sufriendo según el modelo del sufrimiento de David. Y al citar al mismo Jesús diciendo las palabras del Salmo 22:1 en la cruz, Mateo indica que él mismo, junto a los demás seguidores de Jesús, aprendió a ver el sufrimiento de Cristo como un cumplimiento del modelo del sufrimiento de David, porque Jesús mismo *veía su sufrimiento de esa manera*.[214]

4.5. Salmos 31:5 y 35:19

Las palabras del Salmo 31:5: "En tu mano encomiendo mi espíritu...", se asientan firmemente en el contexto de los primeros cinco versículos del Salmo 31. David ha afirmado en el versículo 1 que se refugia en Yahvé, y en el versículo 2 suplica al Señor que sea para él una roca de refugio, una

---

213. Contra la afirmación de que "hay poca evidencia de que los primeros cristianos tuvieran mucho (si es que hubiera alguno) interés en" que el Salmo sea "realmente acerca de David". Bates, *The Birth of the Trinity*, 127.

214. Para el argumento de que los autores del N. T. aprendieron su método interpretativo de Jesús, ver E. Earle Ellis, "Jesus, Use of the Old Testament and the Genesis of New Testament Theology", *Bulletin for Biblical Research* 3 (1993): 59-75.

fortaleza, explicando que Yahvé es su roca y fortaleza en el versículo 3. En el versículo 4 dice que Yahvé es su fortaleza, y en respuesta a todas estas afirmaciones, encomienda su espíritu en manos de Yahvé en el versículo 5. Lucas presenta a Jesús citando estas palabras en la cruz (Lucas 23:46), no porque Jesús deba ser entendido como el verdadero orador del Salmo 31, sino porque el patrón del sufrimiento de David se cumple en el sufrimiento de Cristo.[215]

En el Salmo 35:19 (RV60), David ora: "No se alegren de mí los que sin causa son mis enemigos, ni los que me aborrecen sin causa guiñen el ojo". Una vez más, estas palabras encajan naturalmente en el contexto del Salmo 35, y he argumentado que las similitudes —en el nivel de palabras y frases repetidas— entre los Salmos 35 y 40 se relacionan con la estructuración intencional de los Salmos 34-41.[216] En mi opinión, esto hace que sea poco probable que cualquiera de estas declaraciones deba considerarse como el tipo de desviaciones del contexto que requiere la exégesis prosopológica. David describe sus propias dificultades en el Salmo 35:19, y esas dificultades prefiguran la experiencia de Jesús, como Juan lo presenta explicando: "Pero esto es para que se cumpla la palabra que está escrita en su ley: Sin causa me aborrecieron" (Juan 15:25, RV60).[217] En el contexto inmediato, Juan presenta a Jesús diciéndole a sus discípulos: "Si ellos me persiguieron, también a vosotros os perseguirán" (15:20). Esto indica que Jesús se entiende a sí mismo como la simiente de la mujer que está en enemistad con la serpiente y su simiente, pero también ve a sus seguidores como la simiente colectiva de la mujer que también se enfrentará a la misma enemistad (cf. Ap 12:1-6, 13-17).

---

215. Para mi comprensión de la forma en que David interpreta Éxodo 12:46 en el Salmo 34:20, y la forma en que Juan entiende que esto se cumple en la muerte de Cristo en Juan 19:36, véase Hamilton, *Psalms* ad loc., y Hamilton, "John", 289-90.

216. Cf. Salmos 35:4 y 40:14; 35:26 y 40:14; 35:21 y 40:15; y 35:25 y 40:15. Véase también mi discusión de los Salmos 35 y 40 en *Psalms*.

217. La frase traducida aquí como "los que me odian sin motivo" (Sal 35:19, שֹׂנְאַי חִנָּם) también aparece en el Salmo 69:4 (MT 69:5). Lo que he dicho acerca de cómo estas palabras encajan en el contexto de la situación de David en el Salmo 35 también se aplica a su contexto en el Salmo 69. Las palabras podrían haber sido citadas en el Nuevo Testamento para evocar uno o ambos Salmos. Bates escribe: "Prácticamente no hay evidencia de que la iglesia más antigua encontrara un significado especial en los momentos específicos de sufrimiento de David de modo que fueran considerados paradigmáticos, como se requiere para una llamada 'tipología'" (Bates, *The Birth of the Trinity*, 117). Bates solo puede decir esto, sin embargo, porque sostiene que todos los textos que discuto aquí deben entenderse prosopológicamente más que tipológicamente.

4.6. Salmo 69

Todas las diversas declaraciones del Salmo 69 que se citan en el Nuevo Testamento tienen sentido en su contexto del Antiguo Testamento. Es decir, en todos los casos es fácil imaginar cómo se habrían aplicado estas palabras en la propia vida de David. Las consideraremos en el orden en que aparecen en el Salmo 69.

4.6.1. Celo por tu casa

En el Salmo 69:9a, citado en Juan 2:17, David ora: "Porque me consumió el celo de tu casa". Dado el bien conocido deseo de David de construir el templo de Yahvé (2 S 7:1-7), la intención de David era comunicar que su sincera preocupación por la casa de Yahvé lo ha devorado, por así decirlo, mientras que los que odian a Dios le causan todas las dificultades que pueden (cf. Sal 69:1-12). Cuando Jesús limpia el templo en el Evangelio de Juan, se relata que los discípulos recordaron esta línea del Salmo 69 (Juan 2:17). La correspondencia histórica entre Jesús y David es aparente: tanto David como Jesús fueron devotos de Yahvé y consumidos por la preocupación por el templo de Yahvé. En el caso de David, como se puede ver en el Salmo 69, la devoción a Yahvé lo puso en conflicto con la simiente de la serpiente. Y así resultó ser también con Jesús mientras limpiaba el templo de los que tenían más preocupación por sus propios intereses que por los de Yahvé. También hay un aumento de la importancia a medida que avanzamos de David a Jesús de dos maneras. Primero, el sentido en que el celo que Jesús siente que lo "consumirá" es que lo llevará a la muerte: él es el cumplimiento del templo y será "derribado" en el sentido de que será crucificado y resucitado (2:17-22). Segundo, el templo del nuevo pacto por el cual Jesús siente esta preocupación, incluso hasta la muerte, no es un edificio, sino el templo nuevo del Espíritu Santo, su pueblo. No hay justificación para la idea de que, en el Salmo 69, David en su capacidad profética ha "entrado en un personaje teodramático alternativo mientras pronuncia su discurso", como sostiene Bates.[218] Más bien, Jesús es el cumplimiento tipológico de lo que David mismo entendió prefigurar.

Si hemos de entender las Escrituras, debemos mantener el significado contextual del Salmo 69. La plenitud de la revelación del Antiguo Testamento será vital para comprender el modo en que se construye aquella expectativa hacia Jesús, y no podemos permitir que se pierda la contribución davídica a esa expectativa. La propuesta de Bates oscurecería el sufri-

---

218. *Ibid*, 201.

miento de David, al igual que la propuesta hecha por Richard B. Hays, quien escribe:

> Entonces, según Juan 2:17-22, ¿qué significa una lectura del Salmo 69 posterior a la resurrección descubierta en el texto? Revela, entre otras cosas, que Jesús mismo es el hablante del Salmo 69:9, la voz orante que declara: "El celo por tu casa me consumirá". Y esa percepción, a su vez, abre la ventana a una nueva apropiación de todo el Salmo —de hecho, tal vez a la totalidad del Salterio— como una proléptica revelación velada de la identidad de Jesús.[219]

Lo que dice Hays aquí no da cuenta de la intención del autor humano del Salmo 69, y como resultado parece una afirmación arbitraria que apela a la autoridad de la resurrección de Jesús. Dado que Juan y los otros seguidores de Jesús estaban tratando de convencer a la gente de que Jesús era el Cristo (Juan 20:30, 31) y había resucitado de entre los muertos, no creo probable que dijeran que el poder persuasivo de nuestras interpretaciones depende de conceder que Jesús resucitó, lo que era precisamente el punto en disputa. Parece más probable que Juan y los demás discutieran en este sentido: *estamos afirmando que lo que el Antiguo Testamento realmente dice —lo que sus autores humanos pretendieron comunicar— ha sido cumplido en Jesús.* Hacer ese punto dependería del significado del Salmo 69 en contexto, que se cumple en Cristo. Afirmar que Cristo fue el orador del Salmo, y que por lo tanto todo el Salterio es una revelación velada de su identidad, parece caer en el peligro de afirmar que Jesús es la respuesta antes de que uno haya escuchado, o considerado, la pregunta.

Sostengo que hay una mejor manera: se puede demostrar que el Salterio fue escrito para promover la opinión de que en los últimos tiempos el rey prometido de la línea de David lograría la salvación, pero tenemos que permitir que el Salterio nos enseñe lo que significan estas ideas.[220] Cuando estudiamos el Salterio por sí mismo para determinar el significado de sus autores humanos, nos ponemos en posición de entender cómo todo lo que David presentó de sí mismo es tipificante y llega a su cumplimiento en Cristo. Nuestra apreciación de la profundidad y el poder del Salmo 69 da validez al cumplimiento pretendido en el Nuevo Testamento en lugar de despojar al Salmo 69 de su significado original en contexto y de imponer la afirmación de que Cristo es el verdadero orador.

---

219. Hays, *Echoes of Scripture in the Gospels*, 312.

220. Ver esp. Mitchell, *The Message of the Psalter*. También he tratado de demostrar esto en Hamilton, *Psalms*; y Hamilton, "Typology in the Psalms".

4.6.2. *Los vituperios de los que te injurian*

El significado original del Salmo 69:9b (LBLA) de David: "Los vituperios de los que te injurian han caído sobre mí", es crucial para entender *tanto* el argumento que Pablo hace en Romanos 15 *como* su justificación para citar el Salmo 69:9b en Romanos 15:3. Primero, una palabra sobre esta declaración en el contexto del Salmo 69; luego, el contorno del argumento de Pablo en Romanos 15, que implica la consideración de lo que Pablo creía sobre Jesús, que lo llevó a poner las palabras de David en sus labios.

¿Qué indica el contexto de la declaración de David: "Los vituperios de los que te injurian han caído sobre mí"? ¿Qué quiso decir con esas palabras? Es decir, ¿qué luz arroja el resto del Salmo 69 sobre 69:9b? La lógica interna del Salmo 69 funciona de la siguiente manera: David no siente que haya hecho mal a sus enemigos, sino que ellos lo odian sin causa, lo atacan con mentiras y le exigen que devuelva lo que no robó (Sal 69:4). Él también se alinea completamente con el pueblo de Dios (69:6) y confiesa en su oración que soporta la hostilidad y deshonra de sus enemigos a causa de su relación con Yahvé: "Porque por amor de ti he sufrido afrenta; confusión ha cubierto mi rostro" (69:7, RV60). Esto indica que los enemigos de David son de hecho enemigos de Dios, y que, aunque David no los ha agraviado, ellos, sin embargo, lo odian porque odian a Dios. Los enemigos de Dios descargan su furia contra Dios sobre David. Esto resulta en la alienación de David de su propia familia (69:8). Se basa en su devoción por la edificación de una casa para el nombre de Dios (69:9a). Y podemos resumir la situación de la siguiente manera: la posición prominente de David y su evidente compromiso con Yahvé lo convierten en el punto focal terrenal donde los enemigos de Dios dirigen su odio hacia Yahvé: "Los vituperios de los que te injurian han caído sobre mí" (69:9b). Se podría decir más sobre el Salmo 69, pero esto es suficiente para nuestros propósitos aquí.

Pasando al argumento de Pablo en Romanos 15, él ha abordado las formas en que los cristianos con diferentes antecedentes religiosos responden a los alimentos (Rm 14:1-4) y los días de la semana (14:5-9), explicando que los cristianos no deben juzgarse unos a otros porque Dios es el juez (14:10-12), aunque todos los cristianos deberían evitar hacer tropezar a otros creyentes (14:13-23). Para reforzar esta idea de que los cristianos no deben ejercer sus derechos a expensas de otros creyentes, sin tener en cuenta sus preocupaciones sobre los alimentos limpios e impuros, beber vino y considerar todos los días iguales (14:5, 14-17, 20, 21), Pablo afirma que el fuerte tiene la obligación de soportar a los débiles y no solo complacerse a sí mismo (15:1). Él llama a todos al amor al prójimo, diciendo: "Cada uno de nosotros agrade a su prójimo en lo que es bueno, para edificación" (15:2, RV60), y luego apela al ejemplo del Señor Jesús en 15:3:

"Pues ni aun Cristo se agradó a sí mismo; antes bien, como está escrito: Los vituperios de los que te injuriaban cayeron sobre mí".

El argumento de Pablo es que los cristianos de conciencia más fuerte no deberían menospreciar a los hermanos de conciencia más débil porque Jesús no los menospreció. El argumento apela a los fuertes con el fin de que se conformen a la imagen de Cristo, el rico que se hizo pobre para que los pobres se enriquecieran por su pobreza (2 Cor 8:9). Es decir, Pablo hace una analogía entre el Señor Jesús y los fuertes de conciencia que gozan de la libertad de la ley. Como el fuerte, Jesús estaba libre de toda obligación y gozaba de plena satisfacción en la presencia del Padre antes de la encarnación. Sin embargo, no pasó por alto las necesidades de su pueblo, sino que se humilló a sí mismo y tomó la forma de siervo dispuesto a morir por su pueblo (Filipenses 2:5-11). Y cuando se encarnó, como David antes que él, Jesús se convirtió en el punto focal en el que los enemigos de Dios apuntaron toda su furia. Los enemigos de Dios hicieron de Jesús el blanco de su ira. Lo odiaban porque Jesús amaba a Dios. Su odio a Dios se manifestó en su rechazo de Jesús. Y así, lo tipificado en David (y antes de David en José, Moisés y otros) se cumplió en Cristo: "Los vituperios de los que te injuriaban cayeron sobre mí" (Rm 15:3; Sal 69:9b).

Pablo entonces hace un comentario generalizador sobre el Antiguo Testamento que continúa el argumento en Romanos 15:4 (RV60): "Porque las cosas que se escribieron antes, para nuestra enseñanza se escribieron, a fin de que por la paciencia y la consolación de las Escrituras, tengamos esperanza". El estímulo de las Escrituras seguramente incluye la fiel paciencia de David ante los vituperios de los enemigos de Dios en el Salmo 69, en el que articula tanto su amor por el pueblo de Dios como su confianza en que Dios lo libraría. Tal aliento impregna el Antiguo Testamento, y se halla en los relatos de José, Moisés, Elías y Eliseo, Isaías y otros. Estos justos que sufrieron tipificaron a Cristo, cuyo ejemplo Pablo llama a los cristianos en Roma a seguir.

4.6.3. Hiel por comida, vinagre por bebida

Los cuatro Evangelios aluden al Salmo 69:21 (LBLA): "Y por comida me dieron hiel, y para mi sed me dieron a beber vinagre" (Mateo 27:34, 48; Marcos 15:23; Lucas 23:36; Juan 19:29). Aquí nuevamente las declaraciones de David encajan perfectamente en el contexto del Salmo 69, precedido en el versículo 20 (LBLA) por las palabras: "Esperé compasión, pero no la hubo; busqué consoladores, pero no los hallé". En el mundo antiguo, sería natural encontrar consuelo entre aquellos que ofrecían hospitalidad, e incluso hoy en día la gente habla de "comida reconfortante". David, sin embargo, está rodeado de enemigos que solo le ofrecen veneno y vinagre

(Sal 69:21), y en el versículo 22 (NVI) ora para que Dios haga justicia en sus impenitentes oponentes, pidiendo que la manera en que intentaron atraparlo envenenando su comida se vuelva contra ellos: "Que la mesa delante de ellos se convierta en lazo, y cuando estén en paz, se vuelva una trampa" (69:22). Ellos intentaron atrapar a David en la mesa con comida envenenada, y David ora para que caigan en el hoyo que ellos mismos cavaron (cf. Sal 7:15; 35:7, 8).

El cumplimiento tipológico del Salmo 69:21 en los relatos de la cru-cifixión puede trazarse de la siguiente manera: el sufrimiento de David se cumple en el sufrimiento de Jesús; los enemigos de David que odian a Dios también encuentran cumplimiento en los enemigos de Jesús que odian a Dios; y de la misma manera que aquellos enemigos dieron a David vino agrio cuando necesitaba consuelo (Sal 69:20, 21), crucificaron a Jesús y le dieron vino agrio cuando gritó de sed (Mateo 27:34, 48; Marcos 15:23; Lucas 23:36; Juan 19:29).[221]

La noción de que el papel de los oponentes de David fue cumplido en el papel de los opositores de Jesús también se puede ver en Hechos 1:20 (NVI), donde las declaraciones de dos Salmos se citan para explicar lo que sucedió con Judas. Habiendo contado cómo Judas encontró su fin (Hechos 1:16-19), en Hechos 1:20 Lucas presenta a Pedro explicando cómo esto cumplió los Salmos 69:25 y 109:8: "Porque esto está escrito en el Libro de los Salmos: 'Quede desolado su campamento, y que no haya quien habite en él' y 'Que otro ocupe su cargo'". De acuerdo con la oración para que otro tome su cargo, Pedro continúa argumentando que otro sería elegido para reemplazar a Judas (Hechos 1:21, 22). Lo que he argumentado a lo largo de esta sección está bien resumido por Dale Brueggemann, que cita a Delitzsch: "David se convierte en el profeta de Cristo; pero él habla de sí mismo, y lo que dice también encontró cumplimiento en sí mismo... su esperanza ha encontrado en Cristo su plena realización histórica y reden-tora...".[222]

---

221. Las oraciones imprecatorias de la Biblia piden que Dios no permita que el pe-cado impenitente quede sin respuesta. Claman para que Dios haga justicia, y así suce-de con el Salmo 69:22. David oró para que Dios hiciera justicia contra aquellos que lo habían rechazado, y Pablo cita esta oración con referencia al "resto" de Israel, los no elegidos, quienes "fueron endurecidos" en Romanos 11:7-9.

222. Dale A. Brueggemann, "The Evangelists and the Psalms", en *Interpreting the Psa-lms: Issues and Approaches*, ed. David Firth y Philip S. Johnston (Downers Grove, IL: InterVarsity, 2005), 272.

5. EL SIERVO SUFRIENTE

Para los propósitos de este proyecto, mi tesis sobre el siervo sufriente en Isaías 52:13–53:12 es doble: primero, que dentro del libro de Isaías, lo que el siervo sufre resuelve el problema más amplio en el libro, ya que carga con la ira del pacto de Yahvé contra su pueblo pecador, haciendo que Yahvé pueda consolar a su pueblo y realizar para ellos el nuevo éxodo y el regreso del exilio. Por cierto, lo que él realiza puede verse como el sacrificio salvífico de ese nuevo éxodo. Segundo, que virtualmente todo lo que Isaías dice acerca del siervo sufriente está informado por la Escritura anterior, ya que Isaías profetiza una figura futura que sufrirá como aquellos que sufrieron en la historia de Israel antes que él. Primero consideraremos la forma en que Isaías presenta al siervo en relación con el nuevo éxodo antes de considerar cómo el siervo recapitula patrones tipológicos.

5.1. El contexto del nuevo éxodo

Isaías en todas partes compara la estancia de Israel en Egipto antes del éxodo con su exilio en Babilonia antes del nuevo éxodo, y el contexto que precede a Isaías 53 no es diferente. En Isaías 52:4 (RV60), el profeta declara: "Porque así dijo Yahvé el Señor: Mi pueblo descendió a Egipto en tiempo pasado, para morar allá, y el asirio lo cautivó sin razón". De la misma manera que Yahvé hizo conocido su nombre en el éxodo, él promete darlo a conocer en el nuevo éxodo (Is 52:6). Las buenas nuevas de esta salvación son proclamadas sobre las montañas por los que tienen hermosos pies y proclaman que Yahvé reina (52:7). Los centinelas cantan de alegría porque ven el regreso de Yahvé a Sion (52:8); Yahvé por fin ha consolado a su pueblo (52:9; 49:13; 40:1).

Yahvé salvó a Israel en el éxodo con mano poderosa y brazo extendido, y en la nueva salvación que profetiza Isaías, que todos los confines de la tierra verán, "Yahvé ha desnudado su santo brazo ante los ojos de todas las naciones" (Isaías 52:10). Así, del mismo modo que Israel salió de Egipto, construyó el tabernáculo y sus implementos en el Sinaí, y comenzó la marcha hacia la tierra, ahora el pueblo de Dios es llamado a partir, y aquellos "que llevan los vasos de Yahvé" son llamados a purificarse (52:11). Huyeron de Egipto a toda prisa, pero no lo harán esta vez: "Porque no saldréis apresurados, ni iréis huyendo" (52:12a, RV60). Después de que la columna de nube y fuego y el ángel de Yahvé los condujeron al mar Rojo, tanto el ángel como la columna se interpusieron entre Israel y los carros de faraón (Éxodo 14:19); y así también esta vez: "Porque Yahvé irá delante de ti, y el Dios de Israel será vuestra retaguardia" (Isaías 52:12b).

5.2. El siervo sufriente recapitula los patrones

Cuando Yahvé dice a través de Isaías en 52:13a: "He aquí, mi siervo actuará sabiamente", emplea dos términos que se han utilizado de manera significativa en la Escritura temprana: "Siervo" (עֶבֶד) y "obra sabiamente" (שָׂכַל). Stephen Dempster señala que Moisés es llamado el "Siervo de Yahvé" dieciocho veces. Josué y David son así designados dos veces cada uno. Moisés, David y Josué son las únicas personas a las que se hace referencia con esta frase en el Antiguo Testamento. Cuando consideramos la frase "mi siervo", David es nombrado veintitrés veces, Jacob trece, Moisés ocho, Job seis e Israel tres.[223] Al pensar en el mandato del siervo de Yahvé, entonces, Moisés y David son precursores prominentes.[224]

El verbo "actuar sabiamente" (שָׂכַל) aparece en los siguientes lugares que parecen relevantes para esta discusión:

- Josué 1:7 y 1:8 (LBLA), donde se insta a Josué a guardar la Torá "para que tengas éxito".
- David fue exitoso en todo lo que hizo (1 S 18:5, 14, 15, 30).
- David encarga a Salomón que guarde la Torá para que pueda prosperar (1 Reyes 2:3).
- Yahvé estaba con Ezequías, y "adondequiera que iba prosperaba" (2 Reyes 18:7).

Se podrían citar más instancias (p. ej., Jr 23:5, citado en 5.3.5 del capítulo 3), pero esto es suficiente para sugerir que existe una conexión entre guardar la Torá y tener éxito (cf. Sal 1:2, 3; 2:10). Estos dos términos, "siervo" y "actuar sabiamente", se unen para señalar una figura davídica y mosaica que tiene éxito porque es fiel a la Torá de Yahvé.

Isaías luego dice que el siervo "será exaltado, levantado y muy enaltecido" (52:13b, NVI). Esto recuerda cómo Isaías dijo en 11:10 (LBLA): "Acontecerá en aquel día que las naciones acudirán a la raíz de Isaí, que estará puesta como señal para los pueblos, y será gloriosa su morada" (cf. 11:12). El carácter davídico del "siervo" de Yahvé que "obra sabiamente"

---

223. Stephen G. Dempster, "The Servant of the Lord", en *Central Themes in Biblical Theology: Mapping Unity in Diversity*, ed. Scott J. Hafemann y Paul R. House (Grand Rapids: Baker, 2007), 131.

224. Habiendo resumido una serie de puntos de contacto entre el siervo sufriente y Moisés (cf. pp. 68-71), Allison escribe: "Moisés sirvió al autor de las canciones [del siervo] como un tipo, uno de varios, del siervo sufriente... ¿Y qué es más natural que modelar la figura central de un segundo éxodo sobre el famoso líder del primero?". Allison, *The New Moses*, 70.

es así confirmado por el vínculo con Isaías 11, que habla del futuro rey de la línea de David.

Isaías 53:1 retoma (cf. 52:10) la referencia a la salvación del éxodo-nuevo éxodo por la mano fuerte y el brazo extendido de Yahvé con la pregunta: "¿Y a quién se ha revelado el brazo de Yahvé?". Tanto la imaginería como el vocabulario de Isaías 53:2 recuerdan a Isaías 11. El profeta dice en 11:1 (LBLA): "Y brotará un retoño del tronco de Isaí, y un vástago de sus raíces [מִשָּׁרָשָׁיו] dará fruto". Luego en 53:2a, declara: "Porque él creció delante de él como una planta joven, y como una raíz [וְכַשֹּׁרֶשׁ] fuera de tierra seca". La imaginería es la misma, el término "raíz" es el mismo y el término traducido como "planta joven" en 53:2 es el mismo traducido como "niño lactante" en 11:8 (יוֹנֵק). Isaías identifica al siervo mosaico y davídico que actúa sabiamente al cumplir la Torá (Is 52:13) con el retoño del tronco de Isaí, incluso con el niño de pecho que no tiene nada que temer de la serpiente venenosa (53:2; 11:1, 8).

Isaías 53:2b recuerda la forma en que no había nada impresionante en David, al menos, no cuando se considera "como el hombre ve" (cf. 1 S 16:7, NVI). Incluso Isaí no creía que fuese necesario llamar a David del rebaño cuando Samuel vino para ungir a uno de sus hijos como rey (1 S 16:11). Y es probable que Isaías tuviera esto en mente al escribir: "No tiene aspecto hermoso ni majestad para que le miremos, ni apariencia para que le deseemos" (Isaías 53:2b, LBLA). Él no era como Saúl, quien era, según lo externo, una elección obvia para un rey: "No había otro más bien parecido que él entre los hijos de Israel" (1 Samuel 9:2, LBLA).

David habla de sí mismo en los Salmos con el mismo lenguaje que se ve en Isaías 53:3 (NVI), que dice: "Despreciado y desechado de los hombres; un varón de dolores, y experimentado en quebranto; y como uno de quien los hombres esconden el rostro de ellos fue despreciado, y no lo estimamos". El término traducido como "despreciado" (בָּזָה) aparece dos veces en el Salmo 22, en 22:6 y 22:24 (MT 22:7, 25). Estos versículos captan la forma en que David, en su propia experiencia, prefiguró lo que Isaías dice del siervo en Isaías 53:3 (todos los textos aquí son de la RV60).

> Salmo 22:6, 7: "Mas yo soy gusano, y no hombre;
> Oprobio de los hombres, y despreciado del pueblo.
> Todos los que me ven me escarnecen;
> Estiran la boca, menean la cabeza, diciendo…".

> Salmo 22:24: "Porque no menospreció ni abominó
> la aflicción del afligido,
> Ni de él escondió su rostro;
> Sino que cuando clamó a él, le oyó".

Yahvé no ocultó su rostro de David en el Salmo 22:24 (MT 22:25,וְלֹא־הִסְתִּיר פָּנָיו מִמֶּנּוּ), pero los hombres escondieron sus rostros del siervo en Isaías 53:3 (וּכְמַסְתֵּר פָּנִים מִמֶּנּוּ).

David se parecía particularmente a "un varón de dolores", "experimentado en quebranto" (Isaías 53:3) cuando su propio hijo lo traicionó y lo echó de Jerusalén en 2 Samuel 15:30:

> Subía David la cuesta del monte de los Olivos, y mientras iba, lloraba con la cabeza cubierta y los pies descalzos. Y todo el pueblo que iba con él cubrió cada uno su cabeza, e iban llorando mientras subían. (LBLA)

El verdadero rey de Israel, como David antes que él, saldría de Jerusalén, cruzaría el valle de Cedrón, subiría al monte de los Olivos, para llorar allí con los leales a él (Mateo 26:30-46; Marcos 14:32-42; Lucas 22:39-46).[225]

¿De dónde puede haber sacado Isaías la idea que comienza a comunicar en 53:4? Para destacar la importancia de la pregunta, considere las declaraciones que van en esta dirección en Isaías 53 (todos los textos aquí de la NVI):

- 53:4: "Ciertamente él cargó con nuestras enfermedades y soportó nuestros dolores…".
- 53:5: "Él fue traspasado por nuestras rebeliones y molido por nuestras iniquidades. Sobre él recayó el castigo, precio de nuestra paz y gracias a sus heridas fuimos sanados".
- 53:6: "El Señor hizo recaer sobre él la iniquidad de todos nosotros".
- 53:8: "¿Quién tuvo en cuenta que Él fuera cortado de la tierra de los vivientes por la transgresión de mi pueblo, a quien correspondía la herida?" (LBLA).
- 53:10: "El Señor quiso quebrantarlo y hacerlo sufrir, y, como él ofreció su vida para obtener el perdón de pecados, verá su descendencia, prolongará sus días…".
- 53:11: "Después de su sufrimiento, verá la luz y quedará satisfecho. Por su conocimiento mi siervo justo justificará a muchos y cargará con las iniquidades de ellos".
- 53:12: "Porque derramó su vida hasta la muerte y fue contado entre los transgresores. Cargó con el pecado de muchos e intercedió por los transgresores".

---

225. De manera similar, Ahearne-Kroll, *The Psalms of Lament in Mark's Passion*, 167.

Todas estas declaraciones indican que el siervo justo de Yahvé (53:11) sufriría por los pecados del pueblo. Sin quitar nada del hecho de que Isaías era un profeta, que fue inspirado por el Espíritu Santo, a quien Dios le reveló la verdad, quiero hacerle esta pregunta: ¿Es posible entender la Escritura anterior, construir hacia la intuición de Isaías, de modo que si entendemos la Escritura anterior como él lo hizo, veremos que su conclusión era natural? Si un dendrólogo (alguien que estudia los árboles) puede hacer ingeniería inversa de un roble a una bellota, ¿podemos aplicar ingeniería inversa a Isaías 53 para entender el mundo del pensamiento del que surgió?

Isaías parece estar diciendo que la forma en que la iniquidad del pueblo será perdonada, la manera en que recibirán el doble por todos sus pecados (Isaías 40:1, 2) será que el siervo beberá la copa de la ira en su lugar (cf. 51:17, 22). También debemos notar el énfasis del pasaje sobre la inocencia del pecado y el comportamiento justo del siervo (todos los textos aquí tomados de la LBLA):

- 52:13: "Mi siervo prosperará".
- 53:9: "Aunque no había hecho violencia, ni había engaño en su boca".
- 53:10: "La voluntad del Señor en su mano prosperará".
- 53:11: "Por su conocimiento, el Justo, mi Siervo, justificará a muchos".

¿Cómo llegó Isaías a estas conclusiones? Yo diría que Isaías anticipó en su propio pensamiento mucho de lo que Pablo articula en Romanos 5:12-21. Podemos dividir los puntos clave en unas pocas oraciones simples; cada punto surge de la propia lógica interna del Antiguo Testamento:

- Isaías entendió que por el pecado de Adán, todas las personas nacieron fuera del Edén y son transgresores contra Dios; la culpa de Adán recae sobre ellos porque Dios visita "la iniquidad de los padres sobre los hijos y los hijos de los hijos" (Ex 34:7; cf. 20:5).
- Isaías entendió que Adán era el hijo de Dios, que la nación de Israel era un nuevo Adán como hijo de Dios (Éxodo 4:22, 23), y que el rey de la línea de David sería un nuevo Adán representante de Israel como hijo de Dios (2 S 7:14).
- Isaías entendió que si el pecado y la muerte iban a ser vencidos, una vida justa tendría que ser vivida y una pena completa pagada por el pecado.

Los patrones observables en la historia de José probablemente jugaron en el pensamiento de Isaías, junto con la forma en que Judá se ofreció a sí mismo como prenda y luego sustituto en lugar de Benjamín (Gn 43:8, 9; 44:32-34). El propio sufrimiento de José, su aflicción al ser vendido como esclavo (37:28; 42:21, 22), parece ser recordado por Isaías en 53:8: "Por opresión y juicio fue quitado". Hay un vínculo sutil con la narración de Génesis en presencia del nombre de la madre de José, Raquel (רָחֵל), nombre que significa "oveja" y aparece en la línea: "Como oveja [וּכְרָחֵל] que ante sus trasquiladores permanece muda" (Isaías 53:7, NVI). Después mencionando la opresión y la falta de justicia por la cual fue llevado en 53:8a, Isaías hace una declaración que recuerda la forma cruel en que los hermanos de José continuaron con sus vidas, solo dándose cuenta de la culpa de lo que le habían hecho a José mucho más tarde cuando estuvieron delante de él (Gn 37:31-36; 42:21, 22; 45:3). En esa narración, José explicó que Dios lo envió lejos de Canaán a Egipto para preservar la vida de un remanente (Génesis 45:5-9, véase "remanente" שְׁאֵרִית en Gn 45:7). Isaías presenta el cumplimiento recapitulativo de todo esto en las palabras: "Y en cuanto a su generación, ¿quién tuvo en cuenta que Él fuera cortado de la tierra de los vivientes por la transgresión de mi pueblo?" (Isaías 53:8b, LBLA). Así como el sufrimiento de José dio vida a la simiente de Abraham, el remanente, así el sufrimiento del siervo en Isaías 53 da vida y justicia a su simiente (53:10, 11).[226]

Varios indicadores en el pasaje nos ayudan a entender lo que Isaías quiso comunicar. El primero de estos se refiere a los puntos de contacto con 2 Samuel 7:14 (RV60): "Yo le seré a él padre, y él me será a mí hijo. Y si él hiciere mal, yo le castigaré con vara de hombres, y con azotes de hijos de hombres". El oráculo de Natán se refiere tanto a la casa de David (2 S 7:11) —es decir, el linaje de reyes que desciende de él— como a la simiente de David (7:13), el único rey cuyo trono Yahvé prometió establecer para siempre. Como la afirmación sobre la disciplina se aplica a la casa de David, Yahvé promete disciplinar a los reyes pecadores que desciendan de David "con vara de hombres" (7:14).

El siervo de Isaías 53, sin embargo, no sufre por su propia iniquidad, sino por la de su pueblo (Is 53:6). 2 Samuel 7:14 usa una forma de construcción verbal en infinitivo en la frase: "Cuando comete iniquidad" (בְּהַעֲוֺתוֹ). Isaías emplea el sustantivo afín a "iniquidad" (עָוֺן) tres veces para describir el pecado del pueblo que el siervo llevará (los siguientes textos están tomados de la LBLA):

- Isaías 53:5: "(Fue) molido por nuestras iniquidades".
- Isaías 53:6: "El Señor hizo que cayera sobre Él la iniquidad de todos nosotros".
- Isaías 53:11: "(Él) cargará las iniquidades de ellos".

El mismo siervo de Isaías 53 no habló ni hizo mal (53:9), sino que era justo (53:11). Él sufrirá por los pecados del pueblo, e Isaías señala que se trata de un sufrimiento al utilizar el término traducido como "azotes" en 2 Samuel

---

226. Así también Emadi, "The Story of Joseph", 82-102.

7:14 (נֶגַע) dos veces en Isaías 53: en 53:4, "lo estimamos azotado", y en 53:8, "azotado por la transgresión de mi pueblo". 2 Samuel 7:14 habló de este castigo como el Señor "disciplinando" a su hijo (el verbo יָכַח). Isaías no despliega este término, pero sí habla del concepto sinónimo de "castigo" (Isaías 53:5, מוּסָר).

En 53:5, Isaías también emplea un término, "traspasado" (חָלַל), que David usó para describir su sufrimiento en los Salmos 69 y 109. Considere estas declaraciones:

- Salmo 69:26 (MT 69:27): "Porque han perseguido al que ya tú has herido, y cuentan del dolor de aquellos que tú has traspasado".
- Salmo 109:22: "Porque afligido y necesitado estoy, y mi corazón está herido".
- Isaías 53:5: "Mas Él fue herido por nuestras transgresiones".

Otro punto de contacto entre el Salmo 69:26 (MT 69:27) e Isaías 53:4 se halla en la frase "herido de Dios" de Isaías 53:4 y "aquel a quien han golpeado" del Salmo 69:26 (MT 69:27). En ambos lugares, Dios hace el golpe, e Isaías usa el mismo verbo usado por David (נָכָה).

Isaías ha identificado al siervo sufriente de Isaías 53 con el futuro rey davídico de Isaías 11. Lo ha presentado sufriendo en términos usados por David en los Salmos 22, 69 y 109 (todos Salmos citados en el N. T.). Y sostengo que él entendió que el futuro rey de la línea de David sería un nuevo Adán, hijo de Dios, que sería justo donde Adán fue pecador, y cuyo sufrimiento hasta la muerte pagaría la pena por los pecados del pueblo. Así como Adán era una cabeza del pacto que llevó al pueblo al pecado, el siervo sufriente sería una cabeza del pacto que llevaría el pecado del pueblo y sufriría en su lugar. Como no cometió pecado, la muerte no fue su consecuencia y, por lo tanto, no podía retenerlo.

Un segundo conjunto de indicadores que da una idea de la profecía de Isaías tiene que ver con las conexiones que Isaías establece entre este pasaje, Isaías 52–54, y las historias de Abraham e Isaac en Génesis 21–22. La frase "aquí estoy" (הִנֵּנִי) aparece tres veces en Génesis 22, todas en labios de Abraham:

- Génesis 22:1: Dios llama a Abraham, quien responde: "Aquí estoy".
- Génesis 22:7: Isaac llama a Abraham, quien responde: "Aquí estoy".
- Génesis 22:11: El ángel del Señor llama a Abraham, quien responde: "Aquí estoy".

En la narración, cuando Dios probó al padre Abraham llamándolo a ofrecer a su hijo, su único hijo, a quien amaba, Isaac, en holocausto en una de las montañas de Moriah (Génesis 22:1, 2), el padre responde: "Aquí estoy" (22:1, 7, 11). Inmediatamente antes de Isaías 52:13–53:12, donde Dios el Padre ofrece a su siervo justo, que parece ser el futuro rey de la línea de David y es por lo tanto hijo de Dios, el Señor dice en Isaías 52:6: "Por tanto, mi gente sabrá mi nombre. Por tanto, en aquel día [ellos sabrán] que yo soy el que dice: 'Aquí estoy'" (הִנֵּנִי). Cuando se une con los otros indicadores de las narraciones de Abraham e Isaac en el contexto inmediato, esta declaración parece ser Yahvé diciéndole a su pueblo que desempeñará el papel de padre en la narración de Génesis 22, exclamando como Abraham: "Aquí estoy".

Si el "aquí estoy" de Abraham está justo antes de Isaías 52:13–53:12 en 52:6, el regocijo de Sara por el nacimiento de Isaac sigue inmediatamente al pasaje en 54:1 (LBLA): "Grita de júbilo, oh estéril, la que no ha dado a luz; prorrumpe en gritos de júbilo y clama en alta voz, la que no ha estado de parto". Para confirmar la alusión a las historias de Isaac en el gozo de la madre estéril que da a luz en Isaías 54:1, se encuentra la alusión a la declaración de Dios a Abraham en Génesis 22:17 después del sacrificio de Isaac en 54:3: "Y tu descendencia poseerá las naciones".

Génesis 22:17: וְיִרַשׁ זַרְעֲךָ אֵת שַׁעַר אֹיְבָיו
"Y tu simiente poseerá la puerta de los que le aborrecen".

Isaías 54:3: וְזַרְעֵךְ גּוֹיִם יִירָשׁ
"Y tu simiente poseerá las naciones".

Estas alusiones a las narrativas sobre Abraham y el nacimiento y sacrificio de Isaac (Isaías 52:6; 54:1-3) enmarcan la descripción del siervo en 52:13–53:12. Esto le da al pasaje matices de nacimiento milagroso, cumplimiento de la promesa, fe que mira a la muerte a la cara, incluso disposición para ofrecer al hijo amado de la promesa, creyendo que volvería con vida de la matanza (Gn 22:5, "volveremos"), y que de esa única descendencia vendrían muchos, tan numerosos como las estrellas del cielo (cf. Is 54:1).

Abraham fue instruido para tomar a Isaac y ofrecerlo "sobre una de las montañas" (הֶהָרִים, Gn 22:2). En Isaías 52:7 (NVI), el profeta exclama: "Qué hermosos son, sobre los montes [הֶהָרִים] los pies del que trae buenas noticias…". En esa montaña en Génesis 22, Abraham experimentó las buenas noticias de que no iba a hacerle daño al niño Isaac, sino a ofrecer el carnero sustituto como sacrificio, nombrando el lugar: "Dios se encargará de ello" (Génesis 22:11-14). En el camino hacia la montaña, Isaac dijo a su padre: "He aquí, el fuego y la leña, pero ¿dónde está el cordero para el holocausto? Y Abraham dijo: Dios se encargará del cordero para el holocausto, hijo mío. Y los dos iban juntos" (22:7b, 8). El término traducido como "cordero" dos veces en dos versículos (22:7, 22:8, שֶׂה) es el mismo término que usa Isaías cuando compara al siervo a un "cordero" (Isaías 53:7). Isaac pregunta sobre el cordero en Génesis 22 porque él se ha dado cuenta de que tienen todo lo necesario para el sacrificio, pero no el animal a ser sacrificado. La respuesta de su padre coloca "el cordero para el holocausto" en aposición a las palabras "mi hijo". La frase es ambigua; Abraham podría simplemente estar dirigiéndose a su hijo con la declaración de que Dios se encargaría del cordero, o podría estar diciendo que Dios estaba proveyendo a su propio hijo como el cordero para el holocausto.

Los dos continúan juntos, y no hay indicios de que Isaac haya hecho más preguntas u ofrecido cualquier tipo de objeción al ser llevado al matadero. Isaac permaneció en silencio durante el resto del viaje a la montaña (Gn 22:8b, 9a), enmudeció cuando su padre lo ató (22:9b), y mientras lo ponía sobre el altar (22:9c), y siguió en silencio mientras su padre "tomó el cuchillo para sacrificar a su hijo" (22:10, NVI). Justo en ese momento, el ángel del Señor intervino, pero la sumisión de Isaac a su padre y la aceptación de su destino probablemente proporcionan el patrón tipológico que Isaías dice que el siervo cumplirá en Is 53:7b (LBLA): "Como cordero [שֶׂה] que es llevado al matadero, y como oveja [רָחֵל] que ante sus trasquiladores permanece muda, no abrió Él su boca". Notamos esto arriba: pero en Génesis 24 Jacob se casará con Raquel, y su nombre es el término traducido como "oveja" en Isaías 53:7.

Isaac era, por supuesto, la simiente de Abraham, y la larga espera por Isaac, después de la promesa de Dios de una simiente, es un punto central de tensión en la narración desde la realización de la promesa en Génesis 12:1-3 hasta su realización en 21:1-3. Tan pronto se cumple la promesa, Abraham es llamado a sacrificar a Isaac (22:1, 2). Para una mujer estéril, dar a luz es como la resurrección de entre los muertos, y para Abraham llevar a Isaac a la montaña para sacrificarlo y traerlo de vuelta vivo (22:5) es también como la resurrección de entre los muertos (cf. Hb 11:19). Aunque la simiente iba a ser sacrificada, él vivió, y a través de esa simiente, Isaac, surgió el resto de la descendencia de Abraham, hasta que fueron fecundos, se multiplicaron y llenaron la tierra (Éxodo 1:7). Isaías parece hablar de estos patrones —de la simiente recibiendo vida de entre los muertos y dando vida al resto de la simiente— cuando dice: "Cuando Él se entregue a sí mismo como ofrenda de expiación, verá a su descendencia, prolongará sus días" (Isaías 53:10, LBLA).

Isaías habla de la muerte del siervo (siguiendo la NVI a continuación):

- Isaías 53:8: "Fue arrancado de la tierra de los vivientes".

- Isaías 53:9: "Se le asignó un sepulcro con los malvados y con los ricos fue su muerte...".
- Isaías 53:10: "Cuando Él se entregue a sí mismo como ofrenda de expiación" (אָשָׁם).
- Isaías 53:12: "Porque derramó su vida hasta la muerte".

Fue cortado de entre los hombres, puesto en la tumba, y su muerte fue un *asham* (אָשָׁם), una ofrenda por la culpa. Fue inmolado como sacrificio. ¿Cómo, entonces, puede decir Isaías inmediatamente después de la frase "cuando su alma haga una ofrenda por la culpa" que "él verá su simiente; prolongará sus días" (Isaías 53:10)? La respuesta se encuentra en el hecho de que la lógica de Génesis 22 es la lógica de la resurrección. Una vez más, para que Isaac naciera fue necesario que la vida surgiera de un cuerpo muerto —mejor dicho, de dos cuerpos muertos—, ya que Pablo dice que Abraham y Sara estaban casi muertos (Rm 4:17-19; cf. 1 S 2:5b, 6). De manera similar, Abraham llevó a Isaac a la montaña para matarlo y lo trajo de vuelta con vida, y en el próximo capítulo, Génesis 23, el interés en un lugar de sepultura para una persona muerta parece implicar la creencia de que Dios prometió la tierra, así que incluso si la tierra no fue recibida durante la vida, habrá una resurrección en la que se disfrutará de la tierra prometida (Gn 23, cf. 25:8-10; 35:29; 49:29-33; 50:24-26; Hebreos 11:22).[227]

La frase "verá a su descendencia" en Isaías 53:10 recuerda a Génesis 50:23 (RV60): "Y vio José los hijos de Efraín hasta la tercera generación; también los hijos de Maquir hijo de Manasés fueron criados sobre las rodillas de José". José —de quien se pensaba que estaba muerto, pero en realidad estaba vivo (Gn 37:33; 45:26-28)— vio su simiente, y el siervo asesinado, pero vivo verá la suya.

La siguiente frase en Isaías 53:10, "él prolongará sus días", coincide exactamente con la declaración de propósito que explica por qué el rey de Israel debe copiar la Torá de su propia mano y estudiarla siempre en Deuteronomio 17:20 (יַאֲרִיךְ יָמִים). Moisés instruyó a Israel acerca de cómo el rey debía hacer esto en Deuteronomio 17:14-20, y vale la pena notar que Deuteronomio 17:20 también habla de los hijos del rey (su simiente). Esta frase, "él prolongará sus días", solo aparece cuatro veces en el Antiguo Testamento (Dt 17:20; Is 53:10; Prov 28:16; Ecl 8:13), y es probable que cada instancia aluda a las instrucciones para el rey de Deuteronomio 17:20.

A pesar de su muerte como ofrenda por la culpa de los pecados de su pueblo, el futuro rey del linaje de David, siervo justo de Yahvé, será

---

227. Chase, "Genesis of Resurrection Hope", 477-80.

como Isaac, resucitado de los muertos, primogénito, el unigénito cuya vida promete una descendencia incontable. Su "actuar sabiamente" en 52:13 se confirma como un liderazgo obediente a la Torá por las siguientes frases de 53:10 (NVI): "La voluntad del Señor en su mano prosperará". La referencia a la "voluntad del Señor" apunta a que el rey no sería como Saúl, que desagradó a Yahvé con su desobediencia, sino como David, que amaba la Torá y cantaba alabanzas a Yahvé (cf. Os 13:11; Hch 13:21, 22). La declaración de que el beneplácito de Yahvé "prosperará en su mano" en 53:10 usa un verbo (צָלַח) que es un término hermano del que se traduce como "actuar sabiamente" (שָׂכַל) en 52:13. Estos términos aparecen en los siguientes contextos, que unen el liderazgo, la necesidad de que los líderes se adhieran a la palabra de Dios y la sabiduría y el éxito que ello conlleva:

- Génesis 39:2: "Y Yahvé estaba con José, y llegó a ser un hombre próspero (צָלַח)" (cf. 39:3, 23).

- Josué 1:8: "Este rollo de la Torá no se apartará de tu boca, sino que meditaréis en ella de día y de noche, para que os cuidéis hacer conforme a todo lo que en ella está escrito. Porque entonces harás tu camino próspero (צָלַח), y entonces tendrás buen éxito (שָׂכַל)".

- 1 Reyes 2:3: "Como está escrito en la Torá de Moisés, para que seáis prosperados (שָׂכַל)".

- 2 Reyes 18:6, 7: "Porque [Ezequías] se aferró a Yahvé. No dejó de seguirlo, sino que guardó los mandamientos que Yahvé mandó a Moisés. Y Yahvé estaba con él; donde quiera que fuera, él prosperaba (שָׂכַל)".

- Salmos 1:2, 3: "Su delicia está en la Torá de Yahvé, y en su Torá él medita día y noche... en todo lo que hace, prospera (צָלַח)".

- Salmos 2:10: "Y ahora, oh reyes, sed sabios (שָׂכַל)".

Isaías profetiza que el futuro rey del linaje de David será justo, sin violencia en sus manos ni engaño en su boca. Este rey no sufrirá la disciplina de 2 Samuel 7:14b por su propia iniquidad, sino por la de su pueblo. Como David, será inesperado y sorprendente para los que piensan según normas mundanas, y como David será rechazado, despreciado y traspasado. Al igual que José, será oprimido y llevado, presuntamente muerto, pero en realidad reinando sobre los gentiles para dar vida a Israel. Como Isaac, será ofrecido como sacrificio, silencioso como un cordero llevado al matadero, hijo único amado, pero por su muerte a muchos hará justos (Is 53:11), y por la muerte y la resurrección, su descendencia se multiplicará (Is 53:10). Porque este futuro rey será plenamente devoto a la voluntad de

Yahvé (53:10) como se articula en la Torá, actuará sabiamente (52:13), prosperará (53:10) y prolongará sus días (53:10; cf. Dt 17:20).

A través del siervo sufriente de Isaías 53, Dios llevará a cabo la salvación.

6. JESÚS ES RECHAZADO Y LUEGO EXALTADO

El Señor Jesús cumple el papel del siervo sufriente. Las secuencias repetidas vistas en José, Moisés y David se unen a la profecía modelada en Isaías 53 para señalar al siervo sufriente. El sufrimiento de Cristo fue escondido y ahora es revelado, es salvífico y final. Esta sección busca resumir la presentación del Nuevo Testamento[228] de Cristo como el siervo sufriente, comenzando y terminando con textos que hablan de la forma en que Cristo primero sufrió y luego entró en la gloria (Lucas 24:26 y 1 Pedro 1:10, 11). A partir de ahí, pasamos a los textos de Juan sobre cómo Cristo fue rechazado, exaltado y triunfante en la gloriosa derrota de la cruz (Juan 1:10, 11 y 3:14; 8:28; 12:32, 38). Lucas ha yuxtapuesto los patrones de figuras como José y Moisés en el discurso de Esteban en Hechos 7 con la profecía que surge de esos patrones en Isaías 53, en Hechos 8:32, 33. Todo esto surge de la enseñanza del mismo Jesús, quien reunió todos estos temas en la parábola de los labradores malvados (Marcos 12:1-12). La estructura quiástica de esta sección busca resumir la enseñanza del Nuevo Testamento, con el genio interpretativo de Cristo, su humilde señorío y su logro a través de la pérdida en el centro.

6.1. Lucas 24:26: Primero el sufrimiento, luego la gloria.

6.2. Juan 1:10, 11: No lo recibieron.

6.3. Hechos 7: Discurso de Esteban.

6.4. Marcos 12:1-12: Parábola de los labradores malvados.

6.5. Hechos 8:32, 33: Cita de Isaías 53.

6.6. Juan 3:14; 8:28; 12:32, 38: El siervo de Isaías levantado.

6.7. 1 Pedro 1:10, 11; 2:22-25: Primero el sufrimiento, luego la gloria.

---

228. Para contenido extrabíblico de "textos primarios que han sido citados en la literatura académica como relevantes para comprender el juicio y la crucifixión de Jesús", véase David W. Chapman y Eckhard J. Schnabel, *The Trial and Crucifixion of Jesus: Texts and Commentary*, Wissenschaftliche Untersuchungen zum Neuen Testament 344 (Tübingen: Mohr Siebeck, 2015); cita de p. V.

6.1. Lucas 24:26: Primero el sufrimiento, luego la gloria

Lucas presenta a Jesús diciéndoles a los dos hombres en el camino a Emaús: "¡Oh insensatos y tardos de corazón para creer todo lo que los profetas han dicho! ¿No era necesario que el Cristo padeciera todas estas cosas y entrara en su gloria?" (Lucas 24:25, 26, LBLA). Los discípulos de Jesús no esperaban que lo crucificaran, a pesar de que repetidamente les dijo que lo matarían (Lucas 9:22-27, 43-45; 18:31-34). Los escritores de los Evangelios cuentan la historia de tal manera que suena a verdad.[229] Entendemos que los discípulos esperaban que Jesús venciera, ¿cómo podría no hacerlo si podía resucitar a los muertos y caminar sobre el agua? Y nos dicen cosas como las que encontramos en Lucas 18:31-33, donde Jesús declara claramente que será asesinado, pero resucitará de entre los muertos al tercer día; luego Lucas escribe: "Los discípulos no entendieron nada de esto. Les era incomprensible, pues no captaban el sentido de lo que hablaba" (Lucas 18:34, NVI).

En sus palabras en Lucas 24:25, Jesús reprende a los dos hombres por no creer a los profetas, llamándolos necios y tardos de corazón para creer. Cuando luego dice que era *necesario* que el Mesías primero sufriera y luego entrara en su gloria, e indica que el Antiguo Testamento enseña estos temas. Al parecer, Jesús pensaba que sus seguidores podían haber visto las profecías y los patrones, los siervos sufrientes, las promesas de redención, y haberlo unido todo para llegar a algo similar a lo que él realizó. La presentación que hace Lucas de Simeón indica que algunos en Israel estaban pensando en la dirección correcta (Lucas 2:34, 35).

Para beneficio de sus dos seguidores en el camino a Emaús y para ayudarlos a comprender: "Comenzando por Moisés y por todos los Profetas, les explicó lo que se refería a él en todas las Escrituras" (Lucas 24:27, NVI).

Más adelante en el capítulo, Lucas añade:

> Y les dijo: Estas son las palabras que os hablé, estando aún con vosotros: que era necesario que se cumpliese todo lo que está escrito de mí en la ley de Moisés, en los profetas y en los salmos. Entonces les abrió el entendimiento, para que comprendiesen las Escrituras; y les dijo: Así está escrito, y así fue necesario que el Cristo padeciese, y resucitase de los muertos al tercer día; y que se predicase en su nombre el arrepentimiento y el perdón de pecados en todas las naciones, comenzando desde Jerusalén. (24:44-47, RV60)

---

229. Sobre esto, ver especialmente, Peter J. Williams, *Can We Trust the Gospels?* (Wheaton, Illinois: Crossway, 2018).

6.2. Juan 1:10, 11: No lo recibieron

El tema del justo sufriente depende del rechazo del justo, que siempre sorprende y confunde. ¿Cómo podría el pueblo de Israel rechazar al Mesías? Este misterio se remonta a Isaías 6:9, 10, un pasaje citado en los cuatro Evangelios y en Hechos (al que se alude en Romanos), y aún más atrás, a la enseñanza de Moisés en Deuteronomio (p. ej., Deuteronomio 29:4). Juan muestra tanto a Jesús siendo rechazado (p. ej., 5:1-18) muestra tanto a Jesús enseñando por qué ha sido rechazado (p. ej., 3:19-21), y establece la historia en el prólogo de su Evangelio, declarando claramente desde el principio: "En el mundo estaba, y el mundo por él fue hecho; pero el mundo no le conoció. A lo suyo vino, y los suyos no le recibieron" (Juan 1:10, 11, RV60).

6.3. Hechos 7: Discurso de Esteban

En Hechos 7, Lucas presenta a Esteban respondiendo a los cargos presentados contra él en Hechos 6:8-14:

> Instigaron a unos hombres a decir: "Hemos oído a Esteban blasfemar contra Moisés y contra Dios"… Presentaron testigos falsos que declararon: "Este hombre no deja de hablar contra este lugar santo y contra la Ley. Le hemos oído decir que ese Jesús de Nazaret destruirá este lugar y cambiará las tradiciones que nos dejó Moisés". (Hechos 6:11, 13, 14, NVI)

La respuesta de Esteban responde a estos cargos al mostrar que Dios obró a través de los patriarcas y Moisés fuera de la tierra de Israel (Hechos 7:2-6, 9-15, 17-22). Incluso una vez que recibieron la tierra y construyeron el templo, Salomón confesó que no podía contener al Dios viviente (7:45-50). A lo largo del discurso, Esteban muestra que el pueblo de Israel rechazó a José (7:9), rechazó a Moisés en Egipto (7:25-29) y en el desierto (7:35, 39-41), lo que conduce a su afirmación tipológica. El pueblo de Israel y sus padres no fueron los que se pusieron del lado de Moisés y los profetas, sino aquellos que los rechazaron y desobedecieron. De hecho, Jesús y sus seguidores son los herederos de Moisés y los profetas. Al rechazar a José, Moisés y los profetas, el pueblo de Israel estaba resistiendo a Dios y la obra de su Espíritu; los modelos del Antiguo Testamento ahora se han cumplido en Cristo. Así concluye Esteban:

> Vosotros, que sois duros de cerviz e incircuncisos de corazón y de oídos, resistís siempre al Espíritu Santo; como hicieron vuestros padres, así también hacéis vosotros. ¿A cuál de los profetas no persiguieron vuestros padres? Ellos mataron a los que antes habían anunciado la venida del Justo, del cual ahora vosotros os hicisteis traidores y asesinos; vosotros que recibisteis la ley por disposición de ángeles y sin embargo no la guardasteis. (Hechos 7:51-53, LBLA)

Lo que prefiguró la simiente de la serpiente al rechazar a José, Moisés y los profetas, lo cumplieron plenamente en lo que hicieron a Jesús, y siguen haciendo lo mismo con los seguidores de Jesús, como lo atestiguan las similitudes entre la muerte de Esteban y la de Jesús (Hechos 7:54-60).

6.4. *Marcos 12:1-12: Parábola de los labradores malvados*

Marcos 12 presenta a Jesús evocando el canto de amor de Isaías por la viña de su amada (Is 5:1-7). Cuando Jesús comienza a hablar "en parábolas" (Marcos 12:1), el vocabulario compartido y el tema de Isaías 5 rápidamente se vuelven obvios: ambos pasajes hablan de un "viñedo" (ἀμπελών, Mc 12:1; Is 5:1, 2), ambos lo describen como "plantado" (φυτεύω, Mc 12:1; Is 5:2) y rodeado por una cerca (φραγμὸν περιέθηκα, Is 5: 2; περιέθηκεν φραγμὸν, Mc 12:1) con una prensa de vino excavada (προλήνιον ὤρυξα, Is 5:2; ὤρυξεν ὑπολήνιον, Mc 12:1) y una torre construida para guardarla (ᾠκοδόμησα πύργον, Is 5:2; ᾠκοδόμησεν πύργον, Mc 12:1). En ambos casos, la viña es Israel (Is 5:7; Mc 12:12), pero Jesús desarrolla la parábola añadiendo a los líderes religiosos judíos como labradores y a los siervos enviados por el terrateniente como los profetas. Mientras que Isaías simplemente usa el canto de amor para hablar del fruto que Yahvé quería que Israel diera, Jesús lo desarrolla para resumir la historia de Israel.

En esta historia los labradores, el pueblo de Dios, no responden bien a quienes envía el dueño de la tierra, el Señor. Al primer emisario "lo golpearon y lo despidieron con las manos vacías" (Marcos 12:3, NVI). Esto puede aludir a Jeremías 37:15 (NVI), donde "los oficiales se enojaron contra Jeremías y lo azotaron, y lo encarcelaron". En la traducción griega de este versículo, lo "enviaron" a la prisión, usando el mismo verbo para el envío que el siervo con las manos vacías de Marcos 12:3 (ἀποστέλλω, LXX Jr 44:15; ET Jr 37:15).

Al segundo siervo enviado por el terrateniente "lo hirieron en la cabeza y lo trataron vergonzosamente" (Marcos 12:4, LBLA). Al tercero "lo mataron. Y así con muchos otros: a unos golpearon, y a otros mataron" (12:5). Jezabel "destruyó a los profetas de Yahvé", con cien escondidos por Abdías, en 1 Reyes 18:4. Elías hace referencia a los profetas asesinados a espada en 1 Reyes 19:10. El asesinato del profeta Urías, hijo de Semaías, se relata en Jeremías 26:20-23. Zacarías, hijo de Joiada, fue apedreado en 2 Crónicas 24:20-22. Mientras los levitas confiesan los pecados de Israel en Nehemías 9:5-38, su resumen del tratamiento de los profetas es similar al ofrecido por Jesús: "Pero fueron desobedientes y se rebelaron contra ti, echaron tu ley a sus espaldas, mataron a tus profetas que los amonestaban para que se volvieran a ti, y cometieron grandes blasfemias" (Nehemías 9:26, LBLA). El maltrato y asesinato de otros se narra en Hebreos 11:36, 37.

Cuando Jesús dice en Marcos 12:6 (RV60), "teniendo aún un hijo suyo, amado", el término traducido "amado" (ἀγαπητόν) es el mismo que se usa en la traducción griega para la referencia a Isaac como el hijo amado de Abraham en Génesis 22:2. El término también aparece en la traducción griega de la descripción del llanto sobre la muerte del único hijo primogénito en Zacarías 12:10 (un versículo citado en Juan 19:37 y Apocalipsis 1:7). Esta frase forja una conexión dentro del Evangelio de Marcos hasta el bautismo de Jesús, cuando la voz del cielo dijo: "Tú eres mi amado hijo; en quien tengo complacencia" (Marcos 1:11). En Marcos 12:6, por medio de la frase "hijo amado", Marcos presenta a Jesús identificándose con Isaac y el primogénito muerto de Zacarías 12:10, y en la parábola, además, Jesús se presenta como la culminación de aquellos anunciados por Yahvé a Israel.

En la historia que Jesús cuenta, la respuesta de los labradores al ver a este hijo amado fue decir: "Venid, matémosle" (Marcos 12:7). Esta frase griega (δεῦτε ἀποκτείνωμεν αὐτόν) se usó para traducir la respuesta de los hermanos de José cuando lo vieron en Génesis 37:20, y aparte de allí, el único lugar donde ocurre la frase en la Biblia es en la parábola de los labradores malvados (Marcos 12:7; Mateo 21:38). Mediante esta frase, Marcos presenta a Jesús identificándose a sí mismo con José, sugiriendo que el pueblo de Israel está respondiéndole de la misma manera que los hijos de Jacob respondieron a su hermano José. El patrón llega a su culminación en Cristo.

Jesús explica la motivación de los labradores malvados (Marcos 12:7), su asesinato del hijo amado (12:8) y luego advierte que el terrateniente vendrá contra ellos en juicio (12:9). Luego cita el Salmo 118:22, 23 como resumen del tema, y los líderes religiosos saben exactamente lo que quiere decir (Marcos 12:12).

Marcos no incluye el dicho "desde Abel hasta Zacarías", pero poco después Mateo presenta a Jesús contando la parábola de los labradores malvados en Mateo 21:33-46; Jesús dice en 23:29-36 (LBLA):

> ¡Ay de vosotros, escribas y fariseos, hipócritas!, porque edificáis los sepulcros de los profetas y adornáis los monumentos de los justos, y decís: "Si nosotros hubiéramos vivido en los días de nuestros padres, no hubiéramos sido sus cómplices en derramar la sangre de los profetas". Así que dais testimonio en contra de vosotros mismos, que sois hijos de los que asesinaron a los profetas. Llenad, pues, la medida de la culpa de vuestros padres. ¡Serpientes! ¡Camada de víboras! ¿Cómo escaparéis del juicio del infierno? Por tanto, mirad, yo os envío profetas, sabios y escribas: de ellos, a unos los mataréis y crucificaréis, y a otros los azotaréis en vuestras sinagogas y los perseguiréis de ciudad en ciudad, para que recaiga sobre vosotros la culpa de toda la sangre justa derramada

sobre la tierra, desde la sangre del justo Abel hasta la sangre de Zacarías, hijo de Berequías, a quien asesinasteis entre el templo y el altar. En verdad os digo que todo esto vendrá sobre esta generación.

6.5. Hechos 8:32, 33: Cita de Isaías 53

Argumenté anteriormente que la profecía de Isaías 52:13–53:12 surgió en parte de la meditación del profeta sobre patrones en las Escrituras anteriores. Esa comprensión parece ser confirmada por el relato de Lucas en Hechos 8:26-40. En este pasaje, el ángel del Señor le indica a Felipe que se una al carro de un eunuco etíope (Hechos 8:26-29). Felipe lo oye leyendo Isaías, entabla una conversación con él y el eunuco lo invita a sentarse a su lado (8:30, 31). Lucas entonces señala que el pasaje que se estaba leyendo era Isaías 53:7, 8, y la presentación de Lucas del texto corresponde a la traducción griega del pasaje (Hechos 8:32, 33).

El eunuco pregunta si el profeta habla de sí mismo o de otra persona, y Lucas resume la explicación de Felipe con las palabras: "Entonces Felipe, abriendo su boca, y comenzando desde esta escritura, le anunció el evangelio de Jesús" (Hechos 8:35, RV60). La explicación de Felipe de cómo el evangelio de Jesús cumple lo que profetizó Isaías fue tan contundente que

"yendo por el camino, llegaron a un lugar donde había agua; y el eunuco dijo: Mira, agua. ¿Qué impide que yo sea bautizado?... Ambos descendieron al agua, Felipe y el eunuco, y lo bautizó" (8:36, 38, LBLA).

6.6. Juan 3:14; 8:28; 12:32, 38: El siervo de Isaías es levantado

Hemos considerado aspectos de la discusión entre Jesús y Nicodemo en Juan 3, en referencia a la alusión a Proverbios 30:4 en Juan 3:13 (ver 2.1–2.2 en el capítulo 5). Al intentar despertar en Nicodemo una comprensión de cómo los signos que realiza señalan la llegada del reino de Dios (Juan 3:2-5), Jesús se refiere al levantamiento de la serpiente de bronce y dice: "Así es necesario que sea levantado el Hijo del Hombre" (3:14).

Hay un vínculo verbal entre el levantamiento de la serpiente de bronce en Números 21:8, 9 y "la raíz de Isaí, la cual estará puesta por pendón a los pueblos" en Isaías 11:10 (RV60). Cuando Números 21:8, 9 describe a la serpiente de bronce colocada en un "poste", el término para poste (נֵס) es el mismo término traducido como "señal" en Isaías 11:10 (también en Isaías 11:12). Tal vez, al profetizar el nuevo éxodo en el capítulo 11, Isaías quiso colocar la raíz de Isaí en el papel de la serpiente de bronce, a quien las naciones mirarían para ser salvadas (cf. 45:22).

También hemos visto anteriormente que hay numerosos puntos de contacto entre Isaías 11 e Isaías 52:13–53:12. No es sorprendente entonces que Jesús relacione el levantamiento de la serpiente de bronce de Números 21 con el levantamiento del siervo sufriente de Isaías 53. La conexión con Isaías 52:13 en Juan 3:14 se encuentra en la frase "así es necesario que el Hijo del Hombre sea levantado", donde el verbo para "ser levantado" es el mismo que se usa para traducir Isaías 52:13 al griego (ὑψόω). El "es necesario" (δεῖ) en Juan 3:14, traducido por la NTV como "deberá", parece indicar que, dado que el Antiguo Testamento dice que el Hijo del Hombre será levantado, es necesario que esto suceda.

La conexión entre la serpiente de bronce, la raíz de Isaí de Isaías 11:10 y la elevación (ὑψόω) del Hijo del Hombre en Juan 3:14 se reitera en Juan 8:28, donde Jesús declara: "Cuando hayas levantado al Hijo del Hombre, entonces sabrás que yo soy…". Un vínculo aún más fuerte entre Juan e Isaías aparece en Juan 12. La visita de los griegos para ver a Jesús incita a Cristo a declarar que "ha llegado la hora de que el Hijo del Hombre sea glorificado" (12:20-23), y el término traducido como "glorificado" también aparece en la traducción griega de Isaías 52:13 (formas pasivas de δοξάζω).

Jesús entonces procede a hablar de su muerte (12:24-31), concluyendo con las palabras: "Pero yo, cuando sea levantado de la tierra, atraeré a todos a mí mismo" (12:32, NVI). Con estas palabras, Jesús se presenta a sí mismo como la "raíz de Isaí, que estará como pendón para los pueblos" de Isaías 11:10, y declara que la "elevación" del Hijo del Hombre como la serpiente de bronce en el poste se realizará cuando sea "glorificado" mediante su muerte, cumpliendo Isaías 52:13–53:12.

Como para asegurarse de que sus lectores no pasen por alto estas conexiones con Isaías, Juan cita Isaías 53:1 y 6:10 en Juan 12:38-40, introduciendo las citas de esta manera: "Para que la palabra dicha por el profeta Isaías pueda ser cumplida" (Juan 12:38a). La cita de Isaías 53:1 luego pregunta quién ha creído y a quién se le ha revelado (12:38b), y luego la cita de Isaías 6:10 explica por qué no podían creer. Porque de nuevo dijo Isaías "que sus ojos serían cegados y sus corazones endurecidos (12:39, 40). Juan parece ofrecer estos textos para explicar cómo los judíos pudieron rechazar a su Mesías, de modo que pudiera cumplir el patrón tipológico del siervo sufriente, escrito en 12:41 (NVI): "Esto lo dijo Isaías porque vio la gloria de Jesús y habló de él".

6.7. 1 Pedro 1:10, 11; 2:22-25: Primero el sufrimiento, luego la gloria

Pedro describe sucintamente el tema del justo que sufre cuando comenta sobre la actividad de los autores del Antiguo Testamento con las palabras:

> Acerca de esta salvación, los profetas que profetizaron de la gracia que vendría a vosotros, diligentemente inquirieron e indagaron,

procurando saber qué persona o tiempo indicaba el Espíritu de Cristo dentro de ellos, al predecir los sufrimientos de Cristo y las glorias que seguirían. (1 Pedro 1:10-12, LBLA)

En su misteriosa providencia, Dios obró soberanamente en la historia para que su pueblo eligiera rechazar a los que Dios levantó para cumplir su liberación. A través de ese rechazo, a través de José siendo vendido como un esclavo a Egipto, a través de Moisés que pasó cuarenta años en el desierto, a través de David que aprendió a confiar en el Señor por medio de la persecución, a través de la crucifixión culminante del Mesías, Dios obró liberación para su pueblo. Traicionado, rechazado, perseverando en la fe, Jesús, el siervo del Señor, fue exaltado para reinar como José, fue refinado en su carácter como Moisés y David, y luego levantado de entre los muertos y sentado a la diestra del poder.

PARTE II
EVENTOS

Los dos eventos que se discutirán en esta sección son la creación (capítulo 7) y el éxodo (capítulo 8), y ya se ha dicho un poco sobre cada uno. Las obras de creación y salvación de Dios se yuxtaponen de manera prominente en lugares como el Salmo 136 y Hebreos 11 (y en otra parte). Tanto con la creación como con el éxodo, el acontecimiento se convierte en un paradigma predictivo y un esquema interpretativo. La creación original proporciona el patrón para la nueva creación (p. ej., 2 Corintios 5:17), y la forma en que Dios obró en la creación, realizando la obra por medio de su palabra, proporciona un paradigma para entender cómo Dios salva (p. ej., 2 Corintios 4:6) y renueva (cf. el término παλιγγενεσία, "regeneración", Mateo 19:28 y Tito 3:5). Del mismo modo, el éxodo se convierte en un paradigma predictivo: Dios salvará en el futuro como lo hizo en el pasado. Y es también un esquema interpretativo: en los Salmos 18 y 34, David emplea imágenes del éxodo para describir la forma en que Dios obró para liberarlo, y el Nuevo Testamento en todas partes usa los conceptos y la terminología proporcionados por el éxodo para explicar la salvación que Jesús logró a través de su muerte y resurrección, abriendo el camino a la nueva creación.

7

La creación

El Antiguo Testamento, por el contrario, es dominado por una forma de pensamiento tipológico esencialmente diferente, a saber, la de la correspondencia escatológica entre el principio y el fin (Urzeit und Endzeit). GERHARD VON RAD[230]

Este capítulo se encuentra en la parte II de este libro, la cual está relacionada con eventos, dado que la creación es un *evento* realizado por Dios. Al mismo tiempo, una vez que Dios realizó la creación del mundo, esta se convierte en el marco para el drama cósmico, el escenario sobre el cual él cuenta su historia. En la estructura quiástica de este proyecto, el capítulo actual sobre la creación se posiciona frente al capítulo 5 sobre los Reyes dado que Dios hizo a Adán rey de la creación, un papel que el nuevo Adán representará cuando Dios ponga a todos sus enemigos debajo de sus pies (cf. 1 Cor 15:25-28).

La tesis de este capítulo es que la creación original tipifica la nueva creación, y así la creación y la nueva creación son escalones externos de la estructura pedimental del presente capítulo: pues el mundo que Dios creó al principio presagia al nuevo mundo del final. El segundo y el penúltimo escalón son el tabernáculo y el templo en el frente y la iglesia como nuevo templo en la parte de atrás. En el centro de la estructura de este capítulo se encuentra Cristo como el cumplimiento del templo:[231]

---

230. Gerhard von Rad, "Typological Interpretation of the Old Testament", en *Essays on Old Testament Interpretation*, 19.

231. En mi plan original para este libro, este capítulo concerniente a la creación estaría seguido de un capítulo acerca del juicio como decreación. Limitaciones de tiempo y espacio me impidieron escribir tanto este capítulo como el que hubiera quedado enfrentado con este en la estructura quiástica de este libro. Este capítulo hubiera hablado de la forma en que los falsos profetas tipifican y crecen hacia el anticristo (el cual hubiera estado ubicado entre los capítulos de los profetas y los reyes). Por lo tanto, el capítulo relacionado con los que serán juzgados se hubiera encontrado frente al capítulo sobre el juicio, y el capítulo sobre el juicio como decreación hubiera analizado, entre muchas otras cosas, la presentación por parte de Pedro del juicio al mundo mediante agua en

1. La creación del templo cósmico.
   2. El tabernáculo y el templo como microcosmos.
      3. Cristo, el cumplimiento del templo.
      4. La iglesia como el templo del Espíritu Santo.
   5. El templo cósmico de la nueva creación.

Dios creó el mundo como un lugar donde Él sería conocido y estaría presente con sus criaturas mientras ellos lo adoran, disfrutan, honran y le sirven. Tenemos una palabra para referirnos al sitio donde Dios habita, donde está presente, donde es conocido, servido y adorado. A tal sitio lo llamamos *templo*.

Dios creó el mundo como un templo cósmico y la rebelión de sus criaturas trajo corrupción al lugar santo. En este capítulo, nuestro foco está puesto en el escenario para el argumento de la Biblia: la creación como templo cósmico. Desde la creación arquetípica narrada en Génesis 1–2, pasando por los episodios ectípicos vistos primero en el tabernáculo y en el campamento de Israel y luego en el templo y en la tierra, la creación del templo cósmico genera un contexto en el cual Dios puede caminar con el hombre y el hombre puede caminar con Dios (Gn 3:8; Lv 26:11, 12; Dt 23:14).

Dios está presente en el jardín y allí no hay pecado. Una vez que el hombre pecó, para que Dios estuviera presente debía llevarse a cabo la expiación del pecado. Las siguientes son las realidades que controlan el tabernáculo y el templo en el Antiguo Testamento: 1) Allí está presente Dios; y 2) allí se realiza el sacrificio por el pecado. Y por tanto Cristo cumple con el tabernáculo y el templo mediante su encarnación: él es el lugar donde Dios está presente y camina junto al hombre, y el sacrificio por el pecado es llevado a cabo en la cruz. Cuando Jesús dio el Espíritu a sus discípulos (Juan 20:22), les dio autoridad para perdonar pecados y los constituyó como el nuevo templo, habitado por el Espíritu Santo (1 Cor 3:16). Una vez que todo sea cumplido, Dios hará de la nueva creación un templo cósmico, y el lugar de habitación de Dios será con el hombre (Ap 21:3).

Este capítulo busca la comprensión tipológica de la respuesta a la siguiente pregunta: "¿Cómo comprendían y retrataban los autores bíblicos el marco de la gran historia de la Biblia?". La respuesta corta es la siguiente: partiendo del templo cósmico, pasando por el tabernáculo literal/templo hasta Cristo como el cumplimiento del templo, y luego la igle-

---

el diluvio, para que coincidiera con el juicio al mundo mediante fuego a través de la creación de los cielos nuevos y la tierra nueva.

sia como el templo establecido/pero no todavía, y de allí a la consumación cuando la nueva creación sea el templo y Jerusalén el Lugar Santísimo. En el principio, Dios tipificó el final.[232]

1. LA CREACIÓN DEL TEMPLO CÓSMICO

Cuando Dios creó el mundo, habló y su lugar de habitación fue hecho. Desde mi punto de vista, Moisés, autor de Génesis, también escribió los relatos de Éxodo referentes a las instrucciones para la construcción del tabernáculo, y tuvo la intención de comunicar las correspondencias entre la creación y el tabernáculo que vemos en dichos relatos. Los autores bíblicos posteriores notaron estas correspondencias y hablaron de la creación como de un templo cósmico. Por ejemplo, en el Salmo 78:69 (LBLA), Asaf dice acerca del Señor: "Y edificó su santuario como las alturas, como la tierra que ha fundado para siempre". La comparación del santuario (templo) con los cielos y la tierra refleja una perspectiva de que el templo (el cual reemplazaba al tabernáculo y estaba basado en este) era una réplica en miniatura del cosmos, un microcosmos. De manera similar, Isaías habla como si toda la tierra fuera el arca del pacto en el Lugar Santísimo cuando escribe: "Así dice el Señor: El cielo es mi trono y la tierra el estrado de mis pies. ¿Dónde, pues, está la casa que podríais edificarme? ¿Dónde está el lugar de mi reposo?" (Is 66:1, LBLA).[233]

Aquí Isaías 66:1 nos deja tres puntos a tener en cuenta. Primero, el Señor pregunta qué casa (בית, es decir, templo, cf. 2 S 7:1-7) construirá su pueblo para él, y la pregunta asume que Yahvé ha construido la creación para que fuera su templo. Segundo, la consulta acerca de la *casa* que su pueblo construiría para él está puesta en paralelo con la pregunta respecto al *lugar de su reposo*, indicando que el templo cósmico de Dios es el lugar de su reposo, que es exactamente lo que encontramos en Génesis 2:1-4.[234] Luego de haber completado su palacio cósmico, el rey Yahvé toma su descanso en

232. De manera similar, Michael Morales: "Vida con Dios en la casa de Dios. Esta fue la meta original de la creación del cosmos (el cual, como veremos, puede ser pensado como una casa), y que luego se convirtió en la meta de la redención, la nueva creación". *Who Shall Ascend the Mountain of the Lord?*, 17.

233. Para el Arca como estrado de los pies de Yahvé, ver Sal 99:5; 132:7; Lm 2:1; 1 Cr 28:2; (cf. 2 Cr 9:18). Para los querubines que dan sombra al arca o trono de misericordia en el Lugar Santísimo, ver Ex 25:20, 22; 37:9; 1 Cr 28:18; 2 Cr 5:8; Hb 9:5. Para Yahvé entronizado sobre los querubines, ver Nm 7:89; 1 S 4:4; 2 S 6:2 (1 Cr 13:6); 2 R 19:15; Is 37:16; Sal 80:1; 99:1.

234. Beale habla acerca de los templos como lugares de reposo en la Biblia y en la literatura del Antiguo Oriente Próximo en G. K. Beale, *The Temple and the Church's Mission: A Biblical Theology of the Dwelling Place of God*, New Studies in Biblical Theology 17 (Downers Grove, IL: InterVarsity, 2004), 60-66.

el *lugar de su reposo*.[235] Tercero, la referencia a la tierra como el estrado de los pies de Yahvé la asocia con el arca del pacto en el Lugar Santísimo, lo cual es muy sugestivo cuando consideramos asuntos como *el propósito* de la creación de Yahvé y *los requisitos* para una santidad limpia en su presencia. Estas preguntas revelan suposiciones que los autores bíblicos parecen reflejar en sus declaraciones sobre el escenario de sus historias. Los autores bíblicos comprendieron lo que Dios hizo al principio a fin de indicar lo que realizaría al final.

1.1. El comienzo, una anticipación del final

Dios creó el mundo, su templo cósmico, como el reino de la vida. Luego de crear, formar, y llenar el vacío inexistente y sin forma (Gn 1:2, 3-31), el templo abunda en cosas vivas (1:20, 21, 24, 25), todas las cuales fueron benditas por Dios y recibieron la orden de ser fecundas y multiplicarse (1:22, 28). Todo es muy bueno (1:31), y en vista de lo que se desarrolla, que todo sea muy bueno implica específicamente que en el templo cósmico de Dios no hay transgresión, ni rebelión, ni pecado contra el Creador santo: y si no hay pecado entonces no hay muerte. Toda impureza proviene de y está relacionada con el *contacto con la muerte*. Donde no hay pecado no hay muerte, y donde no hay muerte no hay impureza. Dios creó un ámbito de vida puro.

Dios puso su imagen y semejanza (Gn 1:26-28), en su limpio y santo templo de la vida. La imagen de Dios sirve al mismo propósito en el templo cósmico que las imágenes prohibidas de los falsos dioses en los templos consagrados a su adoración: la imagen representa el carácter, la presencia, la autoridad y el reinado de la deidad invisible. Dios puso al hombre en el templo cósmico como su vicerregente: "Tú le haces señorear sobre las obras de tus manos; todo lo has puesto bajo sus pies" (Sal 8:6, LBLA). El hombre junto con la mujer deben ser fecundos, multiplicarse, llenar la tierra y sojuzgarla (Gn 1:28, LBLA). El hombre es puesto en el jardín del Edén (2:15), y el mandamiento de llenar la tierra y sojuzgarla (1:28) indica que debe convertir toda tierra árida a la imagen del jardín, es decir, en un limpio reino de la vida donde Dios camine en el fresco del día junto con los portadores de su imagen (3:8). La obediencia a los mandamientos de Dios llenará la creación con la imagen y semejanza de Dios, a fin de que el carácter de Dios, su presencia, autoridad, y dominio sean llevados a cubrir todo el templo cósmico. De esta forma, la gloria de Dios cubrirá las tierras áridas como las aguas cubren el mar (Hab 2:14).

---

235. La misma idea —de un rey estableciendo su morada en un lugar de reposo luego de establecer su reino— puede verse en Isaías 11:10 (LBLA): "Y será gloriosa su morada".

1.2. Correspondencias entre Edén y el tabernáculo/templo

El jardín del Edén es casi como el Lugar Santísimo. El jardín parece estar ubicado dentro de una región más amplia conocida como Edén, pues "del Edén salía un río para regar el huerto" (Gn 2:10). Así como el campamento de Israel tenía su centro en el Lugar Santísimo, con requerimientos de santidad decrecientes a medida que uno se alejaba del Lugar Santo y desde allí hacia el campamento, de la misma forma, en el centro de la creación, tenemos al jardín santísimo, el lugar santo del Edén, y hacia afuera de la región del Edén estaban las tierras áridas.[236] Así como ocurre con el tabernáculo y el templo, donde el oro y las piedras preciosas abundaban, el oro puro y las piedras preciosas marcan a Edén (2:11, 12). El candelabro del tabernáculo y el templo parecen simbolizar los árboles sagrados del Edén (2:8, 9), y el pan de la proposición apunta a la abundancia de alimento de la cual el hombre podía comer libremente (2:16). La tarea del hombre en el jardín es la misma que es dada a los levitas en el tabernáculo: guardarlo y trabajar en él (2:15; cf. Nm 3:8). Y así como Yahvé prometió caminar en medio de su pueblo una vez que tuvieran el tabernáculo (Lv 26:11, 12; Dt 23:14), así también había caminado en el jardín (Gn 3:8).[237]

Sin embargo, hay una prohibición que viene con una advertencia: "Del árbol del conocimiento del bien y del mal no comerás, porque el día que de él comas, ciertamente morirás" (Gn 2:17, LBLA). Prohibición: no comas de ese árbol; advertencia: si lo haces, mueres. El pecado humano traerá muerte al mundo. El hombre peca y la muerte es el resultado. El hombre y la mujer mueren espiritualmente cuando pecan, como queda en evidencia cuando se ocultan de Dios y el uno del otro (3:7, 8). Mientras Dios les pronuncia palabras de juicio, da una promesa de esperanza (3:15), aunque también declara que morirán (3:19) y los expulsa del inmaculado reino de la vida, el jardín del Edén, hacia el impuro reino de los muertos (3:22, 23).

El querubín y la espada encendida guardando el camino al árbol de la vida en Génesis 3:24 anticipan a los querubines tejidos en las telas del tabernáculo y dando sombra al arca del pacto. Del mismo modo, Balaam se encuentra al ángel con la espada extendida, y Josué con el capitán de las huestes de Yahvé. En cada caso, cualquiera que se encontraba con el querubín o con el ángel se acercaba al sitio de reposo de Yahvé desde el este.

Debido a lo que veremos acerca de la "montaña de Dios" a medida que avancemos, también deberíamos notar lo que Ezequiel dice acerca del rey de Tiro (Ez 28:11-19). En este pasaje, Ezequiel se dirige al rey humano de Tiro, y lo hace utilizando imágenes y términos que son aplicables a "la ser-

---

236. Beale, *The Temple and the Church's Mission*, 74-75.

237. Wenham, "Sanctuary Symbolism".

piente antigua que se llama el diablo y Satanás" (Ap 12:9, LBLA). Ezequiel emplea metáforas relacionadas con seres celestiales (querubín) y el jardín primigenio (Edén) para hablar del rey de Tiro e identificarlo con los rebeldes seres celestiales que introdujeron la tentación al escenario prístino. Las imágenes marcan al rey de Tiro como la simiente de la serpiente, descendiente de su padre, el diablo (cf. Juan 8:44). En Ezequiel 28:13, 14 (LBLA), el profeta afirma:

> En el Edén estabas, en el huerto de Dios; toda piedra preciosa era tu vestidura: el rubí, el topacio y el diamante, el berilo, el ónice y el jaspe, el zafiro, la turquesa y la esmeralda; y el oro, la hechura de tus engastes y de tus encajes, estaba en ti. El día que fuiste creado fueron preparados. Tú, querubín protector de alas desplegadas, yo te puse allí. Estabas en el santo monte de Dios, andabas en medio de las piedras de fuego.

Lo que aquí dice Ezequiel al rey de Tiro refleja lo que el profeta ha aprendido en la Escritura antigua sobre el jardín del Edén y Satanás, y su aplicación de imágenes satánicas al rey de Tiro refleja una idea tipológica: el rey de Tiro es el *tipo* de persona que es Satanás.

¿Qué nos muestran las palabras de Ezequiel al respecto del rey de Tiro sobre su padre, el diablo? Este "ungido querubín protector" (28:14) estaba "en el Edén". Así como el querubín debía cuidar Edén, así Adán y los sacerdotes debían cuidar Edén, el tabernáculo y el templo. Segundo, este querubín fue "ungido" (מִמְשַׁח) para sus tareas en Edén, así como los sacerdotes fueron "ungidos" (por ejemplo, Ex 28:14, מָשַׁח) para sus tareas en el tabernáculo y el templo. Tercero, la lista de piedras que eran la "vestidura" de este "querubín" (28:13, 14) son las mismas piedras que serán utilizadas para las vestimentas de los sacerdotes (Ex 28).

Ezequiel 28:13 (LBLA)	Éxodo 28:17-20 (LBLA)
…el rubí, el topacio y el diamante, el berilo, el ónice y el jaspe, el zafiro, la turquesa y la esmeralda; y el oro, la hechura de tus engastes y de tus encajes, estaba en ti.	… rubí, un topacio y una esmeralda… una turquesa, un zafiro y un diamante… un jacinto, una ágata y una amatista… un berilo, un ónice y un jaspe; todas estarán engastadas en filigrana de oro.

Cuarto (y lo más importante para este capítulo), notemos que "en el Edén, el huerto de Dios" (Ez 28:13), este querubín estaba "en el santo monte de Dios" (Ez 28:14). Esto indica que cuando Ezequiel pensaba en el jardín del

Edén (sobre la base de la Escritura a la que podía acceder) lo hacía pensando en una montaña de Dios.

2. EL TABERNÁCULO Y EL TEMPLO COMO MICROCOSMOS

El jardín del Edén apunta a la nueva creación, pero en el camino tenemos episodios ectípicos del patrón. Aquí consideraremos las formas en que el tabernáculo y el templo apuntan en retrospectiva hacia Edén y hacia adelante a la nueva creación, como intentos de restablecer lo que se perdió cuando el hombre fue expulsado del inmaculado reino de la vida de Dios.

2.1. El tabernáculo y la creación

Antes de pecar, el hombre era limpio y santo y por lo tanto podía habitar en la presencia de Dios en su templo de vida, el Lugar Santísimo del jardín del Edén. Después de pecar, el hombre llenó la tierra no del carácter de Dios, sino de violencia (Gn 6:11). Dios no renunció a su programa o destruyó su mundo, sino que escogió a Israel como un pueblo para que fuera su posesión. Su promesa de tierra a Abraham y a su descendencia en Génesis 12:7 (cf. 12:1-3) anuncia que mediante la bendición a Abraham, Dios pretende reclamar la tierra que fue maldita debido al pecado (3:17). Dios tiene la intención de colocar a su pueblo en su lugar, donde puedan disfrutar de comunión con él mientras viven conforme a su ley. Así como el desembarco en las playas de Normandía fue el comienzo de la reconquista de la Fortaleza de Europa por parte de los Aliados, la tierra que fue prometida a Abraham dio inicio a la reconquista de la Fortaleza de la Tierra por parte de Dios. Tierra que Dios recuperará del príncipe de los poderes del aire.

Para hacer que Israel pudiera morar en su presencia, Dios le dio el tabernáculo y el culto levítico, cuya función estudiaremos a mayor profundidad en la parte III (capítulo 9) de este libro. Aquí nos enfocaremos en el modo en que la provisión de Dios del tabernáculo y el sistema sacrificial convierte al campamento de Israel en el reino de la vida donde Dios mora en el Lugar Santísimo.

En vista de lo que acabamos de ver en Ezequiel 28:13, 14, al respecto del Edén como montaña santa, notamos que el ángel de Yahvé aparece a Moisés en la zarza ardiente en "Horeb, el monte de Dios" (Ex 3:1, 2). Siguiendo esta línea, el pueblo se embarca en la conquista de Canaán (15:13-18) mientras celebra la victoria de Yahvé sobre Egipto en el éxodo y el mar Rojo (Ex 15:1-12). En Éxodo 15:13 (LBLA), se hace referencia a la tierra como la "santa morada" del Señor y Éxodo 15:17 habla de ella como el nuevo jardín del Edén:

Tú los traerás y los plantarás en el monte de tu heredad, el lugar que has hecho para tu morada, oh Señor, el santuario, oh Señor, que tus manos han establecido. (Ex 15:17, LBLA)

Éxodo 15:17 indica que Yahvé hizo la tierra de la promesa de la misma forma en que hizo la creación: como su santuario montañoso, su morada, el lugar que sus manos construyeron y donde plantaría a su pueblo y haría un hogar con ellos.[238]

Yahvé luego se reúne con Israel en el Monte Sinaí/Horeb (Ex 19); Moisés sube al monte y recibe las estipulaciones del pacto y las instrucciones para el tabernáculo. Una vez que el tabernáculo es construido, Yahvé se establece en él. Las similitudes en la fraseología entre los relatos de la creación del mundo y de la construcción del tabernáculo indican que el autor de los relatos pretendió que su audiencia asociara ambos proyectos de construcción entre sí.[239] Moisés estructura la presentación de las instrucciones del Señor para la construcción del tabernáculo de manera que su audiencia recuerde cómo Dios habló para crear el mundo. Como se observa en la Tabla 7.1, las siete declaraciones de *"Dios dijo: sea"* en el relato de la creación se corresponden con las siete ocasiones en las que *"El Señor dijo a Moisés"* en el relato de las instrucciones para el tabernáculo (las traducciones en las Tabla 7.1 y 7.2 siguen la LBLA).

TABLA 7.1. Dios habló de la creación y las instrucciones del tabernáculo

Génesis, creación	Éxodo, tabernáculo
1. Gn 1:3: "Entonces dijo Dios: Sea…".	Ex 25:1: "Y habló el Señor a Moisés diciendo". וַיְדַבֵּר יְהוָה אֶל־מֹשֶׁה לֵּאמֹר
2. Gn 1:6: "Entonces dijo Dios: Haya…".	Ex 30:11: "Habló también el Señor a Moisés, diciendo". וַיְדַבֵּר יְהוָה אֶל־מֹשֶׁה לֵּאמֹר
3. Gn 1:9: "Entonces dijo Dios: Júntense en un lugar las aguas…".	Ex 30:17: "Y el Señor habló a Moisés, diciendo". וַיְדַבֵּר יְהוָה אֶל־מֹשֶׁה לֵּאמֹר

---

238. Ver también Dempster, *Dominion and Dynasty*, 100.

239. Para una discusión similar que concuerda con los mismos puntos de manera independiente, ver Morales, *Who Shall Ascend the Mountain of the Lord?*, 40-42, 100-103.

Génesis, creación	Éxodo, tabernáculo
4. Gn 1:11: "Y dijo Dios: Produzca la tierra...".	Ex 30:22: "Habló el Señor a Moisés, diciendo". <div dir="rtl">וַיְדַבֵּר יְהוָה אֶל־מֹשֶׁה לֵּאמֹר</div>
5. Gn 1:14: "Entonces dijo Dios: Haya…".	Ex 30:34: "Entonces el Señor dijo a Moisés". <div dir="rtl">וַיֹּאמֶר יְהוָה אֶל־מֹשֶׁה</div>
6. Gn 1:20: "Entonces dijo Dios: Llénense las aguas…".	Ex 31:1: "Y el Señor habló a Moisés, diciendo". <div dir="rtl">וַיְדַבֵּר יְהוָה אֶל־מֹשֶׁה לֵּאמֹר</div>
7. Gn 1:24: "Entonces dijo Dios: Produzca la tierra… "[240]	Ex 31:12: "Y habló el Señor a Moisés, diciendo". <div dir="rtl">וַיֹּאמֶר יְהוָה אֶל־מֹשֶׁה לֵּאמֹר</div>

De manera similar, como podemos ver en la Tabla 7.2, Moisés describe la culminación del proyecto de construcción del tabernáculo a fin de que su audiencia recuerde la culminación de la creación:

TABLA 7.2. Culminación de la creación y el tabernáculo

Génesis, creación	Éxodo, tabernáculo
Gn 1:31: "**Y vio Dios todo** lo que había **hecho, y he aquí** que era bueno en gran manera. Y fue la tarde y fue la mañana: el sexto día". <div dir="rtl">וַיַּרְא אֱלֹהִים אֶת־כָּל־אֲשֶׁר עָשָׂה וְהִנֵּה־טוֹב מְאֹד</div>	Ex 39:43: "**Y Moisés examinó** toda la obra, **y he aquí**, la habían llevado a cabo; tal como el Señor había ordenado, así la habían hecho. Y Moisés los bendijo". <div dir="rtl">וַיַּרְא מֹשֶׁה אֶת־כָּל־הַמְּלָאכָה וְהִנֵּה עָשׂוּ אֹתָהּ</div>

240. La frase "Entonces dijo Dios" aparece diez veces en Génesis 1. Solo las primeras siete instancias aparecen en la tabla, pues ellas son seguidas por el mismo tipo de declaraciones, mientras que las últimas tres (Gn 1:26, 28, 29) son seguidas por frases diferentes. Es más, estas últimas tres instancias están todas relacionadas con la creación de la humanidad por parte de Dios. En las siete instancias de "Entonces Dios dijo" de la presente tabla, las frases que siguen son singulares jusivos ("Sea", "Haya", etc.). El patrón se rompe en 1:26 cuando Dios, por primera vez, pronuncia un cohortativo en primera persona plural ("Hagamos").

Génesis, creación	Éxodo, tabernáculo
Gn 2:1: **"Así fueron acabados los cielos y la tierra** y todas sus huestes". וַיְכֻלּוּ הַשָּׁמַיִם וְהָאָרֶץ וְכָל־צְבָאָם	Ex 39:32: **"Así fue acabada toda la obra del tabernáculo de la tienda de reunión.** Los hijos de Israel hicieron conforme a todo lo que el Señor había mandado a Moisés; así lo hicieron". וַתֵּכֶל כָּל־עֲבֹדַת מִשְׁכַּן אֹהֶל מוֹעֵד
Gn 2:2: "Y en el séptimo día **completó Dios la obra que había hecho**, y reposó en el día séptimo de toda la obra que había hecho". וַיְכַל אֱלֹהִים בַּיּוֹם הַשְּׁבִיעִי מְלַאכְתּוֹ	Ex 40:33: "Y Moisés levantó el atrio alrededor del tabernáculo y del altar, y colgó la cortina para la entrada del atrio. **Así acabó Moisés la obra".** וַיְכַל מֹשֶׁה אֶת־הַמְּלָאכָה
Gn 2:3: **"Y bendijo Dios el séptimo día** y lo santificó, porque en él reposó de toda la obra que Él había creado y hecho". וַיְבָרֶךְ אֱלֹהִים אֶת־יוֹם הַשְּׁבִיעִי	Ex 39:43: "Y Moisés examinó toda la obra, y he aquí, la habían llevado a cabo; tal como el Señor había ordenado, así la habían hecho. **Y Moisés los bendijo".** וַיְבָרֶךְ אֹתָם מֹשֶׁה

De entre las instrucciones para el tabernáculo, tal vez los símbolos más notorios del Edén fueron el pan de la proposición (Ex 25:30), el cual coincide con el abundante alimento en el jardín, la descripción de árboles en cierne del candelabro (25:31-40), la cual coincide con los árboles del jardín —trayendo a la memoria los árboles de la vida y del conocimiento del bien y el mal— y por supuesto, los imponentes querubines (por ejemplo, 26:1).[241]

Una vez que el tabernáculo ha sido construido, Yahvé comienza a residir dentro del mismo (Ex 40:34, 35), anticipando la forma en que llenaría con su gloria el templo cósmico de la nueva creación (por ejemplo, Nm 14:21; Hab 2:14). La presencia de Yahvé requiere la santificación del pueblo, como queda claro en Levítico 11:44, 45, presentando Dios su propia santidad como razón para que Israel fuera santo:

Porque yo soy el Señor vuestro Dios. Por tanto, consagraos y sed santos, porque yo soy santo. No os contaminéis, pues, con ningún

241. Cf. Dempster, *Dominion and Dynasty*, 102-3.

animal que se arrastra sobre la tierra. Porque yo soy el Señor, que os he hecho subir de la tierra de Egipto para ser vuestro Dios; seréis, pues, santos porque yo soy santo. (Levítico 11:44, 45, LBLA)

Yahvé creó un santo e inmaculado reino de la vida y puso al hombre sobre este como su vicerregente. El hombre pecó, profanó el lugar santo, y trajo la muerte impura al reino de Dios. Dios expulsó del Edén al hombre e inició un programa que convertiría lo profano en limpio, lo impuro en santo y la muerte en vida. Consideraremos la función del Leviticulto y del pacto de Sinaí en el capítulo 9; aquí cambiamos de cómo estas consideraciones afectan al tabernáculo a cómo iluminan el campamento.

2.2. El campamento de Israel como un nuevo Edén

Por la forma en que el concepto discutido aquí —que el tabernáculo y el campamento de Israel son el nuevo jardín del Edén— da sentido a lo que relata Moisés, pareciera que este dio por sentado la idea de que un tabernáculo o templo era una representación en miniatura del cosmos, y dado que esta era una idea tan común en el tiempo de Moisés, no había necesidad de mencionarlo. Él podía asumir que todos los miembros de su audiencia entenderían estas ideas, y que podría escribir su relato dando por sentado el conocimiento compartido.[242]

Balaam se acercó al campamento de Israel desde el este (Nm 22:5), y vio "al ángel del Señor de pie en el camino con la espada desenvainada en la mano" (22:23, 31, LBLA). Este ángel evoca al querubín y la espada encendida colocada al este del Edén para cuidar el camino hacia el árbol de la vida en Génesis 3:24. La descripción del campamento de Israel por parte de Balaam en Números 24:5, 6, sigue líneas similares a las imágenes del Edén y el tabernáculo. En el versículo 5, Balaam exclama: "¡Cuán hermosas son tus tiendas, oh Jacob; tus moradas, oh Israel!". Y luego, en el versículo 6, Balaam compara dichas tiendas y campamento con el jardín plantado por Yahvé: "Como palmeras que se extienden a lo lejos, como jardines junto al río, como áloes plantados por el Señor, como cedros junto a las aguas". La terminología de Números 24:6 evoca la de Génesis 2:8-10 (LBLA).

---

242. Ver la discusión de Beale acerca del simbolismo del templo en el Antiguo Oriente Próximo en Beale, *The Temple and the Church's Mission*, 50-60.

Génesis 2:8, 10	Números 24:6
"Y **plantó** (נָטַע) el Señor Dios un **huerto** (גַּן) hacia el oriente, en Edén… Y del Edén salía un **río** (נָהָר) para regar el **huerto**, y de allí se dividía y se convertía en otros cuatro ríos".	"Como palmeras que se extienden, como **jardines** (גַּנֹּת) junto al **río** (נָהָר), como áloes **plantados** (נָטַע) por el Señor, como cedros junto a las aguas".

Cuando tomó residencia en el tabernáculo, Yahvé constituyó al campamento de Israel como el reino de la vida, tal como había sido Edén al principio. Esta interpretación es reflejada en Levítico 26:11, 12, y Deuteronomio 23:14, donde ambos pasajes describen a Yahvé caminando en el campamento de Israel del mismo modo en que caminó en el jardín (con el verbo הָלַךְ en la forma *hithpael*, los textos aquí son tomados de la LBLA):

Gn 3:8: "Y oyeron al Señor Dios que se paseaba (מִתְהַלֵּךְ) en el huerto al fresco del día".

Lv 26:12: "Andaré (וְהִתְהַלַּכְתִּי) entre vosotros".

Dt 23:14 [MT 23:15]: "Porque el Señor tu Dios anda (מִתְהַלֵּךְ) en medio de tu campamento".

La idea del Señor caminando en medio de su pueblo (nuevamente el verbo הָלַךְ en su forma *hithpael*) reaparece cuando David quiere construir el templo en 2 Samuel 7:6, 7 (LBLA), cuando se presenta al Señor diciendo: "He andado errante (מִתְהַלֵּךְ) en una tienda, en un tabernáculo. Dondequiera que he ido (הִתְהַלַּכְתִּי) con todos los hijos de Israel…". Estas referencias en 2 Samuel 7 apuntan al modo en que Dios se había relacionado con su pueblo mientras moraba en el tabernáculo (incluso después de que ellos hubieran conquistado la tierra), y encontramos referencias similares sobre su presencia entre el pueblo una vez que el templo ya ha sido construido.

2.3. La tierra de Israel como nuevo Edén

Moisés no solo habla del jardín del Edén y del campamento de Israel como la tierra de vida donde mora Yahvé, sino que también habla del mismo modo sobre la tierra prometida. ¿Cómo funciona la promesa de tierra en la historia de la Biblia? El territorio prometido a Abraham es el sitio donde

Dios pretende reanudar la comunión y morar entre aquellos con quienes entró en pacto, comenzando el proceso de recuperación de lo perdido cuando la humanidad fue expulsada del jardín del Edén. Dios, a través de la concesión de tierra a Abraham, trabaja para solucionar el problema de que los portadores de su imagen hayan sido expulsados de la tierra de la vida en Edén, una franja de tierra que apunta más allá de sí misma hacia la recaptura de todo el mundo (cf. Rm 4:13).

En la Canción del Mar en Éxodo 15, Moisés realiza una declaración que conecta la tierra de la promesa con los otros reductos montañosos de Yahvé: "Tú los traerás y los plantarás en el monte de tu heredad, el lugar que has hecho para tu morada, oh Señor, el santuario, oh Señor, que tus manos han establecido" (Ex 15:17, LBLA). El jardín del Edén era un santuario de montaña (Ez 28:13, 14). Los altares, zigurats y otras estructuras en forma de "torres" (tal como la de Babel, Gn 11), probablemente fueron intentos de recrear el acceso a Dios a través de su montaña. Algo similar parece haber sido la experiencia de Jacob cuando vio a los ángeles de Dios subiendo y bajando de una "escalera" con Yahvé mismo en el sitio (Gn 28:12), en respuesta a lo cual exclamó: "Ciertamente el Señor está en este lugar… ¡Cuán imponente es este lugar! Esto no es más que la casa de Dios, y esta es la puerta del cielo" (28:16, 17). Moisés y la nación de Israel conocieron a Dios en Horeb, la Montaña de Dios (Ex 3:19). Éxodo 15:17 identifica la tierra de la promesa como el "monte" de Yahvé, y una vez que entraron en la tierra, el templo fue construido en el Monte Sion.

Yahvé estuvo especialmente presente en el Monte Sinaí —era el monte de Dios— cuando Moisés recibió los Diez Mandamientos, las instrucciones para la construcción del tabernáculo y la enseñanza de Levítico (cf. Ex 19:1, 2; Nm 10:11, 12). Una vez que Israel ingresó a la tierra y fue identificada la era de Arauna como el lugar donde sería construido el templo (2 S 24:15-25), el sitio se convirtió en el lugar donde Yahvé estaba especialmente presente. Dado que la Torá de Moisés (y probablemente la creciente colección de escritos sagrados) probablemente fuera guardada en el templo,[243] al igual que la palabra del Señor salió del Monte Sinaí (cf. Ex 19–20), así también salió del Monte Sion (cf. Is 2:3). Esto significa que lo que simbolizaba Sinaí fue transferido a Sion, de forma tal que David puede decir en el Salmo 68:17 (JBS): "Como en Sinaí, así en el santuario". La cosa más importante sobre el Monte Sinaí —que era el sitio en el cual el pueblo de Dios encontraba al Señor, y desde el cual anunció la Torá a su pueblo— ahora corresponde al Monte Sion y al templo que será construido allí. Luego

---

243. Milton C. Fisher, "The Canon of the Old Testament" en *The Expositor's Bible Commentary*, ed. Frank E. Gaebelein, 12 vols. (Grand Rapids: Zondervan, 1979), 1:387; Roger T. Beckwith, *The Old Testament Canon of the New Testament Church and Its Background in Early Judaism* (Grand Rapids: Eerdmans, 1985), 80-86.

de la afirmación "como en Sinaí, así en el santuario" en 68:17, David dice cosas que evocan a Moisés cuando sacó a Israel de Egipto hacia el Monte Sinaí, donde las ofrendas voluntarias fueron utilizadas para construir el tabernáculo: "Tú has ascendido a lo alto, has llevado en cautividad a tus cautivos; has recibido dones entre los hombres, y aun entre los rebeldes, para que el Señor Dios habite entre ellos" (Sal 68:18, LBLA).

El grupo de cautivos parece representar a la nación de Israel, mientras que quien los lidera, asciende a lo alto y recibe los dones podría ser Yahvé o Moisés, el representante de Yahvé. La recepción de los dones tiene como propósito *"que el Señor Dios habite allí"*, lo cual parece aludir al uso del botín tomado de Egipto en la construcción del tabernáculo, la morada de Dios.

¿Por qué yuxtapuso David el Salmo 68:17 con 68:18? 1 Crónicas 29:1-6 nos ayuda a responder esta pregunta. Allí David detalla cómo ha provisto para la construcción del templo y llama a reunir ofrendas voluntarias de Israel:

> Entonces el rey David dijo a toda la asamblea: Mi hijo Salomón, el único que Dios ha escogido, es aún joven y sin experiencia, y la obra es grande; porque el templo no es para hombre, sino para el Señor Dios. Con toda mi habilidad he provisto para la casa de mi Dios, el oro para las cosas de oro, la plata para las cosas de plata, el bronce para las cosas de bronce, el hierro para las cosas de hierro, la madera para las cosas de madera; también piedras de ónice, piedras de engaste, piedras de antimonio, piedras de varios colores, toda clase de piedras preciosas y piedras de alabastro en abundancia. Y además, en mi amor por la casa de mi Dios, el tesoro que tengo de oro y de plata, lo doy a la casa de mi Dios, además de todo lo que ya he provisto para la santa casa, es decir, tres mil talentos de oro, del oro de Ofir, y siete mil talentos de plata acrisolada para revestir las paredes de los edificios; de oro para las cosas de oro, y de plata para las cosas de plata, es decir, para toda la obra hecha por los artesanos. ¿Quién, pues, está dispuesto a dar su ofrenda hoy al Señor? Entonces los jefes de las casas paternas, y los jefes de las tribus de Israel, y los jefes de millares y de centenares, con los supervisores sobre la obra del rey, ofrecieron voluntariamente sus donativos. (1 Cr 29:1-6, LBLA)

¿De dónde obtuvo David toda esta riqueza? Al menos una parte de ella vino del botín de sus enemigos (cf., por ejemplo, 1 S 30:26). Este pasaje de Crónicas indica que así como Israel tomó despojos de Egipto en el éxodo y realizó ofrendas voluntarias para la construcción del tabernáculo, así también David saqueó a sus enemigos y guardó las riquezas para que Salomón construyera el templo.

Por lo tanto, luego de haber hablado de cómo "Sinaí está ahora en el santuario" en Salmo 68:17, David alude a las ofrendas voluntarias realizadas a partir del botín de Egipto en 68:18 pues él también ha saqueado a sus enemigos y ha hecho provisión para la construcción del templo. Del mismo modo en que Dios caminó con el hombre en el jardín de la montaña en Edén, así también conoció a Israel en el Monte Sinaí, antes de traerlos a su propia montaña, Sion, donde plantó a su pueblo en la tierra, como si fueran árboles de su santa reserva.

Pablo cita Salmo 68:18 en Efesios 4:8, y mientras que el Salmo 68:18 habla de "recibir" dones, Efesios 4:8 habla sobre "regalar" dones. Esta discrepancia es insignificante: Moisés recibió los dones en nombre de Yahvé, y los artesanos construyeron el tabernáculo, el cual luego fue confiado, es decir, dado, a Israel. Los puntos de contacto entre el tabernáculo, el templo, y la iglesia en la cita del Salmo 68:18 en Efesios 4:8 se disponen de la siguiente manera.

- Después del éxodo, Israel saqueó a Egipto, y en el monte Sinaí el pueblo dio ofrendas voluntarias del botín del enemigo para la construcción del templo.

- De manera similar, David dio a Israel la victoria sobre todos los enemigos que la rodeaban, saqueándolos y amasando una gran fortuna para que Salomón la usara en la construcción del templo.

- Jesucristo vino como el cumplimiento tipológico de Moisés, David y Salomón, y en su muerte y resurrección logró el nuevo y mayor éxodo, atando al hombre fuerte y saqueando su casa. El botín que tomó Cristo del enemigo eran *personas*, y dichas personas se dan a sí mismas como ofrenda voluntaria en el día de su poder (cf. Sal 110:3). Cristo les da dones —y los da como dones (Ef 4:8, 11)— y ellos se dan a sí mismos, y el botín del enemigo es utilizado para la construcción del templo del Espíritu Santo, la iglesia (4:12, 16).

2.4. El templo y la creación

El vasto tema de la correspondencia entre el templo de Israel y la creación será simplificado para esta discusión en cinco puntos. Primero, vemos la imaginería de la creación en el relato de la construcción del templo en 1 Reyes 6–8. Segundo, en textos como el Salmo 29, el "templo" del Señor parece ser toda la creación. Tercero, existen pasajes que hablan de una nueva creación y pasajes que hablan de morar por siempre en la "casa" de Yahvé (Sal 23:6), y la idea de que la creación es la casa del Señor le da sentido a estas declaraciones. Cuarto, la imaginería de "tienda" y "cuarto" para la creación (Sal 104:2, 3) coincide con esta forma de pensar. Y quinto, nuevamente, las promesas de una nueva creación coinciden con las indicaciones en el Antiguo Testamento de que Yahvé llenará su templo con su gloria (Hag 2:7). Estos cinco puntos forman un quiasmo:

2.4.1. Imaginería de la creación y el templo lleno de gloria en 1 R 6–8.

2.4.2. Toda la creación como el templo de Dios en el Salmo 29.

2.4.3. Morar en la casa de Dios por siempre en el Salmo 23.

2.4.4. Imaginería de tienda y habitación para la creación en el Salmo 104.

2.4.5. Llenaré esta casa de gloria en Hageo 2:7.

Una breve reflexión sobre cada uno de estos puntos:

2.4.1. *Imaginería de la creación y el templo lleno de gloria en 1 Reyes 6–8*

En la narración de la construcción del templo leemos acerca de querubines (por ejemplo, 1 R 6:23-28), palmeras y flores abiertas (6:29, 32, 35), granadas y formas de lirio (7:18, 19, 20, 22, 42), un vasto "mar" (7:23-25), calabazas (7:24), la flor de lirio (7:26), leones y bueyes (7:25, 29, 36, 44), más palmeras (7:36), más flores (7:49) y por supuesto los candelabros (7:49). Además de toda esta imaginería de la creación, a Salomón le llevó exactamente siete años construir el templo (6:37, 38). Una vez construido, como ocurrió con el tabernáculo y con el templo: la gloria de Yahvé llenó la casa de modo tal que los sacerdotes no podían ministrar (8:10, 11).[244]

2.4.2. *Toda la creación como el templo de Dios en el Salmo 29*

Con la voz de Yahvé sobre las aguas (Sal 29:3) y entronizado sobre el diluvio (29:10), el Salmo 29 parece una descripción del juicio de Dios sobre el mundo en el diluvio de Noé. Mientras la majestuosa voz (29:4) de Yahvé rompe los cedros (29:5) y causa que los troncos de los cedros destrozados del Líbano salten como becerros (29:6), haciendo que el mismísimo desierto tiemble (29:8) y que las ciervas en pánico entren en labores de parto y den a luz (29:9a), David resume la respuesta de toda la creación a la poderosa voz de Yahvé con las palabras: "Y en su templo todo dice: ¡Gloria!" (29:9b, LBLA). En contexto, ese "todo" que está "en su templo" gritando "¡Gloria!" son las aguas y los cedros, los becerros y los ciervos,

---

244. Gary Millar escribe acerca de la imaginería: "Posiblemente esto sea parte de un más amplio simbolismo del Edén en todo el complejo del templo, pero es imposible ser dogmático al respecto". Un poco después, escribe: "Nuevamente, los elementos decorativos… están basados en el mundo natural… parecen apuntar a la conexión entre Edén y el templo". Millar, "1–2 Kings", 560, 562.

todos afectados por las aguas (del diluvio) de la justicia todopoderosa de Yahvé.

2.4.3. *Morar en la casa de Dios por siempre en el Salmo 23*

En el libro de Salmos encontramos indicaciones de que Yahvé realizará una nueva creación. Por ejemplo, en 102:25 sentó los cimientos de la tierra, y los cielos son obra de sus manos. Luego en 102:26, los cielos y la tierra perecerán, mientras que Yahvé permanecerá. El versículo continúa diciendo que la creación se gastará como una vestidura y será cambiada como un manto. Esto parece indicar que de la misma forma en que se gasta un vestido viejo y es reemplazado por uno nuevo, así también la creación se gastará y será hecha nueva. Cuando combinamos las indicaciones de una nueva creación en el Salmo 102:25, 26 con las palabras de David en el Salmo 23:6 (LBLA) — "y en la casa del Señor moraré por largos días" —, parece apuntar a que la nueva creación será un nuevo templo.

2.4.4. *Imaginería de tienda y habitación para la creación en el Salmo 104*

El Salmo 104 de forma poética vuelve a presentar a Yahvé creando el mundo, describiéndolo como cubriéndose a sí mismo con luz y con un vestido (104:2a), y luego los cielos son descritos como la cortina de una tienda que Yahvé extendió a través de los cielos (104:2b). La tierra es mencionada como si fuera una casa, y los cuartos de la misma están construidos sobre pilares que Yahvé colocó en las aguas (104:3a). La imaginería parece estar basada en la idea de que la creación es una casa, un palacio, es decir, un templo cósmico que Yahvé construyó como lugar para su reposo.

2.4.5. *Llenaré esta casa de gloria en Hageo 2:7*

Yahvé llenó el tabernáculo y el templo con su gloria (Ex 40:34, 35; 1 R 8:10, 11), y en varios lugares promete llenar un nuevo templo con su gloria:

- Is 60:7: "Y yo glorificaré la casa de mi gloria".
- Hag 2:7: "Y yo llenaré de gloria esta casa".
- Za 2:5: "Y yo seré para ella —declara el Señor— una muralla de fuego en derredor, y gloria seré en medio de ella".

En aquel día, la inscripción en la frente del sumo sacerdote de Israel: "Santidad a Yahvé", estará escrita "en los cascabeles de los caballos", y todo en la ciudad será santo (Za 14:20, 21). La imaginería sugiere que todas las cosas serán aptas para el Lugar Santísimo, porque Yahvé habitará la ciudad como anteriormente habitó el templo.

Estos cinco puntos sobre la correspondencia del templo con la creación pueden ser complementados con cinco puntos sobre cómo Cristo hace realidad el templo:

3. CRISTO, EL CUMPLIMIENTO DEL TEMPLO

¿Cómo es que una *persona* puede ser el cumplimiento de un *edificio*, y por qué estoy discutiendo este asunto en la sección del libro que trata de *eventos*? Cuando Dios creó el templo, este fue un evento, y lo que es clave acerca del mismo es que este era el lugar donde Dios estaba presente y donde se realizaba la expiación por el pecado. Cristo hace realidad el templo porque él es el lugar donde Dios está presente y el lugar donde se logra la expiación por el pecado, y esto ocurrió en el evento de la crucifixión. La sección precedente que hablaba del templo y la creación tenía cinco subsecciones, y las cinco subsecciones acerca de Cristo haciendo realidad el templo coinciden con aquellas:

3.1. La Palabra habitó.

    3.2. Ángeles subiendo y bajando.

        3.3. Destruid este templo.

    3.4. En la casa de mi Padre hay muchas habitaciones.

3.5. Yo soy glorificado en ellos.

La Palabra se hizo carne y habitó entre los hombres, y aquellos que caminaron con él vieron su gloria (Juan 1:14). Habiendo mostrado la gloria del Padre, dio dicha gloria (17:22) a su pueblo, en el cual sería glorificado (17:10). La gloria de Dios habitando en Cristo y siendo vista en sus seguidores coincide con la forma en que Dios llenó el tabernáculo y el templo con su gloria, prometiendo hacerlo también en el nuevo templo.

Dios construyó el mundo para que fuera su templo cósmico, y la imaginería del templo explica a Jesús diciendo que los ángeles ascenderán y descenderán sobre él como lo hicieron cuando Jacob vio la "escalera" en el sitio que llamó "Betel", casa de Dios, puerta del cielo (Gn 28:10-22; Juan 1:51). Esa misma imaginería entra en juego cuando Jesús dice que hay muchas habitaciones en la casa de su Padre, a donde va para preparar un lugar para sus discípulos (Juan 14:2). En el centro de todas las cosas se encuentra la muerte de Cristo en la cruz, la destrucción del cumplimiento del templo bajo la ira del pacto de Yahvé, a fin de que los pecadores puedan morar en su casa para siempre (cf. 2:19-22).

3.1. La Palabra habitó

Después de haber presentado a la Palabra que estaba con Dios y que era Dios en la frase introductoria de su Evangelio (Juan 1:1, 2), Juan anuncia que "el Verbo se hizo carne, y habitó entre nosotros, y hemos visto su gloria, gloria como del unigénito del Padre, lleno de gracia y de verdad" (1:14).[245] La declaración de Juan de que Jesús es "lleno de gracia y de verdad" (πλήρης χάριτος καὶ ἀληθείας) representa acertadamente la afirmación de Yahvé de sí mismo de que es "abundante en inquebrantable amor y verdad" (רַב־חֶסֶד וֶאֱמֶת, Ex 34:6). Cuando estudiamos el Antiguo Testamento para ver el uso del sustantivo hebreo para "tabernáculo" (מִשְׁכָּן) y su verbo afín (שָׁכַן), frecuentemente traducido como "morar", hallamos varias declaraciones sobre Yahvé morando en gloria entre su pueblo.

Por ejemplo, la gloria de Yahvé llena el tabernáculo tras su construcción: "Entonces la nube cubrió la tienda de reunión y la gloria del Señor llenó el tabernáculo. Y Moisés no podía entrar en la tienda de reunión porque la nube estaba sobre ella y la gloria del Señor llenaba el tabernáculo" (Ex 40:34, 35, LBLA). Autores bíblicos posteriores, naturalmente dicen cosas como las que hallamos en el Salmo 26:8 (LBLA): "Oh Señor, yo amo la habitación de tu casa, y el lugar donde habita tu gloria" (מִשְׁכַּן, "el lugar del tabernáculo de tu gloria").

El verbo hebreo *shaján* (שָׁכַן) aparece en numerosas declaraciones que hablan de Yahvé habitando en medio de Israel (siguiendo la LBLA en los siguientes textos):

- Ex 25:8: "Y que hagan un santuario para mí, para que yo habite entre ellos".
- Ex 29:45: "Y habitaré entre los hijos de Israel, y seré su Dios".
- Ex 29:46: "Y conocerán que yo soy el Señor su Dios, que los saqué de la tierra de Egipto para morar yo en medio de ellos. Yo soy el Señor su Dios".

El mismo verbo (שָׁכַן) es usado en Deuteronomio en las declaraciones donde Yahvé dice "haré que su nombre more allí" (לְשַׁכֵּן שְׁמוֹ שָׁם, Dt 12:11; 14:23; 16:2, 11; cf. también 12:5). En Deuteronomio 33:16, este verbo se usa para referirse a Yahvé como "el que habitaba en la zarza", refiriéndose a la zarza

---

245. Para un estudio más extenso del templo en Juan, ver Mary L. Coloe, *God Dwells with Us: Temple Symbolism in the Fourth Gospel* (Collegeville, MN: Glazier, 2001); Paul M. Hoskins, *Jesus as the Fulfillment of the Temple in the Gospel of John*, Paternoster Biblical Monographs (Waynesboro, GA: Paternoster, 2006); y Alan R. Kerr, *The Temple of Jesus' Body: The Temple Theme in the Gospel of John* (London: Sheffield Academic Press, 2002).

ardiente, en la cual Yahvé apareció a Moisés (cf. CST, NVI; "zarza ardiente"), y es usado para describir a Israel transformando la tienda de reunión en tabernáculo en Silo (Josué 18:1).

Yahvé habitó en el tabernáculo y luego en el templo. Su morada en medio de su pueblo les dio la oportunidad de experimentar su gloria en el templo; el Salmo 85:9 (LBLA, MT 85:10) celebra la presencia salvadora de Dios y su gloria: "Ciertamente cercana está su salvación para los que le temen, para que more su gloria en nuestra tierra". El que mora en "densa oscuridad" (1 R 8:12), en "lo alto y santo, y también con el contrito y humilde de espíritu" (Is 57:15, LBLA), también prometió "habitaré entre ellos para siempre" (Ez 43:9, LBLA), una promesa que prosigue a la gloria de Yahvé ingresando al templo escatológico (43:4; cf. Joel 3:17 [MT 4:17]).

Juan evoca todo este trasfondo del Antiguo Testamento cuando dice: "Y la Palabra se hizo carne, y habitó entre nosotros, y vimos su gloria" (Juan 1:14). En el Antiguo Testamento, la gloria de Dios era vista cuando llenaba el templo con la nube de su gloria. En la encarnación, Jesús ocupa "el templo de su cuerpo" (Juan 2:21), lo llena con la gloria de Dios "como el unigénito del Padre" (1:14), haciéndolo abundar en el propio carácter de Dios, רַב־חֶסֶד וֶאֱמֶת ("abundante en inquebrantable amor y verdad", Ex 34:6), siendo "lleno de gracia y de verdad" (Juan 1:14). Mediante la descripción de la Palabra como *habitando* entre nosotros, Juan indica que así como Dios habitó en medio de Israel en el templo en el Antiguo Testamento, así también habitó entre su pueblo, en el templo del cuerpo humano de Jesús durante su encarnación.

3.2. *Ángeles que suben y bajan*

Poco después de anunciar en Juan 1:14 que, en Jesús, Dios habitaba entre su pueblo del mismo modo en que habitó en el templo, Juan presenta a Jesús diciendo a Natanael en 1:51 (LBLA): "Veréis el cielo abierto y a los ángeles de Dios subiendo y bajando sobre el Hijo del Hombre". Juan presenta a Jesús con estas palabras haciendo alusión a cuando Dios se reveló a sí mismo a Jacob en Génesis 28. Mientras Jacob huía de Esaú (Gn 27:41-43) e iba hacia casa de Labán en busca de una esposa (27:46; 28:1, 2), Isaac le transmitió la bendición de Abraham (28:3-5). En el camino, Jacob tuvo un sueño en el cual Yahvé se reveló a sí mismo estando de pie al final (o tal vez *cerca*, 28:13, עָלָיו) de una escalera a la que ángeles subían y bajaban (28:12, 13). El Señor luego reiteró a Jacob la bendición de Abraham y prometió traerlo de regreso a la tierra (28:13-15). Caminando, Jacob exclamó que no se había percatado de la presencia de Yahvé, lo cual convertía al sitio en un lugar increíble, y lo identificó como la "casa de Dios" (בֵּית אֱלֹהִים) y la "puerta del cielo" (28:17).

Con esta breve declaración en Juan 1:51, Jesús evoca toda la escena y se coloca a sí mismo junto a la escalera, o "tramo de escalones" (Gn 28:12, s. v. סֻלָּם). Parece probable que la escalera o los escalones que vio Jacob fuera/n el ascenso al monte santo, sobre la cima del cual (teniendo en cuenta el simbolismo) se asentaba la casa de Dios, o el templo, lo que causó el comentario de Jacob acerca de la casa de Dios y el posterior nombramiento del sitio como "Betel" (בֵּית-אֵל, Gn 28:17, 19). Al decir que los ángeles subirán y bajarán "sobre el Hijo del Hombre" (Juan 1:51), Jesús se identifica a sí mismo como el verdadero Betel, la casa de Dios (cf. 2:21).

En la estructura literaria del capítulo inicial de Juan, la primera (1:1-18) y la última unidad (1:43-51) identifican a Jesús con la morada de Dios: él es el verdadero tabernáculo en 1:14 y la verdadera casa de Dios en 1:51. La estructura quiástica de Juan 1 puede ser descrita como sigue:

Juan 1:1-18. La Palabra habitó en gloria.

    Juan 1:19-28. La voz clamando en el desierto.

        Juan 1:29-34. El descenso del Espíritu para permanecer en Jesús.

    Juan 1:35-42. Los discípulos del Bautista siguen a Jesús.

Juan 1:43-51. El verdadero Betel del cual escribieron Moisés y los profetas.

En estructuras quiásticas como estas, no solo el comienzo y el final se corresponderán entre sí, frecuentemente el punto crucial de la sección central evocará el comienzo y anticipará el final. En este caso, el descenso del Espíritu para permanecer sobre Jesús a mitad del capítulo lo recuerda como tabernáculo en 1:14 y lo anticipa como casa de Dios en 1:51. Así como el Espíritu de Dios estaba sobre las aguas durante la creación, y así como el Señor llenó con su gloria el tabernáculo y el templo, del mismo modo el Espíritu desciende sobre Jesús para permanecer en él (Juan 1:33).

3.3. *Destruid este templo*

¿Por qué Juan presentaría en su Evangelio a Jesús como el cumplimiento del templo, y de dónde sacaría esa idea? Lo que Juan testifica es que el concepto provino de Jesús mismo. Juan presenta a Jesús limpiando el templo (Juan 2:13-17), y cuando le piden una señal para demostrar su autoridad y hacer lo que hizo (2:18), Jesús hace una referencia simbólica a su propia crucifixión y resurrección como la destrucción y reconstrucción del templo (2:19-21). Solo después de su resurrección, según cuenta Juan, sus discípulos recordaron y creyeron tanto en las Escrituras como en lo que Jesús dijo (2:22).

Parece que Juan aprendió de Jesús mismo que este vino como el cumplimiento del templo (Juan 1:51; 2:19-21), y esto fue lo que lo llevó a presentar a Jesús de este modo. ¿Por qué Jesús enseñaría tal idea?

Ya en 2 Samuel 7 podemos ver una relación dinámica entre la casa de Yahvé que quiere construir David (2 S 7:1-7) y la casa de David que Yahvé promete construir (7:11, 16). Yahvé también promete levantar a la simiente de David que construirá una casa para el nombre de Yahvé (7:13), cuyo sufrimiento también es insinuado (7:14; ver capítulo 6). Cristo llega como el heredero de la casa de David que Yahvé construyó, y es al mismo tiempo el cumplimiento de la casa de Dios que David quiso construir.

La conexión entre la destrucción del templo y la crucifixión de Jesús establece puntos tanto en lo referente al pacto como a la historia de la salvación. Los ritos sacrificiales y la necesidad misma del templo de ser purificado en el Día de la Expiación implican que con la aspersión de sangre de los sacrificios, Yahvé mismo llevaba los pecados de su pueblo.[246] Cristo viene como la encarnación de Yahvé, portador de los pecados de su pueblo, y su muerte pone fin a los sacrificios que transferían los pecados del pueblo a la casa de su Dios. Es más, la destrucción del templo marca el momento en que la maldición del pacto cae con firmeza. El "día del Señor" halla cumplimiento cuando Cristo muere en la cruz, con los cielos negros, los montes sacudiéndose y el velo rasgado en dos.

Jesús insinúa todo esto cuando ofrece como señal de su autoridad para limpiar el templo: "Destruid este templo, y en tres días lo levantaré" (Juan 2:19, LBLA). Como ocurre frecuentemente en Juan, Jesús realiza una declaración simbólica que inicialmente es malinterpretada literalmente y que es aclarada a medida que continúa el relato.[247] Juan presenta a los judíos

---

246. Roy Gane, *Cult and Character: Purification Offerings, Day of Atonement, and Theodicy* (Winona Lake, IN: Eisenbrauns, 2005), 99-105, 334-37. También, cuando Yahvé se identifica a sí mismo en Éxodo 34:6, 7 como uno que "perdona la iniquidad, la trasgresión y el pecado" (Ex 34:7), el término traducido como "perdonar" también podría ser traducido como soportar, o llevar (נשׂא). Es como si él fuera capaz de perdonar los pecados porque es capaz de soportarlos mediante el sistema sacrificial. Cf. la expresión paralela para "llevar la iniquidad" en Lv 10:17 y 16:22 y su discusión en Gane, *ibid.*, 100 n. 35, 104, 262-63, y esp. 299-300, donde Gane escribe que YHWH "soporta los males morales cuando extiende su perdón" (citando Ex 34:7). Ver también *ibid.*, 322: "Un juez que perdona a una persona culpable es responsable por tal decisión. Pero YHWH hace exactamente eso: perdona a personas culpables y por lo tanto incurre en la responsabilidad judicial, la cual constituye un costo de bondad que él elige llevar. Esto ayuda a explicar por qué carga (נשׂא) con los pecados cuando perdona (Ex 34:7), como es representado en el sistema ritual por el hecho de que su santuario y sacerdocio —los cuales representan su administración— cargan חטאת, el pecado expiable (Lv 16:16), y עון, la culpabilidad (10:17)". Cf. *ibid.*, 334-35, 343.

247. Cf., por ejemplo, el nuevo nacimiento (Juan 3:3-8), el agua viva (4:13-26), y el pan de vida (6:32-40).

objetando que el templo ha estado en construcción durante cuarenta y seis años, incrédulos de que Jesús pudiera levantarlo en tres días (2:20), antes de explicar: "Pero Él hablaba del templo de su cuerpo" (2:21). La resurrección fue la clave para que los discípulos fueran capaces de recordar y creer "la Escritura y en la palabra que Jesús había hablado" (2:22).

3.4. En la casa de mi Padre hay muchas habitaciones

Luego de anunciar a sus discípulos que uno de ellos lo traicionaría, y después de despedir a Judas para cumplir la Escritura (Juan 13:21-30), Jesús anunció que había llegado la hora para que el Hijo del Hombre fuera glorificado, ordenó a sus discípulos amarse unos a otros y profetizó la triple negación de Pedro (13:31-38). Luego instó a sus discípulos a no preocuparse, sino a confiar en Dios y en él (14:1), explicando en 14:2 (LBLA): "En la casa de mi Padre hay muchas moradas; si no fuera así, os lo hubiera dicho; porque voy a preparar un lugar para vosotros". La expresión "la casa de mi Padre" en 14:2 coincide con la misma de 2:16 excepto por los ajustes necesarios del caso, pues se trata de dos declaraciones diferentes:

> Juan 2:16: "La casa de mi Padre".
> τὸν οἶκον τοῦ πατρός μου
>
> Juan 14:2: "La casa de mi Padre".
> τῇ οἰκίᾳ τοῦ πατρός μου

La casa del Padre en Juan 2:16 es el templo físico en Jerusalén. La casa del Padre en 14:2, contrariamente, no es el templo físico en Jerusalén, sino la casa que va a preparar yendo a la cruz.

A esta altura, Jesús ha afirmado la legitimidad del templo de Jerusalén (Juan 2:16), pero incluso cuando dijo a la mujer samaritana "nosotros adoramos lo que conocemos, porque la salvación viene de los judíos" (4:22, LBLA), también le aseguró: "La hora viene cuando ni en este monte ni en Jerusalén adoraréis al Padre" (4:21). Jesús continuó diciendo: "Pero la hora viene, y ahora es, cuando los verdaderos adoradores adorarán al Padre en espíritu y en verdad; porque ciertamente a los tales el Padre busca que le adoren. Dios es espíritu, y los que le adoran deben adorarle en espíritu y en verdad" (4:23, 24). Estas declaraciones indican que el tiempo de adorar en el templo de Jerusalén ha llegado a su fin ("la hora viene, y ahora es", 4:23), dado que Jesús ha venido para hacerlo realidad y reemplazarlo.

Juan presenta a Jesús diciendo a sus discípulos en 16:7 que si él no se va, el ayudador, el Espíritu Santo, no vendrá a ellos, pero si lo hace, él lo enviará a ellos. Hasta este momento, Dios ha habitado el templo en Jerusalén y debido a los sacrificios asociados con el culto levítico, ha sido posible para el Dios santo vivir en medio del pueblo pecador. Jesús hace realidad el templo como el sitio donde Dios está presente y donde la expiación por el pecado es llevada a cabo durante su muerte en la cruz.

La venida del Espíritu a los discípulos constituirá a los seguidores de Jesús en el sitio donde Dios estará presente y el lugar donde puede hallarse el perdón de pecados (ver punto 4 anterior). Lo que dice Jesús en Juan 16:7 indica que si no pone fin al sistema sacrificial mediante su muerte en la cruz, el Espíritu no puede habitar en un templo (creyentes) donde no se ha hecho sacrificio por el pecado.

La casa a donde Jesús se dirige para preparar un lugar para sus discípulos en Juan 14:2 es la misma a la que los llevará cuando regrese por ellos en 14:3. Esto pareciera indicar que Jesús los llevará a dicha casa en su regreso, y dicho regreso no pareciera referirse a su resurrección de los muertos (cf. 16:19-22). Pareciera que la casa del Padre con muchas habitaciones de la que habla Juan 14:2 es el templo cósmico de la nueva creación, de la cual la iglesia posterior a la resurrección es una experiencia inaugurada.

3.5. Yo soy glorificado en ellos

Cristo habitó en la carne y mostró la gloria de su amor voluntario hacia sus discípulos (Juan 1:14). También fue vista la gloria de su compromiso con el Padre, la gloria de su capacidad para satisfacer la justicia del Padre, la gloria de su capacidad para cumplir el templo y su capacidad para convertir a sus discípulos en un nuevo templo donde la gloria de Dios se manifieste. Jesús ora al Padre en Juan 17:10 (LBLA): "Todo lo mío es tuyo, y lo tuyo, mío; y he sido glorificado en ellos". Luego continúa orando en 17:22: "La gloria que me diste les he dado, para que sean uno, así como nosotros somos uno".

La unidad que Jesús busca para sus discípulos es una unidad posible debido a que les dará el Espíritu para que esté en ellos (Juan 14:17). El Espíritu les enseñará la verdad que Jesús enseñó (14:26), dará testimonio a ellos sobre Cristo (15:26) y traerá convicción de pecado, justicia y juicio (16:8-11), guiando a los discípulos hacia la verdad y exaltando a Jesús (16:13, 14). Notemos las similitudes entre 16:14b y 17:10a (LBLA).

> Juan 16:14b: "Tomará de lo mío y os lo hará saber".
> Juan 17:10a: "Todo lo mío es tuyo, y lo tuyo, mío".

La mutua preocupación y entrega personal entre los miembros de la deidad, Padre, Hijo y Espíritu, parece extenderse a los discípulos de Jesús a fin de que ellos amen como él ama. Cuando el Espíritu una a los discípulos en la verdad y en un propósito común, ellos se unificarán. Cuando el Espíritu produzca en ellos un amor abnegado como el de Cristo, se amarán unos a otros igual que Cristo los amó (13:34), y todos sabrán que son discípulos de Jesús (13:35), glorificándolo (12:28; 13:31, 32; 16:14).

Jesús fue a la cruz, cumpliendo con el sistema sacrificial y el ministerio del templo, sufriendo en sí mismo la culminación de la ira pactual de Dios contra el pecado, soportándolo por su pueblo. En el día de la resurrección (Juan 20:1, 19) impartió la morada del Espíritu a sus discípulos, constituyéndolos en el nuevo templo del Espíritu Santo, el sitio donde Dios está presente, y otorgándoles autoridad para perdonar y retener pecados: "Después de decir esto, sopló sobre ellos y les dijo: Recibid el Espíritu Santo. A quienes perdonéis los pecados, estos les son perdonados; a quienes retengáis los pecados, estos les son retenidos" (20:22, 23, LBLA).[248]

Jesús convirtió a la iglesia en el lugar donde Dios está presente al darles el Espíritu que mora en ellos, y los convirtió en el sitio donde el perdón de pecados puede ser concedido al darles las llaves del reino de los cielos (cf. Mt 16:19). En esa iglesia, Cristo es glorificado (Juan 17:10, 22).

4. LA IGLESIA COMO EL TEMPLO DEL ESPÍRITU SANTO

En el capítulo sobre la creación, ¿por qué nos enfocamos tanto en el templo? Nuevamente, porque cuando Dios creó el mundo construyó un templo cósmico. ¿Dónde encaja la iglesia en todo esto? En el antiguo pacto, Dios habitó el tabernáculo, pero en el nuevo pacto, Dios habita en su pueblo a través del Espíritu, convirtiéndolos en su templo. El corolario de esto es que aquellos que están en Cristo ya forman parte de la nueva creación (2 Cor 5:17; Gl 6:15). El mundo entero fue hecho para que Dios estuviera presente con su pueblo, fuera representado por su pueblo, conocido, servido y adorado por su pueblo. Estas realidades serán disfrutadas en su plenitud en el nuevo cielo y la nueva tierra, y la iglesia experimenta la inauguración de la nueva creación a través del Espíritu regenerador que mora en ella.

La iglesia es el sitio donde el Dios omnipresente está pactualmente presente, el sitio del pueblo con autoridad para dar seguridad del perdón de pecados, el sitio donde Dios es conocido y servido, y el lugar del pueblo que hace realidad la inauguración de la nueva creación. La línea de pensamiento en esta subsección coincide con la de los otros dos capítulos previos, comenzando y finalizando con la gloria, luego dirigiéndose a la

---

248. Ver más en James M. Hamilton Jr., *God's Indwelling Presence: The Holy Spirit in the Old and New Testaments*, NAC Studies in Bible and Theology 1 (Nashville: Broadman & Holman, 2006).

presencia de Dios con su pueblo, centrándose en la muerte de Cristo por los pecados de su pueblo y el perdón así disfrutado.

4.1. Pentecostés: Hechos 2:1-4.

4.2. Templo del Espíritu Santo: 1 Corintios 3:16.

4.3. Perdón de pecados: Juan 20:22, 23.

4.4. Piedras vivas en una casa espiritual: 1 Pedro 2:5.

4.5. Morada de gloria: Efesios 2:19-22; 3:10.

4.1. Pentecostés: Hechos 2:1-4

Una vez construidos el tabernáculo y el templo, ambos fueron cubiertos por la gloria de Dios (Ex 40; 1 R 8). El Bautista dijo que Jesús bautizaría con el Espíritu Santo y fuego (Lucas 3:16). Durante su propio bautismo: "Y aconteció que cuando todo el pueblo era bautizado, Jesús también fue bautizado: y mientras Él oraba, el cielo se abrió, y el Espíritu Santo descendió sobre Él en forma corporal, como una paloma, y vino una voz del cielo, que decía: Tú eres mi Hijo amado, en ti me he complacido" (Lucas 3:21, 22, LBLA). Después de su resurrección, Jesús dijo a sus discípulos "que no salieran de Jerusalén, sino que esperaran la promesa del Padre: La cual, les dijo, oísteis de mí; pues Juan bautizó con agua, pero vosotros seréis bautizados con el Espíritu Santo dentro de pocos días" (Hechos 1:4, 5, LBLA).

Jesús impartió el Espíritu a sus discípulos el día de la resurrección (Juan 20:22), pero los bautizó con el Espíritu Santo en una manifestación pública de la aprobación de Dios en el día de Pentecostés, junto con evidencia audible y visible de que el Espíritu había venido sobre ellos (Hechos 2:1-4).[249] En términos bíblico-teológicos, el bautismo de la iglesia en el Espíritu durante el día de Pentecostés cumple la función de la gloria de Dios cubriendo el tabernáculo y el templo, y del Espíritu viniendo sobre Jesús durante su bautismo.[250]

---

249. Para ver los diferentes verbos usados para describir la venida del Espíritu en Hechos, ver James M. Hamilton Jr., "Rushing Wind and Organ Music: Toward Luke's Theology of the Spirit in Acts", *Reformed Theological Review 65*, no. 1 (2006): 15-33, que también aparece como Apéndice 3 en Hamilton, *God's Indwelling Presence*, 183-203.

250. Ver más en G. K. Beale, "The Descent of the Eschatological Temple in the Form of the Spirit at Pentecost: Part 1: The Clearest Evidence", *Tyndale Bulletin* 56 (2005): 73-102.

4.2. Templo del Espíritu Santo: 1 Corintios 3:16

El Espíritu Santo mora individualmente en los creyentes de Jesús, como muestran claramente ciertas declaraciones. Pablo escribe en Romanos 8:9b (LBLA): "Pero si alguno no tiene el Espíritu de Cristo, el tal no es de Él", y en 1 Corintios 6:19 (LBLA): "¿O no sabéis que vuestro cuerpo es templo del Espíritu Santo, que está en vosotros, el cual tenéis de Dios…?". También hay declaraciones que aseguran que la iglesia (como un todo) es el templo de Dios: "¿Acaso no sabéis que sois templo de Dios y que el Espíritu de Dios mora en vosotros?" (1 Cor 3:16).

Pablo desarrolla la idea de que la iglesia es el templo de Dios al aplicarla a su petición a los corintios de no tolerar falsos maestros. Los llama a no estar en yugo desigual con los incrédulos (2 Cor 6:16, LBLA), preguntando retóricamente: "¿Qué acuerdo tiene el templo de Dios con los ídolos? Porque nosotros somos el templo del Dios vivo". Luego cita Levítico 26:12, pues la iglesia siendo habitada por el Espíritu es el cumplimiento tipológico del Señor habitando el tabernáculo en medio del campamento de Israel.

Esta aplicación es como la de 1 Corintios 3, donde enseñar según el fundamento del evangelio que Pablo puso en la iglesia es edificar con oro, plata, y piedras preciosas para adornar el templo del Espíritu Santo de manera apropiada (1 Cor 3:10-12a). Si, por el contrario, las personas se alejan del verdadero evangelio que enseñó Pablo, estarán construyendo con madera, heno, y paja que el fuego del juicio consumirá, incluso siendo verdaderos creyentes (3:12b-15). Pablo enseña extensamente acerca de la necesidad de fijar la mente en el Espíritu en Romanos 8 (Rm 8:5-11) y utiliza imaginería del templo mientras describe al Hijo y al Espíritu intercediendo por los creyentes (8:26, 34).

4.3. Perdón de pecados: Juan 20:22, 23

Bajo el antiguo pacto, Dios hizo provisión para el pecado a través del sistema sacrificial que operaba en el templo. Dios estaba presente allí, y en aquel lugar el pueblo podía ofrecer sacrificios para el perdón de pecados.[251] Cuando Jesús sopló sobre sus discípulos (matices de Gn 2:7, una nueva vida para una nueva humanidad en una nueva creación) e impartió el Espíritu para que morara en ellos en Juan 20:22, continuó diciéndoles en 20:23 (LBLA): "A quienes perdonéis los pecados, estos les son perdonados; a quienes retengáis los pecados, estos les son retenidos". Esta declaración evoca lo registrado por Mateo sobre lo dicho por Jesús cuando Pedro lo

---

251. Cf. Gane, *Cult and Character*, 335-37, 343.

confesó como Cristo: "Yo te daré las llaves del reino de los cielos; y lo que ates en la tierra, será atado en los cielos; y lo que desates en la tierra, será desatado en los cielos" (Mt 16:19, LBLA).

El brindar y retener el perdón en Juan 20:23 es otra forma de describir el atar y desatar en el cielo de Mateo 16:19. ¿Qué significa? Significa que la iglesia tiene la autoridad de asegurar que los pecados son perdonados a aquellos que se arrepienten de los suyos y confían en Cristo, y que la iglesia tiene la autoridad de decir a aquellos que no se arrepienten ni creen que no forman parte de la iglesia y que no tienen razón para pensar que sus pecados han sido perdonados (cf. Mt 18:15-20; Juan 3:16-21, 36). La iglesia tiene la capacidad de asegurar a aquellos que creen en Jesús y se arrepienten de sus pecados que el Espíritu mora en ellos y que por lo tanto son parte del templo de Dios. Del mismo modo, la iglesia advierte a aquellos que no se arrepienten y creen que no forman parte del templo, que no tienen el Espíritu y que están sin Dios en el mundo (Ef 2:12).

4.4. Piedras vivas en una casa espiritual: 1 Pedro 2:5

La idea de que la iglesia es el templo de Dios donde mora el Espíritu Santo surge frecuentemente y explica la imaginería arquitectónica a lo largo de todo el Nuevo Testamento. Por ejemplo, Mateo presenta a Jesús —el cual viene en cumplimiento de la promesa de 2 Samuel 7:13, 14, sobre un descendiente de David que construiría un templo ("casa para mi nombre")— diciendo que "construirá" su iglesia (Mateo 16:18).

Los falsos cargos contra Jesús en Marcos 14 incluían la afirmación: "Nosotros le oímos decir: Yo destruiré este templo hecho por manos, y en tres días edificaré otro no hecho por manos" (Marcos 14:58, LBLA). Un cargo similar cae sobre Esteban, alegando que había hablado contra el templo, incluyendo la acusación: "Le hemos oído decir que este nazareno, Jesús, destruirá este lugar" (Hechos 6:14). Estos cargos provienen probablemente de enseñanzas similares a lo dicho por Jesús en Juan 2:19: "Destruid este templo, y en tres días lo levantaré".

La advertencia de que el hijo de perdición "se sienta en el templo de Dios" en 2 Tesalonicenses 2:4 (LBLA) indica probablemente que esta figura será un lobo en piel de oveja que se habrá infiltrado en la iglesia. Pablo habla de la iglesia como "la casa de Dios" y la llama "columna y sostén de la verdad" (1 Tm 3:15). El autor de Hebreos posiblemente se refiere al cumplimiento del tabernáculo/templo en la iglesia cuando dice en 3:6: "Cristo fue fiel como Hijo sobre la casa de Dios, cuya casa somos nosotros, si retenemos firme hasta el fin nuestra confianza y la gloria de nuestra esperanza". Juan en Apocalipsis presenta a Jesús prometiendo que al vencedor "le haré una columna en el templo de mi Dios" (Ap 3:12).

Esta imaginería comunica la presencia de Dios y la forma en que su pueblo fue creado para disfrutar de conocerlo, caminar con él, servirle y adorarlo. Pedro explica que Cristo es la piedra viviente (1 P 2:4), por la cual los creyentes (piedras vivientes al igual que Cristo) son transformados en un templo espiritual para ofrecer sacrificios aceptables a Dios a través de Cristo (2:5). En esta casa, Pedro, la roca (Mt 16:18), asegura que Cristo es la piedra angular (1 P 2:6), la que los constructores rechazaron (2:7), y sobre la cual tropiezan los desobedientes (2:8). Los creyentes, por el contrario, son como Israel recibiendo la morada de Dios —tabernáculo, templo, presencia del Santo— lo cual los convierte en una raza escogida, en el sacerdocio real, en la nación santa, en el pueblo que es propiedad de Dios para adorarlo (2:9) y caminar en santidad delante de él (1:15, 16).

Entre la encarnación, en la cual Cristo cumplió el templo, y la nueva creación, la cual será un templo cósmico, la iglesia es un cumplimiento tipológico inaugurado (ya/todavía no) del templo. La iglesia disfruta de la presencia de Dios a través del Espíritu que mora en ella, y la iglesia administra perdón de pecados a través del evangelio, experimentando un adelanto de la era que vendrá, habiendo sido hecha una nueva creación (2 Cor 5:17; Gl 6:15) regenerada (Mt 19:28; Tito 3:5) por el Espíritu que da vida.

4.5. *Morada de gloria: Efesios 2:19-22; 3:10*

Dios llenará con su gloria el templo cósmico de la nueva creación, y para tal fin, la iglesia continúa la tarea de la Gran Comisión, que consiste en hacer discípulos de todas las naciones (Mt 28:18-20). Para este gran emprendimiento, Jesús llevó cautiva la cautividad y, como Moisés y David, subió a lo alto, guiando a los cautivos y dando dones (Ef 4:8). Para llenar de gloria todas las cosas (4:10), dio a fundar la iglesia a los apóstoles, los profetas y los evangelistas, proveyendo de pastores y maestros para el equipamiento continuo de los creyentes para el ministerio (4:11, 12). Esto tiene como propósito producir unidad en la fe y en el conocimiento de Jesús, llevar a todos a la plenitud de lo que es Cristo (4:12), haciendo que todos crezcan en todos los aspectos hasta alcanzar la semejanza de Cristo (4:15).

En Efesios 4:8-16, Pablo explica lo que significa ser parte de la "familia de Dios" (Ef 2:19), el fundamento del cual Cristo es piedra angular. En verdadera concordancia con él, los apóstoles y los profetas brindan el depósito de revelación fundamental para la iglesia (2:20; 3:5), y el "templo santo en el Señor" descansa en dicha base (2:21). A medida que se crean iglesias, las mismas se unen entre sí como templo de Dios, como "morada de Dios en el Espíritu" (2:22).

Así como la gloria de Dios se manifestó al inicio de la iglesia cuando el templo fue bautizado en el Espíritu Santo el día de Pentecostés, así también el fin de la iglesia será con gloria: "A fin de que la infinita sabiduría de Dios sea ahora dada a conocer por medio de la iglesia a los principados y potestades en las regiones celestiales" (Ef 3:10, LBLA).

5. EL TEMPLO CÓSMICO DE LA NUEVA CREACIÓN

Isaías presenta al Señor creando cielos nuevos y una nueva tierra, colmados en una nueva Jerusalén (Is 65:17, 18), y en el contexto cercano Dios habla del cielo como su trono y de la tierra como su estrado, preguntando qué casa podría construirle el hombre (66:1), lo cual implica que la nueva creación es su templo. El nuevo templo de Ezequiel (Ez 40–48) debe ser entendido en el siguiente contexto: no como un edificio literal que será construido en Jerusalén, sino como un símbolo visionario del nuevo cielo y la nueva tierra, como lo interpreta Juan en Apocalipsis 21–22.[252]

5.1. El fin como cumplimiento del principio

Dios creó un prístino reino de la vida en Génesis 1–2, y Juan describe un prístino reino de la vida, realizado cuando todo sea cumplido, en Apocalipsis 21–22. Así como no había muerte en el templo cósmico de Dios antes del pecado en Génesis 3, así tampoco habrá muerte en el templo cósmico después de que el primer cielo y la primera tierra desaparezcan y el mar deje de existir (Ap 21:1, 4). Del mismo modo que no había transgresiones en Génesis 1–2, asimismo no las habrá en la nueva Jerusalén (21:8). Que no haya pecado ni muerte significa que no habrá nada impuro, así como ocurrió al principio (21:27). Así como Adán fue hijo de Dios, y se le dio dominio sobre el reino de Dios como vicerregente, así se les concederá la filiación a quienes sean vencedores, una filiación que cumple con la dada al nuevo Adán Israel y al rey del nuevo Israel de la descendencia de David, a fin de que el templo de Dios sea ministrado por el sacerdocio real de Dios: "El vencedor heredará estas cosas, y yo seré su Dios y él será mi hijo" (21:7, LBLA).

5.2. Correspondencias entre Edén y la nueva creación

La descripción que Juan da de la nueva Jerusalén la muestra como una nueva y mejor ciudad del Edén, donde "el tabernáculo de Dios está entre los hombres, y Él habitará entre ellos y ellos serán su pueblo, y Dios mismo estará entre ellos" (Ap 21:3), cumpliendo los propósitos de Dios en la creación y en la redención. Juan describe un nuevo y mejor Edén, un tem-

---

252. Ver Beale, *The Temple and the Church's Mission*, 335-64.

plo cósmico, en la nueva creación al mostrar puntos de correspondencia histórica e incremento en Apocalipsis 22.

- Un río fluía desde el Edén para regar el jardín en Génesis 2:10, y el río del agua de vida fluye "del trono de Dios y del Cordero" en Apocalipsis 22:1.
- El árbol de la vida estaba en el jardín en Génesis 2:9, pero es mejor en el nuevo Edén pues está a ambos lados del río, para la sanidad de las naciones (Ap 22:2), para quienes entren por las puertas a la ciudad (22:14).
- Mientras que en el jardín la serpiente impura fue capaz de infiltrarse e inducir al pueblo de Dios a pecar (Gn 3:1-7), en la ciudad no habrá nada maldito (Ap 22:3). Todos los malhechores estarán afuera (22:15).
- Mientras que Adán tuvo que trabajar y cuidar el jardín y falló en hacerlo (Gn 2:15; 3:6), en el nuevo y mejor futuro los siervos sacerdotales de Dios experimentarán su presencia y le servirán: "El trono de Dios y del Cordero estará allí, y sus siervos le servirán" (Ap 22:3, LBLA).
- Dios caminó en el jardín al fresco del día (Gn 3:8), pero en la nueva Jerusalén el "templo es el Señor, el Dios Todopoderoso, y el Cordero" (21:22, LBLA); allí será entronizado (22:3), y su resplandor es tal que no son necesarios sol, luna ni lámpara alguna (22:5).

Dios creó el mundo como un templo cósmico, y cuando haya logrado sus propósitos, eso mismo es lo que será.

8

Éxodo

Cuando pise el borde del Jordán,
Haz que mis miedos ansiosos disminuyan.
Muerte de la muerte, y destrucción del infierno,
Llévame a salvo del lado de Canaán.
    WILLIAM WILLIAMS[253]

Dios liberó a su pueblo en el éxodo de Egipto, y podemos ver cuán importante Moisés pensó que esto era por la forma en que anticipa el éxodo en sus relatos de Abraham y Jacob, cómo narra el éxodo mismo y cómo indica luego que Dios salvará a su pueblo en el futuro de la misma manera que los salvó en el éxodo. Prueba de que los autores bíblicos posteriores entendieron que Moisés tenía la intención de presentar el éxodo como un esquema interpretativo y un paradigma predictivo puede verse en la forma en que ellos, a su vez, lo despliegan. Josué presenta la conquista de la tierra y la salvación de Rahab como entregas en el patrón del éxodo (ver más adelante). Los profetas apuntaron hacia un día futuro cuando Dios haría un éxodo nuevo y mayor, eclipsándolo en significado (p. ej., Is 11:15, 16; Jeremías 16:14, 15; 23:5-8). Los Salmos celebran el éxodo (por ejemplo, Salmos 74:12-15; 78; 136) y se unen a los profetas para señalar un nuevo éxodo y conquista (p. ej., Sal 106:47–107:3; 108; 110; 135:14; 137:7-9). En los Evangelios, los evangelistas presentan a Jesús recapitulando la historia de Israel y trayendo patrones del éxodo al cumplimiento tanto en su vida como en su muerte y resurrección, que cumple la Pascua. Pablo y Pedro usan el patrón de eventos del éxodo como un esquema interpretativo para comprender la experiencia cristiana y moldear la identidad cristiana. Luego, en Apocalipsis, Juan indica que el fin de todas las cosas volverá a recapitular y cumplirá el patrón de salvación del éxodo.

---

253. "Guide Me, O Thou Great Jehovah". Deseo agradecer a Matt Damico por traer este himno de verdad tipológica a mi atención.

Este capítulo no puede comenzar a agotar el tratamiento bíblico del motivo del éxodo.[254] Las instancias del patrón discutido a continuación buscan mostrar cómo Moisés lo anticipó, luego sucedió, y más tarde los autores del Antiguo Testamento hicieron más entregas en el patrón, mostrando que entendieron lo que Moisés intentó enseñar. Jesús cumplió entonces el éxodo en vida y muerte, y Pablo lo usó para enseñar a los cristianos lo que Cristo había hecho por ellos, antes de que Juan en Apocalipsis profetizara un futuro éxodo. Para poner restricciones manejables en la discusión que sigue, lamentando no poder discutir todo (pero operando gustosamente dentro de las limitaciones de este proyecto), buscamos un muestreo de la tipología del éxodo de la siguiente manera:

1. El éxodo en la Torá.

2. El éxodo en Josué.

3. El éxodo en los Evangelios.

4. El éxodo en Pablo.

5. El éxodo en Apocalipsis.

Este capítulo plantea la idea de que a partir de Moisés, los autores bíblicos presentan lo que Dios hizo por Israel en el éxodo de Egipto como la clase de cosas que Dios hace cuando salva a su pueblo.[255] Los siguientes tres puntos resumen el argumento:

1. Que Moisés estableció que el hecho histórico del éxodo es un *tipo* mediante la presentación de avances del mismo en las vidas de Abraham y Jacob.

2. Luego registró el evento histórico del éxodo mismo, estableciendo el patrón presentándolo repetido.

3. E incluso dentro del mismo libro del Éxodo, una vez que el evento del éxodo se registra, hay indicios de que el patrón será repetido en el futuro.

Moisés establece así los eventos del éxodo como un tipo, y más tarde los autores bíblicos muestran en su obra que han aprendido de Moisés que el éxodo es a la vez un *esquema interpretativo* y un *paradigma predictivo*.

254. Para el tratamiento de la longitud de los libros, ver esp. Morales, *Exodus Old and New*; Rikki E. Watts, *Isaiah's New Exodus in Mark* (Grand Rapids: Baker, 2000); David W. Pao, *Acts and the Isaianic New Exodus* (Grand Rapids: Baker, 2002).

255. De manera similar, Francis Foulkes, "The Acts of God: A Study of the Basis of Typology", en *The Right Doctrine from the Wrong Texts? Essays on the Use of the Old Testament in the New*, ed. G. K. Beale (Grand Rapids: Baker, 1994), 343, 352.

1. EL ÉXODO EN LA TORÁ

Esta sección busca mostrar que existen paralelismos entre el éxodo de Egipto y los eventos clave en las narraciones de Abraham y Jacob, así que los patriarcas anticipan el éxodo. También hay declaraciones que indican que lo que sucedió en el éxodo se repetirá en la conquista. Esos son los hechos, y aquí está mi interpretación de ellos: Moisés notó los paralelos que Dios construyó soberanamente en el desarrollo de la historia, entendiéndolos bajo la inspiración del Espíritu Santo, y escribió las narraciones para que el patrón del éxodo se tipificara en las vidas de Abraham y Jacob; luego, el éxodo mismo ocurrió cuando Dios sacó a Israel de Egipto, y Moisés indicó que su audiencia podía esperar que Dios continuaría actuando de la misma manera en el futuro.

1.1. Abraham

Hay un anticipo del éxodo de Egipto en la vida de Abram. Que Moisés pretenda establecer este paralelo se puede ver en la forma en que usa las mismas palabras e incluso líneas enteras en las dos narraciones, presenta secuencias coincidentes de eventos, y todo esto con personajes que avanzan en la misma trama histórico-salvífica en pacto con Dios. Tomando esto último primero, Dios hizo promesas a Abraham acerca de su descendencia, haciendo pacto con él. La nación de Israel es la simiente colectiva de Abraham, y una vez que Dios hizo por ellos lo que había hecho por Abraham, lo cual también le prometió a Abraham que haría (Gn 15:13-16), hizo un pacto con la nación. Moisés anticipa el éxodo de Egipto en la vida de Abram por medio de la declaración de Yahvé en Génesis 15:7: "Yo soy Yahvé que te sacó…", una expresión que Moisés posteriormente presenta en Éxodo 20:2, donde Yahvé dice a Israel: "Yo soy Yahvé tu Dios, que te sacó…".[256] Vemos terminología común que describe eventos similares cuando el término "plaga" (נגע) describe lo que Dios le hace a faraón para liberar a Sara en Génesis 12:17 y a Israel en Éxodo 11:1. Las secuencias de eventos paralelos entre los éxodos de Abraham e Israel se presentan en la Tabla 8.1.

---

256. En conjunto con lo que veremos sobre Jacob y la manera en que Oseas interpreta su historia más adelante, podría haber un adelanto del nuevo éxodo: la declaración de Génesis 15:7 (RV60) termina con la frase "De Ur de los caldeos, para darte a heredar esta tierra". En el éxodo de Egipto, Yahvé trajo a Israel de Egipto y les dio la tierra de Canaán. En el nuevo éxodo del exilio de Babilonia, Yahvé sacó a su pueblo de la tierra de los caldeos para darles la tierra de Canaán.

TABLA 8.1. Secuencias de eventos paralelos en los éxodos de Abraham e Israel de Egipto[257]

Abraham	Israel
Génesis 12:10: Descenso a Egipto debido a la hambruna.	Génesis 46: Descenso a Egipto debido a la hambruna.
Génesis 12:15: Sara apresada por faraón.	Éxodo 1: Israel esclavizado por faraón.
Génesis 12:16: Faraón enriquece a Abraham.	Éxodo 12:35, 36: Israel saquea Egipto.
Génesis 12:17-20: Yahvé libera a Sara a través de plagas.	Éxodo 7–12: Yahvé libera a Israel a través de plagas.
Génesis 14: Derrota de reyes para rescatar a Lot.	Números 21: Derrota de Sehón y Og.
Génesis 14:17-24: Melquisedec, rey-sacerdote de Salem.	Éxodo 18: Jetro, sacerdote de Madián.
Génesis 15:7: "Yo soy Yahvé que te sacó…".	Éxodo 20:1: "Yo soy Yahvé que te sacó…".
Génesis 15:12-17: Teofanía: Humo, fuego, oscuridad.	Éxodo 19:16-18: Teofanía: Nube espesa, humo, fuego.
Génesis 15:13, 14: Profecía del éxodo de Egipto.	Éxodo 15:5, 16: Profecía de una conquista de la tierra como el éxodo.

Además de apuntar hacia adelante, la narración que trata de la vida del descenso de Abraham a Egipto también apunta hacia atrás. Mathews cataloga un impresionante número de paralelos verbales y secuenciales entre la narración de la tentación en Génesis 3 y la anticipación del éxodo de Abram, en Génesis 12, y su resumen pone bien el asunto:

> Ambos relatos involucran el telón de fondo de la comida (abundancia o hambre), dependen de la idea del engaño y retratan a la esposa

257. Esta tabla actualiza la de James M. Hamilton Jr., "The Exodus Motif in Biblical Theology", en *The Law, The Prophets, and the Writings: Studies in Evangelical Old Testament Hermeneutics in Honor of Duane A. Garrett*, ed. Andrew M. King, William R. Osborne, y Joshua M. Philpot (Nashville: Broadman & Holman, 2021), 80.

en un papel crítico. Siguiendo el descubrimiento del engaño, está el interrogatorio de las partes (por Dios/faraón), admisión del hecho (por Adán/Abram), y expulsión de las fiestas (del Edén/Egipto). También las historias posteriores hablan de cisma familiar (Caín-Abel/Lot-Abram).[258]

Hemos visto arriba cómo la mentira de la hermana de Abraham en Génesis 12:10-20 es repetida en 20:1-18, y luego Isaac hace lo mismo en 26:6-11. Las conexiones entre el pecado de Abraham en Génesis 12 y el pecado de Adán en Génesis 3 también anticipan conexiones entre el pecado de Jacob y el de Adán.

1.2. Jacob

Antes de mirar la forma en que la narración de Jacob presagia el éxodo, comenzamos con las formas en que se vincula con el pecado de Adán. Esto nos permite ver las conexiones que Moisés ha forjado dentro de Génesis; tanto Abraham como Jacob señalan de nuevo a Adán y, al igual que Adán, Abraham y Jacob experimentaron el exilio de la presencia de Dios en anticipación de la salvación y el regreso.

La narrativa sobre el engaño de Jacob a Isaac, cuando robó la bendición de Esaú, contiene notables paralelismos en la secuencia de eventos con Génesis 3. Señalaremos la forma en que Moisés reutiliza el lenguaje a medida que examinemos lo siguiente:

- La serpiente engañó a la mujer (Génesis 3:1-5), quien tomó de la fruta prohibida y comió, "y dio también a su marido, el cual comió así como ella" (3:6, RV60). Así como la mujer le dio el fruto al hombre en Génesis 3, iniciando la transgresión, así en Génesis 27:5, 6, Rebeca inicia el plan para engañar a Isaac.

- En Génesis 3:17, el Señor comienza sus palabras de juicio: "Porque has escuchado la voz de tu esposa". En Génesis 27:13, Rebeca le dice a Jacob que escuche su voz (שָׁמַע "escuchar, oír, obedecer" + קוֹל "voz").

- En Génesis 3:6, la mujer "tomó" el "fruto", y en Génesis 27:14, Jacob "tomó" las cabras y su madre preparó la "comida".

- Adán no respondió a Dios con la verdad cuando fue llamado a rendir cuentas (Génesis 3:8-11), y Jacob mintió repetidamente a Isaac (27:19, 20, 24).

258. Mathews, *Genesis 11:27–50:26*, 123.

- Dios maldijo a la serpiente y habló palabras de juicio sobre la mujer y el hombre en Génesis 3:14-19. Rebeca le dice a Jacob en Génesis 27:13: "Sobre mí sea vuestra maldición" (עָלַי קִלְלָתְךָ).

- Después de la transgresión, en Génesis 3:21, Dios "vistió" (לָבַשׁ) al hombre y a la mujer con "prendas" (כֻּתֳּנֶת) de "piel" (עוֹר). Como parte del engaño, en 27:15, 16, Rebeca "vistió" (לָבַשׁ) a Jacob con las vestiduras de Esaú (בֶּגֶד), y con "pieles" (עוֹר) ella "vistió" (לָבַשׁ) sus manos y la parte lisa de su cuello.

- Después de la transgresión en Génesis 3, Dios pronunció juicio sobre la serpiente (Génesis 3:14, 15). Después de la transgresión en Génesis 27, Isaac habló juicio sobre Esaú (27:39, 40).

- Dios bendijo al hombre y a la mujer con palabras de esperanza (Génesis 3:15), y esa esperanza se extiende a través de la bendición de Isaac a Jacob (27:27-29; 28:1-4).

- También es interesante observar que mientras el Señor dijo que la serpiente heriría el talón (עָקֵב) de la simiente de la serpiente (Gn 3:15), el nombre de Jacob se basa en el mismo término, "talón", debido a la forma en que "tomó del talón" (יַעֲקֹב) y se aferró a su hermano al nacer (25:26).

- Después de Génesis 3, Caín asesina a Abel (Génesis 4:8), y después de que Jacob le roba su bendición, Esaú quiere matarlo (27:41, 42).

- A causa de su pecado, el hombre y la mujer son echados del jardín (Génesis 3:22-24). Debido a su pecado (y para evitar que se casara con los cananeos), Jacob es expulsado de la tierra prometida (27:43-46; 28:1, 2).

Estos puntos de contacto presentan a Jacob como un nuevo Adán. Después de sus veinte años de exilio de la tierra (Gn 31:41), Jacob experimentó un éxodo del cautiverio y regresó a la tierra de la promesa (33:18), lo que implica que el exilio del Edén también sería remediado por un éxodo del cautiverio y un regreso al reino puro de la vida.

La evidencia de que Moisés desea que su audiencia relacione el éxodo de Jacob desde Padan-aram con el éxodo de Israel desde Egipto incluye puntos de contacto léxicos, la cita de frases, similitudes en la secuencia de eventos y una significación análoga en términos del pacto y la historia redentora. Isaac pasa la bendición de Abraham a Jacob en Génesis 28:3, 4, y el nombre de Jacob es cambiado a Israel, que se convierte en el nombre por el cual su simiente, la nación, es llamada. Esto establece la similitud en el significado histórico-salvífico y pactual. La reutilización de lenguaje, citas y secuencias de eventos similares son los siguientes:[259]

259. Al respecto de esto, me llamó la atención una presentación hecha por Jeffrey Timmons, "New Exodus", en Old Testament Colloquium, del Southern Seminary, el

- Cuando Jacob va a Labán, inicialmente recibe una cálida bienvenida (Gn 29:13, 14). De manera similar, cuando Jacob va a Egipto, faraón lo recibe con respeto (47:5-12).

- Labán somete a Jacob a trabajos forzados (Gn 29:15, 27; 31:38-41), tal como el faraón, que no conocía a José, hizo con los israelitas (Éxodo 1:8-14).

- En Padan-aram, Jacob fue fructífero y multiplicado (Gn 28:3; cf. 1:28), y él "prosperó muchísimo" (Gn 30:30, 43, NVI; פָּרַץ). En Egipto, también Israel fue fructífero y se multiplicó (Éxodo 1:7, 10, 12) y se extendió (1:12, RV60; פָּרַץ).

- Labán buscó impedir la multiplicación de los rebaños de Jacob quitando los animales que poblarían las posesiones de Jacob (Gn 30:35), y faraón buscó disuadir la multiplicación del pueblo de Israel (Éxodo 1:15-22).

- En ambos casos, Dios se identifica a sí mismo: "Yo soy el Dios de Betel" (Gn 31:13, אָנֹכִי הָאֵל בֵּית־אֵל); "Yo soy el Dios de tu padre" (Éxodo 3:6, אָנֹכִי אֱלֹהֵי אָבִיךָ).

- Y luego explica cómo "ve" el maltrato a su pueblo e instiga el éxodo: "He visto todo lo que Labán te ha hecho... Levántate ahora, sal de esta tierra, y vuelve a la tierra donde naciste" (Génesis 31:12, 13, LBLA, רָאִיתִי אֵת כָּל־אֲשֶׁר לָבָן עֹשֶׂה לָּךְ ...קוּם צֵא מִן־הָאָרֶץ הַזֹּאת וְשׁוּב אֶל־אֶרֶץ מוֹלַדְתֶּךָ); "Ciertamente he visto la aflicción de mi pueblo... Y he descendido para librarlos... para sacarlos de aquella tierra a una tierra buena y espaciosa, a una tierra que mana leche y miel..." (Éxodo 3:7, 8, LBLA, רָאֹה רָאִיתִי אֶת־עֳנִי עַמִּי).

- En ambos casos, los hebreos piden su propia liberación (Gn 30:25; Ex 5:1 etc.).

- Con cada narración, el pueblo de Dios saquea a sus enemigos, "desnudándolos" ellos del botín (formas *piel* de נָצַל en Gn 31:9 y Éxodo 3:22).

- Jacob escapa (Gn 31:20, 21), al igual que los israelitas (Ex 14:5).

- El mismo lenguaje se usa para informar a Labán y luego a faraón de que Israel ha huido: "Al tercer día informaron a Labán que Jacob se había escapado" (Génesis 31:22, NVI, וַיֻּגַּד לְלָבָן ... כִּי בָרַח יַעֲקֹב); "Y cuando el rey de Egipto se enteró de que el pueblo se había escapado..." (Éxodo 14:5, NVI; וַיֻּגַּד לְמֶלֶךְ ... כִּי בָרַח הָעָם).

- Tanto Labán como faraón persiguen a Israel: "Labán reunió a sus parientes y lo persiguió" (Génesis 31:23, NVI, וַיִּקַּח אֶת־אֶחָיו עִמּוֹ וַיִּרְדֹּף); "y

---

4 de noviembre de 2020. Timmons citó a David Daube, *The Exodus Pattern in the Bible* (London: Faber & Faber, 1983); y Yair Zakovitch, *"And You Shall Tell Your Son": The Concept of the Exodus in the Bible* (Jerusalén: Magnes, 1991).

tomó seiscientos carros escogidos… y este persiguió a los hijos de Israel" (Éxodo 14:7, 8, LBLA; וַיִּקַּח שֵׁשׁ־מֵאוֹת רֶכֶב בָּחוּר...וַיִּרְדֹּף).

- "Y Labán alcanzó a Jacob" (Génesis 31:25, וַיַּשֵּׂג לָבָן אֶת־יַעֲקֹב) y faraón dijo: "Perseguiré, alcanzaré" (Éxodo 15:9, אֶרְדֹּף אַשִּׂיג).

- Mientras que Yahvé se le aparece a Labán y le advierte que no ataque a Jacob (Gn 31:24, 29, 31, 42), arroja al faraón y a su hueste al mar (Ex 14:27; 15:4; cf. 14:23-29).

Cuando regresó a la tierra, el camino de Jacob siguió los pasos del viaje de Abraham a la tierra prometida. Abraham partió de Ur de los caldeos cerca de Babilonia y desde allí fueron a Harán (Gn 11:28, 31; 15:7). Luego fue de Harán (11:31; 12:4) a Siquem (12:6), donde construyó un altar, antes de ir a Beth-el/Ai (12:8), donde nuevamente edificó un altar. Esta progresión es más tarde igualada por Jacob, cuyos padres lo enviaron a Harán para encontrar una esposa (27:43; 28:10; 29:4). De Harán, Jacob volvió a Siquem (33:18-20), donde construyó un altar, antes de trasladarse a Betel (35:14, 15, 27), donde nuevamente edificó un altar.[260]

Moisés forja así conexiones entre Adán y Abraham, Jacob y Adán, Jacob y Abraham, y entre Abraham y Jacob y el éxodo de Egipto. Oseas parece haber entendido la relación que Moisés estableció entre Jacob y el éxodo, incitándolo a seguir un versículo sobre Jacob yendo a Labán por una esposa con un versículo sobre Moisés guiando a Israel fuera de Egipto: "Jacob huyó a un campo de Aram; Israel trabajó cuidando ovejas en pago por su esposa. El Señor usó a un profeta para sacar a Israel de Egipto y por medio de un profeta lo cuidó" (Os 12:12, 13, NVI [MT 12:13, 14]).

1.3. El éxodo de Egipto

He aquí una propuesta sobre cómo llegó Moisés a lo que presenta: habiendo experimentado el éxodo, Moisés reflexionó e intentó señalar la forma en que lo que le sucedió a Abraham tipificó el éxodo. Moisés no lo hizo, por supuesto, experimentar el nuevo éxodo y regreso del exilio, pero sí habló de este repetidamente (Lv 26; Dt 4:25-31; Dt 28–32). El profeta Oseas parece conectar el exilio de Jacob a la tierra de Harán y el éxodo de Egipto (ver especialmente Os 12:12, 13; cf. 12:2-14).[261] La idea de que las experiencias de Abram y Jacob tipifican *tanto* el éxodo *como* el nuevo éxodo podría

260. Mathews dirigió mi atención a estos paralelos, *Genesis 1–11:26*, 52.

261. Véase además Derek Drummond Bass, "Hosea's Use of Scripture: An Analysis of His Hermeneutic" (PhD diss., Louisville, The Southern Baptist Theological Seminary, 2008), 236-42.

servir de base a Oseas sobre estos puntos. Podríamos decir que un patriarca, Abraham, fue sacado de Egipto en anticipación del éxodo, y el otro, Jacob, fue llevado a casa de Padan-aram en anticipación del nuevo éxodo.

Cada detalle en las Escrituras importa y los autores bíblicos han hecho más conexiones con otros pasajes de las que podemos comenzar a reconocer. Lo que sigue resalta las características de la narrativa del éxodo que se repetirán en pasajes posteriores:

- Los hijos de Moisés fueron circuncidados en el camino a Egipto (Éxodo 4:24-26) y la generación del desierto fue circuncidada en el camino a Canaán (Josué 5:2-9). La circuncisión del corazón se promete en la restauración (Dt 30:6; cf. Col 2:11, 13).

- El corazón de faraón se endureció (Éxodo 4:21; 7:3), al igual que los corazones de los reyes de Canaán (Deuteronomio 2:30; Josué 11:20).

- Como Dios le dijo a Abraham, él trajo juicio sobre el enemigo opresor (Gn 15:14; Ex 7:4).

- Como Dios le dijo a Abraham, y como Jacob hizo con Labán, Israel saqueó al enemigo (Gn 15:14; 31:9; Ex 3:22; 11:2; 12:35, 36).

- Israel siguió la columna de fuego y la nube a través del desierto (Éxodo 13:21, 22; cf. Is 52:12).

- El pueblo cruzó el mar en seco (Éxodo 14:16), Josué guiaría al pueblo a través del Jordán (Josué 4:23; cf. 2 Reyes 2:8, 14).

- El Señor intervino en la noche y evitó que Labán atacara a Jacob (Gn 31:24, 29, 42), y en el éxodo, el ángel del Señor acampó alrededor de los que le temían y los libró (Éxodo 14:19, 20; cf. Sal 34:7 [ET 34:8]).

- Yahvé se volvió la fuerza, el canto y la salvación de su pueblo (Éxodo 15:2), e Isaías y el salmista cantaron las mismas palabras (Isaías 12:2; Salmo 118:14; ambos citan Éxodo 15:2).

- Al soplo de sus narices, Yahvé abrió el mar Rojo para su pueblo (Éxodo 15:8), figurativamente haciendo lo mismo por David cuando lo libró de la mano de todos sus enemigos y de Saúl (Sal 18:15; cf. 18 ss. [MT 18:16; 18:1]).

- Yahvé le dio a su pueblo maná del cielo para comer (Éxodo 16), anticipando la forma en que profetas posteriores como Eliseo (2 Reyes 4:42-44) y Jesús (p. ej., Juan 6:4-13) alimentarían multitudes, culminando en Jesús dándose a sí mismo como pan de vida a su pueblo (Juan 6:33).

- El Señor dio dos veces agua de la roca (Éxodo 17:6; Números 20:11), y cuando llegó, llamó a los sedientos para que se acercaran a él a beber y recibir algo mejor que el agua, el Espíritu Santo (Juan 7:37-39).

- En el Monte Sinaí, Israel se encontró con Yahvé y entró en pacto con él al tercer día (Éxodo 19–20), y después de tres días cruzaron el Jordán (Josué 1:11; 3:2).
- El pacto fue inaugurado y no sin sangre (Ex 24; Hebreos 9:18).
- En el Sinaí, a Moisés se le mostró el diseño del tabernáculo en el monte, y en el Sinaí lo edificaron para que Yahvé lo llenara de su gloria (Éxodo 25–31, 35–40).
- En Sinaí, también Israel construyó el becerro de oro y rompió el pacto, mostrando que no se había dado una ley que pudiera dar vida (Éxodo 32–34; Gálatas 3:21; cf. Éxodo 32:4, 8 y 1 Reyes 12:28).
- Solo la intercesión de Moisés evitó que el Señor los destruyera y, después de mirarlo, Moisés quedó radiante (Éxodo 32:11-14; 33:12-23; 34:29-35; cf. Sal 34:5 [MT 34:6]).
- En el camino a Canaán, para liberar al pueblo, Moisés levantó la serpiente de bronce como señal a las naciones, para que la miraran y fueran salvos (Nm 21:4-9; mismo término para "señal" [נֵס] usado en Is 11:10, 12; cf. Is 45:22; Juan 3:14; 12:32).

La repetición del patrón de eventos visto en las vidas de Abraham y Jacob añade significado, y con todo esto, Moisés también indica que cuando Israel entra en la tierra de Canaán para conquistarla, lo hace siguiendo el modelo del éxodo. Es decir, la conquista sería un nuevo éxodo.

1.4. El éxodo y la conquista

Mientras Moisés celebra la derrota del faraón en el mar Rojo, relata cómo los carros del faraón y su hueste "descendieron a las profundidades como piedra" (Éxodo 15:5, RV60). Más adelante, en el cántico de victoria, en Éxodo 15:16, utiliza la misma imaginería para describir a los reyes cananeos que, según profetiza, Israel conquistará mientras ellos "pasan", diciendo: "Quedarán mudos como piedras hasta que haya pasado (עָבַר), tu pueblo, pueblo (עָבַר) que adquiriste para ti" (15:16, NVI). Será evidente en la siguiente sección que Josué entendió esto y presentó la conquista de la tierra como instancia de un patrón de eventos al estilo del éxodo.

2. EL ÉXODO EN JOSUÉ

Vimos en la sección 6 del capítulo 4 anterior que Josué es presentado como un profeta como Moisés. Aquí quiero sugerir que el libro de Josué pretende presentar la conquista de la tierra como una parte del patrón de eventos del éxodo. El patrón del éxodo se anticipó en las narraciones de Abraham

(Gn 12–15) y Jacob (Gn 27–32), sucedió en su totalidad cuando Israel salió de Egipto y se abrió camino a través del desierto (Éxodo–Números), y Moisés sugirió que la conquista sería como el éxodo en la Canción del Mar (Éxodo 15), estableciendo la conexión al comparar el ejército del faraón con una "piedra" en Éxodo 15:5 y a los habitantes de Canaán con una "piedra" en 15:16.

Las repeticiones del patrón del éxodo a lo largo de la Torá crean un incremento en su importancia, lo que aumenta aún más cuando los relatos de Josué incrementan el número de sucesos en la imaginería. Primero consideraremos la conquista en general antes de reflexionar sobre la liberación de Rahab en particular.

2.1. La conquista de Canaán en el nuevo éxodo de Israel

Los criterios para establecer la correspondencia histórica entre el éxodo y la conquista abundan en el libro de Josué: puntos de contacto lingüísticos, citas y referencias a material anterior, similitudes en secuencias de eventos y continuidad de la importancia del pacto. Este último es el más fácil de establecer en este caso: el pueblo que Yahvé salvó en el éxodo y con el que hizo pacto en Sinaí es el pueblo al que le da la tierra prometida en la conquista, y este es el pueblo que renueva el pacto abrahámico de la circuncisión en Josué 5:2-9, que celebra la Pascua en Josué 5:10, y quienes renuevan el pacto mosaico en los montes Gerizim y Ebal en Josué 8:30-35. El significado redentor histórico y de pacto de la conquista en relación con el éxodo es evidente.

Las correspondencias históricas entre éxodo y conquista son igualmente abundantes: Josué es como un nuevo Moisés (Jos 1). La salvación de Rahab tiene características que recrean la Pascua (Josué 2; ver discusión bajo el subtítulo a continuación, "La Pascua de Rahab"), y luego el cruce del mar Rojo se recrea cuando Israel cruza el río Jordán "en tierra seca" (Jos 3, especialmente 3:17; 4:23).

En un contexto que recuerda la forma en que el éxodo sería educativo para las generaciones venideras, el cruce del Jordán y el mar Rojo se comparan directamente en Josué 4:21-24 (RV60):

> Y habló a los hijos de Israel, diciendo: Cuando vuestros hijos pregunten a sus padres el día de mañana, diciendo: "¿Qué significan estas piedras?", entonces lo explicaréis a vuestros hijos, diciendo: "Israel cruzó este Jordán en tierra seca". Porque el Señor vuestro Dios secó las aguas del Jordán delante de vosotros hasta que pasasteis, tal como el Señor vuestro Dios había hecho al mar Rojo, el cual Él secó delante

de nosotros hasta que pasamos, para que todos los pueblos de la tierra conozcan que la mano del Señor es poderosa, a fin de que temáis al Señor vuestro Dios para siempre.

Compare la configuración similar para el ensayo de eventos en Éxodo 12:26 (NVI): "Y cuando sus hijos les pregunten: '¿Qué significa para ustedes esta ceremonia?'". El contexto de Éxodo 12 luego relata los eventos de la noche de Pascua. Note que la cita anterior de Josué 4:23 compara directamente los cruces del Jordán y el mar Rojo. También debemos observar la repetición en esta cita de la frase "pasado por alto" (עָבַר, una vez en 4:22, dos veces en 4:23), que emplea el mismo verbo hebreo usado para hablar de la noche de Pascua (עָבַר; Éxodo 12:12, 23). Este verbo aparece con tanta frecuencia en los primeros capítulos de Josué que la nota de la "Pascua" es como una línea de bajo constante para la melodía de la narración (Josué 1:2, 11, 14, 15; 2:10, 23; 3:1, 2, 6, 11, 14, 16, 17; 4:1, 3, 5, 7, 8, 10, 11, 12, 13, 22, 23, etc.).

También podemos observar el propósito declarado del cruce del río Jordán en Josué 4:24 (NVI): "Para que todas las naciones de la tierra supieran que el Señor es poderoso y para que ustedes aprendieran a temerlo para siempre"; es el mismo propósito declarado para el éxodo de Egipto, por ejemplo, en Éxodo 9:14, 16; 14:4, 17, 18.

Algunos de estos puntos de correspondencia fueron señalados arriba, pero vale la pena repetirlos junto a otros aquí:

- Así como Moisés circuncidó a sus hijos en su camino de regreso a Egipto antes del éxodo (Éxodo 4:24-26), Josué circuncidó a la generación del desierto camino a la tierra de conquista (Josué 5:2-9).

- Así como Moisés se encontró con el ángel del Señor en la zarza ardiente y se le dijo que se quitara las sandalias porque la tierra era santa (Éxodo 3:1-6), Josué se reunió con el comandante del ejército del Señor y se le dijo que se quitara las sandalias porque la tierra era santa (Josué 5:13-15).

- Israel saqueó Egipto (Éxodo 3:21, 22; 11:3; 12:36) e Israel saqueó Jericó (Josué 6:19, 24).

- Así como Yahvé endureció el corazón de faraón en el éxodo (Éxodo 4:21; 7:3; 9:12; 10:1, etc.), así leemos sobre los reyes de Canaán y su pueblo en Josué 11:20 (LBLA): "Porque fue la intención del Señor endurecer el corazón de ellos, para que se enfrentaran en batalla con Israel, a fin de que fueran destruidos por completo, sin que tuviera piedad de ellos y los exterminara, tal como el Señor había ordenado a Moisés" (cf. Dt 2:30).

- Así como Yahvé descansó cuando completó su obra de creación en Génesis 2:2, 3, para que la tierra tuviera descanso cuando se cumplieron las promesas y la conquista fue completa (Josué 11:23).

- Así como Adán iba a gobernar y sojuzgar (כָּבַשׁ) la tierra (אֶרֶץ) en Génesis 1:28, así el nuevo Adán, el hijo de Dios (Éxodo 4:22, 23), la nación de Israel, establece la tienda de reunión en Siloé, y "la tierra (אֶרֶץ) estaba sometida (כָּבַשׁ) delante de ellos" (Josué 18:1, LBLA).

Como vimos en la anticipación del éxodo en la vida de Abraham, los mismos eventos se repiten y, si bien existe una amplia correspondencia, no siempre hay una coincidencia exacta en la secuencia de los eventos. Aquí nuevamente esto atestigua la veracidad histórica de los relatos. Los autores bíblicos no están inventando historias que coincidan entre sí, sino que notan similitudes y las presentan para que sus audiencias las noten.

La continuación del significado histórico y de pacto de la salvación de Israel desde el éxodo a la conquista es clara, al igual que las similitudes en las secuencias de acontecimientos, y abundan los puntos de contacto léxicos y las referencias a lo ocurrido en el éxodo en los relatos de la conquista. La *correspondencia histórica* entre el éxodo y la conquista abunda. Sugiero, entonces, que Josué tenía la intención de presentar la conquista de Canaán como una entrega en el patrón del éxodo. La repetición del patrón crea un *aumento* de la importancia, reforzando la conclusión de que lo que Dios hizo en el éxodo es el *tipo* de cosas que hace cuando interviene a favor de su pueblo para salvarlo. Este es el *tipo* de cosas que vemos en la conquista, y este es el *tipo* de cosas que Moisés y los profetas que lo siguieron, siendo Josué el primero de ellos, llevaron a Israel a esperar que Dios hiciera por ellos en el futuro.

2.2. La pascua de Rahab

¿La salvación de Rahab tipifica la salvación de la iglesia? El cordón escarlata a veces se presenta como un ejemplo de desfile de fantasía tipológica y exceso alegórico. El cordón era rojo, la sangre de Cristo era roja, ¡voilá! La liberación de Rahab apunta a la liberación de la novia gentil de Cristo en la cruz.

¿Es acaso esta sugerencia, que lo sucedido con Rahab apunta a la salvación en Cristo, totalmente ilegítima? La validez de la conclusión depende de qué evidencia se usa para establecerla, cómo se interpreta esa evidencia y la calidad del argumento hecho sobre la base de la interpretación de la evidencia.

Usando los criterios para establecer la *correspondencia histórica* discutida en el capítulo 1, esta sección propone que el autor del libro de Josué pretendía presentar la liberación de Rahab como una entrega en un patrón de eventos similar a la Pascua. Mi primera premisa, entonces, es que el autor bíblico pretendía que su audiencia pensara en la Pascua y el éxodo de Egipto cuando presentó su relato de la liberación de Rahab. La segunda premisa es que la Pascua y el éxodo apuntan hacia la salvación que se cumpliría en Cristo, y que cuando este patrón de eventos se repite en el relato de la liberación de Rahab, hay una escalada intencionada por el autor en la percepción de la audiencia sobre la importancia del patrón. Por lo tanto, como una entrega del patrón pascual del éxodo, la liberación de Rahab tipifica la forma en que Dios salva a su pueblo en Cristo.

Para que este argumento funcione, mis premisas deben ser válidas, y la primera requiere una correspondencia histórica entre la salvación de Rahab y la Pascua. Para establecer esa correspondencia histórica, necesitamos similitudes en las secuencias de eventos, puntos de contacto léxicos, cita de material anterior y similitudes en la importancia histórico-redentora. Josué nos da exactamente lo que necesitamos.

Al igual que las parteras que "temieron a Dios, y no hicieron como les mandó el rey de Egipto, sino que preservaron la vida a los niños" (Éxodo 1:17, RV60), Rahab teme a Yahvé (Josué 2:9-11) y se niega a cooperar con el intento del rey de Jericó de apoderarse de los espías de Israel (2:2-7). Esta acción forja *tanto* una secuencia de eventos *como* una correspondencia histórica de salvación entre Rahab y las parteras: en ambos casos, las mujeres reconocieron que ser fieles a la simiente de la serpiente equivale a ser infieles a la simiente de la mujer y ser justo a los ojos del rey es injusto a los ojos de Dios. Al igual que las parteras, que fueron llamadas a rendir cuentas por faraón y respondieron con astucia (Éxodo 1:18, 19), Rahab habla con astucia al rey de Jericó (Josué 2:3-7). Como las parteras que estaban activas en el momento del nacimiento de Moisés, el profeta libertador (Éxodo 2:1, 2), Rahab se convirtió en parte de la línea de descendencia *del* profeta libertador (Mateo 1:5).

En un relato destinado a evocar los eventos del éxodo (ver 2.1 en este capítulo anterior), Josué incrusta una recitación de Rahab de exactamente lo que Yahvé hizo por Israel en el éxodo: "Porque hemos oído cómo el Señor secó el agua del mar Rojo delante de vosotros cuando salisteis de Egipto" (Josué 2:10, LBLA). Esto no solo ensaya lo que sucedió en el éxodo, sino que cumple profecías hechas a faraón mientras se desarrollaban los eventos del éxodo: "Pero en verdad, por esta razón te he permitido permanecer: para mostrarte mi poder y para proclamar mi nombre por toda la tierra" (Éxodo 9:16, LBLA). Aquí nuevamente vemos la relación dinámica entre promesa y patrón. Yahvé promete que los eventos del éxodo darán como resultado que su nombre sea proclamado en toda la tierra, y a la luz de la promesa, Josué reconoce que incluso una prostituta que vive en el muro de Jericó ha oído el gran nombre de Yahvé. La interpretación de Josué de lo ocurrido con Rahab se ha plasmado y basado en la Escritura anterior, como se ve reflejado en su relato.

Rahab incluso llegó a saber lo que Moisés enseñó en Génesis 1–2, que es que solo Yahvé es Dios: "Yo sé que el Señor su Dios es Dios arriba en el cielo y abajo en la tierra" (Josué 2:11, NVI). Ella no solo conoce la singularidad de Yahvé como Creador: ella también conoce el carácter único de Yahvé, su "misericordia" (חֶסֶד), y ella afirma que ha actuado de acuerdo con eso y pide a los espías de Israel que le den una señal segura de que la tratarán de acuerdo con el carácter de su Dios en Josué 2:12.

La presentación del plan que los espías comunican a Rahab sobre cómo será salvada su casa también influye en esta interpretación. La audiencia de Josué estaría completamente familiarizada con los eventos de la Pascua, por lo que, al presentar a los espías instruyendo a Rahab al respecto de colocar un cordón escarlata en su ventana —la misma por la cual salieron de su morada (Josué 2:18)—, parece que su intención es que piensen en la sangre del cordero sobre el dintel durante la Pascua (Éxodo 12:7). Así como el Señor pasó por alto las casas que tenían "la sangre en el dintel y en los dos postes" y "no permitió que el destructor entrara" en los hogares de los israelitas para golpearlos (Éxodo 12:23), del mismo modo, cuando Israel atacó Jericó, verían el cordón escarlata y pasarían por alto la casa de Rahab (Josué 2:19). Tal como se instruyó a Israel en la noche de la Pascua, "ninguno de vosotros salga de las puertas de su casa hasta la mañana" (Éxodo 12:22, RV60), así se le dijo a Rahab:

> Reunirás en tu casa a tu padre y a tu madre, a tus hermanos y a toda la familia de tu padre. Cualquiera que saliere fuera de las puertas de tu casa, su sangre será sobre su cabeza, y nosotros sin culpa. Mas cualquiera que se estuviere en casa contigo, su sangre será sobre nuestra cabeza. (Josué 2:18, 19, RV60)

Así como Israel fue salvado por la sangre de cordero en el dintel, así Rahab y su casa fueron salvados por un cordón escarlata en la ventana (Josué 6:22, 23, 25).

Me parece que la sugerencia de que Rahab y el cordón escarlata apuntan hacia la liberación en Cristo no ha logrado convencer debido a la forma en que se ha argumentado el punto: algunos de los que lo han propuesto se mueven directamente de Rahab a Cristo. Si, por el contrario, no solo avanzamos de Rahab a Cristo, sino que primero regresamos de Rahab al éxodo, y solo luego seguimos adelante hacia Cristo, llegamos a una interpretación que concuerda con las intenciones tanto de Moisés como de Josué. Moisés pretendía que el éxodo fuera un tipo, y esperaba más instalaciones en el patrón tipológico antes de que se cumpliera. Josué entendió el éxodo como un tipo, y presentó instalaciones en el patrón tipológico: la conquista en general y la salvación de Rahab en particular. Al señalar de nuevo al éxodo, la salvación de Rahab apunta hacia Cristo, que cumplió el éxodo en vida y muerte.

3. EL ÉXODO EN LOS EVANGELIOS

Esta discusión muy selectiva de la presentación del cumplimiento de la tipología del éxodo en los Evangelios se centrará en unos pocos casos en los relatos de Mateo y Juan. Cada autor presenta a Jesús cumpliendo el éxodo tanto en el curso de su vida como en su muerte, que cumplió con la Pascua.

3.1. En la vida de Jesús

Mateo y Juan cuentan sus respectivas historias en formas diferentes, pero en maneras complementarias. Los consideramos en un orden canónico.

Por medio de la genealogía, Mateo presenta a Jesús como la simiente prometida (Mateo 1:1-17). Luego se embarca en un viaje a través de la vida temprana de Jesús que lo muestra recapitulando la historia de Israel, cumpliendo promesas y patrones repetitivos. Esto comienza con el padre de Jesús, cuyo nombre es José, cuyo nombre de padre fue Jacob, recordándonos al padre que le dio a su hijo la túnica especial (Gn 37:3), y el hijo que tuvo los sueños especiales (37:5-11). José, hijo de Jacob, padre de Jesús, también recibió un sueño especial (Mateo 1:20), en el que se le informaba que María daría a luz un hijo, que sería el Salvador, en cumplimiento de Isaías 7:14 (Mt 1:21-25).[262] El contexto de la profecía de Isaías 7:14 trata del exilio del pueblo de la tierra, la promesa de que Dios preservaría la simiente santa, y la esperanza de que naciera un niño, el retoño del tronco de Isaí, que cumpliría el éxodo de Egipto, superándolo con un nuevo y mayor éxodo (Is 6:11-13; 8:16–9:7; 11:1-16).

Mateo evoca sutilmente la profecía de Números 24:17 al respecto de la "estrella" cuando narra cómo los magos la vieron levantarse y vinieron a adorar (Mateo 2:2), y luego cuenta que el nacimiento de Jesús en Belén concuerda con la profecía de Miqueas (Miqueas 5:2). Como el contexto de Isaías 7:14, el contexto de Miqueas 5:2 trata del exilio del pueblo de la tierra y su regreso cuando nace el futuro rey del linaje de David. Miqueas describe el exilio y el fracaso de la línea de reyes de Israel como una mujer que está de parto, gimiendo de dolores de parto (Miqueas 4:9, 10), y el pueblo "irá a Babilonia" (4:10) "hasta el tiempo en que la que está de parto ha dado a luz" (5:3, NVI). El nacimiento del gobernante de Belén (5:2) traerá el rescate y la redención del pueblo (4:10).

---

262. Mathews llamó mi atención sobre estos paralelos, *Genesis 1–11:26*, 52.

Debido a sus sueños, José hijo de Jacob lleva a su familia a Egipto (Mt 2:13, 14). Habiendo recapitulado el descenso de los patriarcas de Israel a Egipto (cf. Gn 37–50), tras la muerte de Herodes, en cumplimiento del éxodo de Israel, Mateo cita Oseas 11:1: "De Egipto llamé a mi hijo" (Mateo 2:15, NVI). Como Isaías y Miqueas, Oseas profetizó que Israel iría al exilio a Babilonia/Asiria, algo que sería paralelo al descenso del pueblo a Egipto: "No volverá a tierra de Egipto, sino que el asirio mismo será su rey, porque no se quisieron convertir" (Os 11:5, RV60). Como Isaías y Miqueas, Oseas profetizó que Dios traería de vuelta a su pueblo del exilio en un acto de salvación como el éxodo de Egipto: "Como en el día en que salió de Egipto" (Os 2:15, NVI; cf. 2:14-23). Oseas ha establecido este paradigma por lo que una referencia al éxodo de Egipto, en contexto, implícitamente apunta al nuevo éxodo. El "hijo" de Dios en Oseas 11:1 es la nación de Israel (cf. Éxodo 4:22, 23). Así, después de haber hablado sobre el exilio de la nación y la caída del rey de Israel (Oseas 10:13-15), la referencia al éxodo en Oseas 11:1 también apunta hacia un nuevo éxodo, como se puede observar en Oseas 11:5-11.

Mateo, entonces, narra una correspondencia entre el nacimiento de Jesús y el de Moisés. Mientras que el faraón intentó en vano erradicar la descendencia de la mujer ordenando a las parteras que mataran a todos los niños varones nacidos en Israel y, al fallar, mandando que fueran arrojados al Nilo (Éxodo 1:15-22), Herodes masacra a los niños varones nacidos en Belén (Mateo 2:16). Así como el faraón no logró matar a Moisés, Herodes no logró matar a Jesús. El Señor ha ordenado que la alabanza de los niños derrote a sus enemigos (cf. Salmo 8:2). La cita de Mateo de Jeremías 31:15 encaja, ya que Jeremías hablaba del dolor que el pueblo sentiría cuando sus hijos fueran asesinados en batalla y ellos mismos llevados al exilio; sin embargo, ese exilio daría paso al nuevo éxodo y al nuevo pacto (Jeremías 31:31-34).

Mateo, por tanto, presenta a Jesús cumpliendo profecías y patrones en la preparación de su ministerio, que solo se amplían y profundizan cuando Jesús inicia su vida pública. Hemos visto anteriormente cómo el cruce del río Jordán formó parte de la sucesión de Josué a Moisés, y luego Eliseo recibió una doble porción del espíritu de Elías, ambos cruzando el Jordán en tierra seca. Juan, el nuevo Elías (Mateo 3:4; 11:14), proclama el nuevo éxodo y el retorno del exilio profetizado en Isaías 40:3 (3:3), y luego bautiza a Jesús en el Jordán (3:13-17). Así como Israel cruzó el Mar Rojo hacia el desierto, donde fue tentado y falló repetidamente (Éxodo 14–Números), tras ser bautizado en el Jordán, Jesús entra al desierto para vencer la tentación (Mateo 4:1-11).

Mateo señala que Jesús, al comenzar su ministerio en Galilea, cumple la profecía del nuevo éxodo y del retorno del exilio mencionada en Isaías 9:1,

2 (Mateo 4:14-16). Jesús llama a sus discípulos a ser pescadores de hombres, cumpliendo Jeremías 16:9-16, donde el Señor promete reunir a todos los exiliados en el nuevo éxodo (Mateo 4:19). Luego, Jesús asciende al monte como un nuevo Moisés para dar una nueva Torá a su pueblo en el Sermón del Monte (Mateo 5–7), cumpliendo así la misma Torá (5:17). Mientras que a través de Moisés, el Señor envió diez plagas a Egipto y luego entregó la ley en el Sinaí, Jesús pronuncia el Sermón del Monte y valida su enseñanza con diez poderosos milagros narrados en Mateo 8–10. Aunque se podría decir mucho más, esto basta para demostrar cómo Mateo presenta a Jesús cumpliendo los patrones del éxodo en su vida.

Juan hace lo mismo, como se puede ver en la forma en que presenta a Jesús como el cumplimiento del maná del cielo (Juan 6:32-35) y el cumplimiento de la roca de la que fluía el agua (7:37-39). Jesús no solo se presenta como una correspondencia a las provisiones vivificantes de Dios en el desierto, sino que eleva estas imágenes al declarar que quien cree en él nunca tendrá hambre ni sed (Juan 6:35). Juan también explica que, mientras que el agua brotó de la roca en el desierto, el Espíritu Santo fluye de Jesús, la roca que será herida (Juan 7:39; 19:34). Así como Israel fue guiado por la columna de fuego en el desierto, Jesús afirma que quien lo siga no andará en tinieblas, porque él es la luz del mundo (Juan 8:12). Jesús cumple la prefiguración de la serpiente de bronce levantada (Juan 3:14; 12:32), ya que él es el Cordero de Dios que quita el pecado del mundo (Juan 1:29).

3.2. En la muerte y resurrección de Jesús

Según los autores de los Evangelios, el mismo Jesús enseñó que su muerte traería a cumplimiento lo tipificado en el éxodo de Egipto. Una forma prominente en que Jesús enseñó esto fue a través de la transformación de la Cena de Pascua en la noche en que fue entregado. Celebrando la pascua con sus discípulos (Mateo 26:17-19), Jesús transformó el simbolismo de la fiesta conmemorativa. La Pascua fue instituida para que Israel celebrara el éxodo de Egipto, pero Jeremías profetizó que vendría un día cuando el pueblo de Dios ya no lo identificaría por el éxodo, sino por el nuevo éxodo (Jeremías 16:14, 15; 23:7, 8). Jesús declaró que el tiempo había llegado cuando resignificó los elementos de la cena de Pascua. El pan sin levadura simbolizaba antiguamente la precipitada salida de Israel de Egipto, cuando no tuvieron tiempo de permitir que la levadura obrara a través del pan. Jesús tomó ese pan, lo partió y declaró que ahora simbolizaba su cuerpo, partido en nombre de sus discípulos en la cruz (Mateo 26:26). Jesús tomó entonces la copa, que celebraba la redención de su pueblo de Egipto en el momento en que se estableció el antiguo pacto, y declaró que ese día había llegado a su fin. Jesús anunció que la copa ahora simbolizaba el nuevo pacto, inaugurado por su sangre derramada en la cruz para el perdón de los pecados (Mateo 26:27, 28). En el resto del Nuevo Testamento, no encontramos menciones a la iglesia celebrando la Pascua. Sin embargo, sí leemos en Hechos acerca de la participación en la Cena del Señor (por ejemplo, Hechos 2:42, 46; 20:7, 11), y Pablo da instrucciones al respecto en 1 Corintios (1 Corintios 10:16; 11:17-34). Jesús declaró que en su muerte cumplía lo que la comida pascual celebraba, y sus discípulos aprendieron esta verdad de él, la registraron en los Evangelios, la practicaron en Hechos y la explicaron en las Epístolas.

En este sentido, cuando Jesús estaba en la cruz, el soldado no rompió las piernas de Jesús porque ya estaba muerto y Juan escribe: "Porque esto sucedió para que se cumpliera la Escritura: No será quebrado hueso suyo" (Juan 19:36, LBLA). Juan es muy consciente de que pasajes como Éxodo 12:46 y Números 9:12 no profetizan que los huesos del Mesías no serán quebrados. Esos pasajes, más bien, describen lo que Israel iba a hacer con el cordero pascual; no debían romper ninguno de sus huesos cuando lo mataran y prepararan para la fiesta. Juan dice que la forma en que Jesús murió cumple la Escritura en estos puntos porque lo que Jesús realizó en su vida y muerte cumple el patrón del éxodo de salvación. El papel que jugó Jesús en su muerte es el papel que jugaba el cordero pascual, como también enseñó Pablo.

4. EL ÉXODO EN PABLO

En 1 Corintios, Pablo aplica repetidamente la tipología del éxodo a la formación de la identidad cristiana y la comprensión de la experiencia cristiana. Varias características de las referencias de Pablo al éxodo sugieren que Pablo esperaba que los corintios estuvieran completamente familiarizados *con* lo que sucedió cuando Dios sacó a Israel de Egipto *y* con la idea de que los eventos pertenecían a la vida cristiana. Si Pablo hubiera pensado que necesitaba establecer y explicar lo que sucedió en el éxodo y cómo se aplica a los cristianos, tal vez habría sentido la necesidad de volver a contar toda la historia o al menos mencionar sus componentes en el orden que realmente ocurrieron. Y entonces, si no hubiera asumido que su público conocería la historia y su aplicación, tal vez habría proporcionado una justificación más elaborada de su uso de la historia, y tal vez esa justificación habría venido antes en la carta. Para ilustrar lo que quiero decir al respecto del orden de los eventos del éxodo tal como se presentan en 1 Corintios, ver Tabla 8.2, donde el lado izquierdo presenta el orden de los eventos en el Antiguo Testamento, y el lado derecho los pone en el orden en que aparecen en 1 Corintios:

TABLA 8.2. El éxodo en el Antiguo Testamento y en 1 Corintios

El éxodo en el Antiguo Testamento		El éxodo en 1 Corintios	
Pascua	1 Cor 5:7; 11:23-26	1 Cor 3:16	Tabernáculo/ Templo
Redención	1 Cor 6:20; 7:23	1 Cor 5:7; 11:23-26	Pascua
Mar Rojo	1 Cor 10:2	1 Cor 6:20; 7:23	Redención
Maná/Agua	1 Cor 10:3, 4	1 Cor 9:21	Nueva ley (Sinaí)
Ley Sinaí	1 Cor 9:21	1 Cor 10:2	Mar Rojo
Nuevo pacto	1 Cor 11:25	1 Cor 10:3, 4	Maná/agua
Tabernáculo/ Templo	1 Cor 3:16	1 Cor 11:25	Nuevo pacto

Y en cuanto a los comentarios explicativos sobre cómo él aplica estas realidades a la identidad y vida cristiana, lo más cerca que Pablo llega de ofrecer una justificación se encuentra en 1 Corintios 10. En lo que sigue, discutimos brevemente la manera en que Pablo emplea la tipología del éxodo para abordar qué entienden los corintios y lo que eso implica acerca de cómo deben vivir.

El uso de Pablo de las categorías y conceptos arraigados en el éxodo de Egipto enseña a los cristianos cómo pensar en sí mismos. Porque la iglesia es una nueva morada de Dios por medio de la morada del Espíritu (1 Cor 3:16), Pablo habla de él como un "edificio" (3:9) y de sí mismo como un perito arquitecto que puso su fundamento, Jesucristo (3:10). Existen formas de edificar que están en armonía con el templo y formas que no lo están. Pablo se refiere a los métodos de ministerio en la iglesia que proclaman únicamente a Cristo y a este crucificado (1 Corintios 2:2) como "oro, plata y piedras preciosas" (1 Corintios 3:12). Por el contrario, los enfoques ministeriales que exaltan al ministro y fomentan divisiones (1 Corintios 1:12, 13; 2:1, 5; 3:5-7) son comparados con "madera, heno y hojarasca" (1 Corintios 3:12). El templo, que representa a la iglesia, resistirá las llamas del juicio (1 Corintios 3:13-15), pero Dios destruirá a aquellos que destruyan su templo (1 Corintios 3:17), el cual está compuesto por aquellos en quienes habita su Espíritu (1 Corintios 3:16). Por tanto, el ministerio debe realizarse de manera que no exalte al ser humano, sino a Cristo y al evangelio.

Cuando Pablo aborda la inmoralidad sexual dentro de la iglesia en 1 Corintios 5:1-6a, argumenta que el ofensor no arrepentido debe ser disciplinado fuera de la membresía de la iglesia, empleando imágenes de la Pascua en la explicación:

> ¿No sabéis que un poco de levadura leuda toda la masa? Limpiaos, pues, de la vieja levadura, para que seáis nueva masa, sin levadura como sois; porque nuestra pascua, que es Cristo, ya fue sacrificada por nosotros. Así que celebremos la fiesta, no con la vieja levadura, ni con la levadura de malicia y de maldad, sino con panes sin levadura, de sinceridad y de verdad... con el tal ni aún comáis. (1 Corintios 5:6b–8, 11b, RV60)

El argumento de Pablo es que debido a que Cristo murió en cumplimiento del cordero pascual, la iglesia debe quitar de en medio la levadura, es decir, el impenitente pecador. En el éxodo de Egipto, el cordero murió para liberar a Israel de la esclavitud literal. En el nuevo éxodo que Cristo realizó, él murió para liberar a su pueblo del pecado, liberándolo de su poder fermentador. La celebración de la fiesta a la que Pablo se refiere en el versículo 8 no es la Pascua, sino la Cena del Señor, que la iglesia debe compartir solo con aquellos que demuestran pertenecer a Jesús mediante el arrepentimiento de sus pecados y la confianza en él (cf. 1 Cor 11:27). Cuando Pablo llama a la iglesia a ni siquiera comer con el impenitente que afirma ser un hermano en Cristo en 5:11, llama a la iglesia a no recibir a los impenitentes en la Cena del Señor. La iglesia ha sido liberada del poder del pecado y debe caminar en arrepentimiento buscando la santidad. Así como Israel no celebraría la Pascua con faraón, que quería mantener a Israel esclavizado, la iglesia no debería celebrar la Cena del Señor con aquellos que quieren mantener la esclavitud al pecado y por eso se niegan a arrepentirse.

La misma dinámica está en funcionamiento cuando Pablo aplica la tipología del éxodo al hecho de que algunos hombres corintios estaban visitando prostitutas y aparentemente tratando de justificarlo (1 Cor 6:12-20).[263] Habiendo abordado su argumento (6:12-18), Pablo concluye con dos comentarios que configuran la identidad cristiana al conformarla a la narración del éxodo: Israel fue redimido de Egipto, liberado de la esclavitud y se les dio el tabernáculo, por medio del cual podían mantener una vida limpia y un estatus sagrado —a pesar de su pecado— por el sistema de sacrificios, para que Dios pudiera habitar en medio de ellos. Los cristianos, igualmente, han sido redimidos por la muerte y resurrección de Jesús, han sido liberados de la esclavitud al pecado y han recibido el Espíritu que mora en

---

263. Ver esp. Denny Burk, "Discerning Corinthian Slogans through Paul's Use of the Diatribe in 1 Corinthians 6:12-20", *Bulletin for Biblical Research* 18 (2008): 99-121; y Jay E. Smith, "The Roots of a Libertine Slogan in 1 Corinthians 6:18", *Journal of Theological Studies* 59 (2008): 63-95.

ellos, que los convierte en templo de Dios. Así como los israelitas no debían intentar vivir por su cuenta en el desierto fuera del campamento —ni decidir regresar a la esclavitud en Egipto—, los cristianos tampoco deberían alejarse del "campamento", por así decirlo, sino vivir dentro de los límites establecidos por las prohibiciones e instrucciones de la Biblia, arrepintiéndose de todas las transgresiones conocidas. De este modo, Pablo concluye su argumento hacia los cristianos en Corinto, instándolos a no pensar que pueden seguir visitando prostitutas, utilizando una pregunta retórica y una afirmación: "¿O no sabéis que vuestro cuerpo es templo del Espíritu Santo, que está en vosotros, el cual tenéis de Dios, y que no sois vuestros? Pues por precio habéis sido comprados; por tanto, glorificad a Dios en vuestro cuerpo y en vuestro espíritu, los cuales son de Dios" (1 Cor 6:19, 20, LBLA).

Pablo parece sugerir en 1 Corintios 7:17-24 que los cristianos deben habitar esta nueva comprensión narrativa de sí mismos de tal manera que dé forma a su identidad a pesar de sus circunstancias. La circuncisión era aparentemente tan distintiva que algunos judíos trataron de eliminar la evidencia de que habían sido circuncidados para que pudieran encajar en la cultura griega más naturalmente (1 Mac 1:14, 15; 1 Cor 7:18). Pablo descarta tales distintivos culturales como si no contaran de nada. Lo que importa es guardar los mandamientos de Dios (1 Cor 7:19; cf. discusión de 9:21 a continuación). Pablo va tan lejos como para decir: "¿Fuiste llamado siendo esclavo? No te preocupes; aunque si puedes obtener tu libertad, prefiérelo. Porque el que fue llamado por el Señor siendo esclavo, liberto es del Señor; de la misma manera, el que fue llamado siendo libre, esclavo es de Cristo" (1 Cor 7:21, 22, LBLA). Aunque los cristianos pueden ser esclavos, deben encontrar su identidad en la narrativa que les dice que han sido liberados de la esclavitud del pecado y esclavizados por Cristo para vivir para la justicia. Así, Pablo nuevamente emplea la tipología del éxodo para enmarcar lo que sucedió cuando Cristo murió por su pueblo. Así como Dios redimió a Israel para sí mismo mediante la muerte del cordero en la Pascua, así redimió Dios a los cristianos —comprados ellos con el precio de la sangre de Cristo— en la cruz: "Por precio fuisteis comprados; no os hagáis esclavos de los hombres" (7:23). Pablo enseña la propiedad de Dios de su pueblo a través de Cristo debido a la redención para moldear su autoconcepto y guiar su comportamiento.

Cuando Pablo explica su libertad, revela su propia conformidad con Cristo, aunque siendo libre, se hizo esclavo de todos para ganarlos para Cristo (1 Cor 9:19; cf. 2 Cor 8:9). Con los judíos vive como un judío para evitar ofensas innecesarias y obtener una audiencia para el evangelio, y con los gentiles hace lo mismo, articulando esto con referencia a la ley de Moisés:

Me he hecho a los judíos como judío, para ganar a los judíos; a los que están sujetos a la ley (aunque yo no esté sujeto a la ley) como sujeto a la ley, para ganar a los que están sujetos a la ley; a los que están sin ley, como si yo estuviera sin ley (no estando yo sin ley de Dios, sino bajo la ley de Cristo), para ganar a los que están sin ley. (1 Cor 9:20, 21, RV60)

Pablo no está bajo la ley de Moisés porque Cristo puso fin al tiempo en el que el antiguo pacto era el arreglo operativo entre Dios y su pueblo (Rm 10:4; Gl 3:19–4:7). Al hacer el nuevo pacto, como al hacer el antiguo pacto, se da un depósito de revelación, y Pablo llama a esto "la ley de Cristo" (9:21).[264] Así como la liberación cumplida en el éxodo de Egipto estuvo acompañada por el pacto y la ley, la liberación que cumple el éxodo es acompañada de pacto y ley. Pablo no está bajo lo viejo, sino lo nuevo.

La tipología del éxodo es prominente en 1 Corintios 10, cuando Pablo responde a las objeciones a su enseñanza de las que ha oído hablar o anticipa.[265] Pablo se ha referido a la inmoralidad sexual de los corintios (1 Cor 5–7) y la idolatría (1 Corintios 8–10), y parece que algunos en Corinto pensaron que el hecho de que fueran bautizados y participaran de la Cena del Señor significaba que podían ignorar las preocupaciones de Pablo. La redefinición de la identidad cristiana es evidente en el discurso de Pablo: él llama a los cristianos corintios "hermanos", y luego identifica la nación de Israel como "nuestros padres" (10:1). Pablo trata el paso por el mar Rojo como un tipo de bautismo, y trata el maná del cielo y el agua de la roca como tipificación de la Cena del Señor.

Pablo dice que Israel fue bautizado en Moisés (1 Corintios 10:1, 2), y dice que participaron del tipo del antiguo pacto de la Cena del Señor cuando comieron maná del cielo y bebieron agua de la roca (10:3, 4). Estas afirmaciones probablemente se basen en la enseñanza de Jesús en Juan 6–7. Anticipando lo que haría en la última cena, Jesús se identificó como el pan de vida que cumple el maná del cielo en el discurso del pan de vida (Juan 6:25-59). Jesús entonces se identificó a sí mismo como el cumplimiento de la roca de la cual fluyó el agua, y Juan explica que Jesús daría algo incluso mejor que el agua: el Espíritu Santo (7:37-39). La referencia de Pablo a la roca que seguía al pueblo y que era Cristo probablemente entrelaza varios hilos a la vez:[266]

- En la provisión original de agua de la roca, Yahvé mismo se paró delante de Moisés sobre la roca, de modo que el hecho de que Moisés

---

264. Para una discusión extensa, véase Chester, *Messiah and Exaltation*, 537-601.

265. Contra Bell, quien escribe: "Creo que 1 Cor 10:1-13 tiene algún significado tipológico, pero cualquier tipología es un subproducto de algo más fundamental: el mito". Bell, *The Irrevocable Call of God*, 186.

266. Cf. Basilio de Cesarea: "'La roca era Cristo' tipológicamente... El maná era un tipo del pan vivo, descendido del cielo". Basilio, *On the Holy Spirit*, 53.

golpeara la roca parecería implicar que golpea a Yahvé, lo que resulta en el flujo de agua (Éxodo 17:6).

- Yahvé también es identificado regularmente como la roca de su pueblo (p. ej., Dt 32:4, 13, 18).

- Yahvé se manifestó tanto en el ángel del Señor como en la columna de fuego y la nube (p. ej., Éxodo 14:19).

- Otra enseñanza del Nuevo Testamento afirma claramente la identidad entre Yahvé y Jesús, declarando que fue Jesús quien condujo a su pueblo fuera de Egipto (Judas 5).

- La sangre y el agua que brotaron de Jesús cuando fue herido, cuando su costado fue traspasado en la cruz (Juan 19:34), parecería representar un cumplimiento tipológico del golpe de la roca en el desierto.

A medida que estos puntos hierven a fuego lento en la mente, también notamos la función de la Cena del Señor en el cumplimiento narrativo del patrón de eventos del éxodo en el Nuevo Testamento: así como Israel se sustentaba con el maná del cielo y el agua de la roca en el desierto mientras se dirigían a la tierra prometida, los cristianos son sostenidos por la Cena del Señor mientras hacen su camino a la nueva y mejor Jerusalén en el cumplimiento de la tierra prometida. Así como Israel celebraba la Pascua anualmente para entrar en la salvación que ellos habían experimentado, así también los cristianos crean para sí lentes de Pascua, a través de las cuales ven el mundo y sus propias vidas cuando parten el pan en el primer día de la semana (Hechos 20:7), cuando se reúnen como iglesia (1 Cor 11:17, 18, 20, 33, 34), para recordar que el cuerpo de Jesús fue partido por su redención (11:24), para comer el pan y beber la copa en memoria de él (11:24, 25).

Pablo, entonces, les dice a los corintios que los tipos de bautismo (el cruce del Mar Rojo) y de la Cena del Señor (el maná del cielo, el agua de la roca) no protegieron a Israel de la ira de Dios cuando cometieron inmoralidad sexual e idolatría en el desierto, afirmando en 1 Corintios 10:5 (NVI): "Sin embargo, la mayoría de ellos no agradaron a Dios y sus cuerpos quedaron tendidos en el desierto". El punto de Pablo es que ningún corintio que pretenda ser cristiano debe pensar que el bautismo y la Cena del Señor previenen la ira de Dios sobre la idolatría e inmoralidad sexual. Él explica que Dios hizo que Israel tipificara la experiencia de la iglesia para enseñar a los creyentes a desear la santidad en lugar del pecado en 1 Corintios 10:6: "Mas estas cosas sucedieron como ejemplos [τύποι] para nosotros, para que no codiciemos cosas malas, como ellos codiciaron". Fluyendo de la declaración "para que no seamos los que desean el mal", Pablo agrega cuatro cosas más que los cristianos no deben ser (todos comienzan con la misma conjunción "ni", μηδὲ), y cada uno viene con una comparación (καθώς en los primeros tres, καθάπερ en el cuarto) con la forma en que algunos en Israel hicieron esas mismas cosas:

> ni seáis idólatras
>> como lo fueron algunos de ellos…
> ni podemos ser sexualmente inmorales
>> como lo fueron algunos de ellos…
> ni podemos probar a Cristo
>> como algunos de ellos lo probaron…
> ni quejarse
>> como algunos de ellos se quejaron… (1 Corintios 10:7-10)

Parece, según la lista de Pablo, que lo primero, expresado como "para que no seamos los que desean el mal", se manifiesta en las cuatro cosas expresadas como "ni seáis…". Si esto es correcto, el hecho de desear lo malo resulta en idolatría, inmoralidad, poner a prueba a Cristo y murmuración. Pablo ha fundamentado todo esto en los relatos del Antiguo Testamento que tratan sobre el éxodo y el peregrinaje por el desierto: 10:1-5 saca a la gente de Egipto al desierto, y luego Pablo acentúa las declaraciones de lo que los cristianos no deben ser/hacer con referencias a los fracasos del desierto de Israel en 10:7-11. En 10:7, Pablo cita Éxodo 32:6 refiriéndose al pecado de Israel con el becerro de oro. En 10:8, parece juntar Números 25 y 26, antes haciendo referencia a las serpientes ardientes de Números 21:5-9 en 10:9 y concluyendo, parece, en 10:10, con una referencia a la plaga destructora de Números 14 después de que el pueblo se quejó en respuesta al informe de los espías (Números 14:2, 36, 37). Luego, Pablo vuelve a la idea que había declarado en 10:6, de que estos eventos del Antiguo Testamento eran tipos de los cuales los cristianos deben aprender a desear la santidad, en 10:11 (NVI): "Todo eso les sucedió para servir de ejemplo [τυπικῶς] y quedó escrito para advertencia nuestra, pues a nosotros nos ha llegado el fin de los tiempos".

En 1 Corintios 10:6 y 10:11, Pablo declara explícitamente la lógica implícita que resulta de todas sus referencias a los cristianos pensando en sí mismos como aquellos que han experimentado el cumplimiento de lo que la experiencia del éxodo de Israel tipificó. El punto de vista de Pablo es que Dios hizo que esos eventos sucedieran para tipificar lo que iba a hacer en la iglesia, y esto era para instrucción de los cristianos (cf. 1 Cor 9:10, NVI: "Escrito por nosotros"; y Rm 15:4: "Lo que fue escrito en tiempos pasados, para nuestra enseñanza se escribió" (LBLA).

En 1 Corintios, Pablo habla de los cristianos que experimentan el cumplimiento tipológico de la experiencia de Israel en el éxodo: su experiencia de redención por medio de la Pascua, la institución de la fiesta para conmemorarla, su bautismo en la nube y en el mar, el comer de la comida y la bebida espiritual, y su recepción de la ley, el tabernáculo y el pacto en Sinaí, y sus muchos fracasos en el desierto. Todo esto, afirma Pablo, sucedió tipológicamente y fue escrito para enseñar a los cristianos quiénes son, qué deben desear y cómo deben vivir.

5. EL ÉXODO EN APOCALIPSIS

La tipología del éxodo en la Biblia opera en varios niveles. La historia general comienza con Adán y Eva siendo expulsados del Edén, y a través del nuevo éxodo y el regreso del exilio, Dios finalmente traerá a su pueblo de vuelta a sí mismo. Dentro de esta narrativa amplia sobre toda la humanidad, el Antiguo Testamento se centra en una historia nacional relacionada con la casa de Israel. Jacob y sus hijos peregrinan primero en Egipto, donde eventualmente son esclavizados, y Dios los libera en el éxodo, llevándolos de vuelta a la tierra prometida. Sin embargo, debido a que quebrantaron el pacto, Israel fue exiliado a Babilonia, y los profetas de Israel anunciaron que Dios realizaría un nuevo éxodo y regresaría a su pueblo a la tierra prometida. Todo lo que señalaron los profetas incluía el reinado de un nuevo rey de la línea de David, un regreso a las condiciones edénicas, la eliminación de la muerte, un cambio completo de los corazones del pueblo de Dios que produciría obediencia, y las naciones que acudirían a Sion para adorar a Yahvé (p. ej., Isaías 2:1-4; 11:1-16; Amós 9:11-15; Miqueas 5:2-4; Daniel 9:24; Zacarías 14:16-20).

Cuando Babilonia cayó ante Persia en el 539 a. C., Yahvé despertó "el espíritu de Ciro rey de Persia, el cual hizo pasar pregón por todo su reino" permitiendo a los judíos regresar a su tierra y reconstruir el templo (Esdras 1:1b, 2-4, JBS). Esdras directamente declara que estas cosas sucedieron "para que la palabra de Yahvé por boca del profeta Jeremías se cumpliese" (1:1a). La forma como Esdras cuenta la historia de la gente que sale de Babilonia la presenta como una entrega en el patrón de eventos del éxodo.[267] Para Esdras, Israel experimentó el cumplimiento de la profecía del nuevo éxodo y regreso del exilio, pero fue un cumplimiento inaugural, no uno último, porque, aunque Esdras afirma que las profecías se cumplieron, también muestra que muchas profecías no se cumplieron: solo un pequeño número del pueblo de Dios volvió, ciertamente no todas las ovejas perdidas de la

---

267. Para ahondar más, ver James M. Hamilton Jr., *Ezra and Nehemiah*, Christ-Centered Exposition Commentary (Nashville: Broadman & Holman, 2014).

casa de Israel (cf. Jr 16:16). El desierto de Sion no se volvió como el Edén (cf. Is 51:3; Ez 36:35). Ningún Mesías se levantó, ningún león comió paja en lugar de corderos, ningún niño de pecho jugaba sobre la cueva de la cobra, y la gloria de Yahvé no cubrió la tierra seca como las aguas cubren el mar (Isaías 11:1-9). Lejos de eso. El pueblo de Dios no había experimentado el cambio de corazón generalizado, y estaban tan a gusto entre idólatras que se casaron con ellos, cometiendo de nuevo los mismos pecados que los llevaron al exilio en primer lugar (Esdras 9–10; Nehemías 13). Israel había regresado a la tierra prometida del exilio en Babilonia, pero no había regresado al Edén del exilio de la presencia de Dios. Las promesas quedaron sin cumplir.

Entonces, en el tiempo señalado, Dios envió a su hijo, nacido de mujer, nacido bajo la ley (Gálatas 4:4). El Señor Jesús promulgó una recapitulación de la historia de Israel en su vida y muerte, cumpliendo todo lo profetizado y todo lo que fue tipificado por el éxodo de Egipto. La muerte de Cristo abrió el camino al jardín del Edén y la presencia de Dios. Con el *ya* de la obra terminada de Cristo, sin embargo, viene un *todavía no* en la plena recepción de la promesa: "Porque Dios había provisto algo mejor para nosotros, a fin de que ellos no fueran hechos perfectos sin nosotros" (Hebreos 11:40, LBLA).

Según lo que presenta Juan en el libro de Apocalipsis, parece que podemos afirmar lo siguiente sobre la tipología del éxodo en la Biblia: el exilio arquetípico del Edén espera el regreso antitípico del exilio, que se logrará mediante la consumación de la tipología del éxodo. Las manifestaciones ectípicas dentro del patrón del éxodo como salvación incluyen anticipaciones del éxodo en las vidas de Abraham y Jacob, el éxodo de Egipto, el nuevo éxodo y el regreso del exilio en Babilonia, todo ello culminando en el éxodo que Jesús llevó a cabo en Jerusalén. El éxodo de Egipto restauró al pueblo de Dios a la tierra prometida. El éxodo que Jesús realizó en Jerusalén liberó a su pueblo de sus pecados. El éxodo que Juan describe en Apocalipsis liberará al pueblo de Dios de la esclavitud de la corrupción. Así como Dios salvó a su pueblo en el éxodo de Egipto y en su cumplimiento en la cruz, también salvará a su pueblo en el futuro.

¿Cómo presenta Juan esto en el libro de Apocalipsis?

Para responder a esta pregunta, examinaré las formas en que Juan implementa la tipología del éxodo en Apocalipsis en el orden de los eventos tal como ocurrieron en el Antiguo Testamento.[268] Juan tiene sus propias razones literarias para poner esto en el orden en el que lo encontramos.[269]

268. Cf. la discusión de Bauckham sobre "el éxodo escatológico" en *The Theology of the Book of Revelation*, 70-72.

269. Para ver mi intento rastreándolos, véase Hamilton, *Revelation*. Nota esp. la estructura quiástica del libro completo propuesto en p. 165. La discusión de Bauckham

Así como los sueños de José y su descenso a Egipto brindan el escenario para el éxodo de Egipto, Juan presenta una "señal" que recuerda a los lectores a José soñando que el sol, la luna y once estrellas se inclinaban ante él en Génesis 37:9. Juan presenta simbólicamente a la madre de Jesús "vestida del sol, con la luna debajo de sus pies, y una corona de doce estrellas sobre su cabeza" (Ap 12:1, LBLA). El descenso de José a Egipto prepara el éxodo de la misma manera que el nacimiento de Cristo pone las cosas en movimiento para su cumplimiento.

En el éxodo de Egipto sucedieron varias cosas: Dios visitó con plagas a Egipto, plagas que no tocaron a su propio pueblo (Éxodo 8:22; 9:20, 21, 26; 10:23). En Apocalipsis, las plagas que acompañan a las trompetas y las copas de ira coinciden con las plagas de Egipto (ver Ap 8–9, 15–16), pero antes de que caigan, Dios sella a sus siervos (Ap 7:1-4) para protegerlos de la ira (9:4). Como los magos del faraón, que imitaron a Moisés, pero fallaron, la bestia trata de imitar el sello de Dios con su marca (13:16-18). Mientras que la marca de la bestia no protege a sus adoradores de la ira de Dios, el sello de Dios protege a sus siervos, y aun cuando Satanás los mata por no tener la marca, Dios los levanta de entre los muertos (13:15; 20:3, 4).

A través de la plaga final, la muerte del primogénito, con la Pascua, Dios liberó a su pueblo de la esclavitud en Egipto. En la cruz, Cristo liberó a su pueblo de sus pecados por su sangre (Ap 1:5; 5:9). Así como el cordero pascual fue inmolado por Israel, Jesús fue inmolado por su pueblo, pero permanece vivo (5:6, 12). La resurrección de su pueblo y su entrada en la nueva Jerusalén en Apocalipsis 20–22 muestra que la entrega final en el patrón del éxodo de la salvación será la salvación consumada.

Así como Israel cantó el Cántico de Moisés después de salir de Egipto y cruzar el mar Rojo en Éxodo 15, así el pueblo de Dios celebra su salvación con un cántico nuevo (Ap 14:1-3), que a la vez es el cántico antiguo, la canción de Moisés (15:3). Dios le dijo a Moisés que le dijera a Israel: "Vosotros visteis lo que hice a los egipcios, y cómo os tomé sobre alas de águilas, y os he traído a mí" (Éxodo 19:4, RV60). Esta es la propia descripción del Señor de cómo guio a Israel por el desierto con la columna de fuego y de nube, sustentándolos con maná del cielo y agua de la roca cuando partieron del mar Rojo al Sinaí. Isaías profetiza que aquellos que esperan en Yahvé experimentarán lo mismo en el nuevo éxodo: "Los que esperan a Jehová tendrán nuevas fuerzas; levantarán alas como las águilas; correrán, y no se cansarán; caminarán, y no se fatigarán" (Isaías 40:31, RV60). Así como Juan describe a la iglesia siendo conducida a través del desierto hacia una

sobre la "Estructura y composición" de Apocalipsis es magnífica. Ver Richard Bauckham, *The Climax of Prophecy: Studies on the Book of Revelation* (Edinburgh: T&T Clark, 1993), 1-37.

nueva y mejor tierra prometida, un ángel le entrega a Juan un rollo que debe comer y luego profetizar al pueblo de Dios (Apocalipsis 10:8-11). Este ángel está "envuelto en una nube" y tiene "sus piernas como columnas de fuego" (10:1). Esto indica que la guía que experimentó Israel tipifica la manera en que la iglesia es conducida por la palabra apostólica que Juan profetiza. Israel recibió maná del cielo y agua de la roca, mientras que la iglesia es simbólicamente alimentada por Dios en el desierto (Apocalipsis 12:6), siendo rescatada de los ataques satánicos mediante "las alas de una gran águila" (12:13, 14).

Mientras Israel se encontró con Yahvé en el Sinaí, en medio de truenos, relámpagos, humo y terremotos que marcan la teofanía (Éxodo 19:16-20), Juan ve al que está sentado en el trono, y "del trono salían relámpagos, voces y truenos" (Apocalipsis 4:5, LBLA), y en manifestaciones posteriores de la presencia juzgadora de Dios también hay terremotos (8:5; 11:19; 16:18). La revelación hecha a Moisés en el Sinaí es cumplida en la revelación hecha a Juan en el Apocalipsis.

El propósito de Dios era hacer de Israel "un reino de sacerdotes y una nación santa" (Éxodo 19:6). Jesús cumplió ese propósito con el pueblo de Dios: "Y nos hizo reyes y sacerdotes para Dios, su Padre" (Ap 1:6, RV60; 5:10). En el Sinaí, Israel recibió el tabernáculo (Éxodo 25–40), pero ahora Cristo ocupa el tabernáculo sobre su pueblo (Ap 7:15). Moisés pastoreó al pueblo por el desierto, y ese papel es cumplido por el Cordero que pastorea a su pueblo y se asegura de que ya no tengan hambre ni sed (7:16, 17). Israel estaba en peligro por la enseñanza de Balaam en el desierto después del éxodo (Nm 22–31), y la iglesia es confrontada con falsos profetas y maestros similares (Ap 2:14).

Moisés prometió al pueblo una tierra de la que fluye leche y miel. En cumplimiento de esa buena tierra, Jesús promete a su pueblo el derecho a comer del árbol de la vida (Apocalipsis 2:7), y lo que Juan ve y escribe demuestra que Jesús tiene el poder de cumplir esa promesa (22:2). El éxodo encuentra su cumplimiento en la primera venida de Cristo, y el hecho de que las plagas que acompañan las trompetas y copas de Apocalipsis 8–9 y 15–16 precedan a su regreso en Apocalipsis 19 muestra que la salvación futura de Dios seguirá el patrón del pasado. Jesús ha destruido al diablo y liberado a "todos los que por el temor de la muerte estaban durante toda la vida sujetos a servidumbre" (Hebreos 2:14, 15, RV60). El éxodo se cumplirá en la resurrección de los muertos, cuando toda la creación y todo el pueblo de Dios sean librados de la "corrupción que la esclaviza" para disfrutar de "la gloriosa libertad de los hijos de Dios" (cf. Rm 8:21, NVI; Ap 18:2-4; 20:11–21:4).[270]

270. Cf. discusión de Morales, "Egypt as Sheol", *Exodus Old and New*, 50-54.

PARTE III
INSTITUCIONES

Si la tipología se ocupa de personas, eventos e instituciones, ¿de qué manera las instituciones tipifican lo que Dios hace por su pueblo en Cristo? Para nuestra consideración sobre las "instituciones", será útil aclarar qué es una institución. La entrada 6.a. del diccionario de inglés de Oxford describe "institución" como:

Una ley establecida, costumbre, uso, práctica, organización u otro elemento en la vida política o social de un pueblo; un principio regulador o convención subordinada a las necesidades de una comunidad organizada o los fines generales de la civilización.[271]

Al entrar en la parte 3 de este libro, el objetivo es explorar y exponer las formas en que ciertas instituciones crean y/o contribuyen a patrones que tipifican la manera en que Dios libera a su pueblo, forja relaciones (es decir, pactos) con ellos y mantiene una intimidad continua con sus amados. En esta sección consideraremos el matrimonio y el Leviticulto. Al abordar estos temas, debemos recordar que estamos tratando con textos que hablan de estas realidades, no con las realidades en sí mismas. Como ha señalado Mary Douglas: "La literatura es institucional; las instituciones establecen formas de comportamiento estereotipadas, y la literatura en sí contribuye al proceso de selección y estereotipado".[272]

Una característica fascinante de ambas instituciones es la forma en que la realidad escatológica y celestial parece proyectar su sombra terrena hacia atrás a través de la historia. Con el matrimonio, Pablo parece indicar en Efesios 5:31, 32, que Dios creó el matrimonio para dar a la experiencia humana categorías que permitirían la comprensión de la relación entre

---

271. "Institution, n.", en OED Online (Oxford University Press), http://www.oed.com/view /Entry /97110

272. Mary Douglas, *Thinking in Circles: An Essay on Ring Composition* (New Haven: Yale University Press, 2010), 17.

Cristo y la iglesia. La realidad celestial en este caso es el amor del Salvador por su pueblo del pacto, y su consumación escatológica tendrá lugar en la fiesta de las bodas del Cordero.

La sombra de ese gran día se extiende hasta Génesis 2:24, citado en Efesios 5:31, en respuesta a lo cual Pablo afirma: "Grande es este misterio; mas yo digo esto respecto de Cristo y de la iglesia" (Efesios 5:32, RV60).

El culto levítico centrado en el tabernáculo y el templo presenta un caso similar; el autor de Hebreos indica que el tabernáculo celestial proporcionó el modelo para el que se hizo bajo Moisés (Hebreos 8:5), el cual luego se cumplirá en Cristo (9:23-26).

9
Leviticulto

El evangelio apunta con el dedo lo que la ley prefiguraba bajo tipos.
JUAN CALVINO[273]

Dios proporcionó el culto levítico a Israel para restituir el aspecto más importante del jardín del Edén: la capacidad de Dios para tener comunión con el hombre sin que este muriera debido a la santidad de Dios.[274] Este capítulo comienza considerando al tabernáculo y al templo como el contexto del culto y culmina con la presencia de Dios como la finalidad de este. Dios colocó al hombre dentro del templo cósmico, y luego del pecado y la redención en el éxodo, Dios pretendió que Israel fuera un reino de sacerdotes. En lugar del primogénito que redimió para sí en el éxodo (Nm 3:11-13), Dios tomó a los levitas para sí, estableciendo sacerdotes de la línea de Aarón para ofrecer sacrificios que eran necesarios debido a sus pecados e impurezas. Todo esto está explicado en la Torá de Moisés, la cual provee tanto la instrucción necesaria que debe ser creída como indicaciones sobre un rey redentor que había de venir. La esperanza en tal redentor motiva al pueblo a guardar las instrucciones de la Torá, la cual también da cuenta de él. Y todas estas cosas se centran en el pacto en el cual entró Yahvé con Israel en Sinaí. La estructura quiástica de este capítulo, descrita en las líneas anteriores, se presenta de la siguiente forma:

1. Templo.

2. Sacerdotes y levitas.

---

273. Juan Calvino, *Institutes of the Christian Religion*, ed. John T. McNeill, trad. Ford Lewis Battles. (Philadelphia: Westminster John Knox, 1960), 2.9.3, 426.

274. En la introducción a su comentario de Levítico, Nobuyoshi Kiuchi escribe: "A lo largo del comentario pueden verse otros vínculos con Gn 3, los cuales transmiten el mensaje de que el primer hombre y la primera mujer eran santos antes de la caída, y que las múltiples reglas en Levítico buscan guiar a los israelitas, por así decirlo, de regreso a esta condición existencial". *Leviticus*, Apollos Old Testament Commentary (Downers Grove, IL: InterVarsity, 2007), 29.

    3. La Torá de Moisés.
        4. El pacto.
    5. El rey que vendrá.
        6. Pecado, sacrificios y festividades.
    7. La presencia de Dios.

La base para estos siete aspectos del culto fue dispuesta en el jardín del Edén,[275] fue hecha realidad en Cristo y la iglesia, y luego, a su vez, el nuevo y mejor Edén de la nueva creación, el nuevo cielo y la nueva tierra, donde Jerusalén será el Lugar Santísimo en el templo cósmico, llevará la institución del culto levítico a su cumplimiento definitivo. La iglesia experimenta el cumplimiento inaugurado de cada aspecto del culto discutido en este capítulo, como puede verse en la Tabla 9.1, "El Leviticulto y sus cumplimientos".

TABLA 9.1. El Leviticulto y sus cumplimientos

1. Templo.	La iglesia.
2. Sacerdotes y levitas.	Sacerdocio de creyentes.
3. La Torá de Moisés.	La ley de Cristo.
4. El pacto.	El nuevo pacto.
5. El rey que vendrá.	El rey Jesús.
6. Pecado, sacrificios y festividades.	Bautismo y eucaristía.
7. La presencia de Dios.	La presencia de Dios.

1. TEMPLO

Vimos anteriormente en el capítulo 7 la relación entre la creación, el tabernáculo y el templo, Cristo, la iglesia y la nueva creación como templo cósmico. En esta sección nos enfocaremos en cómo el tabernáculo y el templo funcionaron en relación con la institución del culto levítico.

---

275. Morales explica: "Considerando las narrativas del Edén como base para el simbolismo del culto, incluyendo sus rituales, estar limpio puede haber sido entendido en términos de admisión al Edén, mientras que el ser expulsado del campamento de Israel habría sido una suerte de 'recreación de la caída, cuando Adán y Eva fueron expulsados del Edén... Así como experimentaron Adán y Eva una muerte en vida cuando fueron expulsados del Edén, del mismo modo todo hombre que era diagnosticado como impuro sufría un destino similar'". Morales, *Who Shall Ascend the Mountain of the Lord?*, 166; citando a Gordon J. Wenham, *The Book of Leviticus*, New International Commentary on the Old Testament (Grand Rapids: Eerdmans, 1979), 201, 213.

En las instrucciones para el tabernáculo, el cual desembocó en el templo, vemos santidad graduada: saliendo del Lugar Santísimo, donde Dios mora, al ámbito puro del campamento y luego fuera del campamento se encuentra el ámbito impuro de los muertos. Solo el sumo sacerdote puede ingresar al Lugar Santísimo y solo puede hacerlo una vez al año en el Día de la Expiación (Lv 16:15, 34; Hb 9:7). Moviéndose hacia afuera en niveles decrecientes de santidad, solo los sacerdotes pueden entrar al Lugar Santo y lo hacen solo en los momentos indicados (Nm 18:2-6; 28:3; Hb 9:6).

Cuando el tabernáculo fue instituido, Moisés y Aarón, y los hijos de Aarón "acamparán delante del tabernáculo al oriente, delante del tabernáculo de reunión al este... teniendo la guarda del santuario en lugar de los hijos de Israel; y el extraño que se acercare, morirá" (Nm 3:38, RV60). Estos guardianes del tabernáculo están allí para prevenir lo que sucedió a Nadab y Abiú en Levítico 10, cuando ofrecieron fuego sin autorización y murieron por un estallido de la santidad de Yahvé (Lv 10:1-3). Así que mucho del Leviticulto se basa en esta realidad: Dios es santo, y si lo santo entra en contacto con lo impuro, la muerte es el resultado. Como ha escrito Michael Morales:

> La santidad, concebida correctamente, está relacionada con la plenitud de la vida, una perspectiva que será comprendida más claramente una vez que consideremos... la correspondencia entre el Lugar Santísimo y el jardín del Edén. Basta con decir aquí que el Lugar Santísimo obtiene su estatus por ser el lugar de la presencia de Dios en la tierra y, por lo tanto, de la naturaleza de Dios como vida absoluta, la fuente de vida, el Dios de los vivos. Comprendidos de esta forma, *los niveles de santidad del tabernáculo son vistos como niveles de vida, y el Lugar Santísimo representa la plenitud de la vida.*[276]

La impureza es consecuencia de la muerte. La muerte es consecuencia del pecado. El pecado trajo la muerte al mundo y el contacto con la muerte crea la impureza. El culto levítico es necesario para que el Dios santo pueda morar en medio de gente pecadora. A fin de que la gente pecadora se mantuviera con vida mientras Yahvé habitaba el Lugar Santísimo, Moisés, Aarón, Eleazar e Itamar debían cuidar la morada de Dios para proteger al pueblo de la ira de Dios. Esto era tan importante que moría cualquiera que no fuera sacerdote e intentara acercarse (Nm 3:38).

Como una protección adicional, los levitas debían acampar alrededor del tabernáculo entre Moisés, Aarón, y los hijos de Aarón en la entrada, y

---

276. Morales, *Who Shall Ascend the Mountain of the Lord?*, 31.

el resto del campamento de Israel. Los levitas servían como una clase de zona de protección entre el tabernáculo y el pueblo. La descripción de su tarea es muy similar a la de Moisés, Aarón y los hijos de Aarón: "Pero los levitas acamparán alrededor del tabernáculo del testimonio, para que no venga la ira sobre la congregación de los hijos de Israel. Los levitas, pues, tendrán a su cargo el tabernáculo del testimonio" (Nm 1:53, LBLA). Los levitas debían cuidar la morada de Dios para prevenir el ingreso de intrusos sin autorización, a fin de que la santidad de Dios no estallara contra el pueblo. A Aarón y a sus hijos les fue asignada la tarea de cuidar lo que había dentro de la tienda, y mientras los sacerdotes ministraban dentro, los levitas debían cuidar la tienda (Nm 18:1-7). Si un sacerdote estaba ministrando dentro y un intruso sin autorización ingresaba, la muerte podía caer sobre el intruso, el levita y el sacerdote (18:3). Por lo tanto los intrusos debían morir (18:7).

Fuera de la zona de protección, las tribus de Israel acampaban alrededor del tabernáculo, tres tribus por lado, al norte, al sur, al este y al oeste (Nm 2:1-31). Fuera del campamento estaba el ámbito impuro de los muertos.

Así como el tabernáculo y el templo dieron a Israel un ámbito puro para la vida que buscaba recuperar la creación inmaculada después del pecado, del mismo modo la iglesia es un espacio santificado (cf. 1 Cor 7:14). Así como los sacerdotes y levitas debían cuidar el santuario, así también el sacerdocio de todos los creyentes debe cuidar el evangelio (Gl 1:1, 2; Ef 5:6; Col 2:8; 2 Tm 1:14; Tito 1:9).

2. SACERDOTES Y LEVITAS

En el capítulo 3, que trató sobre los sacerdotes, estudiamos a Adán como un sacerdote real, a Melquisedec como un rey sacerdote, a Israel como sacerdote real, al sacerdocio aarónico, y las promesas veterotestamentarias sobre un sacerdote fiel. Esta sección se enfoca en la función del sacerdocio dentro del culto levítico, y tomaré mis ejemplos del autor de Hebreos, que detalla puntos de correspondencia entre el sacerdocio levítico y Jesús, señalando cómo la importancia de estos puntos es trascendida por el "gran sacerdote sobre la casa de Dios" (Hb 10:21). La sección anterior de este capítulo destacó la forma en que los sacerdotes debían cuidar el tabernáculo y el templo, y en dicho rol de guardián, el Señor Jesús prometió estar siempre con su pueblo hasta el fin del mundo (Mt 28:20). Esta sección analiza primero cómo Cristo cumple el sacerdocio, y luego, de forma breve, cómo Jesús convierte a su pueblo en sacerdotes.

2.1. Cristo cumple el sacerdocio

El autor de Hebreos ve varios puntos de correspondencia e importancia histórica entre el sacerdocio levítico y el sumo sacerdocio melquisedeciano de Jesús. Estos puntos incluyen el nombramiento al sacerdocio, lo que era alcanzable por el ministerio del sacerdocio, y las ofrendas hechas por el mismo.

2.1.1. Nombramiento al sacerdocio

El autor de Hebreos explica que "todo sumo sacerdote tomado de entre los hombres es constituido a favor de los hombres en las cosas que a Dios se refieren, para presentar ofrendas y sacrificios por los pecados" (Hb 5:1, LBLA), y luego agrega que "nadie toma este honor para sí mismo, sino que lo recibe cuando es llamado por Dios, así como lo fue Aarón" (5:4, LBLA). Exponiendo la correspondencia histórica entre Jesús y los sumos sacerdotes, el autor declara en el siguiente versículo: "De la misma manera, Cristo no se glorificó a sí mismo para hacerse sumo sacerdote, sino que lo glorificó el que le dijo: Hijo mío eres tú, yo te he engendrado hoy" (Hb 5:5, LBLA), citando el Salmo 2:7.

El autor de Hebreos ve el llamado del Mesías al sumo sacerdocio en las palabras del Salmo 2:7. ¿Cómo es que llega a esta conclusión? Cita el Salmo 110:4 en cada versículo, por lo que parece que el autor de Hebreos leyó juntos el Salmo 2 y el 110. Al hacer esto, nuestro autor ha dibujado una conexión entre la representación poética de 2 Samuel 7:13, 14 en el Salmo 2:7, y el anuncio realizado a la simiente prometida de la descendencia de David, el Señor de David, en el Salmo 110:4.[277] Además, comprender la conexión entre *Adán* como hijo de Dios y *David* como nuevo Adán hijo de Dios (discutida en la sección 4 del capítulo 2) también ayuda a establecer esta realidad. Como hijo de Dios, Adán es un rey sacerdote. Como nuevo Adán representante de Israel, el hijo de David será hijo de Dios (2 Sm 7:14), y su papel como rey sacerdote ha sido prefigurado por Melquisedec (Sal 110:4; Gn 14:18-20).

Que Jesús sea nombrado como el nuevo Adán hijo de Dios equivale a asignarle los roles de Adán, los cuales fueron encarnados en Melquisedec,

---

277. Este tipo de conexión valida la lectura de los Salmos *como un libro*, verificando la relación entre el Salmo 2 y el 110 como algo pretendido por aquellos que determinaron la forma canónica final de los Salmos. Para ver una discusión sobre la relación entre el Salmo 2 y el 110, ver Emadi, "The Royal Priest". Para intentar leer todos los Salmos como un libro, ver Hamilton, *Psalms*.

pasados a Israel, y luego al futuro rey de la descendencia de David. Estos roles son los de sacerdote y rey.[278]

Luego de haber establecido la correspondencia histórica entre los sacerdotes levíticos y el sumo sacerdocio de Jesús, el autor de Hebreos agrega la escalada en importancia cuando señala que, dado que fue hecho con juramento, el nombramiento de Jesús es superior:

> Y por cuanto no fue sin juramento, pues en verdad ellos llegaron a ser sacerdotes sin juramento, pero Él por un juramento del que le dijo: El Señor ha jurado y no cambiará: 'Tú eres sacerdote para siempre', por eso, Jesús ha venido a ser fiador de un mejor pacto. (Hb 7:20-22, LBLA)

Luego, apunta a otra forma en que el sacerdocio de Cristo trasciende al de los sacerdotes anteriores. Explicando que los sacerdotes levíticos debían ofrecer diariamente sacrificios por sus propios pecados (7:27), algo que debían hacer a causa de su propia debilidad (7:28a; cf. 5:2), el autor celebra el juramento hecho al hijo perfecto de Salmos 2:7 en el Salmo 110:4: "La palabra del juramento, que vino después de la ley, designa al Hijo, hecho perfecto para siempre" (7:28b, LBLA).

El autor de Hebreos no menciona esto, pero también debemos tener en cuenta que así como los sacerdotes de Israel comenzaban su servicio a la edad de treinta años (Nm 4:3, 30), cuando Jesús comenzó su ministerio tenía "casi" la misma edad (Lucas 3:23).

2.1.2. Lo que era posible alcanzar

Hebreos parece entender el fracaso del sacerdocio aarónico y que las promesas de un futuro sacerdote[279] fiel serían resueltas en el sumo sacerdocio melquisedeciano de Jesús. El autor discute estos puntos al mismo tiempo que trata con el hecho de que, a pesar de que la ley estableció sacerdotes de la línea de Leví, Jesús provino de la línea de Judá (Hb 7:4-15). El autor da por hecho que su audiencia está de acuerdo con él al respecto de que incluso el Antiguo Testamento mostraba el fracaso de la ley mosaica y su sacerdocio cuando afirma:

---

278. Cf. los comentarios de Morales acerca de "el sumo sacerdote, cuyo papel era el mismo que el de Adán", en *Who Shall Ascend the Mountain of the Lord?*, 153.

279. Estos fueron discutidos en el capítulo 3, referente a los sacerdotes, el cual corresponde a este mismo en la estructura quiástica del presente estudio.

Si hubiera sido posible alcanzar la perfección mediante el sacerdocio levítico (pues bajo este se le dio la ley al pueblo), ¿qué necesidad había de que más adelante surgiera otro sacerdote, según el orden de Melquisedec y no según el de Aarón? (Hb 7:11, CST)

La perfección es un tema fundamental en esta discusión y la perfección en vista atañe tanto a los sacerdotes como a quienes adoran. Como puede verse a partir de 7:11, el autor de Hebreos asume que ni el sacerdocio levítico ni la ley podían producir perfección, dado que declara en 7:19 (LBLA): "Pues la ley nada hizo perfecto". Los sacerdotes mismos no eran perfectos, sino débiles y pecadores (5:2, 3; 7:27, 28). Cristo, por el contrario, mostró ser perfecto dado que soportó la tentación y padeció fielmente hasta la muerte, completando su curso designado y habiendo "sido hecho perfecto" (2:10; 5:8, 9; 7:28).

Los sacerdotes no eran perfectos, y las "ofrendas y sacrificios" que "ofrecían" no podían "hacer perfecta la conciencia de los que lo adoran" (Hb 9:9). El autor explica sobre los sacerdotes levíticos:

...habiendo sacerdotes que presentan las ofrendas según la ley; los cuales sirven a lo que es copia y sombra de las cosas celestiales, tal como Moisés fue advertido por Dios cuando estaba a punto de erigir el tabernáculo; pues, dice Él: Mira, haz todas las cosas conforme al modelo que te fue mostrado en el monte. (Hb 8:4, 5, LBLA)

En este caso, entonces, parece que a Moisés le mostraron el tabernáculo celestial, el cual fue el modelo para la construcción del tabernáculo terrenal. El tabernáculo terrenal y su adoración brindaban una "copia y sombra de las cosas celestiales" (Hb 8:5). Estas "copias de las cosas celestiales" (9:23) prescritas por la ley tienen "la sombra de los bienes futuros y no la forma misma de las cosas" (10:1, LBLA). Jamieson observa:

El punto en 10:1 es afirmar la insuficiencia de la ley, pero es sorprendente que el autor lo hace al decir que la ley posee una sombra de las buenas cosas *que vendrán*. La sombra en este caso no es proyectada desde el cielo a la tierra (como en 8:5), sino desde el futuro hacia el pasado... el sacrificio escatológico celestial de Jesús es prefigurado en el culto levítico terrenal. El evento Cristo, por decirlo así, proyecta su sombra hacia atrás, determinando la forma del primer culto del tabernáculo.[280]

---

280. R. B. Jamieson, "Hebrews 9.23: Cult Inauguration, Yom Kippur and the Cleansing of the Heavenly Tabernacle", *New Testament Studies* 62 (2016): 583.

Moisés parece haber visto la copia original en el monte, y luego instruyó a Israel para que construyera la sombra de lo que había visto, lo cual apuntaba a lo que Cristo habría de cumplir en la copia original.

En consecuencia, aunque la copia y la sombra podían santificar "para la purificación de la carne", a fin de que el adorador pudiera morar en un ámbito puro en la presencia de Dios (Hb 9:13), nunca pueden, "por los mismos sacrificios que ellos ofrecen continuamente año tras año, hacer perfectos a los que se acercan" (10:1, LBLA). La continua necesidad de ofrecer sacrificios nos muestra que estos no son capaces de limpiar la conciencia: "De otra manera, ¿no habrían cesado de ofrecerse, ya que los adoradores, una vez purificados, no tendrían ya más conciencia de pecado?" (10:2, LBLA; cf. 9:14). El autor de Hebreos lo expresa claramente: "Porque es imposible que la sangre de toros y de machos cabríos quite los pecados" (10:4, LBLA); y nuevamente: "Todo sacerdote está de pie, día tras día, ministrando y ofreciendo muchas veces los mismos sacrificios, que nunca pueden quitar los pecados" (10:11, LBLA).

Para resumir lo que hemos visto hasta aquí: los sacerdotes levitas no eran perfectos, sus sacrificios no eran perfectos y lo que hacían no podía perfeccionar al adorador. Puesto que la ley solo tiene la sombra de lo que Cristo haría, "nunca puede... hacer perfectos a los que se acercan" (10:11, LBLA).

El autor de Hebreos pone todo esto al servicio de resaltar la gloria de lo que Cristo realizó. Escribe acerca del verdadero sacerdote: "Y habiendo sido hecho perfecto, vino a ser fuente de eterna salvación para todos los que le obedecen, siendo constituido por Dios sumo sacerdote según el orden de Melquisedec" (5:9, 10, LBLA). En el antiguo pacto, los sacerdotes levitas no eran perfectos (5:1-3; 7:27, 28a), pero Jesús sí era perfecto (5:9; 7:28b). Los sacerdotes levitas murieron y debieron ser reemplazados por otros (7:23), pero Jesús tenía una vida indestructible y por tanto mantiene su sacerdocio de manera permanente, continuando por siempre (7:16, 24). En el antiguo pacto, el sumo sacerdote levita debía "ofrecer sacrificios diariamente, primero por sus propios pecados y después por los pecados del pueblo" (7:27; 9:6, 7; 10:11), pero Jesús salva completamente habiéndose ofrecido a sí mismo de una vez por todas (7:25, 27, 28). En este sentido, también los sumos sacerdotes del antiguo pacto entraron al Lugar Santísimo terrenal, lo que solo era "copia de las cosas celestiales" (9:23, 24). Jesús, por el contrario, ingresó al Lugar Santísimo celestial para ofrecerse a sí mismo una vez y para siempre (8:2-5; 9:25-28).

Jamieson escribe: "Jesús es el verdadero sacerdote y el verdadero sacrificio, y los sacrificios levíticos fueron modelados de antemano en el logro escatológico de Cristo".[281] Mientras que la expiación obtenible bajo el anti-

---

281. *Ibid.*, 583.

guo pacto a lo sumo era provisional ("porque es imposible que la sangre de toros y de machos cabríos quite los pecados", Hb 10:4), Cristo "por una ofrenda… ha hecho perfectos para siempre a los que son santificados" (10:14). Esta perfección, por otra parte, purifica la "conciencia de obras muertas para servir al Dios vivo" (9:14, LBLA).

2.1.3. Las ofrendas realizadas

El autor de Hebreos presenta lo que logró Cristo en su sacrificio y ofrenda en el contexto de lo que el sumo sacerdote debía hacer el Día de la Expiación.[282] El Día de la Expiación, cuyo modelo era lo que Cristo haría en el futuro, también tipificó y apuntó hacia Cristo. Michael Morales ha sugerido que Levítico es fundamental para todo el Pentateuco, y que Levítico 16 está dispuesto en el centro de todo el libro de Levítico,[283] una realidad estructural que resalta la importancia tanto del Día de la Expiación como de su cumplimiento por parte de Cristo.

En el décimo día del mes séptimo, el sumo sacerdote de Israel ofrecía "el novillo como ofrenda por el pecado, que es por sí mismo" y hacía "expiación por sí mismo y por su casa" (Lv 16:6, 11). El Señor Jesús no necesitó realizar esta acción (Hb 7:26). Luego, dos machos cabríos eran puestos ante Yahvé "a la entrada de la tienda de reunión" (Lv 16:7) y se lanzaban suertes sobre ellos, uno para Yahvé y el otro para Azazel (16:8). El macho cabrío para Yahvé era ofrecido como ofrenda por el pecado (16:9) y el otro era enviado al desierto (16:10).[284] El sumo sacerdote luego debía ir "detrás del velo" y poner "el incienso sobre el fuego" para crear la nube que cubriría a Yahvé y mantendría vivos a los sacerdotes (16:12, 13). Luego rociaba la sangre del novillo (16:14). Posteriormente se llevaba a cabo el sacrificio del macho cabrío para Yahvé y se llevaba la sangre "dentro del velo" para asimismo rociarla. Todo esto era para realizar la expiación por el sumo sacerdote y su casa, por el Lugar Santo y la tienda de reunión (16:14), y nadie debía entrar hasta que el sumo sacerdote hubiera salido, habiendo hecho "expiación por sí mismo, por su casa y por toda la asamblea de Israel" (16:17, LBLA). Posteriormente debía hacer expiación por el

282. R. B. Jamieson, *Jesus' Death and Heavenly Offering in Hebrews*, Society for New Testament Studies Monograph Series 172 (New York: Cambridge University Press, 2019), 35.

283. Morales, *Who Shall Ascend the Mountain of the Lord?*, 25, 29.

284. Morales escribe: "En relación con la muerte expiatoria en la cruz, notemos que Jesús es llevado fuera de las puertas de Jerusalén para sufrir la ira de Dios por el pecado de su pueblo. Es como el justo resucitado que después ingresa al Lugar Santísimo celestial. De este modo, Jesús cumple el patrón de ambos machos cabríos en el Día de Expiación". *Ibid.*, 128 n. 35.

altar (16:18). Luego, habiendo confesado la iniquidad del pueblo sobre el macho cabrío vivo, este debía ser enviado al desierto (16:21, 22).[285]

Las cosas importantes que deben ser notadas para nuestro propósito son que los sacrificios tenían lugar afuera; posteriormente la sangre era llevada dentro de los lugares santos para ser rociada. Como remarca Jamieson: "Hebreos describe cómo el sumo sacerdote manipulaba la sangre como ofrenda dentro del Lugar Santo".[286] Esto destaca la diferencia entre lo que ofrecía el sumo sacerdote y lo que ofreció Jesús. El sumo sacerdote levítico ofrecía "sangre ajena" (Hb 9:25), la de "toros y de machos cabríos" y es "imposible" que esta "quite los pecados" (10:4). Contrariamente, Jesús "y no por medio de la sangre de machos cabríos y de becerros, sino por medio de su propia sangre, entró al Lugar Santísimo una vez para siempre, habiendo obtenido redención eterna" (9:12, LBLA).

El sacrificio de Cristo tuvo lugar cuando murió en la cruz. La ofrenda de sangre ocurrió cuando ingresó "a través de un mayor y más perfecto tabernáculo, no hecho con manos, es decir, no de esta creación" (Hb 9:11, LBLA). El autor de Hebreos parece entender que Jesús entró al verdadero templo en el cielo, el modelo que fue mostrado a Moisés en la montaña, conforme al cual fue construido el tabernáculo (8:5). El tabernáculo terrenal era una copia y sombra del celestial, y de este modo tipificó y anunció lo que Cristo realizaría cuando, después de ser sacrificado en la cruz, entró en el Lugar Santísimo celestial para hacer expiación. Dado que el antiguo pacto fue inaugurado con sangre (9:18), y dado que la purificación y el perdón vienen mediante el derramamiento de sangre (9:22),

> Fue necesario que las representaciones de las cosas en los cielos fueran purificadas de esta manera, pero las cosas celestiales mismas, con mejores sacrificios que estos. Porque Cristo no entró en un Lugar Santo hecho por manos, una representación del verdadero, sino en el cielo mismo, para presentarse ahora en la presencia de Dios por nosotros. (9:23, 24, LBLA)

Jamieson comenta acerca de este pasaje: "Yom Kipur es el único rito en cuya secuencia el autor describe correspondencias punto por punto con el sacrificio voluntario de Jesús".[287] Luego resume claramente la manera en que Hebreos presenta los puntos de contacto:

---

285. Para indagar más al respecto, ver *Ibid.*, 167-84.
286. Jamieson, *Jesus' Death and Heavenly Offering in Hebrews*, 39.
287. *Ibid.*, 36.

El autor ha elaborado cuidadosamente la narración de Yom Kipur en 9:6-9 a fin de que cada detalle encuentre su cumplimiento por contraste en la obra de Cristo expuesta principalmente en 9:11–10:18. El sumo sacerdote ingresaba al Lugar Santísimo; Cristo ingresó al celestial (6:20; 9:12, 24; cf. 10:12, 13, 20). El sumo sacerdote ingresaba una vez al año; Jesús una vez y para siempre (9:12, 25, 26; cf. 10:12, 14). El sumo sacerdote ingresaba con la sangre de animales; Cristo por medio de su propia sangre. (9:12; cf. 9:14, 25)[288]

Incluso dentro del mismo Antiguo Testamento existían patrones que, germinando como semillas, llegarían a florecer en Cristo. Por ejemplo, Morales comenta de las diferentes direcciones que toman los personajes en Levítico 16 y Génesis 3: "En el Día de Expiación, la expulsión de Adán hacia oriente, fuera del jardín del Edén era revertida mientras el sumo sacerdote, un Adán cultual, ascendía hacia occidente a través del velo bordado de querubines e ingresaba a la cumbre del monte cultual de Dios".[289]

El autor de Hebreos explica el logro del sumo sacerdote "adecuado", el cual es "santo, inocente, inmaculado, apartado de los pecadores y exaltado más allá de los cielos" (Hb 7:26). Jesús ha "santificado" a su pueblo por medio de su ofrenda (10:10) y da "confianza para entrar al Lugar Santísimo por la sangre de Jesús" (10:19, LBLA). Jamieson lo explica bien:

> Hebreos no está eligiendo a su antojo detalles convenientes, sino que está utilizando la lógica de todo el rito. El sumo sacerdote purifica el tabernáculo y al pueblo al ofrendar sangre en el Lugar Santísimo… El Jesús de Hebreos hace precisamente lo mismo… Hebreos mantiene intacta la lógica ritual de Yom Kipur donde la manipulación de sangre en el Lugar Santísimo purifica al pueblo de Dios y al lugar.[290]

2.2. Cristo convierte a su pueblo en sacerdotes

Después de cumplir con el sistema sacrificial levítico, el Señor Jesús, al convertir a su pueblo en un reino de sacerdotes (1 P 2:9; Ap 1:6; 5:10), logra el propósito de Dios de una nueva humanidad adámica sacerdotal, una nueva nación de Israel sacerdotal. Así como Jesús, el gran sumo sacerdote al que siguen, los miembros del pueblo sacerdotal de Jesús son llamados a ser tanto sacerdotes como sacrificio, ofreciendo el sacrificio vivo de sus propios cuerpos, llevando una vida de adoración consagrada al Dios vivo

---

288. *Ibid.*, 38.
289. Morales, *Who Shall Ascend the Mountain of the Lord?*, 177.
290. Jamieson, *Jesus' Death and Heavenly Offering in Hebrews*, 47.

(Rm 12:1, 2). Pablo también presenta como actividad sacerdotal (1:9; 15:16), en el acto del evangelismo, a la intercesión mediadora entre Dios y el pueblo que no lo conoce: las naciones.

3. LA TORÁ DE MOISÉS

Cuando Dios se reveló a Israel a través de Moisés en el Sinaí, el pueblo reconoció que Dios mismo era el que hablaba con ellos:

> Y Moisés vino y contó al pueblo todas las palabras del Señor y todas las ordenanzas; y todo el pueblo respondió a una voz, y dijo: Haremos todas las palabras que el Señor ha dicho. Y Moisés escribió todas las palabras del Señor. (Ex 24:3, 4a, LBLA)

El punto principal de esta sección es que para que operara el culto levítico, el pueblo debía responder con fe a la palabra de Dios a través de Moisés. Debían creer lo que Moisés les estaba diciendo. El culto levítico no era una suerte de escalera legalista basada en obras que el pueblo debía subir para entrar al cielo. Eso ya se había intentado en Babel y fue rechazado (Gn 11:1-9). El Leviticulto era el regalo misericordioso de Dios a un pueblo redimido y solo funcionaba por fe.

Dado que la razón fundamental de todo el asunto es la peligrosa santidad de Dios (Hb 12:29), que debía establecer su morada en el Lugar Santísimo, el pueblo debía creer que Dios "existe" (Hb 11:6). Debían creer que Yahvé realmente era todo lo que dijo Moisés: que él había creado el mundo por su palabra como Moisés describió en Génesis 1–2 (Hb 11:3), que su santidad estallaría contra los transgresores, como sucedió con Nadab y Abiú (Lv 10) y que lo que puso en peligro al pueblo fue su pecado y su inmundicia resultante (cf. Gn 2:17; 3:8).[291]

El pueblo debía creer que Yahvé realmente estaba allí en el Lugar Santísimo y debía creer que las instrucciones que estaba dando Moisés realmente funcionaban. Debía confiar en lo que Moisés dijo acerca de lo que complacía y disgustaba a Dios, acerca de lo que era puro e impuro, acerca de cómo las cosas profanadas por el pecado y la muerte podían volverse puras nuevamente y reingresar de forma segura al campamento. Debía creer a Moisés cuando este explicaba que si la santidad

---

291. Morales correctamente dice: "Dado que YHWH había abierto un camino para que la humanidad entrara en su presencia, la única forma de evitar el peligro era ingresar mediante la obediencia a su Torá, caminando positivamente de esa manera". Morales, *Who Shall Ascend the Mountain of the Lord?*, 147.

de Dios entraba en contacto con cualquier cosa impura, la muerte sería el resultado.

Solo al creer que Yahvé estaba presente, que era santo, que lo que Él identificaba como pecado realmente era una afrenta contra la santidad y que las acciones prescritas por Moisés serían efectivas, ellos podrían cumplir con lo que se les requería.

La economía del antiguo Israel no funcionaba como en la actualidad, pero sí tenían cosas de valor. Los animales que se les reclamaba sacrificar eran valiosos y el pueblo tenía la habilidad de calcular si valía o no la pena hacer un sacrificio.

¿Por qué alguien sacrificaría un animal y lo ofrecería en el altar a menos que creyera que hacerlo era preferible a la alternativa? En este caso, la alternativa era estar cerca del Santo en un estado impuro, arriesgándose a morir. Quien adoraba a Yahvé a fin de complacerlo debía creer todo lo que Moisés había enseñado y sus cálculos mostraban que el sacrificio era un bajo precio a pagar por la bendición de una vida en la presencia de Dios.

4. EL PACTO

Como veremos en el próximo capítulo, el pacto entre Yahvé e Israel es como un matrimonio. Esto significa que las instrucciones para el culto levítico son como las maneras en que un marido y su mujer se relacionan entre sí. La meta del culto, como la meta del matrimonio, es intimidad, comunión, amistad, vida, gozo y amor (cf. Os 2:19, 20 [MT 2:21, 22]).

Así como algunos ven al matrimonio como una simple transacción, como un medio de coerción u opresión,[292] algunos también ven el pacto que hizo Yahvé con su pueblo como transaccional, coercitivo u opresivo. Ninguno de estos puntos de vista negativos logra captar alguna parte de la intención de Dios al respecto del matrimonio o su pacto con Israel.[293] Timothy Keller explica que un pacto es:

---

292. Eso pensaban Karl Marx y Friedrich Engels, *The Communist Manifesto* (New York: Penguin, 2002), 240, 268 n. 38.

293. Lo que lleva a la conclusión de que Moisés era un legalista que enseñaba a Israel una salvación basada en obras es una mala interpretación de la declaración de Pablo "la ley no es de fe" (Gl 3:12). El comentario de Pablo se relaciona no con la situación del antiguo pacto, sino con creyentes del nuevo pacto tentados a agregar a la fe en Cristo requerimientos legalistas. Ver James M. Hamilton Jr., "The One Who Does Them Shall Live by Them: Leviticus 18:5 in Galatians 3:12", *Gospel Witness*, Agosto 2005, 10-14. Disponible en línea, https://www.academia.edu/30691342/The_One_Who_Does_Them_Shall_Live_by_Them_Leviticus_18_5_in_Galatians_3_12.

Una mezcla sorprendente entre ley y amor. Es una relación mucho más íntima y amorosa que la que puede crear un simple contrato legal, pero más duradera y vinculante que una creada solo por el afecto personal. Es un vínculo de amor vuelto más íntimo y sólido debido a su legalidad. Es todo lo opuesto a una relación cliente-vendedor, en la cual la conexión solo se mantiene si sirve a los intereses de ambas partes. Un pacto, por el contrario, es la solemne, permanente y completa entrega voluntaria de dos partes entre sí.[294]

Dios creó el mundo de una determinada forma. El carácter santo de Dios tiene consecuencias definidas para quienes pecan. Y en el pacto, Dios abrió camino a fin de que un pueblo pecador, que merece la muerte, tenga esperanza y vida en su presencia. El pacto de Dios con Israel surgió de su misericordia, hizo conocida su gracia y ofreció el camino a la vida (Dt 30:15-20).

El pacto vino con promesas de bendición para quienes lo guardaran y de maldición para quienes lo rompieran (Lv 26; Dt 28). También vino con indicios de que, de hecho, sería roto (Dt 30:1), pero Dios guardaría las promesas que había hecho a los patriarcas (ver más en el capítulo 10, referente al matrimonio, en esp. el punto 3). A pesar de que el pacto hecho en Sinaí llegaría a su fin debido al pecado de su pueblo, sus intenciones serían hechas realidad a través del Mesías, en quien Dios cumpliría los pactos que hizo con Abraham y David.

5. EL REY QUE VENDRÁ

En la estructura quiástica de este capítulo, esta sección referente al rey se encuentra frente a la sección relacionada con la Torá debido a la silenciosa centralidad del rey en el Leviticulto. La parte silenciosa es esta: no hay menciones abiertas del rey en las instrucciones para el manejo del culto levítico. Sin embargo, sostengo que la esperanza implícita que servía de base a aquellos que vivían en el pacto por fe mediante el culto era que se levantaría un rey el cual reabriría el camino al Edén. Dios prometió a Abraham que saldrían reyes de él y de Sara (Gn 17:6, 16) y la bendición de Judá habla como si el rey viviera en una tierra edénica (Gn 49:8-12). La enemistad entre la simiente de la serpiente y la simiente de la mujer sería resuelta cuando el rey aplastara la cabeza de aquellos que buscaran maldecir la simiente de Abraham (Nm 24:17), lo cual resultaría en la bendición de todas las naciones (Gn 12:3; 22:17, 18).

---

294. Timothy Keller, *Preaching: Communicating Faith in an Age of Skepticism* (New York: Viking, 2016), 104.

El rey debía ser un israelita ejemplar, el hombre de la Torá (Dt 17:14-20).[295] Debía ser un padre para su pueblo, enseñándoles la palabra de Dios (Dt 6:4-7), un papel que modela Salomón cuando enseña la Torá a su hijo en el libro de Proverbios.[296] Ciertamente, debía ser el hombre bendito, cuya vida sería como el árbol del Edén (Sal 1), que conocería el perfecto poder de la palabra dadora de sabiduría y resucitadora del alma (Sal 19:7-14). Dado que el rey conocería y amaría a Dios, y dado que comprendería que las instrucciones de Dios al respecto de la santidad apuntan al camino de plenitud de vida, este amaría la Biblia como el autor del Salmo 119.[297]

El Leviticulto dio al pueblo de Dios una forma de vida mientras esperaban a aquel que pudiera ascender al monte del Señor (Sal 24:3). Cuando apareciera aquel de manos limpias, corazón puro, adoración genuina y palabra verdadera (24:4), la bendición y salvación de Dios (24:5) serían dadas y las puertas antiguas e inhóspitas se abrirían para que ingresara el rey de gloria (24:7). Entonces, la generación de aquellos que buscan a Yahvé celebraría la reapertura del camino hacia la mismísima presencia de Dios (24:6, 8-10), algo que había estado inaccesible por tanto tiempo. Ellos abrirían las puertas de la justicia de par en par para el ingreso del rey, a quien dicen: "Bendito el que viene en nombre del Señor" (Sal 118:19, 26; cf. Mt 21:9; 23:39).

El amor a la Torá surge del amor a Dios (Dt 6:5, 6). Y el amor a Dios fluye de la revelación de su carácter, de experimentar su bondad (Ex 34:6, 7) y de la esperanza en lo que ha prometido (Is 26:8). Todo lo que prometió gira alrededor del sacerdote rey, por quien las puertas alzarían sus cabezas, por quien las antiguas puertas serían abiertas a fin de que entrase (Sal 24:7).

6. PECADO, SACRIFICIOS Y FESTIVIDADES

La institución del culto levítico no solo tipificó lo que lograría Cristo en la cruz y en el Lugar Santísimo celestial, como vimos anteriormente en la sección 2; el culto también tipificó lo que Cristo proveería para su pueblo a través de las festividades, cómo los cristianos adorarían a Dios y cómo experimentarían el perdón de pecados estando en relación con Dios.

---

295. Jamie A. Grant, *The King As Exemplar: The Function of Deuteronomy's Kingship Law in the Shaping of the Book of Psalms*, Academia Bíblica 17 (Atlanta: Society of Biblical Literature, 2004).

296. Ansberry, *Be Wise, My Son*.

297. Grant, *The King as Exemplar*.

6.1. Cristo realiza las festividades para su pueblo

Deuteronomio 16:16 afirma: "Tres veces al año se presentarán todos tus varones delante del Señor tu Dios en el lugar que Él escoja: en la fiesta de los panes sin levadura, en la fiesta de las semanas y en la fiesta de los tabernáculos..." (LBLA).

La Fiesta de los Panes sin Levadura es la Pascua, que celebra el modo en que Dios liberó a su pueblo de Egipto, cuando dejaron Egipto deprisa, sin tener tiempo para leudar el pan. Vimos en el punto 3 del capítulo 8 la forma en que Cristo presentó su muerte como el cumplimiento del éxodo de Egipto e instituyó la Cena del Señor como cumplimiento de la Pascua.

La Fiesta de las Semanas también es conocida como Pentecostés y estaba asociada con la entrega de la ley en el Monte Sinaí.[298] En vistas de lo que ocurrió en el día de Pentecostés en Hechos 2, cuando la iglesia fue bautizada en el Espíritu (cf. 4.1 en el capítulo 7), tal vez Pentecostés celebraba la gloria de Dios llenando el nuevo tabernáculo construido. Si esto es así, Cristo lo lleva a su cumplimiento cuando, en palabras de Pedro en Hechos 2:33 (LBLA), se cumple lo siguiente: "Exaltado a la diestra de Dios, y habiendo recibido del Padre la promesa del Espíritu Santo, ha derramado esto que vosotros veis y oís".[299]

En la Fiesta de los Tabernáculos (y como vimos anteriormente en el punto 3.1 del capítulo 7), la Palabra se hizo carne y habitó entre su pueblo (Juan 1:14). Juan también describe a Jesús habitando entre los redimidos en Apocalipsis 7:15. La Fiesta de los Tabernáculos celebraba la provisión de Dios para Israel en el tiempo en que vivían en chozas o enramadas mientras viajaban por el desierto. La fiesta estaba acompañada de un ritual importante donde se encendía la menorá y se vertía agua (m. Sukkah 4:9–5:3), probablemente recordando la columna de fuego y el agua de la roca. Jesús se anunció a sí mismo como la luz del mundo, diciendo que aquellos que lo siguieran no caminarían en oscuridad (Juan 8:12). Se presenta a sí mismo como el cumplimiento de la roca de la cual fluía agua, pero que da una mejor provisión del Espíritu Santo (7:37-39; por eso Pablo comenta "la roca era Cristo" en 1 Cor 10:4). Y Jesús es el pan de vida, que bajó del cielo para dar vida al mundo (Jn 6:33, 35).[300]

---

298. Jeffrey Tigay escribe: "La Fiesta de las Semanas ha servido para conmemorar la entrega de la Torá al menos desde la época del Segundo Templo, entrega que comenzó con la revelación de los Diez Mandamientos en el Monte Sinaí... Esta función del festival estaba basada en el cálculo de que su fecha coincide con la de la revelación, dada a entender en Éxodo 19". Jeffrey H. Tigay, *The JPS Torah Commentary: Deuteronomy* (Philadelphia: Jewish Publication Society, 1996), 156.

299. Como argumenta Beale, "The Descent of the Eschatological Temple in the Form of the Spirit at Pentecost: Part I".

300. Para ver más acerca de estos puntos, Hamilton, "John", 133-34, 155-56, 160-61.

6.2. El sacrificio de alabanza

Los autores del Nuevo Testamento ven los sacrificios del culto levítico cumplidos en la vida cristiana de adoración fiel y en el hecho de vivir como sacerdotes en el mundo (véase el punto 2.2 de este capítulo). El autor de Hebreos llama a su audiencia a este estilo de vida, diciendo: "Por tanto, ofrezcamos continuamente mediante Él, sacrificio de alabanza a Dios, es decir, el fruto de labios que confiesan su nombre" (Hb 13:15, LBLA). Pedro habla de los cristianos como "piedras vivas… edificados como casa espiritual para un sacerdocio santo, para ofrecer sacrificios espirituales aceptables a Dios por medio de Jesucristo" (1 P 2:5, LBLA). Tales declaraciones presentan a los creyentes como cumpliendo tipológicamente el Leviticulto a través de sus vidas de servicio y adoración (cf. Rm 12:1).

6.3. Perdón y purificación

En 1 Juan 1:9, son evidentes los conceptos levíticos sobre la forma en que el pecado corrompe y ensucia. Allí Juan declara: "Si confesamos nuestros pecados, Él es fiel y justo para perdonarnos los pecados y para limpiarnos de toda maldad" (LBLA). Repetidamente en Levítico se dice que quien ofrece un sacrificio por el pecado para expiación "llega a conocer" su pecado cuando "reconoce su culpa" y luego "confiesa el pecado que ha cometido", ofreciendo el sacrificio prescrito para la expiación (Lev 5:4-6; cf. 4:13-20; 5:17, 18; 6:4, 6, 7). El autor de Hebreos afirma que estos sacrificios podían "santificar para la purificación de la carne" (Heb 9:13), aunque nunca podían "quitar los pecados" (10:4). Su cumplimiento en Cristo, sin embargo, "purificará vuestra conciencia de obras muertas para servir al Dios vivo" (9:14, LBLA). Llegar a conocer el propio pecado, reconocer la culpa, confesar y ser perdonado y limpiado: todo esto ocurría bajo el antiguo pacto para aquellos que creían en lo que Moisés enseñaba, y bajo el nuevo pacto sucede de manera plena y definitiva para aquellos que se arrepienten del pecado y confían en Cristo de acuerdo con las enseñanzas del Nuevo Testamento.

7. LA PRESENCIA DE DIOS

La meta del tabernáculo y del templo, mientras funcionaban en el contexto del culto levítico, era permitir al pueblo disfrutar de la presencia de Dios. Muchas declaraciones en los Salmos indican que el pueblo de Dios entendía esto hasta cierto punto (estos textos son de la LBLA):

- Salmo 16:11: "Me darás a conocer la senda de la vida; en tu presencia hay plenitud de gozo; en tu diestra, deleites para siempre".
- Salmo 73:25, 28: "Y fuera de ti, nada deseo en la tierra… mas para mí, estar cerca de Dios es mi bien".

- Salmo 84:4: "¡Cuán bienaventurados son los que moran en tu casa! Continuamente te alaban".

- Salmo 100:2: "Servid al Señor con alegría; venid ante Él con cánticos de júbilo".

Lo que estaba disponible a Israel a través del culto levítico, mediante la presencia de Dios en el Lugar Santísimo, lo experimentan los creyentes en Jesús a través del Espíritu que mora en ellos, el cual los constituye como templo de Dios (ver punto 4 del capítulo 4).

Antes de partir, Jesús prometió dar el Espíritu, el cual estaría dentro de sus discípulos (Juan 14:17, 26; 15:26; 16:7). Las palabras finales de Mateo lo muestran diciendo: "Y he aquí, yo estoy con vosotros todos los días, hasta el fin del mundo" (Mt 28:20, LBLA). Y Pablo afirma que la presencia de Cristo por el Espíritu es la marca del verdadero creyente: "Si alguno no tiene el Espíritu de Cristo, el tal no es de Él" (Rm 8:9, LBLA). Bajo el antiguo pacto Dios tomó residencia en la casa que su pueblo construyó para su nombre. En el nuevo pacto, Jesús, la prometida simiente de David, construye la iglesia como la casa para el nombre de Dios, el templo del Espíritu Santo.[301]

En la experiencia cristiana, la iglesia disfruta el cumplimiento inaugurado de la presencia de Dios como templo del Espíritu Santo, gustando del cumplimiento de las fiestas y sacrificios a través del perdón de pecados que hizo posible Jesús, el gran sumo sacerdote, para su reino de sacerdotes, atesorando la Palabra de Dios en la esperanza del día en que el rey gobierne en justicia, viviendo en relación con Dios Padre en el nuevo pacto. Los creyentes en Jesús experimentan la realidad del Salmo 25:14 —"El Señor brinda su amistad a quienes le temen y les da a conocer su pacto" (NVI)— a través de Cristo, que dijo a sus seguidores: "Os he llamado amigos, porque os he dado a conocer todo lo que he oído de mi Padre" (Juan 15:15b, LBLA).

---

301. Cf. Hamilton, *God's Indwelling Presence*; y Beale, *The Temple and the Church's Mission*.

10

Matrimonio

El único fundamento de la iglesia
es Jesucristo su Señor;
ella es su nueva creación
por el agua y la Palabra:
del cielo vino y la buscó
para ser su santa Esposa;
con su propia sangre la compró,
y por su vida Él murió.

SAMUEL JOHN STONE [302]

Este capítulo trabajará canónicamente[303] a través de pasajes relevantes que tratan sobre el matrimonio en un intento de mostrar cómo la institución del matrimonio llega a tipificar la relación de pacto que Dios establecerá con su pueblo. ¿Cómo una *institución*, en este caso el matrimonio, prefigura un patrón de eventos que se cumplirá en la relación entre Cristo y la iglesia? ¿Los autores del Antiguo Testamento pretenden comunicar esto?

La ordenanza creacional del pacto matrimonial existe para ser cumplida en el banquete de bodas del Cordero. La fidelidad espiritual necesaria para el matrimonio pactual se manifestará plenamente cuando llegue el novio. La narrativa de la Biblia está enmarcada en términos del pacto matrimonial de Yahvé con Israel, una historia de unión matrimonial que es quebrantada y terminada por el divorcio y la separación, pero que, debido al amor de Dios, lleva consigo promesas de una reunión bajo un nuevo pacto. Las afirmaciones de este párrafo anticipan el contenido de este capítulo, que se organiza en forma de quiasmo:

---

302. "The Church's One Foundation" (1866).

303. Me refiero con este término a la disposición de los libros bíblicos en el texto canónico. Ver James M. Hamilton Jr., "Canonical Biblical Theology", en *God's Glory Revealed in Christ: Essays in Honor of Tom Schreiner*, ed. Denny Burk, James M. Hamilton Jr., y Brian J. Vickers (Nashville: Broadman & Holman, 2019), 59-73.

1. El matrimonio como ordenanza del pacto de la creación.

   2. Matrimonio y fidelidad espiritual.

      3. Divorcio y segundas nupcias: exilio y regreso al nuevo pacto.

   4. Viene el esposo.

   5. La consumación del matrimonio en la fiesta de bodas del Cordero.

1. EL MATRIMONIO COMO ORDENANZA DEL PACTO DE LA CREACIÓN

La historia comienza desde el principio, en el jardín del Edén, donde, antes del pecado, antes del juicio, como parte de la "muy buena" creación original (Génesis 1:31), Dios instituyó el matrimonio. Moisés narra cómo Dios, tras crear a la ayuda idónea para el hombre para solucionar su soledad "no buena" (Génesis 2:18-21), trajo a la mujer al hombre en Génesis 2:22. Desde el principio, el matrimonio se presenta como un acto de pacto. Hemos observado anteriormente (ver discusión en el capítulo 2, 2.3.2) que Moisés forja una asociación entre esta narración y el pacto en el que Dios entró con Abraham en Génesis 15 al notar el "sueño profundo" (תַּרְדֵּמָה) que Dios hizo caer sobre Adán y Abraham (Gn 2:21; 15:12). Alguien familiarizado con el uso del término תַּרְדֵּמָה en Génesis 15:12 instintivamente percibe la forma en que la luz de cada pasaje brilla sobre el otro, agregando el color del pacto desde Génesis 15 hasta la radiante institución del matrimonio en Génesis 2.

Sobre la base del uso de este término clave תַּרְדֵּמָה ("sueño profundo") en Génesis 2:21 y 15:12, parece que Moisés pretendía que su audiencia asociara el pacto del matrimonio, representado en Génesis 2, y el pacto en el que Yahvé entró con Abraham, representado en Génesis 15.[304] Esta conclusión recibe verificación por la forma en que, como se discutirá más adelante, Moisés pasa a usar términos maritales e imágenes con referencia al pacto de Yahvé con Israel. Siguiendo a Moisés y aceptando su visión del mundo, los profetas de Israel y más tarde los autores de las Escrituras harían lo mismo.

Vemos que el matrimonio es una "ordenanza de la creación" (algo instituido por Dios como parte de la creación) por la forma en que Génesis 2:24 saca conclusiones sobre lo que ocurrió entre el primer hombre y la primera mujer, conclusiones que son aplicadas a todos sus descendientes. Ni Adán ni su mujer tuvieron padre ni madre, pero por lo que sucedió entre

---

304. Por diferentes motivos, Gordon P. Hugenberger argumenta que debemos entender "El paradigmático casamiento de Adán y Eva como un 'pacto'" en *Marriage as a Covenant: Biblical Law and Ethics as Developed from Malachi* (Leiden: Brill, 1994), 156-67, cita de 156.

el primer hombre y la mujer, Génesis 2:24 dice que un hombre, cualquier hombre que descienda de la primera pareja, dejará padre y madre y se unirá a su mujer, y los dos se convertirán en una sola carne. Esto significa que el matrimonio entre el primer hombre y la primera mujer tiene implicaciones para todas las personas en todos los lugares en todo momento. En Mateo 19:4, 5, Jesús atribuye las palabras de Génesis 2:24 al Creador: "¿No habéis leído que aquel que los creó, desde el principio los hizo varón y hembra, y añadió: 'Por esta razón el hombre dejará a su padre y a su madre y se unirá a su mujer, y los dos serán una sola carne'?" (LBLA).

El matrimonio, entonces, fue instituido por Dios en el jardín del Edén como parte de la muy buena creación. Moisés le enseña a su audiencia su carácter pactual por medio de un enlace léxico con un texto clave sobre el pacto de Dios con Abraham (Gn 2:21; 15:12). A medida que continuamos a través de los libros de Moisés y el resto del Antiguo Testamento, los autores bíblicos aplican conceptos maritales y de pacto en caminos que sientan las bases para que el matrimonio tipifique su cumplimiento en Cristo.

2. MATRIMONIO Y FIDELIDAD ESPIRITUAL

El primer matrimonio entre el primer hombre y la primera mujer se convirtió en el prototipo. En textos posteriores, Moisés extiende el significado del matrimonio desde su origen concreto a aplicaciones metafóricas. Específicamente, Moisés usa imágenes dibujadas del matrimonio humano para hablar en sentido figurado sobre la relación entre Yahvé y su pueblo. En la Torá, este uso del lenguaje y las imágenes maritales principalmente se refieren a llamados a la fidelidad: Israel no debe jugar a la prostitución —cometer adulterio— contra Yahvé.

A medida que continuamos a través del Antiguo Testamento hasta los últimos profetas, Isaías, Jeremías y Oseas amplían aún más el lenguaje marital, tomando los conceptos en nuevas direcciones figurativas.[305] Los tres profetas hablan directamente o representan simbólicamente el divorcio de Yahvé de Israel. Cuando ellos hablan (o en el caso de Oseas, actúan) de esta manera, los profetas están diciendo que el pacto se ha roto, advirtiendo que sus maldiciones no se pueden evitar.

Estos profetas no solo representan el *divorcio* de Yahvé de Israel, sino que también hablan de una *renovación del pacto*, y de varias maneras apuntan al cumplimiento de la alianza con Abraham como una nueva y dura-

---

305. Esta discusión no será una consideración exhaustiva de lo que dice el Antiguo Testamento sobre esta temática. Se podrían hacer puntos similares a partir de, por ejemplo, Ezequiel 16.

dera relación matrimonial entre Dios y su pueblo. Lo que el Señor revela a través de Oseas es quizás más sorprendente.

El Señor llama al profeta a promulgar en su propio matrimonio una parabólica representación de la relación entre Yahvé e Israel. Esto involucra lo siguiente: que Oseas se case con una prostituta (Oseas 1:1-3), que se separe cuando ella regrese a sus caminos adúlteros (1:8; 2:2) y que luego la compre para sacarla de la esclavitud con miras a renovar el pacto matrimonial con ella (3:1-5).

Si la representación negativa tiene lugar en el libro de Oseas, la positiva es igualmente retratada en el Cantar de los Cantares. Argumentaré que en el Cantar, el rey representa a Yahvé, la novia a Israel y el matrimonio entre ellos dos apunta al nuevo pacto que será inaugurado a través del futuro rey de la línea de David.[306]

El patrón provisto por la institución del matrimonio se cumplirá en el pacto entre Cristo y su novia, la iglesia. Nos dirigimos a la forma en que Moisés en la Torá extiende metafóricamente la ordenanza de la creación del matrimonio para aplicar sus categorías a la relación de Dios con su pueblo.

2.1. Adulterio espiritual en la Torá

En Éxodo 34:14-16, encontramos la primera indicación explícita de que Moisés concibe el pacto del Sinaí en términos maritales. Moisés advierte a Israel con las palabras:

> No adorarás a ningún otro dios, porque el Señor, cuyo nombre es Celoso, es Dios celoso, no sea que hagas pacto con los habitantes de aquella tierra, y cuando se prostituyan [זָנָה] con sus dioses y les ofrezcan sacrificios… y tomes de sus hijas para tus hijos, y se prostituyan con sus dioses y hagan que también tus hijos se prostituyan [זָנָה] con los dioses de ellas. (LBLA)

Para los hijos de Israel, adorar a otros dioses sería cometer adulterio espiritual contra Yahvé. Esta imaginería funciona bajo la suposición de que el pacto entre Yahvé e Israel es como un pacto matrimonial.[307] Así como

---

306. Quiero reconocer, sin embargo, que la interpretación del Cantar de los Cantares está en disputa, y la presentación de este capítulo de la institución del matrimonio que tipifica la relación entre Dios y su gente no se sostiene ni se cae con esta lectura del Cantar.

307. Ver más Raymond C. Ortlund, *God's Unfaithful Wife: A Biblical Theology of Spiritual Adultery*, New Studies in Biblical Theology (Downers Grove, IL: InterVarsity, 2003).

los cónyuges en el matrimonio deben ser fieles el uno al otro, Yahvé e Israel —los socios del pacto— son fieles entre sí. Yahvé e Israel tienen responsabilidades mutuas y tienen privilegios que deben compartir solo uno con otro. Como en un matrimonio, los privilegios y responsabilidades son compartidos por los participantes del pacto, y deben ser exclusivos. Así como es adúltero compartir la intimidad del pacto con alguien que no sea el cónyuge, del mismo modo es adúltero hacer por alguien más algo (en este caso adorar y ofrecer sacrificio) que uno solo debe hacer por Yahvé.

En una concepción marital del pacto, Yahvé es el esposo, Israel es la novia y el pacto es como un matrimonio. Un cónyuge adúltero no solo participa en actos de intimidad con alguien que no es el socio del pacto; además, los actos íntimos crean expectativas y obligaciones que tienen que ver con las esperanzas para el futuro y los compromisos que necesariamente implican las intimidades, ya sea que estos estén declarados o solo implícitos.[308] Y lo mismo ocurre con los actos de adoración y los sacrificios ofrecidos a otros dioses. El que adora a un ídolo viene con expectativas, que no se cumplen, y se va con obligaciones, que inexorablemente esclavizan. Por el contrario, Yahvé e Israel se han comprometido el uno con el otro, entraron en pacto con palabras solemnes, compromisos claramente establecidos, y bendiciones y maldiciones completamente entendidas.[309]

Adorar a otros dioses ofreciéndoles sacrificios es buscar de aquellos dioses lo que Yahvé ha prometido proveer. El acto adúltero de la idolatría indica insatisfacción con el socio del pacto.[310] El adulterio idólatra hace la declaración ofensiva de que Yahvé mismo no es suficiente para Israel. Pero no solo la esposa adúltera degrada a su esposo; el adulterio destruye a la esposa también. Los actos de sacrificio son solo eso: sacrificiales. El adorador ofrece algo de valor, a menudo a un gran costo personal, con la esperanza de que el sacrificio produzca cosas de un valor aún mayor que lo que fue sacrificado. En lugar de recibir los rendimientos de la inversión, sin embargo, para los idólatras las deudas solo se profundizan. Israel había

---

308. De manera similar, Dempster, *Dominion and Dynasty*, 73.

309. Jonathan Gibson cita la definición de "pacto" de Roger Beckwith: "Una liga de amistad entre hombre y hombre o entre Dios y hombre, solemnemente inaugurado, ya sea por palabras solas o por palabras y ceremonias simbólicas, en las que se contraen obligaciones por una o ambas partes. Las obligaciones van a menudo acompañadas de un juramento y tienen el carácter de promesas solemnes. Gibson, *Covenant Continuity and Fidelity*, 1 n. 1; citando a Roger T. Beckwith, "The Unity and Diversity of God's Covenants", *Tyndale Bulletin* 38 (1987): 96.

310. Esta realidad se ilustra conmovedoramente en la novela de Vladimir Nabokov, *Lolita*, en la que el protagonista tiene todo lo que debería satisfacerlo, pero solo desea la perversidad con una continua codicia por más. Ver Vladimir Nabokov, *Lolita*, ed. Alfred Appel Jr, Edición revisada, actualizada y anotada (New York: Vintage, 1991).

prometido lealtad, obligación, privilegio y responsabilidad exclusivos a Yahvé. Salir del pacto era cometer adulterio, declarar a Yahvé insuficiente para las necesidades, con el fin de buscar satisfacción de otros amantes, incluso para dedicarse a la prostitución.

2.2. Qué implica el adulterio espiritual en la Torá

Moisés no articula explícitamente las consecuencias del adulterio espiritual de Israel en el contexto inmediato de Éxodo 34. En el contexto más amplio de la Torá, sin embargo, Moisés es claro al respecto de que, al romper el pacto, el pecado conduciría al exilio (ver Lv 26; Dt 4:25-31; 28–32). La metáfora de prostituirse tras otros dioses comunica la infidelidad espiritual que resulta en un pacto quebrantado, que a su vez hace descender las maldiciones del pacto, que incluyen el exilio de la tierra.

3. DIVORCIO Y NUEVO MATRIMONIO: EXILIO Y REGRESO AL NUEVO PACTO

Cronológicamente, Salomón precede a Oseas, Isaías y Jeremías en la historia de Israel. Salomón estuvo activo en los años 900 a. C., Oseas e Isaías en los años 700, Jeremías a finales de los años 600 y en los 500. En este capítulo, nos estamos moviendo canónicamente a través del Antiguo Testamento; sin embargo, esto significa que los encontramos en orden inverso: a través de los últimos profetas y hasta los Escritos. Procederemos en orden canónico a través de las aportaciones de Isaías y Jeremías, Oseas y el Cantar de los Cantares que hacen a la comprensión tipológica de la institución del matrimonio como alianza entre Dios y su pueblo.

3.1. En los profetas posteriores: Isaías, Jeremías y Oseas

Tanto Isaías como Jeremías hablan del pecado de ruptura del pacto por parte de Israel, que resulta en "un acta de divorcio" (סֵפֶר כְּרִיתֻת, Is 50:1; Jr 3:8; cf. Dt 24:1). Profetizando en el momento de la destrucción del reino del norte, llamando a Judá en el sur para arrepentirse y volverse a Yahvé, Isaías advierte sobre el divorcio (Is 50:1) y apunta a un futuro matrimonio como el de Abraham, en el que la esposa estéril será madre de hijos (Isaías 54:1-3). Por su parte, Jeremías anuncia que en el exilio Yahvé se divorció de su pueblo (Jeremías 3:8), pero también profetiza un nuevo pacto (31:31-34). Para Isaías y Jeremías, la maldición del pacto mosaico, el exilio, es comparable a un divorcio. Sin embargo, el cumplimiento del pacto con Abraham en el nuevo pacto llevará a Yahvé a regocijarse sobre su pueblo como un novio se regocija sobre su novia (Isaías 62:5).

3.1.1. Isaías

Isaías profetiza que cuando venga el ejército enemigo (Is 8:7), derribará los muros de Jerusalén (22:5), quemará el templo (44:28), matará a los hombres (3:25; 4:1), humillará a las mujeres (3:18-26) y exiliará al pueblo de la tierra (5:13); Israel será como una mujer cuyo marido se ha divorciado de ella (50:1), llorando la muerte de sus hijos (49:20, 21). Varias de estas realidades son comunicadas mientras Isaías profetiza la restauración. Por ejemplo, en Isaías 50:1 (LBLA), el profeta declara: "Así dice el Señor: ¿Dónde está esa carta de divorcio con la que repudié a vuestra madre?". De este versículo se desprende claramente que Israel ciertamente ha sido enviado lejos por sus transgresiones, pero ahora el Señor viene para llevar a su novia de regreso a sí mismo, pidiendo en 50:2, 3:

> ¿Por qué cuando vine no había nadie, y cuando llamé no había quien respondiera? ¿Acaso es tan corta mi mano que no puede rescatar, o no tengo poder para librar? He aquí, con mi represión seco el mar, convierto los ríos en desierto; sus peces hieden por falta de agua, mueren de sed. Yo visto de negrura los cielos, y hago de cilicio su cobertura. (LBLA)

La mano extendida del Señor para redimir recuerda el brazo fuerte y la mano extendida por la cual sacó a Israel de Egipto en el éxodo (Ex 3:19; 6:6; Sal 136:12). Las referencias al cruce del Mar Rojo y del río Jordán, así como a las plagas enviadas sobre Egipto, evocan claramente el éxodo: a través de Isaías, el Señor declara que, aunque su pueblo adúltero ha sido enviado lejos como una mujer divorciada, Él los salvará después del exilio de la misma manera que los salvó tras su estancia en Egipto. La pregunta retórica sobre por qué no había nadie cuando Yahvé llegó indica que los dioses con los que Israel cometió adulterio no son proveedores fieles ni han permanecido para protegerla.

Para comunicar el profundo dolor que el Señor infligirá a su pueblo al enviarlo al exilio, Isaías hace que el juicio sea personal. Lo logra al personificar a la nación como una madre tierna que llora la pérdida de sus hijos: "Yo había sido privada de hijos y estaba sola, peregrina y desterrada" (Is 49:21, RV60). Este rechazo de la mujer simboliza el exilio de Israel de la tierra debido a su ruptura del pacto. Así como un hombre se divorcia de su esposa y la expulsa por su devastadora infidelidad, Yahvé declara roto el pacto y envía a su pueblo desobediente lejos de la tierra prometida. El lamento de esta mujer refleja cómo los hijos de Israel serán diezmados por el ejército enemigo que los destierra de su hogar.

Isaías conecta la futura salvación después del exilio con la resurrección de los muertos y el cumplimiento del pacto abrahámico. El exilio es consecuencia de la ruptura del pacto del Sinaí, ya que ni el pacto abrahámico ni el davídico incluyen maldiciones que amenacen con el exilio. Con el pacto del Sinaí quebrantado y el exilio en el horizonte, el pacto futuro del que Isaías profetiza se presenta como si fuera un nuevo matrimonio.

Los pactos abrahámico, mosaico, davídico y el nuevo pacto están relacionados de la siguiente manera: Yahvé hizo un pacto con Abraham y, como explica Pablo en Gálatas 3–4, para preservar a Israel hasta la llegada de Cristo, Yahvé instituyó el pacto mosaico, "casándose" con Israel. Israel quebrantó el pacto mosaico y fue exiliado, pero Isaías profetiza que Yahvé cumplirá el pacto abrahámico. Cuando Yahvé cumpla este pacto, será como si se "volviera a casar" con su pueblo.

El exilio de la tierra se compara con un divorcio, pero también se asemeja a la muerte. La restauración del matrimonio implicará una nueva vida, como un nuevo nacimiento, incluso para aquellos que han muerto. En Isaías 49:19-21, encontramos indicios de que el regreso del exilio traerá consigo una resurrección de los muertos. Profetizando sobre la forma en que Dios restaurará a su pueblo, Isaías dice en 49:19 que los "lugares desolados" (שְׁמָם) serán "demasiado estrechos". Como si fuera una respuesta a este dilema, llega la llamada en 54:2 para que la tienda demasiado pequeña se amplíe, se estire, se alargue, y en 54:3 se dice que las "ciudades desoladas" (שְׁמָם) serán pobladas.

Volviendo a la línea de pensamiento de Isaías 49:19-21, Isaías escribe en los versículos 20, 21 (LBLA):

> Todavía te dirán al oído los hijos de los que fuiste privada:
> "El lugar es muy estrecho para mí;
> hazme sitio para que yo more aquí".
> Y dirás en tu corazón:
> "¿Quién me ha engendrado estos?
> Pues yo había sido privada de mis hijos,
> y era estéril, desterrada y errante.
> Y a estos, ¿quién los ha criado?
> He aquí, yo había sido dejada sola;
> y estos, ¿dónde estaban?".

La frase al comienzo de 49:20, "hijos de los que fuiste privada" (LBLA, בְּנֵי שִׁכֻּלָיִךְ), parece significar "los hijos que dabas por perdidos" (NVI, BLP).[311]

---

311. NIV y KJV interpretan la frase en el sentido de "hijos nacidos durante su duelo". Esta interpretación indica que la madre ha dado a luz a niños durante el tiempo de su duelo. De cualquier manera, la traducción sencilla de la ESV se puede entender. Aunque estoy a favor de la interpretación de la NASB y la CSB, en cualquier entendimiento, el

La palabra "luto", que aparece solo aquí en el Antiguo Testamento, parece señalar el duelo de una madre por la muerte de sus niños. Estos niños que murieron, de quienes su madre quedó privada, volverán a vivir y hablarán al oído de su madre. Incluso si Oswalt tiene razón al decir que la figura retórica "no debe ser llevada al extremo",[312] sigue siendo sugerente. Isaías ha afirmado que los muertos resucitarán (Isaías 26:19), y en ciertos puntos se hace una estrecha asociación entre la resurrección de entre los muertos y las madres estériles dando a luz (ver 1 S 2:5, 6; Rm 4:17-19).[313]

A medida que continuamos en Isaías 49, parece que la madre ha sido "privada" de sus hijos porque han sido llevados al exilio, llevados al inmundo reino de los muertos. Esta parece ser la importancia del regreso de los hijos del exilio en 49:22 (RV60): "Traerán en brazos a tus hijos, y tus hijas serán traídas en hombros". Luego, cuando Isaías habla de los "cautivos del poderoso" y los "presos del tirano" en 49:24, 25, parece estar hablando de los niños que han sido llevados en cautiverio, porque el Señor afirma al final de 49:25 (RV60): "Tu pleito yo lo defenderé, y yo salvaré a tus hijos". Cuando el Señor traiga a su pueblo desterrado de vuelta al reino de la vida —donde él habita— desde el reino inmundo de los muertos, será como si hubieran resucitado de entre los muertos.

Con la vida abundante en la renovación después de la muerte del exilio, el lugar que era demasiado estrecho será ampliado en Isaías 49:20 (cf. 54:2), y aquella que era "estéril, desterrada y rechazada" en 49:21 (NVI) se asombrará de tener hijos. Como se señaló anteriormente, el divorcio es mencionado en 50:1, y después de que el siervo sufre en Isaías 53, se llama a la mujer estéril a cantar y regocijarse por sus hijos en 54:1. La profecía de Isaías muestra una disposición estratégica, por lo que no debemos ignorar la relación entre el siervo sufriente en Isaías 53 y la representación simbólica del cumplimiento del pacto abrahámico en Isaías 54. El hecho de que esta madre recién casada y recién fértil no siempre haya sido así se percibe en la segunda mitad de Isaías 54:1 (LBLA): "Son más los hijos de la desolada [שׁוֹמֵמָה] que los hijos de la casada, dice el Señor".

Isaías presenta en sentido figurado al pueblo de Dios como una persona anteriormente afligida (Is 49:20, 21), anteriormente desolada, anteriormente divorciada (50:1), anteriormente estéril, y la afirmación de Isaías

---

pasaje celebra la nueva vida después de la muerte. El foco de esta discusión tiene que ver con el estado civil de la madre.

312. John N. Oswalt, *The Book of Isaiah, Chapters 40–66*, New International Commentary on the Old Testament (Grand Rapids: Eerdmans, 1998), 308.

313. Cf. además Gn 30:1. Jon Levenson escribe: "El nacimiento es lo inverso a la muerte y así en gran medida el equivalente funcional de la resurrección". *Resurrection and the Restoration of Israel*, 116.

de que "son más los hijos de la desolada que los hijos de la casada" (54:1, LBLA) implica que ahora tiene un marido de nuevo. La novia, Israel, estaba en pacto con su esposo, Yahvé, pero se divorció y fue despedida a causa de su adulterio. Ahora la mujer anteriormente avergonzada está siendo traída de vuelta: ella está casada de nuevo, y una vez más se vuelve fértil y se multiplica. La tienda debe ser ampliada en 54:2, y luego en 54:3, Isaías señala el cumplimiento del pacto abrahámico usando el lenguaje de Génesis 22:17: "Tu descendencia poseerá naciones" (Isaías 54:3, LBLA). Con estas palabras, Isaías evoca el tema principal de la "simiente" de Génesis (cf. Gn 3:15; 12:1-3; 18:18; 22:17; 24:60; 27:29; 28:14; etc.), estableciendo que la intención de Isaías es describir el cumplimiento del pacto abrahámico.[314]

El lenguaje que Isaías emplea en 54:5 aclara el significado marital del cumplimiento del pacto abrahámico en el nuevo pacto: "Porque tu esposo es tu Hacedor [כִּי בֹעֲלַיִךְ עֹשַׂיִךְ], el Señor de los ejércitos es su nombre; y tu Redentor es el Santo de Israel [גֹּאֲלֵךְ], que se llama Dios de toda la tierra" (LBLA). Aquí "esposo" se pone en paralelo con "redentor", un término familiar que apunta a la forma en que Booz "redimió" a Rut cuando se casó con ella (Rut 2:20; 3:9, 12, 13; 4:1, 3, 4, 6, 8, 14). A medida que Isaías continúa, alude al "divorcio" cuando el pueblo que quebrantó el pacto fue exiliado por su pecado en Isaías 54:6-8:

> Porque como a mujer abandonada y afligida de espíritu,
>> te ha llamado el Señor,
> y como a esposa de la juventud que es repudiada
>> —dice tu Dios.
> Por un breve momento te abandoné,
>> pero con gran compasión te recogeré.
> En un acceso de ira
>> escondí mi rostro de ti por un momento,
> pero con misericordia eterna tendré compasión de ti
>> —dice el Señor tu Redentor. (LBLA)

Que el nuevo pacto está ciertamente a la vista, aunque Isaías no usa esa frase, se puede ver en Isaías 54:13, donde el profeta afirma: "El Señor instruirá a todos tus hijos" (NVI). Esta línea no solo es funcionalmente equivalente a Jeremías diciendo que el pueblo de Dios tendrá la ley en sus corazones y conocerán a Yahvé (Jr 31:33), sino que es citada por Jesús para hablar de aquellos a quien el Padre atrae hacia él en Juan 6:45.

---

314. De manera similar, Gentry y Wellum, *Kingdom through Covenant*, 495-97.

La forma en que Dios "casó" a Israel en el Sinaí se cumplirá tipológicamente cuando él sea el "esposo" de su pueblo en el nuevo pacto (Isaías 54:5, 13). Isaías declara que cuando el Señor restaure a su pueblo:

Nunca más se dirá de ti: Abandonada,
    ni de tu tierra se dirá jamás: Desolada
sino que se te llamará: Mi deleite está en ella,
    y a tu tierra: Desposada;
porque en ti se deleita el Señor,
    y tu tierra será desposada.
Porque como el joven se desposa con la doncella,
    se desposarán contigo tus hijos;
y como se regocija el esposo por la esposa,
    tu Dios se regocijará por ti. (Isaías 62:4, 5, LBLA)

Isaías utiliza la institución del matrimonio para transmitir profundas verdades sobre el pacto de Dios con su pueblo. Enseña que cuando Dios cumpla el pacto con Abraham será como un esposo que se regocija sobre su esposa. Esta esposa será como una mujer anteriormente divorciada y estéril, cuyos hijos, que nunca llegaron a nacer, vivieron solo para morir. Sin embargo, ahora ella se convierte en una madre alegre de hijos que han sido resucitados de entre los muertos para hablar a sus oídos (cf. 2 Reyes 4:11-37).

Para una cultura que valora el matrimonio y la pureza sexual dentro del matrimonio, comparar la infidelidad idólatra con el adulterio produce una respuesta visceral. Isaías no solo usa el matrimonio para comunicar el impacto emocional de la infidelidad de Israel y el amor inquebrantable de Yahvé, sino que también comunica con ella un *patrón de eventos* que se desarrolla a lo largo de la historia de Israel: pacto hecho, pacto roto, nuevo pacto prometido.

3.1.2. Jeremías

El divorcio de la novia que rompe el pacto de Dios, del que habló Isaías, recibe mayor consideración en Jeremías, quien se dedica a la famosa ley de divorcio de Deuteronomio 24:1-4 para mostrar la extravagancia del amor de Yahvé por su pueblo. Deuteronomio 24:1-4 establece que si un hombre envía a su esposa con una orden de divorcio y se vuelve a casar, pero ese matrimonio termina, la esposa divorciada no puede volver al primer marido. Si eso sucediera, sería "abominación ante el Señor" (Dt 24:4, LBLA).

Lo que profetiza Jeremías es que el amor de Yahvé es impactante, abominable en su prodigalidad sin ley. En el proceso de llamar al reino del sur, Judá, para volver a Yahvé, el profeta hace referencia a la ley de Deuteronomio 24:1-4 en Jeremías 3:1. Luego presenta al Señor hablando del exilio de Israel, reino del norte, con las palabras: "Yo la había despedido, dándole carta de divorcio", y, aunque Judá vio esto, "ella también fue y se hizo ramera" (Jeremías 3:8, LBLA). A pesar de su pecado, Yahvé llama a su novia a volver a él en Jeremías 3:12 con las palabras: "'Regresa, infiel Israel', declara el Señor, 'no te miraré con ira porque soy misericordioso', declara el Señor; 'no guardaré rencor para siempre'" (LBLA).[315]

Aquí nuevamente, como con Isaías, la institución del matrimonio se despliega para ayudar a la audiencia de Jeremías a entender la relación entre Yahvé e Israel. En este caso, los patrones y normas estipulados para el matrimonio en la Torá de Moisés están comprometidos para ilustrar el amor perdurable que Yahvé tiene por su amada. Una vez más, el exilio del pueblo, el envío del socio del pacto lejos del lugar donde se disfruta el pacto, viene con un "certificado de divorcio" (Jr 3:8), un anuncio formal de que la alianza ha llegado a su fin.

Sin embargo, si el pueblo se arrepiente, reconociendo su culpa, rebelión, y desobediencia incrédula (Jeremías 3:13), y se vuelve a Yahvé (3:12, 14), entonces les dará un rey como David (3:15), serán fecundos y se multiplicarán en la tierra (3:16), y el mismo Yahvé será entronizado en Jerusalén (3:17). La promesa del futuro rey davídico en Jeremías 3:15 se basa en el pacto que Dios hizo con David en 2 Samuel 7 (cf. Sal 89). La promesa de que el pueblo será fértil y se multiplicará en la tierra indica que se cumplirá lo que Dios le encargó hacer a Adán (Gn 1:28). Lo que Jeremías profetiza en el capítulo 31 indica que estas también son promesas de un nuevo pacto marital entre Yahvé y su pueblo.

En Jeremías 31:31, 32, el profeta habla directamente del nuevo pacto:

> He aquí, vienen días —declara el Señor— en que haré con la casa de Israel y con la casa de Judá un nuevo pacto, no como el pacto que hice con sus padres el día que los tomé de la mano para sacarlos de la tierra de Egipto, mi pacto que ellos rompieron, aunque fui un esposo para ellos —declara el Señor. (LBLA)

El nuevo pacto aquí se contrasta con el antiguo, el que se hizo en el Sinaí cuando Israel salió de Egipto. Israel rompió ese pacto, aunque Yahvé jugó

---

315. Derek Kidner, *The Message of Jeremiah: Against Wind and Tide* (Leicester: InterVarsity, 1987), 35-36.

el papel de esposo para ellos. Una vez más, Yahvé se casó con su pueblo cuando entró en el pacto del Sinaí con ellos, pero ese matrimonio terminó porque el pueblo rompió el pacto. El Señor prometió por medio de Isaías que volvería a regocijarse sobre ellos como el novio sobre la novia, con el resultado de que la tierra sería considerada como casada (Isaías 62:4, 5); Isaías implica lo que Jeremías declara explícitamente: Yahvé hará un nuevo pacto entre él y su pueblo. Jeremías también hace declaraciones que indican que cuando Dios haga el nuevo pacto con su pueblo, estará cumpliendo las promesas hechas a Abraham (ver esp. Jr 33:25, 26). El pacto mosaico se ha roto, pero el pacto abrahámico se cumplirá en el nuevo matrimonio entre Yahvé y su pueblo.

Como Isaías, Jeremías usa la institución del matrimonio para describir la relación entre Yahvé y su pueblo. Tanto Isaías como Jeremías usan la institución del matrimonio como un *tipo* en el sentido de que el patrón de eventos en un matrimonio roto y rehecho corresponde a la forma en que el pueblo de Yahvé ha roto el pacto, pero Yahvé, no obstante, renovará la intimidad de la relación con ellos. Presentando a la gente que rompe el pacto como una esposa divorciada (Jeremías 3:8), Jeremías dice que después de que Dios haya visitado las maldiciones del pacto exiliando al pueblo de la tierra (p. ej., 16:11-13), el Señor hará un nuevo pacto con ellos. El pacto quebrantado era uno en el cual Yahvé era un marido para su pueblo, así que la promesa de un nuevo pacto apunta a un nuevo pacto de matrimonio, una renovación de la relación, entre el Señor y su pueblo.

Como Isaías y Jeremías, Oseas usa términos y categorías matrimoniales para hablar del fin del antiguo pacto y de la promesa del nuevo.

3.1.3. Oseas

En el libro de Oseas tenemos una alegoría que hace una contribución al uso de la institución del matrimonio como patrón tipológico para comprender la relación entre Dios y su pueblo. Yahvé le encargó a Oseas: "Anda, toma para ti a una mujer ramera y engendra hijos de prostitución"; la explicación de por qué Oseas debería hacer esto establece una relación alegórica entre el pueblo de Dios y la esposa de Oseas: "Porque la tierra se prostituye gravemente, abandonando al Señor" (Oseas 1:2, LBLA). En esta relación, pues, Oseas representa al Señor mismo y Gomer a Israel.

A medida que avanza el matrimonio entre Oseas y Gomer, Yahvé le dice a Oseas que les dé a sus hijos nombres portentosos. El primer niño recibe el nombre "Jezreel" (Oseas 1:4, 7), que también se refiere al sitio de una terrible masacre en la historia de Israel (2 Reyes 10:11). El nombre del segundo niño, "Sin misericordia", apunta a la justicia inmisericorde con la que Dios visitará a la casa de Israel (Oseas 1:6, 7). Entonces Oseas tiene un hijo al que llama "No es mi pueblo", anunciando que el pacto entre Dios y su pueblo ha llegado a su fin: "Porque vosotros no sois mi pueblo, y yo no soy vuestro Dios" (1:8, 9, LBLA).

Cuando leemos sobre el fin del matrimonio en Oseas 2:2 (MT 2:4), el punto es que el pacto ha terminado: "Contended con vuestra madre, contended, porque ella no es mi mujer [אִשְׁתִּי], y yo no soy su marido [אִישָׁהּ]" (RV60).

Oseas, como otros profetas, se mueve libremente de un lado a otro entre el juicio venidero y la eventual restauración. Después del nombramiento de "No es mi pueblo" en 1:9, Oseas inmediatamente cita Génesis 22:17 en 1:10 para afirmar que, aunque el pacto del Sinaí llegue a su fin, Dios mantendrá el pacto que hizo con Abraham: "Pero el número de los hijos de Israel será como la arena del mar, que no se puede medir ni contar…" (Oseas 1:10, LBLA). El esposo-profeta alude a Éxodo 1:10 en Oseas 1:11 (MT 2:2), indicando que así como Dios salvó a Noé en el diluvio e hizo un pacto con él, salvó también a Israel en el éxodo y luego hizo un pacto con ellos, él salvará nuevamente a su pueblo en el nuevo éxodo y luego hará pacto con ellos:

Éxodo 1:10: וְעָלָה מִן־הָאָרֶץ
"Y sube de la tierra".

Oseas 1:11 [MT 2:2]: וְעָלוּ מִן־הָאָרֶץ
"Y sube de la tierra".

Después de la descripción del juicio, en la que la nación de Israel es a menudo personificada como una mujer individual que ha sido una esposa adúltera (Oseas 2:2-13), Oseas comienza a describir el nuevo éxodo y regreso del exilio en términos de un nuevo matrimonio en 2:14-23.[316] Oseas recuerda la forma en que Yahvé trajo a Israel fuera de Egipto al Monte Sinaí cuando escribe de la manera en que Yahvé salvará a su pueblo en el futuro en 2:14 (RV60): "Pero he aquí que yo la atraeré y la llevaré al desierto, y hablaré a su corazón". El profeta hace un comentario sobre la nueva conquista de la tierra en 2:15a,[317] antes de continuar con otra referencia a

---

316. Estoy usando la enumeración de los versículos de Oseas 2 que se encuentra en las traducciones al inglés. Textos hebreos empiezan a enumerar los versículos del capítulo 2 en 1:10, de modo que 2:1 en una traducción al inglés es 2:3 en un texto hebreo. Para el número de versículo en hebreo, agregar 2 al versículo en inglés.

317. El valle de Acor fue el lugar donde Acán fue ejecutado después de su pecado de tomar cosas prohibidas (Josué 7:24-26). Tan pronto como Israel entró en la tierra, demostró que no tenían el corazón para guardarlo (cf. Dt 29:4 [MT 29:3]). Así entendido,

lo que sucedió cuando habló con ternura al pueblo en el Monte Sinaí en 2:15b: "Allí cantará como en los días de su juventud, como en el día en que subió de la tierra de Egipto" (LBLA).

El Señor hablando con ternura a Israel en 2:14 y su respuesta positiva en 2:15b recuerdan la forma en que Yahvé habló las diez palabras a Israel en Éxodo 20. La respuesta positiva de Israel en Os 2:15b parece hablar del evento narrado en Deuteronomio 5:22-29, donde el pueblo afirma que hará todo lo que Yahvé manda (esp. Dt 5:27 [LBLA]: "Dinos todo lo que el Señor nuestro Dios te diga, y lo escucharemos y lo haremos").

A medida que Oseas avanza, los matices matrimoniales tanto del contexto inmediato como del más amplio hacen que parezca que, en el Sinaí, Israel era una novia diciendo "sí, acepto" en el altar durante la ceremonia nupcial. La infidelidad que resultó en el fin del antiguo pacto, el "divorcio", será eliminada cuando el nuevo éxodo y el regreso del exilio inauguren el nuevo pacto. Oseas escribe en 2:16 (NVI): "En aquel día, afirma el Señor, me llamarás 'esposo mío' [אִישִׁי], no me llamarás más 'mi señor' [בַּעְלִי]".

Cuando Oseas 1:10 (Mt 2:1) citó Génesis 22:17, se agregaron notas resonantes del cumplimiento del pacto abrahámico a la música del nuevo pacto. De manera similar, el lenguaje de Oseas 2:18 hace que el nuevo pacto suene como el pacto adámico: "Haré para ti pacto con las bestias del campo, con las aves del cielo y con las serpientes de la tierra" (Os 2:18a, RV60). Este nuevo pacto verá el final de la enemistad entre la simiente de la mujer y la simiente de la serpiente (Gn 3:15), pues como Dios prometió a David en 2 Samuel 7:10 (LBLA): "No sea perturbado de nuevo, ni los aflijan más los malvados como antes". Oseas profetiza en 2:18b (LBLA): "Quitaré de la tierra el arco, la espada y la guerra, y haré que ellos duerman seguros".

El nuevo pacto matrimonial que profetiza Oseas cumplirá los pactos adámico, abrahámico y davídico, y será inaugurado después del fracaso del mosaico. Es decir, cuando se rompió el pacto mosaico, Yahvé se divorció de su pueblo. Sin embargo, con la celebración del nuevo pacto, el Señor entró en un nuevo pacto matrimonial entre él y su amada, así como Oseas profetizó que lo haría en 2:19, 20:

---

el valle de Acor era un presagio de fatalidad, testificando que Israel rompería el pacto y sería exiliado. Cuando Oseas profetiza sobre el nuevo éxodo y el regreso del exilio, anuncia una inversión del significado del lugar. Porque el Señor habrá transformado los corazones de su pueblo, ellos no contaminarán la tierra ni tomarán cosas prohibidas en la nueva conquista. El lugar será como el jardín del Edén, y el pueblo estará capacitado para trabajar y cuidarlo. Así Oseas 2:15a (LBLA): "Y le daré sus viñas desde allí, y el valle de Acor por puerta de esperanza".

Te desposaré conmigo para siempre; sí, te desposaré conmigo en justicia y en derecho, en misericordia y en compasión; te desposaré conmigo en fidelidad, y tú conocerás al Señor. (LBLA)

Los nombres de los hijos de Oseas se repiten en 2:21-23; "Sin misericordia" recibe misericordia y "No es mi pueblo" es llamado "mi pueblo".

La importancia marital de lo que Yahvé ha prometido hacer por su pueblo al final de Oseas 2 es luego revisada en lo que sucede entre Oseas y Gomer en Oseas 3. Gomer ha cometido adulterio y ha sido esclavizada (Oseas 3:1), pero Oseas la vuelve a comprar para sí (3:2), y comienzan el largo proceso de restauración que corresponde a la larga espera de la nación por la restauración del trono de David (3:3-5). Lo que Oseas profetiza en el capítulo 3 parece corresponderse con la forma en que la nación pudo regresar a la tierra, momento en el que continuaron operando bajo el pacto mosaico, como lo harían hasta el momento de los acontecimientos narrados en el Nuevo Testamento.[318]

Dios instituyó el matrimonio en el jardín en Génesis 2. Entonces Moisés usó términos y conceptos matrimoniales para llamar a Israel a ser fiel al pacto del Sinaí. Cuando ese pacto fue quebrantado, Isaías, Jeremías y Oseas utilizaron el lenguaje del divorcio para hablar de su fin; el despido de una esposa divorciada corresponde al envío del pueblo de Dios al exilio. Y mientras señalan al futuro, cuando Yahvé salvará de nuevo a su pueblo como lo hizo cuando los sacó de Egipto, cuando volverá a satisfacer todas sus necesidades como lo hizo cuando los proveyó en el desierto, cuando entrará en un nuevo y mejor pacto que el que se hizo en el Sinaí, Isaías, Jeremías y Oseas hablan de un nuevo pacto marital en el cual Yahvé entrará con su pueblo renovado. La institución del matrimonio ofrece un

---

318. Las metáforas son directas, pero la situación es compleja. Oseas definitivamente apunta al fracaso del matrimonio (el pacto del Sinaí), y definitivamente apunta al cumplimiento de los pactos adámico, abrahámico y davídico. Israel fue exiliado de la tierra en el 586 a. C., pero a partir del 539 a. C. se les permitió regresar a la tierra. Reconstruyeron el templo en el 516 a. C., y luego, cuando Esdras (458 a. C.) y Nehemías (445 a. C.) regresaron a la tierra, finalmente hicieron un pacto entre ellos para guardar las provisiones del pacto mosaico (ver Neh 10). Esto puede corresponder a la forma en que en Oseas 3, después que Oseas compra a Gomer de la esclavitud en 3:2, él le dice en 3:3-5 (LBLA): "Y le dije: Te quedarás conmigo por muchos días. No te prostituirás, ni serás de otro hombre, y yo también seré para ti. Porque por muchos días los hijos de Israel quedarán sin rey y sin príncipe, sin sacrificio y sin pilar sagrado, y sin efod y sin ídolos domésticos. Después los hijos de Israel volverán y buscarán al Señor su Dios y a David su rey; y acudirán temblorosos al Señor y a su bondad en los últimos días". Este pasaje parece indicar que así como Oseas y Gomer se han reunido, pero su pacto aún no se ha renovado, así también el pueblo de Israel será devuelto, pero habrá que esperar a la venida del rey que inaugurará el nuevo pacto "después" y "en los postreros días" (Oseas 3:5).

conjunto de conceptos y patrones para relaciones que ejemplifican la relación entre Yahvé y su pueblo.

3.2. En los Escritos: el Cantar de los Cantares

Hemos visto que Moisés usó lenguaje e imágenes maritales para hablar del pacto entre Yahvé e Israel. También hemos visto cómo los profetas, específicamente Isaías, Jeremías y Oseas, desarrollaron esa imagen para señalar el fin del pacto y el exilio, y más allá de esa ruptura, el camino a un nuevo pacto, que sería como un nuevo matrimonio. Entre Moisés, alrededor del 1400 a. C., e Isaías y Oseas en el 700 a. C., Salomón gobernó Israel en el 900 a. C.[319] Mi hipótesis de trabajo es que la cosmovisión de Salomón fue moldeada por la Torá de Moisés, y que por lo tanto tenía suficiente información y sofisticación como para sistematizar lo siguiente.

Primero, como rey del linaje de David, estuvo en la línea de descendencia de la simiente de la mujer desde Adán, pasando por Noé, Abraham y Judá, hasta David, y asumo que habrá sabido las notables promesas hechas a David acerca de su simiente en 2 Samuel 7. Salomón no es la simiente esperada, pero está en la línea de descendencia y tipifica al que había de venir (Mateo 12:42; ver discusión sobre Salomón en el capítulo 5 al respecto de los reyes). Yo sugeriría que Salomón se entendió a sí mismo

---

319. Estoy suponiendo que Salomón es el autor de Cantares, y que en Cantares presenta una versión idealizada de sí mismo. Es decir, el Cantar de los Cantares, en mi opinión, no representa una relación histórica, sino una relación idílica destinada a representar alegóricamente la relación entre Yahvé e Israel para inspirar a su audiencia a amar más profundamente y buscar una mayor intimidad en sus propios matrimonios. Ver más en James M. Hamilton Jr., "The Messianic Music of the Song of Songs: A Non-Allegorical Interpretation", *Westminster Theological Journal* 68 (2006): 331-45; y James M. Hamilton Jr., *Song of Songs: A Biblical-Theological, Allegorical, Christological Interpretation, Focus on the Bible* (Fearn: Christian Focus, 2015). Iain Duguid interpreta Cantares de manera muy diferente a como lo hago yo, y no cree que Salomón la haya escrito. Sin embargo, él también puede escribir: "El matrimonio está diseñado por Dios para darnos un lenguaje y experiencias que no son meramente satisfactorios y deliciosos en sí mismos, sino que, a partir de ellos, aprendemos a entender nuestra relación con Dios más plenamente... Extrañar esa conexión entre el amor humano y el divino, cuya interpretación alegórica se hace instintivamente, aunque a veces de manera inapropiada, es pasar por alto algo profundo e importante... Esta misma intimidad finalmente se extenderá a la novia de Cristo por su Salvador; como un resultado, la aplicación a la relación de Cristo y la iglesia fluye naturalmente en el Cantar de los Cantares, en una metáfora diseñada por Dios mismo (Efesios 5:22-33)". Iain M. Duguid, *The Song of Songs: An Introduction and Commentary*, Tyndale Old Testament Commentaries (Downers Grove, IL: InterVarsity, 2015), 48-49. Para argumentos convincentes a favor de la autoría salomónica, véase Duane A. Garrett y Paul R. House, *Song of Songs, Lamentations*, Word Biblical Commentary (Nashville: Thomas Nelson, 2004); y Duane A. Garrett, *Proverbs, Ecclesiastes, Song of Songs*, New American Commentary (Nashville: Broadman & Holman, 1993).

como el nuevo Adán, representante de Yahvé, rey de la línea de David, anticipando al que cumpliría única y finalmente lo que tipificó como *el nuevo Adán, el* rey del linaje de David, *el* representante terrenal de Yahvé.

Segundo, entendiendo lo que Moisés había hecho con la imaginería marital en la Torá, Salomón habría tenido las categorías conceptuales para entender el matrimonio humano como representación alegórica del pacto entre Yahvé e Israel. Si Oseas puede representar el pacto matrimonial entre Yahvé e Israel con su trágica infidelidad, Salomón puede hacer lo mismo, con el foco sobre la gloriosa restauración de la intimidad.[320]

No es raro que el Cantar de los Cantares sea leído como una pieza de literatura sapiencial destinada a celebrar e inspirar mejores matrimonios humanos. Sin embargo, para que el Cantar funcione de esta manera, debe surgir del marco más amplio de la cosmovisión bíblica y retroalimentarse con ella, con su particular comprensión del matrimonio. Mi interpretación de Cantares sostiene que Salomón entendía su estatus como rey de la línea de David, descendiente de Adán y de la simiente de la mujer, y que en el Cantar presenta una gloriosa renovación de la intimidad lograda por el rey davídico como una representación simbólica y alegórica de la salvación que Dios realizará al iniciar el nuevo pacto con su pueblo. Esta lectura solo aumentaría el poder ejemplar de lo que Cantares representa. Las personas deberían buscar mayor armonía e intimidad en el matrimonio, no como bienes en sí mismos, sino como una manifestación del amor mismo de Dios (cf. Ct 8:6 [NVI]: "Porque fuerte es como la muerte el amor... Sus brasas, brasas de fuego, fuerte llama").

En Cantares 3:11, Salomón llega a Jerusalén para su boda. Al acercarse a la Ciudad Santa en la Tierra Santa, quienes lo ven venir preguntan: "¿Qué es eso que sube del desierto como columnas de humo...?" (Ct 3:6a, LBLA). Las columnas de humo recuerdan la columna de nube, haciendo que la venida del rey recuerde la forma en que Israel subió del desierto. Cantares 3:7 luego anuncia: "¡He aquí, es la litera de Salomón!". Esta "litera" es una "silla de mano" o "palanquín", que es una caja, transportada sobre postes, en la que se sienta la persona importante. Salomón se aproxima a Jerusalén siendo llevado en algo similar al arca de la alianza, y el rey de Israel se sienta entronizado donde Yahvé reposó, rodeado de guerreros (Cantares 3:7, 8), de la misma manera en que Yahvé avanzaba por el desierto, estando

---

320. De manera similar, Christopher W. Mitchell, *The Song of Songs*, Concordia Commentary (Saint Louis: Concordia, 2003). Hay mucha sabiduría en el comentario de 1300 páginas (!) de Mitchell sobre Cantares, cuya Introducción comprende las primeras 553 páginas. Para su historia de interpretación, ver 451-510, pero recomendaría especialmente las secciones sobre su enfoque hermenéutico (14-66) y su discusión sobre el matrimonio en relación con la alegoría, la tipología, las consideraciones sacramentales, los signos proféticos y la analogía (67-97).

Israel "en formación de combate" (Éxodo 13:18, NVI). Se representa a Salomón como quien hizo el carruaje con el mismo material usado para la edificación del templo: "De madera del Líbano" (Ct 3:9). Como el tabernáculo y el templo, el carruaje de Salomón tiene plata, oro y púrpura (3:10).

Salomón, representante real de Yahvé, llega a Jerusalén para entrar en alianza, matrimonio, con su novia (Ct 3:11). Cuando se encuentra con su novia, es como si los dos estuvieran en el jardín del Edén, desnudos y sin vergüenza al fresco del día (4:1-6), y a medida que la relación se consuma, es como si la novia fuese el jardín mismo (4:12–5:1).

En el Cantar de los Cantares, el rey idealizado del linaje de David vence las barreras para lograr la intimidad, elimina la hostilidad y ama a su novia de tal manera que juntos, los dos, entran en el pacto y disfrutan de una vulnerabilidad y confianza sin vergüenza, no solo en un exuberante jardín, sino en Jerusalén, ciudad del gran rey. La gloria de esta relación apunta hacia un tiempo cuando, por su rey, Yahvé renovará el pacto con su pueblo, habiendo quitado todo lo que los separa de él mismo. El pacto de amor eterno es como "brasas de fuego, fuerte llama" (Ct 8:6, RV60).

La boda del rey de Israel celebrada en textos como el Cantar de los Cantares (y el Salmo 45) apunta más allá del matrimonio humano al nuevo pacto en el cual entrará el Señor con su pueblo. Como en otras partes del Antiguo Testamento, la institución del matrimonio presenta un patrón tipológico que apunta hacia atrás y hacia adelante; hacia atrás al pacto en que entró Yahvé con su pueblo, y hacia adelante al de Cristo y la iglesia.

4. VIENE EL NOVIO

Hasta este punto en este capítulo, hemos examinado brevemente la forma en que los autores del Antiguo Testamento, a partir de Moisés, hacen un uso tipológico de la institución del matrimonio. Las expectativas, normas, patrones, conceptos y terminología de matrimonio fueron establecidos por Moisés en la Torá, donde vimos la calidad del pacto de la relación y la expectativa de fidelidad pura. Cometer idolatría es cometer adulterio espiritual porque el pacto de Israel con Yahvé es marital. La cualidad marital del pacto fue ampliada luego por los autores del Antiguo Testamento, que hablaron del fin del pacto del Sinaí como un divorcio, incluso mientras esperaban volver a casarse en el nuevo pacto.

Junto con la esperada nueva alianza matrimonial entre Dios y su pueblo, los autores del Antiguo Testamento apuntan a un futuro rey de la línea de David, y en puntos clave, el nuevo rey davídico y el pacto del nuevo matrimonio se unen. Yo sugeriría que esto sucede en el Cantar de los Cantares, pero incluso si se rechaza ese argumento, todavía lo vemos en lugares como Oseas 3:5. Además, si "vienen los días" en que reinará el rey davídico (p. ej., Jeremías 23:5-7), y si el nuevo pacto será inaugurado al mismo tiempo ("Vienen días", 31:31), "en aquel día" (p. ej., Oseas 2:16, 21), entonces tanto el nuevo pacto y el futuro rey pertenecen a los "últimos días" (3:5; Jr 30:24), el tiempo después del juicio de purga del exilio, cuando Yahvé restaurará la suerte de su gente. Es natural reunir las diversas cosas prometidas por la salvación futura: nuevo éxodo, nuevo David, nuevo Edén, nueva alianza, nueva vida de entre los muertos.

Comprender la asociación de estas expectativas del Antiguo Testamento ayuda a dar sentido a las cosas dichas por y acerca de Jesús en el Nuevo Testamento.

4.1. El esposo

Recuerdo claramente hace años sentado en la iglesia, escuchar al predicador enfatizar cuán significativo fue que Jesús viniera como el novio. Desafortunadamente, ignoraba las enseñanzas del Antiguo Testamento exploradas aquí, y el predicador no las había explicado. Quizá las conocía y las tomó por asumidas. Si bien sospechaba que tenía razón sobre el significado de la venida de Jesús como el novio, no sabía *por qué* era importante o *cuál* era precisamente el significado.

Los que escribieron los Evangelios, sin embargo, muestran que han estado inmersos en la expectativa del Antiguo Testamento. Lo mismo puede decirse de muchos en su audiencia, y aquellos miembros de su audiencia que no lo fueran, naturalmente, serían alentados a escudriñar las Escrituras por sí mismos (Hechos 17:11). Los autores del Nuevo Testamento esperaban que sus audiencias conocieran el Antiguo Testamento.

En vista de lo que hemos visto del Antiguo Testamento, estamos preparados para percibir cómo Mateo presenta la afirmación de Jesús sobre sí mismo en respuesta a una pregunta de los discípulos de Juan acerca de por qué sus discípulos no ayunaban. Mateo 9:15 dice: "Jesús les dijo: ¿Acaso pueden los que están de bodas tener luto entre tanto que el esposo está con ellos? Pero vendrán días cuando el esposo les será quitado, y entonces ayunarán" (RV60; cf. relatos paralelos en Marcos 2:19 y Lucas 5:34). Jesús no afirma directamente: *Yo soy el Mesías, el futuro rey del linaje de David, y mis discípulos no ayunan porque he venido a inaugurar el nuevo pacto entre Yahvé y su pueblo, por lo que es hora de celebrar en lugar de ayunar. Pero ascenderé al cielo después de ser crucificado y resucitado de entre los muertos, entonces mis discípulos ayunarán.* Algo equivalente a todo esto, sin embargo, parece ser lo que Mateo, Marcos y Lucas presentan al respecto de las palabras de Jesús.

Para aquellos que entienden el desarrollo tipológico en el Antiguo Testamento de la institución del matrimonio, la designación que Jesús hace de sí mismo como el esposo envía una señal codificada de que ha venido a inaugurar el nuevo pacto profetizado. En cuanto al hecho de que sería llevado y luego sus discípulos ayunarían, los escritores de los Evangelios esperan que sus audiencias lean hasta el final de la historia, donde entenderían lo que Jesús quiso decir (ver Mateo 28:16-20; cf. Lucas 24:50-53; Hechos 1:9-11). La parábola de las diez vírgenes en Mateo 25:1-13 también presenta a Jesús como el esposo cuya venida inaugura un pacto que trae el reino de los cielos.

Las mismas afirmaciones encriptadas están en funcionamiento cuando el Evangelio de Juan presenta a Juan el Bautista diciendo de Jesús: "El que tiene la esposa, es el esposo; mas el amigo del esposo, que está a su lado y le oye, se goza grandemente de la voz del esposo; así pues, este mi gozo está cumplido" (Juan 3:29, RV60). El Bautista ya ha sido retratado afirmando: "No soy el Cristo" (1:20), y en esta declaración acerca de ser el amigo del novio indica que aquel que es el Cristo ha venido a entrar en un matrimonio de pacto con su novia, el pueblo de Dios.

Estas identificaciones de Jesús como el esposo encuentran su fundamento simbólico en el uso tipológico que los autores del Antiguo Testamento hicieron de la institución del matrimonio. Identificar a Jesús como el esposo es reconocerlo como el rey esperado de la línea de David, mediante quien Yahvé se desposará con su pueblo, cumpliendo la promesa de Oseas 2:19, 20, y concretando la promesa de establecer un nuevo pacto con su pueblo (Jeremías 31:31-34).

Además de las identificaciones abiertas de Jesús como el novio y la sugestiva imaginería de la parábola de las vírgenes, también encontramos en Juan 4 la historia de Jesús encontrándose con la mujer samaritana en el pozo. La escena repetida en el Antiguo Testamento establece un patrón que adquiere significado y aumenta la expectativa: el siervo de Abraham encontró esposa para Isaac, Rebeca, en un pozo (Gn 24:11-15); Jacob se encontró con Raquel en un pozo (29:2-9); y Moisés se reunió con Séfora junto a un pozo (Éxodo 2:15-21). Juan presenta el encuentro de Jesús con la mujer samaritana de manera que evoca episodios paralelos anteriores, mencionando a Jacob (Juan 4:5, 6) y con la mujer preguntándole a Jesús si es mayor que el patriarca del pueblo de Dios (4:12). La conversación aborda el tema de los esposos (4:16-18), lo que lleva a la mujer a percibir que Jesús es un profeta (4:19). Jesús finalmente se revela como el Mesías (4:25, 26). Juan no sugiere que Jesús vaya a casarse con esta mujer en particular, sino que, viniendo como el esposo del pueblo de Dios —tal como lo identificó Juan el Bautista en 3:29—, inaugura un pacto que trasciende los límites del Israel étnico para incluir a samaritanos y gentiles (cf. 10:16). La inclusión de no israelitas podría incluso estar insinuada en un precursor, cuando Moisés se casó con la hija del sacerdote de Madián, a quien conoció junto a un pozo.

4.2. Yo digo esto respecto de...

Pablo habla de cómo Cristo amó a la iglesia al final de Efesios 5:29, explicando que lo hace porque nosotros (los que pertenecemos a la iglesia) somos miembros de su cuerpo en 5:30, antes de citar Génesis 2:24 en Efesios 5:31: "Por esto dejará el hombre a su padre y a su madre, y se unirá a su mujer, y los dos serán una sola carne", y luego afirmando en 5:32: "Grande es este misterio; mas yo digo esto respecto de Cristo y de la iglesia" (RV60). Aquí Pablo parece indicar que el misterio del matrimonio, al que alude la cita de Génesis 2:24, se refiere a Cristo y la iglesia. Esto sugiere que Dios creó el matrimonio para que la gente sea capaz de entender la relación entre Jesús y la iglesia. Para ponerlo de otra manera, Dios creó la *institución del matrimonio* para darle al mundo una relación de pacto que representaría la relación entre Dios y su pueblo.

Dios se relacionó con Israel como un esposo con su esposa, estableciendo un pacto y guiando, protegiendo y proveyendo fielmente para su pueblo. Ese pacto fue roto por la esposa adúltera, pero Dios prometió un nuevo pacto, que sería inaugurado por un nuevo Moisés, un nuevo rey de la línea de David. Jesús vino como ese esposo para inaugurar ese nuevo pacto, y este significado más profundo del matrimonio enriquece las uniones de los hijos de Dios. El mejor arte señala más allá de sí mismo hacia la realidad definitiva, y en este caso, el "arte" que una pareja crea en el matrimonio apunta más allá de sí mismo hacia la realidad suprema: la santa intimidad que Cristo, el esposo, tiene con su iglesia.

John Gill escribió sobre estas realidades gloriosas:

> El hombre que se aferra a su esposa expresa de manera muy adecuada el fuerte afecto de Cristo por su iglesia, así como la cercana comunión que existe entre ellos; de hecho, el matrimonio de Adán y Eva fue un tipo de Cristo y su iglesia. En este sentido, el primer Adán fue una figura de aquel que habría de venir, al igual que lo fue en su papel de cabeza federal para su posteridad.[321]

4.3. La ramera de Babilonia

En Apocalipsis 17:1-3, Juan presenta a la ramera de Babilonia de una manera que guarda un estrecho paralelismo con su presentación de "la

---

321. John Gill, *Exposition of the Old and New Testaments*, 9:106. Citando a Matt Haste, "A Type of the Marriage of Christ: John Gill on Marriage", *Puritan Reformed Journal* 6 (2014): 296-97.

Novia, la esposa del Cordero" en 21:9, 10.[322] Las declaraciones coincidentes se pueden ver en la Tabla 10.1 (LBLA).

TABLA 10.1. La ramera y la novia

Apocalipsis 17:1-3	Apocalipsis 21:9-11
Y uno de los siete ángeles que tenían las siete copas, vino	Y vino uno de los siete ángeles que tenían las siete copas llenas de las últimas siete plagas,
y habló conmigo, diciendo:	y habló conmigo, diciendo:
"Ven; te mostraré el juicio de la gran ramera que está sentada sobre muchas aguas; con ella los reyes de la tierra cometieron actos inmorales, y los moradores de la tierra fueron embriagados con el vino de su inmoralidad".	"Ven, te mostraré la novia, la esposa del Cordero".
Y me llevó en el Espíritu a un desierto,	Y me llevó en el Espíritu a un monte grande y alto,
y vi a una mujer sentada sobre una bestia escarlata, llena de nombres blasfemos, y que tenía siete cabezas y diez cuernos.	y me mostró la ciudad santa, Jerusalén, que descendía del cielo, de Dios, y tenía la gloria de Dios. Su fulgor era semejante al de una piedra muy preciosa, como una piedra de jaspe cristalino.

Estas declaraciones paralelas cumplen una función estructural significativa en el libro de Apocalipsis, pero aquí mi interés está en lo que ellas comunican sobre el pacto matrimonial entre Cristo y su pueblo. Juan pretende que su audiencia reflexione sobre las metáforas que utiliza para representar a los infieles, que utilizan a la prostituta, y a los fieles, que son vírgenes puras (Ap 14:4), como una novia.

¿Por qué una persona recurriría a una prostituta? Aquellos que lo hacen buscan los privilegios del pacto del matrimonio: placer, compañerismo, intimidad, unión; aparte de los compromisos y responsabilidades de ese

322. Bauckham, *The Climax of Prophecy*, 4.

pacto. ¿Por qué una prostituta estaría dispuesta a vender esos privilegios? ¿Por dinero? Algunos de los que lo hacen son físicamente esclavizados y coaccionados. Otros son manipulados emocionalmente hasta el punto de que creen que no tienen otra elección. Sin importar cómo llegaron allí, una prostituta vende por dinero cosas que no pueden verdaderamente ser dadas en una transacción financiera. Las realidades buscadas en las prostitutas no tienen precio y no se pueden falsificar a cambio de dinero en efectivo. El verdadero amor, la verdadera compañía y la verdadera intimidad solo son posibles en el contexto del pacto matrimonial: una unión interpersonal integral entre un hombre y una mujer, que debe ser exclusiva, monógama, permanente y abierta a la procreación de hijos.[323]

Para acceder a los privilegios del matrimonio y entrar en este amor, un hombre debe amar como Cristo amó a la iglesia, y una mujer debe someterse a su esposo como la iglesia lo hace con Cristo. De la misma manera en que los soldados que han pasado juntos por la guerra comparten un vínculo único, los esposos que se han comprometido, han pactado, han sacrificado, han llorado, se han alegrado y, en una palabra, se han amado, tienen una unión que no puede ser simulada a cambio de mammón. Así también ocurre entre Cristo y la iglesia.

Lo que el mundo ofrece a las personas a cambio de dinero, Cristo lo da gratuitamente a los que le dan a él todo lo que son. Lo que el mundo ofrece, sin embargo, no es lo que Cristo da gratuitamente, porque, aunque Satanás intenta proporcionar su seudoversión del Camino, no es Dios y solo puede imitar al que está vivo y reina. Satanás puede ofrecer su falsa trinidad (Ap 16:13), pero su "divinidad" sigue siendo un dragón, una bestia y un falso profeta. Él puede presentar su falso Cristo, con su muerte y resurrección fingidas (13:1-3), pero la bestia no muere, no se puso en el lugar de nadie y por lo tanto no alcanza la expiación para todos. Puede enviar a su falso profeta para engañar con señales y prodigios (13:11-14), pero, aunque parece un cordero, habla como un dragón (13:11). Y así es con la ramera. Ella puede aparentar actuar como una esposa, pero no hay pacto y no hay amor. Solo queda la certeza de la flecha atravesando el hígado (Prov 7:23).

5. LA CONSUMACIÓN DEL MATRIMONIO EN LA FIESTA DE BODAS DEL CORDERO

¿A qué compararemos la consumación de los siglos? ¿Cómo será cuando Cristo el Señor venga por su pueblo? Será como un rey, cuyos recursos son ilimitados y cuyo amor por su hijo es ilimitado, preparando una lujosa

---

323. Sherif Girgis, Robert George, y Ryan T. Anderson, "What Is Marriage?", *Harvard Journal of Law and Public Policy* 34 (2010): 245-87.

fiesta de bodas para ese amado hijo, por fin mayor de edad para casarse con su prometida (Mateo 22:2). Será como las vírgenes prudentes, que se han preparado y se mantuvieron puras, escuchando el grito largamente anticipado: "¡Aquí está el novio!" (25:6, LBLA). Como el mejor vino del agua (Juan 2:1-11), como personas fieles, amadas de Dios y entre sí, vestidas con fino lino blanco que de alguna manera representa las mejores, más verdaderas y más amorosas cosas que alguna vez hicieron: sus actos justos (Ap 19:8). Será como Yahvé deleitándose en su pueblo como el marido se deleita en su novia (Is 62:4). Será como Adán y Eva en el jardín antes del pecado, pero mejor. Como Cantar de los Cantares 4, como esclavos liberados cantando la Canción del Mar (Ex 15; Ap 15:3), como el sumo sacerdote entrando en el Lugar Santísimo en el gran día. Como Jerusalén adornada como una novia para el día de la boda (Ap 21:2), como Salomón llevando la corona con la que su madre lo coronó (Ct 3:11).

Para esto fue creado el mundo. Para que la novia se prepare. Para que Jesús la ame hasta la muerte y luego resucite. Para que él vaya al Padre a preparar las moradas donde la nueva familia habitará por siempre. Para que regrese aquel a quien anhelaron los que amaron su venida.

Amén. Maranata (1 Cor 16:22). "Y el Espíritu y la esposa dicen: Ven. Y el que oye, diga: Ven. Y el que tiene sed, venga; y el que desea, que tome gratuitamente del agua de la vida" (Ap 22:17, LBLA).

11

Conclusión a la tipología con forma de promesa

Indicadores a nivel macro para determinar la intención del autor

¿Por qué la composición anular es practicada en todo el mundo? ¿Para qué sirve? ¡Tantas personas! ¡Tantas épocas! No pueden todos haberla aprendido los unos de los otros. Su robustez a lo largo de miles de años apoya la teoría de que algo la conserva en el cerebro, aunque también sabemos que puede desvanecerse completamente de forma tal que los nuevos lectores no la detecten en absoluto.
MARY DOUGLAS[324]

En la introducción a este libro, en el capítulo 1, investigamos los indicadores a nivel micro que demuestran que los autores bíblicos pretendieron forjar conexiones tipológicas: puntos de contacto léxico (términos reutilizados), citas de frases u oraciones, similitudes en las secuencias de eventos y consonancia en la importancia histórica del pacto o la salvación. En la presente conclusión del libro examinaremos los indicadores a nivel macro que demuestran que los autores bíblicos pretendieron forjar conexiones tipológicas. Debido al carácter fundacional del libro de Génesis para todo lo que sigue en la Biblia, este capítulo lo examinará como ejemplo principal. Mi hipótesis de trabajo es que los autores bíblicos posteriores aprendieron las estrategias literarias empleadas por Moisés e imitaron su metodología; sin embargo, la demostración de esto excede el alcance de este capítulo.

La afirmación de este capítulo es que los indicadores a nivel micro trabajan en conjunto con los indicadores a nivel macro para comunicar el mensaje pretendido por un autor. En Génesis, Moisés ha estructurado su relato a fin de provocar el reconocimiento de similitudes entre personas

---

324. Douglas, *Thinking in Circles*, 12. Esta exclamación responde a los estudios documentados por Douglas sobre la composición anular en Homero, en la Biblia, en la literatura zoroastriana, en la adivinación china del décimo primer milenio a. C., en la novela medieval china, y en la poesía del poeta persa Rumi en el décimo tercer siglo (4-12).

y eventos, creando patrones tipológicos que desarrollan autores bíblicos posteriores. Este capítulo tiene la siguiente estructura quiástica:

1. Qué son y qué hacen los quiasmos.
    2. La estructura quiástica de todo el libro de Génesis.
        3. La estructura quiástica de las subunidades de Génesis.
    4. Temas derivados de la comparación de subunidades.
5. Estructuras quiásticas y tipológicas.

1. QUÉ SON Y QUÉ HACEN LOS QUIASMOS

Los quiasmos son (1) una extensión del paralelismo y (5) proveen un vehículo para la belleza artística, incluso mientras (2) proveen estructura y límites para una presentación y (4) crean sinergia entre unidades correspondientes de texto. Algo fundamental de las estructuras quiásticas, es que (3) los autores las utilizan para dar a sus audiencias una ayuda a la memoria.[325] Las declaraciones enumeradas en este párrafo corresponden a la siguiente estructura quiástica para esta subsección:

1.1. Una extensión del paralelismo.
    1.2. Provee estructura y límites.
        1.3. Una ayuda para la memoria.
    1.4. Crean sinergia.
1.5. Un vehículo para la belleza artística.

1.1. Una extensión del paralelismo

El paralelismo es una característica muy divulgada y ampliamente reconocida de la poesía hebrea, y una estructura literaria quiástica simplemente extiende el paralelismo a unidades de texto de longitud variable. Mary Douglas escribe:

> La composición anular se encuentra en todo el mundo, no solo en algunos pocos lugares derivados de Oriente Medio, así que es un método de escritura global. Es una construcción de paralelismos que deben abrir un tema, desarrollarlo y redondearlo llevando la conclusión de vuelta al principio.[326]

325. Ver también Wayne Brouwer, "Understanding Chiasm and Assessing Macro-Chiasm as a Tool of Biblical Interpretation", *Calvin Theological Journal* 53 (2018): 99-127.

326. Douglas, *Thinking in Circles*, x.

Los autores bíblicos podían usar paralelismos quiásticos en el arte de una simple oración hebrea, como podemos ver en el Salmo 2:10:

Ahora pues, oh reyes,	וְעַתָּה מְלָכִים
mostrad discernimiento;	הַשְׂכִּילוּ
recibid amonestación,	הִוָּסְרוּ
oh jueces de la tierra.	שֹׁפְטֵי אָרֶץ

Vemos la misma herramienta (extremadamente común en los Salmos) en el Salmo 18:4 (MT 18:5):

Me cercaron,	אֲפָפוּנִי
los lazos de la muerte	חֶבְלֵי־מָוֶת
y los torrentes de Belial	וְנַחֲלֵי בְלִיַּעַל
me atemorizaron.	יְבַעֲתוּנִי

Los tipos de estructuras quiásticas que propondré para el libro de Génesis simplemente extienden estas estructuras quiásticas[327] gramaticalmente paralelas a través del relato. Comentando acerca del uso de estructuras quiásticas de pequeña escala en el paralelismo que impregna la poesía hebrea, Douglas escribe: "Lo que tengo en mente cuando me refiero a la composición anular es una versión de la misma estructura, pero expandida y a gran escala".[328]

1.2. Provee estructura y límites

Las composiciones quiásticas funcionan como cualquier otra forma literaria que estructura presentaciones y establece límites dentro de los cuales trabajan los autores. Por ejemplo, algunos Salmos y el libro de Lamentaciones emplean el formato acróstico, en el cual cada línea de la obra poética comienza con las letras sucesivas del alfabeto hebreo.

Esto crea un efecto de la A a la Z: el poeta puede crear la impresión de haber visitado cada parte referente a un tópico —lo cual es imposible con palabras finitas— al recorrer todo el alfabeto. Del mismo modo, los escritores que usan estructuras quiásticas pueden cubrir un rango de tópicos de un modo que satisface a su audiencia pues la presentación se cierra en

---

327. Acerca de lo cual, ver Wilfred G. E. Watson, *Classical Hebrew Poetry: A Guide to Its Techniques* (New York: T&T Clark, 2001), 201-7.

328. Douglas, *Thinking in Circles*, 2.

círculo. Como Watson hace notar: "Una forma muy común de expresar *merismos* o totalidad es utilizar quiasmos".[329]

La discusión que están leyendo ahora brinda un ejemplo: esta sección no da cuenta de todo lo que hace un quiasmo, sino que la estructura quiástica de la presentación establece la discusión de la estructura y sus límites y la compara a la discusión de la forma en que los quiasmos crean sinergia entre las secciones. De hecho, la forma causa que se genere más significado del que se podría obtener a partir de la suma de sus partes. También espero que esta discusión sobre lo que son y hacen los quiasmos se sienta completa, aunque no podemos esperar que la misma sea exhaustiva.

1.3. Una ayuda para la memoria

Joshua Foer, en su entretenido libro *Moonwalking with Einstein: The Art and Science of Remembering Everything*, habla del "palacio de la memoria", una técnica antigua (aunque ampliamente utilizada) de asociar cosas para recordarlas a lo largo de una ruta que atraviesa un gran palacio, a fin de que cuando uno quiera recordar la lista que debía memorizarse, solo se necesita dar un paseo por el palacio, levantando metafóricamente los elementos a ser recordados mientras se va de una habitación a la otra.[330] Las estructuras quiásticas funcionan de manera similar, pues brindan una superestructura arquitectónica que permite, a quienes las reconocen, recordar dónde los temas se relacionan entre sí.[331] Como explica Victor Wilson:

> Es posible que la ventaja mnemotécnica sea la razón más convincente para la longevidad del quiasmo y la universalidad de su uso. Aquí hay un mecanismo que, para el oyente, responde a las necesidades de un marco de referencia genérico para guiar a la memoria en el proceso de recordar. El quiasmo es autodidacta, animando la memoria a completar los elementos de la forma con pares balanceados.[332]

---

329. Watson, *Classical Hebrew Poetry*, 205.

330. Joshua Foer, *Moonwalking with Einstein: The Art and Science of Remembering Everything* (New York: Penguin, 2011), 1-2, 89-105.

331. Al respecto de este punto, ver también David M. Carr, *Writing on the Tablet of the Heart: Origins of Scripture and Literature* (New York: Oxford University Press, 2005), 98-99.

332. Victor M. Wilson, *Divine Symmetries: The Art of Biblical Rhetoric* (Lanham, MD: University Press of America, 1997), 51.

1.4. Creando sinergia

La sinergia creada entre las unidades correspondientes en una estructura quiástica es uno de los beneficios exegéticos más importantes de un quiasmo.[333] Al colocar la discusión sobre la sinergia frente a la discusión sobre la estructura y los límites, también puedo justificar decir lo siguiente: los quiasmos usualmente ubican sus puntos más importantes en el centro de la estructura quiástica.[334] La sinergia creada por esta técnica está relacionada con la forma en que el lector va subiendo la montaña hasta su cima, desde la cual la discusión también desciende en pasos correspondientes desde el otro lado. Fácilmente podría haber dejado claro este punto de centrar el punto principal en la mitad de la estructura quiástica, pero mi elección —y prerrogativa como autor del libro— fue usarlo para ilustrar la relación entre la estructura, sus límites y la sinergia. Para reiterar: así como sucede con la sinergia, igual sucede con la estructura y sus límites, la comprensión de la forma quiástica resulta exegéticamente productiva dado que permite a los lectores determinar lo que el autor ha presentado como fundamental. Y nuevamente, la sinergia y la estructura trabajan en conjunto para crear la impresión de una discusión integral.

1.5. Un vehículo para la belleza artística

Las estructuras quiásticas brindan, a quienes las emplean, una forma que produce en sí misma equilibrio, proporción, armonía, simetría, y en las manos de un artista, esplendor.[335] Wilson lo describe bien:

> Nótese la atracción *estética* del quiasmo. El patrón transmite el orden cíclico de una realidad percibida... Mientras el artista busca un equilibrio visual en la composición, el quiasmo fuerza el mundo oral al equilibrio fonético. Por tanto, cuando el quiasmo regresa a su punto de

---

333. Douglas, *Thinking in Circles*, 14.

334. Ver nuevamente Douglas, *Thinking in Circles*, 7; Wilson, Divine Symmetries, 49.

335. Stuart Gilbert, comentando sobre la novela de James Joyce, escribe: "Ulises logra una coherente e integral interpretación de la vida, una belleza estática según la definición de Aquino (como resume Joyce): *Ad pulchritudinem tria requiruntur: integritas, consonantia, claritas*". Gilbert, en una nota al pie, dirige a sus lectores a "*A Portrait of the Artist as a Young Man*, página 248; Stephen, quien alineó sus puntos de vista estéticos con los de santo Tomás de Aquino, y traduce estas palabras: 'Tres cosas son necesarias para la belleza: integridad, armonía y esplendor'". Stuart Gilbert, *James Joyce's Ulysses* (New York: Vintage Books, 1959), 9 n. 1.

partida, la resolución satisface la anticipación del oído, así como lo hace el regreso de una pieza musical a su acorde inicial.[336]

Muchas veces he gozado de embarcarme en el estudio profundo del texto de la Escritura, sintiendo que estoy encontrando las pistas que dejaron los autores bíblicos y que me encuentro en la senda correcta (por ponerlo de alguna forma), y cuando he llegado a lo que pareciera ser la conclusión, me he reclinado en mi asiento maravillado ante tal talento literario. Pero es mucho más que mero arte: la forma funciona para comunicar significado, y si no podemos ver la forma no seremos capaces de sentir la fuerza de la verdad que presenta el autor. Frecuentemente, quienes no perciben las preciosas estructuras quiásticas en los textos bíblicos alegarán que las declaraciones están dispuestas al azar, desarticuladas, desorganizadas, y de manera repetitiva.[337] Estos juicios dicen mucho más sobre dichos lectores y su fracaso en entender, que lo que afirman sobre lo que intentaron comunicar los autores bíblicos.

2. LA ESTRUCTURA QUIÁSTICA DE TODO EL LIBRO DE GÉNESIS

Cuando consideramos Génesis como un todo literario, comienzan a aparecer temas sugerentes. Un modo de estructurar el material de una forma quiástica sería la siguiente:

Gn 1–11. De la creación a Abraham.

Gn 12–22. De Abraham a Isaac: la fe de Abraham.

Gn 23–25. Sara muere, una esposa para Isaac, Abraham muere.

Gn 25–36. De Jacob a José: Jacob lucha con Dios.

Gn 37–50. De José a Judá: perdón a los hermanos, bendición de las naciones y el león.

---

336. Wilson, *Divine Symmetries*, 51.

337. Douglas (*Thinking in Circles*, 1) escribe: "Muchos buenos textos antiguos han sido despreciados y mutilados irrespetuosamente a fin de hallar su sentido. ¡Qué pena, y qué interpretaciones sosas y triviales han sido piadosamente aceptadas por defecto! Y cuán dispuestos estuvieron los comentaristas para vincular la incoherencia percibida con pobres habilidades de escritura, o incluso con la falta de inteligencia. Los escritos que solían desconcertar y consternar a los lectores desprevenidos, cuando son leídos correctamente, resultan ser composiciones complejas y maravillosamente controladas. Aprender cómo estas han sido estructuradas es como una revelación mezclada con la emoción de hallar un tesoro escondido. Ahora es un buen momento para realizar el esfuerzo de la relectura".

Algunas ideas sobre lo que surge de tal estructura, dirigida por sus unidades correspondientes: la primera unidad presenta el problema, el pecado humano profana el mundo, resultando en conflicto fraternal (Caín/Abel), y llena el mundo de violencia (Gn 6:11); y la última sección presenta a José como modelo de uno que traerá la solución, una simiente de la mujer que perdona a sus hermanos y bendice a las naciones. La segunda sección y la penúltima, que tratan de Abraham y Jacob respectivamente, contrastan la obediencia voluntaria de fe de Abraham con la lucha egocéntrica de Jacob contra Dios, y significativamente, ambos hombres experimentan adelantos del éxodo de Egipto (ver 1.1 y 1.2 en el capítulo 8). En el centro de todo Génesis se encuentran tres capítulos que presentan la esperanza en que la simiente de la mujer venza la muerte: en los anillos exteriores del capítulo 23 y en la primera parte del capítulo 25 leemos sobre las muertes de Sara y Abraham; estos relatos relacionados con la muerte encierran la historia de Abraham enviando a su siervo a conseguir una esposa para Isaac. La línea de descendencia de la simiente de la mujer continuará. La muerte no extinguirá la esperanza.

Estas subunidades no solo crean una estructura quiástica para todo Génesis, sino que también son estructuras quiásticas en sí mismas. En la siguiente discusión, primero trataré con las cuatro unidades que rodean la parte principal del libro, Génesis 23:1–25:11, a las cuales me referiré como quiasmo de la creación (Gn 1:1–11:26), el quiasmo de Abraham (11:27–22:24), el quiasmo de Jacob (25:12–36:43), y el quiasmo de José (37:1–50:26). A veces redondearé las unidades en capítulos, usando, por ejemplo, 12–22 para el quiasmo de Abraham. Consideraremos el centro de la estructura quiástica de Génesis en la última sección de este capítulo.

3. LA ESTRUCTURA QUIÁSTICA DE LAS SUBUNIDADES DE GÉNESIS

Cada una de las unidades quiásticas será presentada y analizada brevemente, para luego examinar las relaciones entre ellas. Las estructuras quiásticas que se exponen a continuación abarcan todo el libro de Génesis, y las unidades correspondientes están codificadas con diferentes tipos de fuente. Tras la presentación del conjunto, se discutirá cada subunidad de manera individual.[338] Aquí está la clave para el esquema codificado de fuentes:

Negritas —Bendiciones (Gn 1:28).

MAYÚSCULAS —Línea de descendencia de la simiente de la mujer.

---

338. He adaptado las estructuras quiásticas para Génesis 11:27–22:24, 25:12–36:43 y 37:1–50:26, a partir de las que hallamos en Mathews, *Genesis 11:27–50:26*, 90, 377, 680.

Versalitas —Pecado y enemistad (Gn 3:15).

Cursivas —Lucha familiar y liberación.

Normal —Declaraciones centrales y al margen.

En primer lugar, veremos las estructuras quiásticas en esta sección, y haremos algunos comentarios sobre el código de fuentes a medida que avancemos, antes de adentrarnos más profundamente en él en la sección 4 más adelante.

TABLA 11.1. La estructura quiástica de Génesis

1:1–2:3. Creación.
    2:4–4:26. Toledot del cielo y la tierra.
      5:1–6:8. Toledot de Adán.
      6:9–9:29. Toledot de Noé.
      10:1–11:9. Toledot de los hijos de Noé.
    11:10-26. TOLEDOT DE SEM.

        11:27-32. Genealogía de Taré.
          12:1-9. Bendición de Abraham: tierra, descendencia, bendición.
            12:10-20. MENTIRA DE LA HERMANA (adelanto del Éxodo).
              13–14. Lot.
                15. Eliezer, fe, pacto, éxodo.
                16. Agar, Ismael.
                17. Circuncisión, pacto con Isaac.
              18–19. Lot.
            20:1-18. MENTIRA DE LA HERMANA 2.
          21–22. NACIMIENTO Y SACRIFICIO DE ISAAC, BENDICIÓN ACTUALIZADA.
        22:20-24. Genealogía de Nacor.

        23. Muerte de Sara.
          24. Una esposa para Isaac.
          25:1-11. Muerte de Abraham (ver muerte de Isaac en 35:27-29).

        25:12-19. Toledots de Ismael e Isaac (25:12; 25:19).
          25:20–26:5. HIJOS DE REBECA, PROMESA A ISAAC.
            26:6-35. Isaac engaña a los filisteos y genera una contienda.

> *27:1–28:9. Bendición robada y huida a Padan-aram.*
> *28:10-22. Sueño de Jacob en Betel.*
> 29:1-30. Labán engaña a Jacob.
> 29:31–30:24. Nace la simiente de Jacob.
> 30:25-43. Nacen los rebaños de Jacob.
> 31. Jacob engaña a Labán.
> *32. Jacob ve ángeles y lucha contra Dios.*
> *33. Jacob bendice a Esaú y regresa de Padan-aram.*
> 34. Los hijos de Jacob engañan y tienen conflictos con Siquem.
> **35. Promesa de Dios a Jacob, muere Raquel dando a luz a Benjamín.**
> 36:1-43. Toledot de Esaú (2 veces, 36:1; 36:9).

37:1-11. José sueña.
> 37:12-36. Jacob llora la "muerte" de José.
> 38:1-30. JUDÁ Y TAMAR.
> 39:1-23. **José es vendido a Egipto.**
> *40–41. José, salvador de Egipto.*
> *42–43. Viajes de los hermanos a Egipto.*
> 44. José prueba a sus hermanos.
> 45. José se da a conocer.
> *46:1-28. Viaje de la familia a Egipto.*
> *46:28–47:12. José, salvador de su familia.*
> **47:13-31. Egipto se vende a sí mismo a José.**
> **48:1–49:27. Bendición de José y Judá.**
> 49:28–50:14. José llora la muerte de Jacob.
50:15-26. José provee.

3.1. *Génesis 1:1–11:26*

La propuesta de la estructura de Génesis 1:1–11:26 se basa en el uso del término Toledot, traducido como "generaciones" en la LBLA, en Génesis 1–11, un término que también es relevante para la estructura de las unidades siguientes:

1:1–2:3. Creación.
> 2:4–4:26. Toledot del cielo y la tierra.
> 5:1–6:8. Toledot de Adán.

> 6:9–9:29. Toledot de Noé.
>> 10:1–11:9. Toledot de los hijos de Noé.
> 11:10-26. TOLEDOT DE SEM.

En el principio, Dios bendice al mundo con la existencia, y bendice al hombre en particular (Gn 1:28). Al final de esta unidad vemos la línea de la descendencia de Sem. El interés en la bendición y la simiente, luego, agrupa la primera estructura quiástica de Génesis. Dentro de la misma vemos el comienzo del pecado con la caída en Génesis 3 y el asesinato de Abel en Génesis 4, enfrentado con la enemistad de la simiente de la serpiente, cuyos orígenes son destacados en Génesis 10, y con su proyecto de edificación en 11:1-9. En el centro de esta estructura quiástica tenemos la línea de descendencia que parte de Adán (5:1–6:8), la cual llega hasta el mandamiento que le fue dado a este de ser fecundo y multiplicarse en 1:28 y continúa hacia la línea de descendencia de Sem en 11:10-26. También en el centro hallamos la liberación de Noé durante el diluvio (6:9–9:29). El punto central de las estructuras quiásticas usualmente está vinculado con el comienzo y el final, y la bendición de Noé en 9:10 evoca la de Adán en 1:28, mientras que es la genealogía de Sem (el hijo de Noé que también fue librado en el arca) la que aparece al final de esta unidad. Al comienzo de Génesis 6, el matrimonio pecaminoso de los hijos de Dios y las hijas de los hombres anticipa irregularidades maritales similares cerca del centro de las estructuras quiásticas del resto de Génesis.

3.2. *Génesis 11:27–22:24*

La estructura quiástica de Génesis 11:27–22:24 es particularmente clara. Comienza con la genealogía de Taré en 11:27-32 y culmina con la genealogía de Nacor, hijo de Taré (hermano de Abraham) en 22:20-24. La comprensión de la estructura quiástica del libro evita que pensemos que la genealogía de Nacor es una inserción aleatoria. Todo lo contrario: funciona como un marcador estructural principal y para presentar personajes que son importantes en lo que sigue.

> 11:27-32. Genealogía de Taré.
>> **12:1-9. Bendición de Abraham: tierra, descendencia, bendición.**
>>> 12:10-20. MENTIRA DE LA HERMANA 1 (adelanto del Éxodo).
>>>> *13–14. Lot.*
>>>>> 15. Eliezer, fe, pacto, éxodo.
>>>>>> 16. Agar, Ismael.

17. Circuncisión, pacto con Isaac.

18–19. Lot.

20:1-18. MENTIRA DE LA HERMANA 2.

21–22. NACIMIENTO Y SACRIFICIO DE ISAAC,
BENDICIÓN ACTUALIZADA.

22:20-24. Genealogía de Nacor.

Existen correspondencias importantes entre, por un lado, Dios llamando a Abraham para que saliera de su país, su parentela, y la casa de su padre hacia la tierra que él le mostraría en Génesis 12:1, y por otro lado, Dios llamando a Abraham para que llevara su hijo, su único hijo Isaac, al cual amaba, a una de las montañas de Moriah que él le indicaría en 22:1, 2. Estas dos grandes pruebas de fe encierran el cuerpo principal del relato de Abraham en Génesis, y la promesa de que Dios haría de Abraham una gran nación en Génesis 12:2 por fin comienza a hacerse realidad con el nacimiento de Isaac en 21:1-7.

Al igual que la bendición de Adán (Gn 1:28) marcó el comienzo de la primera unidad, cuyo interés se enfoca en la línea de la descendencia de la simiente, y que a su vez marca el final de la misma (11:10-26), aquí también Dios bendice a Abraham en 12:1-3, y luego se manifiesta un interés por la simiente en 21–22 con la reafirmación de la bendición inicial, la cual es significativamente detallada en 22:17, 18.

¿Por qué hay dos historias que cuentan que Abraham hizo pasar a Sara por su hermana para protegerse a sí mismo, una en Génesis 12:10-20 y otra en 20:1-18? Porque Moisés coloca en paralelo los eventos repetidos, utilizando la estructura quiástica de la literatura para forjar relaciones tipológicas.[339] Estas historias son puestas en paralelo de manera intencional y forman parte de la estrategia comunicativa del autor.

De manera similar, en Génesis 13–14 y 18–19 tenemos dos secciones de material que tratan con Lot y con Abraham. En la primera de ellas, Lot y Abraham se separan (Gn 13), y luego Abraham rescata a Lot (Gn 14). La segunda invierte el orden, dado que Abraham intercede por Lot y Sodoma (Gn 18), y luego Lot se aleja de Sodoma antes de su destrucción (Gn 19). La forma en la que Abraham libera e intercede por su familiar Lot evoca la forma en que Noé construyó un arca para la salvación de su familia, la cual se ubica en una unión similar dentro de la estructura quiástica anterior del libro. Similarmente, habrá interacciones entre Jacob y sus parientes, Esaú y

---

339. Cf. la discusión fascinante de lo que Adán debería haber hecho en Morales, *Who Shall Ascend the Mountain of the Lord?*, 180-84.

Labán, en la siguiente estructura quiástica, y entre José y sus hermanos en una posición similar en la estructura después de aquella. Moisés pretende que su audiencia considere estas relaciones una a la luz de las otras.

En el centro de esta sección tenemos el pecado humano rodeado por la gracia de Dios: Abraham piensa que Eliezer será su heredero en Génesis 15:2, 3, pero cuando Dios le promete tantos herederos como las estrellas del cielo en 15:4, 5, Abraham cree, es contado como justo y recibe la revelación pactual que profetiza el éxodo en 15:7-20. Gracia. El pecado aparece en Génesis 16; al igual que Adán escuchó la voz de su mujer (3:17), Abraham escuchó la voz de la suya y se acostó con Agar. La duplicación de las mujeres de Abraham será repetida en el mismo punto de la estructura literaria en el relato de Jacob, pero en la misericordia de Dios esta es seguida por el regalo de Dios de la señal pactual de la circuncisión y la promesa de que Sara concebiría en Génesis 17.

3.3. Génesis 23:1–25:11

Las muertes de Sara y Abraham son resultado de la entrada del pecado al mundo (Gn 3:19, 22; Rm 5:12), pero su sepultura en la tierra da cuenta de una esperanza que va más allá de la tumba. De modo similar, la vida de Isaac muestra que un vientre muerto puede volver a la vida, y la extensa historia sobre el siervo de Abraham buscando una mujer para Isaac resulta en un matrimonio que continuará la línea de descendencia de la simiente de la mujer.

23. Muerte de Sara.

24. Una esposa para Isaac.

25:1-11. Muerte de Abraham (ver muerte de Isaac en 35:27-29).

El problema de la muerte y la promesa de vida están centrados en la estructura literaria del libro de Génesis. El cumplimiento de la esperanza de vida puede escucharse en la boca de los infantes y los niños de pecho, por medio de los cuales Dios establece su fuerza, para acallar al enemigo y al vengativo (Sal 8:2). Volveremos a Génesis 24 en la última sección de este capítulo.

3.4. Génesis 25:12–36:43

La estructura quiástica que comenzó en Génesis 11:27 inicia con la frase: "Estas son las generaciones de Taré" (וְאֵלֶּה תּוֹלְדֹת תֶּרַח), y luego se enfoca en su hijo Abraham. La estructura que comienza en 25:12, de modo similar, comienza con la frase: "Estas son las generaciones de Ismael" (וְאֵלֶּה תֹּלְדֹת יִשְׁמָעֵאל), seguida de 25:19: "Estas son las generaciones de Isaac" (וְאֵלֶּה תּוֹלְדֹת יִצְחָק). El nombre de Isaac está en el encabezado, pero su hijo Jacob está en el escenario central. El *Toledot* ("generaciones") doble al comienzo de esta unidad (25:12-19) coincide con el *Toledot* doble al final, donde tenemos dos veces: "Estas son las generaciones de Esaú" (וְאֵלֶּה תֹּלְדוֹת עֵשָׂו), primero en 36:1 y nuevamente en 36:9. La unidad final de texto, 37:1–50:26, comienza de la misma forma: "Estas son las generaciones de Jacob" (אֵלֶּה תֹּלְדוֹת יַעֲקֹב, Gn 37:2), y luego se enfoca ampliamente en José. Como puede verse a partir de esto, y siendo que también es cierto para aquellas en Génesis 1–11, el relato que sigue al *Toledot* tiende a lidiar con aquellos que descienden del progenitor nombrado (siendo la excepción a este patrón los dos *Toledots* de Esaú en 36:1 y 9).

25:12-19. Toledots de Ismael e Isaac (25:12; 25:19).

25:20–26:5. HIJOS DE REBECA, PROMESA A ISAAC.

26:6-35. Isaac engaña a los filisteos y genera una contienda.

27:1–28:9. Bendición robada y huida a Padan-aram.

28:10-22. Sueño de Jacob en Betel.

29:1-30. Labán engaña a Jacob.

29:31–30:24. Nace la simiente de Jacob.

30:25-43. Nacen los rebaños de Jacob.

31. Jacob engaña a Labán.

32. Jacob ve ángeles y lucha contra Dios.

33. Jacob bendice a Esaú y regresa de Padan-aram.

34. Los hijos de Jacob engañan y tienen conflictos con Siquem.

35. Promesa de Dios a Jacob, muere Raquel dando a luz a Benjamín.

36:1-43. Toledot de Esaú (2 veces, 36:1; 36:9).

Dentro de los marcos exteriores de los *Toledot*, nuevamente tenemos el foco en las bendiciones y la simiente, con los nacimientos de Jacob y Esaú y la revelación de que Jacob era el escogido de Dios en 25:20–26:5, enfrentados por la reiteración de la promesa a Abraham y la muerte de Raquel dando a luz a Benjamín en Génesis 35. Siendo Génesis 26 dado a las generaciones de Esaú, el final del relato de Jacob es interrumpido por la muerte de Isaac en 35:27-29, una historia estrechamente vinculada con la de la muerte de Abraham en 25:8-10, la cual marcó el final del relato de Isaac y determinó el cambio hacia la historia de Jacob.

Abraham dijo dos veces la mentira de la hermana (Gn 12:10-20; 20:1-18), e Isaac hizo lo mismo y tuvo conflicto con los filisteos en Génesis 26:6-35. La unidad coincidente en Génesis 34 narra la profanación de Dina y la matanza de Siquem.

Luego comienzan una serie de anillos que tratan en gran parte con conflictos: Jacob roba la bendición de Esaú y huye a Padan-aram en 27:1–28:9, solo para regresar de Padan-aram e instar a Esaú a recibir su bendición en Génesis 33. En Génesis 28:10-22, Dios se revela a Jacob en Betel, con ángeles subiendo y bajando de una línea de escalones, y en Génesis 32, Jacob ve ángeles y lucha con Dios y su nombre es cambiado. En Génesis 29:1-30, Labán engaña a Jacob, y en Génesis 31, Jacob engaña a Labán. La sección central muestra a Jacob siendo fecundo y multiplicando su descendencia (Gn 29:31–30:24) y su ganado (30:25-43).

Al estudiar esta unidad, llamaron mi atención los paralelos entre las estructuras quiásticas de Génesis: Génesis 25–36 en comparación con la anterior, Génesis 12–22. La presentación de líneas en distintas fuentes (cursivas, negritas, mayúsculas, etc.) reflejan las similitudes en las unidades. Como mencionamos anteriormente, existen cuatro estructuras quiásticas abarcativas del libro de Génesis: 1–11, 12–22, 25–36, 37–50. En cada caso, los anillos externos se encuentran en **negritas** (bendición) y MAYÚSCULAS (simiente). Moviéndonos hacia el interior, los anillos siguientes son VERSALITAS (enemistad/pecado), y los que se encuentran dentro de ellos están en *cursivas* (conflicto familiar/liberación), con fuente normal en el centro y en los bordes.

Consideremos juntos los paralelos entre el quiasmo de Abraham (Gn 12–22) y el de Jacob (Gn 25–36), comenzando desde el centro de cada uno. En el centro de la unidad 2, encontramos el pecado de poligamia incrédula de Abraham con Agar en Génesis 16, rodeado de cuando fue contado justo por la fe por un lado, y cuando recibió el pacto en Génesis 15 y 17 por el otro. En el centro de la unidad 3 encontramos, de manera similar, a Jacob cometiendo el pecado de poligamia, y a pesar de ello vemos a Dios bendecirlo con abundantes hijos y ganado.

A partir del punto central de las estructuras quiásticas pertenecientes a las unidades que tratan con Abraham y Jacob, trabajemos hacia Génesis 23–25 en cada dirección. Al hacerlo, coloqué en *cursivas* Génesis 18–19 y 27:1–28:22. El Señor se revela a Abraham al inicio de Génesis 18, Abraham intercede por Sodoma, y luego el Señor destruye Sodoma en Génesis 19. En Génesis 27, Jacob destruye su familia al robar la bendición, y luego Dios se revela a él en Génesis 28. La secuencia está invertida.

Continuando nuestro trabajo hacia Génesis 23–25 a partir del punto central de la unidad a cada lado, encontramos la segunda vez que Abraham dijo la mentira de la hermana en Génesis 20 y a Isaac cometiendo el mismo pecado en Génesis 26, ambos en VERSALITAS. Luego de ello, encontramos el cumplimiento de la promesa de descendencia a Abraham en el nacimiento de Isaac junto con la última prueba a Abraham, el sacrificio de Isaac, y la reiteración de la bendición en Génesis 21–22, coincidiendo con el tan esperado (veinte años) nacimiento de Jacob y Esaú y la reiteración de la bendición de Abraham a Isaac en 25:20–26:5. La genealogía de Nacor en 22:20-24 coincide con los *Toledots* de Ismael e Isaac en 25:12-19.

También hallamos similitudes entre los quiasmos de Abraham y Jacob si comenzamos en el punto central de cada uno de ellos y nos alejamos —hacia el comienzo del libro, en el caso de Abraham, y hacia el final del libro, en el de Jacob—. Así, el triunfo de Abraham sobre los reyes del este en Génesis 14 corresponde a la lucha de Jacob con Dios en su camino a casa desde el este en Génesis 32,[340] dado que la separación entre Lot y Abraham en Génesis 13 corresponde a la reunión/separación de Jacob y Esaú en Génesis 33.[341] Cuando reconocemos que Génesis 12:10-20 se encuentra frente a Génesis 34 en la estructura literaria del libro, logramos ver la cercanía temática de estas dos unidades entre sí: Dios presenta un adelanto del éxodo en la liberación de Sara en 12:10-20, y luego presenta un adelanto de la conquista al poner a Siquem bajo maldición en el capítulo 34 (sin negar por un segundo la pecaminosidad de lo que hicieron Simeón y Leví). Las promesas hechas a Abraham en 12:1-9 funcionan como un gran cerrojo con las mismas promesas hechas a Jacob en Génesis 35:9-15 (cf. también 1:28; 17:5, 6).

Las estructuras quiásticas de las historias de Abraham (Gn 11:27–22:24) y Jacob (25:12–36:43) son inversiones la una de la otra.[342] Abraham fue llamado desde Harán en el este (11:31; 12:4) hacia la tierra de la promesa en Génesis 12. Jacob fue enviado desde la tierra de la promesa hacia Harán en el este en el capítulo 28 (28:10). Mientras que Dios probó a Abraham en Génesis 22, Jacob probó a Dios con su voto en 28:20-22. John Walton explica: "En contraste con las condiciones que Dios impone a Abraham (dejar tu tierra, etc.) para que las promesas pudieran cumplirse, Jacob pone condiciones a Dios antes de que Él pudiera convertirse en el 'beneficiario' de las promesas que Jacob le ofrece... Todo está al revés aquí". Al final del derrotero de Jacob, sin embargo, él regresa a casa. El Señor ha tocado su cadera y lo ha descoyuntado (32:25). Dempster dice sobre Jacob: "Él gana

---

340. Abraham tiene 318 hombres en Génesis 14:14. Esaú tiene 400 hombres en 32:6.

341. Lot alza sus ojos en 13:10, luego Abraham alza sus ojos en 13:14. Jacob alza sus ojos en 33:1, luego Esaú alza sus ojos en 33:5. Compare también el modo en que la tierra no podía sostener a Lot y a Abraham en 13:6, ni podía sostener a Jacob y a Esaú en 36:6, 7.

342. Watson (*Classical Hebrew Poetry*, 206) escribe: "Los quiasmos también expresan reversiones del estado actual... los quiasmos pueden expresar antítesis o contraste".

la pelea perdiendo —siendo quebrantado— y enfrentándose a su identidad. En consecuencia, dice a Dios quién es (Jacob el engañador, el que se aferra al calcañar) y recibe un nuevo nombre: Israel (el que lucha con Dios)".[343] Como señala Mathews: "En su regreso a Canaán, Jacob atravesará la misma ruta que atravesó su abuelo Abraham (12:6, 7; 33:18; 35:1)".[344]

3.5. Génesis 37:1–50:26

La historia de José comienza con los sueños de José (37:1-11) y termina con las provisiones que hace para su familia (50:15-26). Entre estos extremos, el relato incluye a Jacob lamentando la aparente muerte de José (37:12-36), un episodio que encuentra su paralelo hacia el final, cuando José llora la muerte real de Jacob (49:28–50:14). La sección en MAYÚSCULAS, que aborda la línea de descendencia, sorprendentemente pasa por Judá y Tamar en Génesis 38. En la estructura quiástica, esta sección se contrapone a la línea destacada sobre la bendición en Génesis 48–49, donde Jacob bendice a José y a sus hijos, pero especialmente a Judá. Las líneas en VERSALITAS comienzan con José siendo vendido a Egipto en Génesis 39, pero luego Egipto se vende a sí mismo a José en Génesis 47. José salva a Egipto (Génesis 40), sus hermanos viajan allí (Génesis 41), y finalmente la familia se traslada a Egipto (Génesis 46), donde José también los salva (Génesis 47). En el centro de esta estructura quiástica, José pone a prueba a sus hermanos (Génesis 44) antes de revelarse a ellos (Génesis 45).

    37:1-11. José sueña.

        37:12-36. Jacob llora la "muerte" de José.

            38:1-30. JUDÁ Y TAMAR.

                39:1-23. José es vendido a Egipto.

                    40–41. *José, salvador de Egipto.*

                        42–43. *Viajes de los hermanos a Egipto.*

                          44. José prueba a sus hermanos.

                          45. José se da a conocer.

                      46:1-28. *Viaje de la familia a Egipto.*

                  46:28–47:12. *José, salvador de su familia.*

              47:13-31. Egipto se vende a sí mismo a José.

---

343   Dempster, *Dominion and Dynasty*, 87.

     Mathews, *Genesis 11:27–50:26*, 439.

48:1–49:27. Bendición de José y Judá.

49:28–50:14. José llora la muerte de Jacob.

50:15-26. José provee.

Como vimos brevemente más arriba, dentro de las estructuras quiásticas, los temas coincidentes se tratan de manera consistentemente similar.

Si pusiéramos cada estructura quiástica una sobre la otra, hallaríamos que los anillos exteriores siempre tratan con la bendición y la simiente; luego, dentro de ellos hay anillos que hablan del pecado y la enemistad, seguidos por anillos que hablan de conflicto familiar y/o liberación, hasta llegar a la característica principal del quiasmo. Podemos delinear el patrón de la siguiente forma:

Bendición.
    Pecado/enemistad.
        Conflicto familiar y liberación.
            Característica central.
        Conflicto familiar y liberación.
    Pecado/enemistad.
SIMIENTE.

En la siguiente sección consideraremos el impacto que tiene la estructura literaria en nuestra comprensión de las conexiones tipológicas que forja Moisés con estos temas.

4. TEMAS DERIVADOS DE LA COMPARACIÓN DE SUBUNIDADES

La afirmación de este capítulo es que Moisés pretendió que su audiencia distinguiera los patrones tipológicos presentes en los paralelos que construyó en su narrativa. Esta sección explora los tres temas vistos anteriormente —bendición y simiente, pecado y enemistad, y conflicto familiar y liberación—, junto con un cuarto que combina el elemento central de cada estructura quiástica: fe, poligamia, engaño y revelación. A esta altura, el lector no se sorprenderá de ver que las presento como un quiasmo:

    4.1. La bendición y la simiente.

        4.2. Pecado y enemistad.

4.3. Conflicto familiar, intercesión y perdón.

4.4. Fe, poligamia, engaño y revelación.

Al crear estas estructuras quiásticas, Moisés ha creado pliegues en el relato juntando los finales, creando puntos de inflexión en el medio y alineando las secciones intermedias. Plegando el relato de esta forma, Moisés reúne personajes y eventos a fin de que sean asociados entre sí, comparados y contrastados; además, por otro lado, los eventos similares son más fácilmente sintetizables para aprender los caminos de Dios. Así como algunos personajes son reunidos entre sí, otros son separados, a fin de que las diferencias sutiles cobren mayor importancia.

4.1. La bendición y la simiente

Como señalamos anteriormente, los anillos exteriores de las estructuras quiásticas de Génesis —las costuras de sus unidades— comunican la bendición de Dios (**negritas**) sobre la simiente escogida (MAYÚSCULAS). Dios en su beneplácito crea al hombre a su imagen y lo bendice, ordenándole ser fecundo y multiplicarse (Gn 1:28). Incluso cuando el hombre peca, Dios promete que la simiente de la mujer triunfará (3:15), y el quiasmo de la creación (Gn 1–11) se centra en y culmina con interés por la línea de descendencia (genealogías en Gn 5 y 11). Dios bendecirá al mundo salvándolo a través de la simiente de la promesa.

En el quiasmo de Abraham, Génesis 11:27–22:24, las genealogías encierran la bendición de Abraham al comienzo (Gn 12:1-9) y al final (22:17, 18). El interés principal de esta unidad es el hecho de que aquellos a través de los cuales Dios ha prometido que vendría la simiente necesitan que sus capacidades reproductivas resuciten de entre los muertos. Dios hace exactamente eso al bendecir a Abraham y Sara con Isaac, y luego de su nacimiento milagroso de entre los muertos en Génesis 21, Isaac es recibido como de entre los muertos a través del sustituto ofrecido en Génesis 22. La muerte también rodea la búsqueda de una esposa para Isaac, ya que en Génesis 23, Sara muere, y luego muere Abraham en Génesis 25, pero no sin antes enviar a su siervo a buscar una esposa para Isaac en Génesis 24. Una vez más, las genealogías (Gn 25:12-19; 36:1-43) anteceden a los nacimientos y las bendiciones en la tercera sección, Génesis 25:12–36:43. Este pliegue en el relato coloca la esterilidad de Rebeca (25:21) en el mismo sitio narrativo que la de Sara (11:30); ambos siguen resúmenes genealógicos al principio de una unidad,[345] y la espera de Isaac y Rebeca por veinte años para que

---

345. Resumen genealógico en Gn 11:27-29, la esterilidad de Sara en 11:30. Resumen genealógico en Gn 25:12-19, la esterilidad de Rebeca en 25:21.

Dios los bendijera con hijos (25:20, 26) es muy parecida a los veinticinco años de espera de Abraham y Sara hasta el nacimiento de Isaac (12:4; 21:5). Aunque Moisés no profundiza en estos puntos, su posición dentro de la estructura literaria indica su importancia. Así como el comienzo de las unidades habla de nacimientos (25:21-26), así también trata con la bendición: el más joven es identificado como el escogido (25:23), y Dios promete a Isaac que establecerá el juramento hecho a Abraham (26:3, cf. 26:1-5). El interés en la bendición y la simiente al final de la unidad se manifiesta cuando Dios confirma su promesa a Jacob (35:9-15) y Raquel muere, producto del doloroso proceso (cf. 3:16) de dar a luz a Benjamín (35:17, 18).

La sección final (Gn 37:1–50:26) comienza asociando a José, el hijo de la vejez de Israel/Jacob (37:3), con Isaac, quien fue llamado anteriormente hijo de la vejez de Abraham (21:2, 7).[346] Luego de que José es vendido como esclavo, el relato cambia a la historia de Judá y Tamar en Génesis 38, porque al final del libro aprenderemos que, a pesar de que la bendición será pronunciada sobre los hijos de José (48:15-20), la simiente de Judá será bendecida de maneras aún mayores (49:8-12; cf. 1 Cr 5:1, 2).

Moisés en Génesis utiliza estructuras quiásticas para alinear tanto a los personajes que reciben las bendiciones como a las formas milagrosas y sorprendentes en que continúan sus líneas de descendencia. Sara, Rebeca y Raquel son llamadas estériles, y solo el firme amor del Dios redentor y Creador podía dar vida a Isaac en el vientre muerto de Sara, armonía familiar en medio del caldero hirviente de rencor en la casa de Jacob, y la simiente de la promesa a partir de Judá, el cual tomó a Tamar por una prostituta de culto.

4.2. Pecado y enemistad

A lo largo del libro de Génesis hay pecado y enemistad, pero las estructuras tipológicas y quiásticas del libro revelan distinciones significativas entre estos dos términos. Mi punto no es que sean términos técnicos para diferentes categorías de pecado, sino que Moisés muestra a su audiencia que, a pesar de todo el pecado,[347] la simiente de la mujer se arrepiente y halla perdón y justicia, mientras que la simiente de la serpiente se opone al Señor y a su ungido (cf. Sal 2:1-3). Una cosa es creer en las promesas de Dios, esforzarse para vivir de un modo que le agrade y tropezar en el pecado a causa de la ignorancia, la debilidad y la rebeldía (cf. Hb 5:2); algo

---

346. El único otro personaje descrito de esta forma en Génesis es Benjamín en 44:20.

347. Para ahondar en esta discusión, ver James M. Hamilton Jr., "Original Sin in Biblical Theology", en *Adam, the Fall, and Original Sin: Theological, Biblical, and Scientific Perspectives*, ed. Hans Madueme y Michael Reeves (Grand Rapids: Baker, 2014), 189-208.

completamente distinto es rechazar los mandamientos y prohibiciones de Dios y decididamente oponerse a su pueblo.[348] Todos los humanos pecan, y Dios puso enemistad entre la simiente de la mujer y la simiente de la serpiente (Gn 3:15), pero el pueblo de Dios busca vivir en paz con todos en cuanto de ellos dependa (cf. Rm 12:18).

El siguiente anillo, moviéndonos hacia adentro de las palíndromas correspondientes en el relato de Génesis, trata con el pecado y la enemistad (expresiones en VERSALITAS). En el quiasmo de la creación, el hombre y la mujer pecan en el jardín (Gn 3:1-7); ingresa la enemistad (3:15), que se manifiesta inmediatamente en el asesinato de Abel (4:8). La jactancia de Lamec (4:23, 24) nos da indicios de lo que podemos esperar, indicios que se desarrollan en la historia del poderío de Nimrod y su fundación de Babel y Sinar (10:8-11), con su presuntuosa torre (11:1-9).

En los quiasmos de Abraham y Jacob, el pecado y la enemistad aparecen en la brutalidad de los hombres que se topan con Abraham e Isaac. La inhumanidad monstruosa de estos hombres se vuelve evidente solo en el cuarto de estos anillos, cuando Siquem secuestra a Dina para acostarse con ella (34:2). En el relato que sigue, Siquem y su padre buscan negociar un matrimonio, pero nunca se disculpan o demuestran algún signo de arrepentimiento por el ultraje cometido (34:3-12). La posibilidad de esta clase de comportamientos, y el hecho de que los patriarcas hayan vivido en medio de culturas donde estos actos eran tolerados, aparentemente los condujo a realizar las "mentiras de la hermana", como vemos en los primeros tres anillos: Abraham hizo pasar a Sara dos veces por su hermana (12:10-20; 20:1-18), e Isaac repitió la mentira (26:6-11). Los patriarcas pecaron, y el relato no excusa sus fallas. Pero el contexto en el cual fallaron en proteger a sus esposas era la enemistad de los hombres rapaces de dicha cultura (Gn 34). Al colocar cada uno de estos episodios donde lo hace (justo dentro del anillo exterior que trata con la bendición y la simiente), Moisés insta a su audiencia a conectar la mentira de la hermana con la violación de Dina con el fin de que los relatos fueran leídos uno a la luz del otro.

La reflexión en estos anillos, uno a la luz del otro, insta a la audiencia de Génesis a ver la enemistad entre la simiente de la mujer y la simiente de la serpiente, la brutalidad de la que es capaz la simiente de la serpiente y también la cobardía pecaminosa de Abraham e Isaac al decir la mentira. Como nos muestra la violación de Dina en Génesis 34, sus mujeres realmente estaban en peligro; sin embargo, Moisés enseña a su audiencia que el peligro no avala el pecado. Relatos bíblicos posteriores presentan a Booz en el libro de Rut, el cual garantiza la seguridad de las mujeres bajo su

---

348. "Maldito sea Canaán" (Gn 9:25). "Al que te deshonre, maldeciré" (12:3). "Malditos los que te maldigan" (27:29).

cuidado, lejos de cualquier falsedad sobre su identidad (Rut 2:8, 9); la protección proactiva de Booz hallará cumplimiento en aquel que se interpone entre su pueblo y quienes lo amenazan, con las palabras: "Os he dicho que yo soy; por tanto, si me buscáis a mí, dejad ir a estos" (Juan 18:8, LBLA). Judá prefigura al que vendrá de su descendencia cuando se ofrece en lugar de Benjamín (Gn 43:8, 9; 44:18-34, esp. 44:33).

En el quiasmo de José, encontramos que este, a pesar de haber sido vendido a Egipto, resiste la tentación (Gn 39:6-12), lo que inicialmente empeora las cosas para él y lo lleva a prisión (39:13-20). A través de su fidelidad y la bendición de Dios, sin embargo (39:21-23), eventualmente José es liberado (41:14), exaltado (41:38-46), y toda la situación es revertida: el que fue vendido a Egipto tiene a todo Egipto vendiéndose ante él, diciendo: "Nos has salvado la vida" (47:25, cf. 47:13-31). Esto, sin duda, anticipa al que "se despojó a sí mismo tomando forma de siervo" (Flp 2:7, LBLA), pero que, al resistir fielmente a la tentación y completar su camino de sufrimiento hasta la muerte (2:8), fue exaltado y recibió un "nombre que es sobre todo nombre" (2:9), a fin de que todos se arrodillen ante él y lo confiesen Señor (2:10, 11; cf. Gn 42:6).

4.3. Conflicto familiar, intercesión y perdón

En cada una de las principales cuatro estructuras quiásticas de Génesis (Gn 1–11; 12–22; 25–36; 37–50), sucede de la misma manera: el anillo exterior, que habla de la bendición y la simiente, tiene un anillo dentro de sí mismo que trata sobre el pecado y la enemistad, y dentro de este hay otro que presenta conflictos familiares y liberación. Cada una de las veces. Esto no puede ser otra cosa que intencional.

El quiasmo de la creación presenta el conflicto familiar cerca de su centro de una manera que anticipará las secciones centrales de los relatos de Abraham y Jacob, con la perversión del matrimonio, producto de que los hijos de Dios tomaran a las hijas de los hombres (Gn 6:1-4). Abraham y Jacob se desviaron del diseño divino del matrimonio de otra forma: tomando más de una esposa. Moisés coloca estas desviaciones maritales de modo que se alineen con la estructura de su relato, y así critica ambas. En el quiasmo de la creación, la liberación familiar de Génesis 5 se enfoca en la línea de descendencia y el modo en que Noé y su familia son librados en el arca.

En los anillos correspondientes del quiasmo de Abraham, el conflicto familiar resulta inicialmente en la separación de Lot y Abraham en Génesis 13, seguido de Abraham liberando a Lot de la cautividad en Génesis 14. Del otro lado de este anillo, Abraham intercede por Lot y Sodoma en Génesis 18, y luego Dios responde a dicha oración liberando a Lot de la destrucción de Sodoma en Génesis 19. Trágicamente, luego del diluvio, Noé pecó al emborracharse; su desnudez fue expuesta de manera vergonzosa y fue avergonzado por su hijo Cam (Gn 9:20-29). Paralelamente, Lot experimentó una embriaguez vergonzosa, fue expuesto y vivió una deshonra vergonzosa perpetrada por sus hijas (19:30-38). Los paralelos entre las consecuencias del diluvio y las consecuencias de la destrucción de Sodoma (con Noé y Lot ebrios y siendo avergonzados por sus hijos) refuerzan las conexiones entre estos anillos.

En esta juntura del quiasmo de Jacob, el hijo menor de Isaac destroza su familia al robar la bendición de Esaú con la ayuda de su madre, lo que tuvo como resultado una separación de veinte años (Gn 27–28). Como consecuencia de su participación en la debacle, luego de una última mención cuando Jacob es expulsado (28:5), Rebeca nunca más es mencionada en el relato hasta la referencia a su entierro junto a Isaac cerca del final (49:31). Y, como para echar sal en la herida y acentuar la omisión de Rebeca en el relato, se hace mención de la muerte de su nodriza (35:8), pero no de la suya. Del otro lado de este anillo, hallamos el regreso de Jacob a la tierra para insistir a Esaú para que recibiera su bendición (Gn 32–33, esp. 33:11).

La instancia culminante del conflicto familiar y la liberación en Génesis ocurre en el quiasmo de José, cuando en medio del proceso de salvar a Egipto (Gn 40–41), sus hermanos comparecen ante él (42–43). Del otro lado de este anillo se encuentran los viajes de la familia a Egipto (46:1-28), en los que José intercede por ellos y demuestra ser su salvador (46:28–47:12).

Los conflictos familiares que Moisés alinea a lo largo de las estructuras quiásticas en Génesis incluyen perversiones y distorsiones del matrimonio, deshonra de padres, conflictos entre hermanos, engaño, y todo esto trae consigo separaciones dolorosas. Sin embargo, Moisés también alinea liberaciones familiares a lo largo de estas estructuras quiásticas, las cuales incluyen: un hombre que cree a las advertencias de juicio de parte de Dios y construye un arca para salvar a su familia; otro que arriesga todo para involucrarse en una peligrosa misión de rescate para liberar de la cautividad a su familiar, y luego intercede por la vida de dicho familiar, buscando la misericordia del Santísimo; un hermano distanciado que vio su agilidad inutilizada por Dios en medio de su regreso a casa para devolver lo que había robado; un hermano que se ofrece a sí mismo como sustituto por el preferido de su padre; y un hermano vendido a esclavitud que se levanta desde lo profundo del foso para perdonar a sus hermanos arrepentidos. Uno habría de surgir en el cual todas estas cosas serían cumplidas, el cual afirmaría que las Escrituras "dan testimonio de mí" (Juan 5:39) y que "si creyerais a Moisés, me creeríais a mí, porque de mí escribió él" (5:46, LBLA).

4.4. Fe, poligamia, engaño y revelación

Mientras más desesperante es la condición, más maravillosa es la llegada de la esperanza. Mientras más sucio es el pecado, más maravillosos son la purificación y el perdón. Mientras más indigno es el pecador, más profunda la alabanza por la misericordia salvadora. Hay pecado en Génesis, pero también hay salvación.

Como mencionamos anteriormente, el pecado marital de Génesis 6:1-4, cerca del centro del quiasmo de la creación, anticipa el pecado marital cerca del centro de los quiasmos de Abraham y Jacob. Abraham tomó a Agar como segunda esposa (Gn 16), y la insatisfacción de Sara con ello se repitió en la discordia y disputa familiar entre Jacob y sus dos esposas, las hermanas Raquel y Lea (29:31–30:24). Pero el pecado marital y la poligamia no son las únicas cosas en el centro de estas estructuras quiásticas. En el caso de Abraham, él creía en el Señor y por tanto fue contado por justo (15:6), y Dios le dio revelación del éxodo, el pacto y la circuncisión (Gn 15; 17). En el quiasmo de Jacob, el Señor lo hizo fecundo y lo multiplicó —en descendencia y ganado— a pesar del pecado y la dificultad (29:31–30:43). Todos los padres son pecadores, pero los bebés llegan al mundo tan frescos y llenos de promesas como una nueva misericordia matutina. Aquellos bebés pueden crecer, como Judá, y vender a sus propios hermanos a esclavitud (37:26-28) y usar a una prostituta (38:15-18), pero Dios puede revelar su justicia (38:26) y producir un autosacrificio como el de Cristo (43:8, 9; 44:33). Es más, el hermano agraviado, que fue traicionado y vendido, puede ascender al lugar de señorío, comprender los propósitos de Dios (45:5, 8), pedir a sus hermanos que se acerquen a él (45:4), calmar su furia y ansiedad (45:5), perdonarlos con un beso (45:15a), y reunirse a conversar (45:15b) con aquellos que no podían hablarle amistosamente (37:4).[349]

A pesar de todo el pecado de estos patriarcas, Dios permanece fiel a las promesas que hizo a Abraham. En el quiasmo de José, tenemos la gran resolución a todo el conflicto fraternal del libro de Génesis, cuando Judá da un paso al frente para ofrecer su vida por la de Benjamín (Gn 44:18-34), y José se da a conocer a sus hermanos y los perdona (Gn 45:1-15). El amor

---

349. Estoy agradecido por la forma en que Sam Emadi me hizo notar estas características de la narrativa.

autosacrificial de Judá (Gn 44) y el perdón extendido por José (Gn 45) se encuentran en el centro de la estructura quiástica final del libro de Génesis.

Moisés ha vinculado la liberación familiar presente en el final con la liberación familiar que se encuentra al principio haciendo uso de la frase: "Para preservarle la vida". La liberación familiar en el centro del quiasmo de la creación muestra al Señor diciendo a Noé que trajera los animales al arca:

- "Para preservarles la vida contigo" (6:19, לְהַחֲיֹת).
- "Para que les preserves la vida" (6:20, לְהַחֲיֹות).
- "Para conservar viva la especie" (7:3, לְחַיֹּות).

De manera similar, José dice a sus hermanos por qué el Señor lo envió a Egipto:

- "Para preservaros un remanente" (45:7, וּלְהַחֲיֹות).
- "Se preservará la vida de mucha gente" (50:20, לְהַחֲיֹת).

La única otra instancia en Génesis de un infinitivo constructo con un prefijo *lamed* delante del verbo "vivir" חָיָה se encuentra en 19:19, donde Lot dice: "Al salvar mi vida me han demostrado gran bondad" (לְהַחֲיֹות). Este es uno de los muchos vínculos entre el relato del diluvio y el de Sodoma. De esta forma, Moisés señala que cuando Dios salva, mantiene con vida supervivientes mediante personas como Noé y José. Ellos tipifican a un Salvador aún más grande que llevará a cabo una salvación aún mayor.

5. ESTRUCTURAS QUIÁSTICAS Y TIPOLÓGICAS

Justo antes del relato de la muerte del padre anciano (Gn 25:1-11), Moisés coloca la historia del siervo enviado a conseguir una esposa para Isaac en el punto de inflexión de la estructura narrativa de Génesis. En los párrafos iniciales de este libro, observamos indicadores a nivel micro que muestran cómo Moisés establece un patrón a partir de Génesis 24. Aquí consideraremos los indicadores de lo mismo, pero a nivel macro. Comenzaremos considerando la forma en que Moisés une el relato en Génesis 24 y luego pasaremos a ver la estructura del capítulo en sí.

Hemos visto cómo la historia de Abraham despliega una estructura quiástica a partir de Génesis 11:27–22:24. Cerca del comienzo de Génesis 24, Moisés cita el principio del quiasmo de Abraham, antes de citar el final de ese quiasmo hacia el cierre del capítulo. Moisés hace referencia a la bendición de Abraham de Génesis 12:1-3 en 24:1, antes de hacer alusión a

12:1 y citar 12:7 en 24:7 (las cursivas en el texto de la LBLA a continuación son énfasis del autor).

Génesis 12	Génesis 24
12:1: Y el Señor dijo a Abram: Vete de tu tierra, de entre tus *parientes* y de la *casa de tu padre*, a la *tierra* que yo te mostraré.	24:7a (DHH): El Señor, el Dios del cielo, que me sacó de la *casa de mi padre* y de la tierra de mis *parientes*…
12:2: Haré de ti una nación grande, y *te bendeciré*, y engrandeceré tu nombre, y serás bendición.	24:1: Abraham era viejo, entrado en años; y *el Señor había bendecido a Abraham en todo.*
12:7: Y el Señor se apareció a Abram, y le dijo: *A tu descendencia daré esta tierra.* Entonces él edificó allí un altar al Señor que se le había aparecido.	24:7b: Me habló y me juró, diciendo: "*A tu descendencia daré esta tierra*", Él mandará su ángel delante de ti, y tomarás de allí mujer para mi hijo.

Moisés nuevamente hace referencia a la bendición de Abraham cerca del punto medio del capítulo, en Génesis 24:35: "El Señor ha bendecido en gran manera a mi señor, que se ha enriquecido" (LBLA; cf. esp. Gn 12:2). Así como cita el comienzo del quiasmo de Abraham al inicio de Génesis 24, también cita el final del quiasmo de Abraham a finales de Génesis 24, citando Génesis 22:17 en 24:60, en las palabras dichas a Rebeca (LBLA; las cursivas son énfasis del autor):

Génesis 22	Génesis 24
22:17, 18: De cierto te *bendeciré* grandemente, y *multiplicaré en gran manera tu descendencia* como las estrellas del cielo y como la arena en la orilla del mar,	24:60: Y *bendijeron* a Rebeca y le dijeron: Que tú, hermana nuestra, *te conviertas en millares de miríadas,*
y tu *descendencia poseerá la puerta de sus enemigos.* Y en tu simiente serán bendecidas todas las naciones de la tierra, porque tú has obedecido mi voz.	y *posean tus descendientes la puerta de los que los aborrecen.*

Al citar el comienzo y el final del quiasmo de Abraham al principio y al final del capítulo, Moisés usa Génesis 24 para cerrar y abrir: cierra la historia de Abraham atando las promesas principales hechas a Isaac, señalando que la línea de descendencia continuará a través del matrimonio con Rebeca; y abre la siguiente unidad, donde se detalla cómo es pasada la bendición de Abraham a la simiente en dicha línea de descendencia. Las citas y alusiones a las bendiciones de Abraham están situadas quiásticamente a lo largo de Génesis 24:

> Gn 24:1. Yahvé ha bendecido a Abraham en todo.
>
> Gn 24:7. A tu simiente daré esta tierra.
>
> Gn 24:35. Yahvé ha bendecido y engrandecido a Abraham sobremanera.
>
> Gn 24:60. Que tu simiente posea la puerta de sus enemigos.

Mientras Génesis 24 mira hacia atrás a las bendiciones de Abraham, también lo hace hacia adelante a los quiasmos de Jacob y José. Existen notables similitudes entre los relatos del encuentro del siervo de Abraham con Rebeca y el de Jacob conociendo a Raquel. Cuando el siervo llega al pozo de agua (Gn 24:11), este ora al Señor (24:12-14), y leemos en Génesis 24:15: "Y sucedió que antes de haber terminado de hablar, he aquí que Rebeca, hija de Betuel, hijo de Milca, mujer de Nacor, hermano de Abraham, salió con el cántaro sobre su hombro" (LBLA). De manera similar, cuando Jacob llega al pozo de agua (29:2), entabla conversación con los pastores (29:4-8), y leemos en Génesis 29:9, 10: "Todavía estaba él hablando con ellos, cuando llegó Raquel con las ovejas de su padre, pues ella era pastora. Y sucedió que cuando Jacob vio a Raquel, hija de Labán, hermano de su madre, y las ovejas de Labán, hermano de su madre..." (LBLA).

Ambas historias también hablan de la belleza de Rebeca y Raquel (Gn 24:16; 29:17), y esta característica también conecta las historias de Isaac y Jacob con la de Abraham, quien también tenía una mujer hermosa (12:11).[350] La respuesta de Rebeca al siervo en Génesis 24 tiene como paralelo la respuesta de Raquel a Jacob en Génesis 29: ambas mujeres corren a casa; en

---

350. Compare también los veinticinco años que Abraham y Sara esperaron por Isaac (Gn 12:4; 21:5), los veinte años que Isaac y Rebeca esperaron por Jacob y Esaú (25:20, 26), los veinte años que Jacob sirvió a Labán (31:38, 41), y los veintidós años entre la venta a esclavitud de José y el momento en que se dio a conocer a sus hermanos (37:2; 41:46, 53, 54; 45:6). De manera similar, Jacob sirvió a Labán siete años por Lea, y luego otros siete años por Raquel (29:18, 27), igual que José predijo siete años de abundancia, seguidos de siete años de hambruna (41:26-30). Labán afirma haber aprendido por medio de adivinación, una afirmación que José hace parte de su truco de revelación.

ambos casos, Labán (hermano de Rebeca, padre de Raquel) sale corriendo hacia el visitante, primero para traer al siervo a su casa y luego a Jacob; y ambos relatos presentan a Labán haciendo preguntas (las traducciones en la tabla a continuación siguen la LBLA).

Génesis 24	Génesis 29
24:28-31: La joven corrió y contó estas cosas a los de la casa de su madre.	29:12-15: y ella corrió y se lo hizo saber a su padre.
[29] Y Rebeca tenía un hermano que se llamaba Labán; y Labán salió corriendo hacia el hombre, afuera, a la fuente. [30] Y sucedió que cuando él vio el anillo y los brazaletes en las manos de su hermana, y cuando oyó las palabras de su hermana Rebeca, diciendo: Esto es lo que el hombre me dijo, Labán fue al hombre; y he aquí que estaba con los camellos junto a la fuente. [31] Y le dijo: Entra, bendito del Señor. ¿Por qué estás fuera? Yo he preparado la casa y un lugar para los camellos.	[13] Y sucedió que cuando Labán oyó las noticias de Jacob, hijo de su hermana, corrió a su encuentro, lo abrazó, lo besó y lo trajo a su casa. Entonces él contó a Labán todas estas cosas. [14] Y le dijo Labán: Ciertamente tú eres hueso mío y carne mía. Y Jacob se quedó con él todo un mes. [15] Y Labán dijo a Jacob: ¿Acaso porque eres mi pariente has de servirme de balde? Hazme saber cuál será tu salario.

Estos paralelos surgen de la centralidad estructural de la necesidad de una esposa, primero para Isaac y luego para Jacob, para continuar la línea de descendencia de la simiente de la promesa. La centralidad estructural también subraya el desarrollo tipológico, las repeticiones al nivel de correspondencia histórica, sugiriendo que la audiencia puede esperar más de lo mismo.

La misión del siervo en Génesis 24 anticipa la forma en que el Señor "prosperará" a José en todo lo que este haga (Gn 39:2, 3, 23). En cuatro oportunidades, el texto habla de Yahvé "prosperando" el camino del siervo y dos veces el siervo menciona que Yahvé lo "guía" en "el camino". El verbo "prosperar" (צָלַח) aparece en Génesis solo en los capítulos 24 y 39 (24:21, 40, 42, 56 y 39:2, 3, 23), creando una fuerte conexión entre el siervo de Abraham y José. Los términos "prosperar" y "camino" también aparecen prominentemente en el Salmo 1 y están distribuidos quiástica-mente a lo largo de Génesis 24:

> Gn 24:21: ... conocer si Yahvé ha prosperado su camino o no.
> Gn 24:27: ... Yahvé lo guió en el camino...
> Gn 24:40: ... Yahvé... prosperará tu camino.
> Gn 24:42: ... Oh Yahvé, si quieres... prosperas mi camino...
> Gn 24:48: ... que me ha guiado por el camino.
> Gn 24:56: ... Yahvé ha prosperado mi camino.

El siervo que fue enviado para hallar una esposa para Isaac en Génesis 24 prospera del mismo modo en que José, un siervo enviado para preparar el camino para el descenso de Israel a Egipto (Sal 105:17), prosperará en Egipto, primero en casa de Potifar (Gn 39:2, 3) y luego en prisión (39:23). Este es el tipo de prosperidad que meditar en las Escrituras proporcionará a Josué (Jos 1:8) y la clase de prosperidad de la que habla el Salmo 1:3, una prosperidad que disfruta el hombre bendito que medita en la Torá día y noche (1:2), guiando a la "congregación de los justos" (1:5) en el "camino" que Yahvé conoce.

Los patrones vistos en Génesis 24 harán eco a través de rollos de las Escrituras hasta resonar completamente en Cristo, el hombre bendito, de quien realmente se puede decir que todo lo que hace "prospera", que nunca se desvió del "camino" que Yahvé conoce y que asumió el papel de siervo como el hijo amado enviado en busca de una esposa. El desarrollo tipológico a lo largo de las estructuras literarias de la Biblia dirige nuestra atención hacia los patrones y enmarca su belleza.

Dentro del propio capítulo 24 de Génesis, Moisés presenta una estructura literaria coincidente, en la que el siervo realiza el juramento que Abraham le hace prestar, ora por la ayuda de Dios y la recibe, y luego responde adorando. Después de haber experimentado esta secuencia en la primera mitad del capítulo, el siervo vuelve a contar los mismos eventos en el mismo orden en la segunda mitad. Esto crea un patrón repetido dentro del capítulo, una estructura quiástica de dos partes que es precedida por la bendición de Abraham en 24:1 y que concluye con la bendición de Isaac, Rebeca y su simiente en 24:59-67.[351] Esta estructura literaria de Génesis 24 es descrita en la Tabla 11.1, la cual tiene el siguiente sistema de fuentes:

---

351. Vea los diagramas "caparazón de tortuga" y "anular" en Douglas, *Thinking in Circles*, 9, 20, 23, 48, 110, 118. En sus escritos acerca de la ficción de J. K. Rowling (y su pseudónimo Robert Galbraith), en https://www.hogwartsprofessor.com, John Granger frecuentemente se refiere a estas estructuras como "caparazón de tortuga". A lo que me

- Texto en *cursivas:* Se usa para resaltar el resumen clave de la unidad.
- Texto en **negritas***:* Representa la bendición de Abraham.
- Texto en VERSALITAS*:* Denota a Yahvé guiando al siervo en el camino de la verdad.
- Texto en ***negritas cursivas:*** Marca menciones clave del siervo de Abraham.
- Texto en **VERSALITAS NEGRITAS***:* Designa al siervo postrado en adoración.
- Texto en *MAYÚSCULAS CURSIVAS:* Marca a Yahvé haciendo prosperar el camino.
- Texto en *VERSALITAS CURSIVAS:* Denota los dones que el siervo da a Rebeca y su adoración.
- Texto en MAYÚSCULAS: Representa la simiente de la mujer que conquistará y reinará.

Para declaraciones resumidas y aquellas que hablen de Yahvé, Dios de Abraham y de su bondad amorosa, utilizaremos el texto normal.

24:1: Yahvé ha bendecido a Abraham.	
24:2-9: El juramento: esposa no cananea, esposa de entre los parientes. **24:2: *Siervo de Abraham.*** **24:7: A tu descendencia daré esta tierra.**	24:49: Acaso la familia de Rebeca tendrá bondad amorosa y verdad. *24:49-58*: Tómala y vete como Yahvé ha dicho. **24:52: POSTRADO EN ADORACIÓN.** *24:56: EL CAMINO PROSPERADO DE YAHVÉ.*
24:12: Yahvé, Dios de mi Señor Abraham. *24:10-21: La oración ofrecida y respondida.* *24:21: YAHVÉ CAMINO PRÓSPERO.*	*24:42: YAHVÉ CAMINO PRÓSPERO.* *24:42-48: La oración ofrecida y respondida.* *24:47: LA FAMILIA DE REBECA, ANILLO Y BRAZALETES, ADORACIÓN.* **24:48: SE POSTRÓ Y ADORÓ,** GUIADO EN EL CAMINO DE VERDAD.

refiero puede verse en la Tabla 11.2, donde, a medida que uno desciende por el lado izquierdo del diagrama, obtiene ese lado del caparazón, el anillo del cual es completado a medida que uno regresa hacia el lado derecho.

24:22-32: *ANILLO Y BRAZALETES, FAMILIA DE REBECA, ADORACIÓN.* **24:26: SE POSTRÓ Y ADORÓ.** 24:27: Yahvé, Dios de mi Señor Abraham, bondad amorosa y VERDAD, GUIADO EN EL CAMINO.	**24:34: *Siervo de Abraham.*** **24:35: Yahvé ha bendecido y engrandecido a Abraham sobremanera.** 24:33-41: *Nuevamente el juramento:* esposa no cananea, esposa de entre los parientes.
24:59-67: *Isaac y Rebeca y su simiente.* **24:59-61: Rebeca es bendecida y enviada/llevada.** 24:60: QUE TU DESCENDENCIA POSEA LA PUERTA DE SUS ENEMIGOS. 24:62-67: Isaac y Rebeca.	

Como notamos más arriba, el siervo de Abraham primero sigue la misión que juró llevar a cabo (Gn 24:1-33), luego vuelve a contar las mismas acciones en el mismo orden (24:34-49). Esto significa que la declaración de Génesis 24:7b, que discutimos en los primeros párrafos de este libro, "Enviará su ángel delante de ti", la cual es repetida en Éxodo 23:20 y en Malaquías 3:1, se repite una vez más dentro de Génesis 24 en 24:40, cuando el siervo vuelve a contar la historia: "Entonces él me respondió: El Señor, en cuya presencia yo he andado, enviará su ángel contigo, y prosperará tu camino…".

La estructura quiástica en forma de "caparazón de tortuga" (ver nota al pie cercana) de Génesis 24 ofrece a Moisés la oportunidad de crear repeticiones dentro del capítulo, generando así un mayor significado. El indicador a nivel micro de la línea repetida y la secuencia de eventos se une a la estructura literaria a nivel macro para señalar que Moisés quiso que su audiencia entendiera que el envío del siervo en Génesis 24 en busca de una pareja pactual era un tipo del envío de Moisés a Egipto para buscar a Israel.[352] Malaquías comprendió este patrón y empleó las mismas estrategias para profetizar sobre el nuevo pacto (Mal 3:1). Marcos presenta a Juan el Bautista como el mensajero que fue enviado para preparar el camino de Jesús (Marcos 1:2), donde es inaugurado el cumplimiento. La consumación del cumplimiento es esperada, pero Dios "la dio a conocer, enviándola por medio de su ángel a

---

352. Los oyentes del podcast BibleTalk reconocerán que aquí doy lugar al punto que me refirió mi amigo Sam Emadi. ¡Él está en lo correcto! Y he sido convencido de ello.

su siervo Juan, el cual dio testimonio de la palabra de Dios, y del testimonio de Jesucristo, y de todo lo que vio" (Ap 1:1b, 2, LBLA).[353]

Aquel a quien apuntan las Escrituras, cuya venida esperamos, es el verdadero y mejor Adán, el novio amado. Él es el gran sacerdote sobre la casa celestial de Dios, el cual nos da un nuevo y vivo camino a través del cual nos acercamos. Nuestro profeta como Moisés, por quien Dios llevó a cumplimiento el éxodo. El rey de la creación de Dios, la víctima justa, quien llevó en su cuerpo nuestros pecados en aquel árbol. Su alabanza no tendrá fin.

---

353. LXX Ml 3:1: ἰδοὺ ἐγὼ ἐξαποστέλλω τὸν ἄγγελόν μου...
Ap 1:1b: ἀποστείλας διὰ τοῦ ἀγγέλου αὐτοῦ τῷ δούλῳ αὐτοῦ Ἰωάννῃ...

Bibliografía

Abernethy, A. T., y Goswell G. (2020). *God's Messiah in the Old Testament: Expectations of a Coming King*. Grand Rapids: Baker.

Ahearne-Kroll, S. (2007). *The Psalms of Lament in Mark's Passion: Jesus' Davidic Suffering*. Society for New Testament Studies Monograph Series. New York: Cambridge University Press.

Allison, D. C., Jr. (1994). *The New Moses: A Matthean Typology*. Minneapolis: Fortress.

Alter, R. (2011). *The Art of Biblical Narrative*. 2da ed. New York: Basic.

Ansberry, C. B. (2010). *Be Wise, My Son, and Make My Heart Glad: An Exploration of the Courtly Nature of the Book of Proverbs*. Beihefte aur Zeitschrift für die alttestamentliche Wissenschaft. New York: De Gruyter.

Averbeck, R. E. (2003). "Tabernacle". Pp. 807-27 en *Dictionary of the Old Testament: Pentateuch*. Editado por T. Desmond Alexander y David W. Baker, 807-27. Downers Grove, IL: InterVarsity.

Baker, D. L. (2010). *Two Testaments, One Bible: The Theological Relationship Between the Old and New Testaments*. 3ra ed. Downers Grove, IL: InterVarsity.

Barber, M. (2001). *Singing in the Reign: The Psalms and the Liturgy of God's Kingdom*. Steubenville, OH: Emmaus Road.

Basil, S. (1980). *On the Holy Spirit*. Traducido por David Anderson. Crestwood, N.Y: St Vladimir's Seminary Press.

Bass, D. D. (2008). "Hosea's Use of Scripture: An Analysis of His Hermeneutic". PhD dis., The Southern Baptist Theological Seminary.

Bates, M. W. (2015). *The Birth of the Trinity: Jesus, God, and Spirit in New Testament and Early Christian Interpretations of the Old Testament*. New York: Oxford University Press.

—————. (2019). *The Hermeneutics of the Apostolic Proclamation: The Center of Paul's Method of Scriptural Interpretation*. Repr., Waco: Baylor University Press.

Bauckham, R. (1993). *The Climax of Prophecy: Studies on the Book of Revelation*. Edinburgh: T&T Clark.

————. (1993). *The Theology of the Book of Revelation*. New Testament Theology. New York: Cambridge University Press.

Bauer, W. (2001). *A Greek-English Lexicon of the New Testament and Other Early Christian Literature*. Editado por Frederick William Danker. Traducido por W. F. Arndt y F. W. Gingrich. 3ra ed. Chicago: University Of Chicago Press.

Beale, G. K. (1994). "Did Jesus and His Followers Preach the Right Doctrine from the Wrong Texts? An Examination of the Presuppositions of Jesus' and the Apostles' Exegetical Method". Pp. 387-404 en *The Right Doctrine from the Wrong Texts? Essays on the Use of the Old Testament in the New*. Editado por G. K. Beale. Grand Rapids: Baker.

————. (2005). "The Descent of the Eschatological Temple in the Form of the Spirit at Pentecost: Part 1: The Clearest Evidence". *Tyndale Bulletin* 56: 73-102.

————. (2004). *The Temple and the Church's Mission: A Biblical Theology of the Dwelling Place of God*. New Studies in Biblical Theology. Downers Grove, IL: InterVarsity.

Beckwith, R. T. (1985). *The Old Testament Canon of the New Testament Church and Its Background in Early Judaism*. Grand Rapids: Eerdmans.

————. (1987). "The Unity and Diversity of God's Covenants". *Tyndale Bulletin* 38: 93-118.

Beetham, C. A. (2013). "From Creation to New Creation: The Biblical Epic of King, Human Vicegerency, and Kingdom". Pp. 237-54 en *From Creation to New Creation: Essays in Honor of G. K. Beale*. Editado por Daniel M. Gurtner y Benjamin L. Gladd. Peabody: Hendrickson.

Bell, R. H. (2005). *The Irrevocable Call of God: An Inquiry into Paul's Theology of Israel*. Wissenschaftliche Untersuchungen zum Neuen Testament 184. Tübingen: Mohr Siebeck.

Brouwer, W. (2018). "Understanding Chiasm and Assessing Macro-Chiasm as a Tool of Biblical Interpretation". *Calvin Theological Journal* 53: 99-127.

Brown, W. P. (2002). "The Pedagogy of Proverbs 10:1–31:9". Pp. 150-82 en *Character and Scripture: Moral Formation, Community, and Biblical Interpretation*. Editado por William P. Brown. Grand Rapids: Eerdmans.

Brueggemann, D. A. (2005). "The Evangelists and the Psalms". Páginas 263-78 en *Interpreting the Psalms: Issues and Approaches*. Editado por David Firth y Philip S. Johnston. Downers Grove, IL: InterVarsity.

Burk, D. (2008). "Discerning Corinthian Slogans through Paul's Use of the Diatribe en 1 Corinthians 6:12–20". *Bulletin for Biblical Research* 18. 99-121.

Calvin, J. (1960). *Institutes of the Christian Religion*. Editado por John T. McNeill. Traducido por Ford Lewis Battles. Philadelphia: Westminster John Knox.

Caragounis, C. (1986). *The Son of Man: Vision and Interpretation*. Wissenschaftliche Untersuchungen zum Neuen Testament 38. Tübingen: Mohr Siebeck.

Carr, D. M. (2005). *Writing on the Tablet of the Heart: Origins of Scripture and Literature*. New York: Oxford University Press.

Chapman, D. W., y Schnabel, E J. (2015). *The Trial and Crucifixion of Jesus: Texts and Commentary*. Wissenschaftliche Untersuchungen zum Neuen Testament 344. Tübingen: Mohr Siebeck.

Chase, M. L. (2020). *40 Questions About Typology and Allegory*. Grand Rapids: Kregel.

————. (2014). "The Genesis of Resurrection Hope: Exploring Its Early Presence and Deep Roots". *Journal of the Evangelical Theological Society* 57. 467-80.

Chester, A. (2007). *Messiah and Exaltation: Jewish Messianic and Visionary Traditions and New Testament Christology*. Wissenschaftliche Untersuchungen zum Neuen Testament 207. Tübingen: Mohr Siebeck.

Cole, R. L. (2013). *Psalms 1–2: Gateway to the Psalter*. Sheffield: Sheffield Phoenix.

Collins, J. (1997). "A Syntactical Note (Genesis 3:15): Is the Woman's Seed Singular or Plural?". *Tyndale Bulletin* 48. 139-48.

Collins, J. J. D. (1993). *A Commentary on the Book of Daniel*. Hermeneia. Minneapolis: Fortress.

Coloe, M. L. (2001). *God Dwells with Us: Temple Symbolism in the Fourth Gospel*. Collegeville, MN: Glazier.

Crump, D. (2013). *Encountering Jesus, Encountering Scripture: Reading the Bible Critically in Faith*. Grand Rapids: Eerdmans.

Daniélou, J. (1960). *From Shadows to Reality: Studies in the Biblical Typology of the Fathers*. Traducido por Wulstan Hibberd. London: Burns and Oates.

Daube, D. (1983). *The Exodus Pattern in the Bible*. London: Faber.

Davidson, R. M. (1981). *Typology in Scripture: A Study of Hermeneutical Typos Structures*. Berrien Springs, MI: Andrews University Press.

Deenick, K. (2011). "Priest and King or Priest-King in 1 Samuel 2:35". *Westminster Theological Journal* 73. 325–39.

Dempster, S. G. (2003). *Dominion and Dynasty: A Biblical Theology of the Hebrew Bible*. New Studies in Biblical Theology 15. Downers Grove, IL: InterVarsity.

————. (2007). "The Servant of the Lord". Pp. 128-78 en *Central Themes in Biblical Theology: Mapping Unity in Diversity*. Editado por Scott J Hafemann y Paul R House. Grand Rapids: Baker.

Douglas, M. (2010). *Thinking in Circles: An Essay on Ring Composition*. New Haven: Yale University Press.

Duguid, I. M. (2015). *The Song of Songs: An Introduction and Commentary*. Tyndale Old Testament Commentaries. Downers Grove, IL: InterVarsity.

Eichrodt, W. (1963). "Is Typological Exegesis an Appropriate Method". Pp. 224-45 en *Essays on Old Testament Interpretation*. Editado por Claus Westermann. Traducido por James Barr. London: SCM.

Eller, V. (1982). *The Language of Canaan and the Grammar of Feminism*. Grand Rapids: Eerdmans.

Ellis, E. E. (1982). Prefacio a *Typos: The Typological Interpretation of the Old Testament in the New*, Leonhard Goppelt. Traducido por Donald H. Madvig. Grand Rapids: Eerdmans.

————. (1993). "Jesus' Use of the Old Testament and the Genesis of New Testament Theology". *Bulletin for Biblical Research* 3: 59-75.

————. (1981). *The Gospel of Luke*. New Century Bible Commentary. Grand Rapids: Eerdmans.

Emadi, M. (2019). "You Are Priest Forever: Psalm 110 and the Melchizedekian Priesthood of Christ". *Southern Baptist Journal of Theology* 23. 57-84.

Emadi, M. H. (2015). "The Royal Priest: Psalm 110 in Biblical-Theological Perspective". PhD dis., The Southern Baptist Theological Seminary.

Emadi, S. C. (2016). "Covenant, Typology, and the Story of Joseph: A Literary-Canonical Examination of Genesis 37-50". PhD dis., The Southern Baptist Theological Seminary.

Fairbairn, P. (1989). *Typology of Scripture*. 1845. Reimpresión, Grand Rapids, MI: Kregel.

Fisher, M. C. (1979). "The Canon of the Old Testament". Pp. 385-92 en vol. 1 de *The Expositor's Bible Commentary*. Editado por Frank E. Gaebelein. 12 vols. Grand Rapids: Zondervan.

Foer, J. (2011). *Moonwalking with Einstein: The Art and Science of Remembering Everything*. New York: Penguin.

Foulkes, F. 1994). "The Acts of God: A Study of the Basis of Typology". Pp. 342-71 en *The Right Doctrine from the Wrong Texts? Essays on the Use of the Old Testament in the New*. Editado por G. K. Beale. Grand Rapids: Baker.

Gage, W. A. (1984). *The Gospel of Genesis: Studies in Protology and Eschatology*. Winona Lake, IN: Eisenbrauns.

Gane, R. (2005). *Cult and Character: Purification Offerings, Day of Atonement, and Theodicy*. Winona Lake, IN: Eisenbrauns.

Garrett, D. A. (2014). *A Commentary on Exodus*. Kregel Exegetical Library. Grand Rapids: Kregel.

———. (1993). *Proverbs, Ecclesiastes, Song of Songs*. New American Commentary. Nashville: Broadman & Holman.

———. (2020). *The Problem of the Old Testament: Hermeneutical, Schematic, and Theological Approaches*. Downers Grove, IL: InterVarsity.

Garrett, D. A., y Paul, R. (2004). House. *Song of Songs, Lamentations*. Word Biblical Commentary. Nashville: Thomas Nelson.

Gentry, P. J. (2019). "A Preliminary Evaluation and Critique of Prosopological Exegesis". *Southern Baptist Journal of Theology* 23, no. 2. 105-22.

———. (2003). "The Son of Man in Daniel 7: Individual or Corporate?" Pp. 59-75 en *Acorns to Oaks: The Primacy and Practice of Biblical Theology*. Editado por Michael A. G. Haykin. Toronto: Joshua.

Gentry, P. J., y Wellum, S. J. (2018). *Kingdom through Covenant: A Biblical-Theological Understanding of the Covenants*. Second Edition. Wheaton, IL: Crossway.

Gibson, J. (2019). *Covenant Continuity and Fidelity: A Study of Inner-Biblical Allusion and Exegesis in Malachi*. Library of Hebrew Bible/Old Testament Studies 625. Edinburgh: T&T Clark.

Gilbert, S. (1959). *James Joyce's Ulysses*. New York: Vintage Books.

Girgis, S., George, R., y Anderson, R T. (2010). "What Is Marriage?". *Harvard Journal of Law and Public Policy* 34. 245-87.

Goppelt, L. (1982). *Typos, the Typological Interpretation of the Old Testament in the New*. Grand Rapids: Eerdmans.

Grant, J. A. (2004). *The King As Exemplar: The Function of Deuteronomy's Kingship Law in the Shaping of the Book of Psalms*. Academia Biblica 17. Atlanta: Society of Biblical Literature.

Hahn, S. W. (2009). *Kinship by Covenant: A Canonical Approach to the Fulfillment of God's Saving Promises*. New Haven: Yale University Press.

Hall, S. G., ed. (1979). *Melito of Sardis On Pascha and Fragments: Texts and Translations*. Oxford: Clarendon Press.

Hamilton, J. M., Jr. (2012). "A Biblical Theology of Motherhood". *Journal of Discipleship and Family Ministry* 2, no. 2: 6-13.

———. (2019). "Canonical Biblical Theology". Pp. 59-73 en *God's Glory Revealed in Christ: Essays in Honor of Tom Schreiner*. Editado por Denny Burk, James M. Hamilton Jr., y Brian J. Vickers. Nashville: Broadman & Holman.

———. (2023). "David's Biblical Theology and Typology in the Psalms: Authorial Intent and Patterns of the Seed of Promise". En *The Psalms: Exploring Theological Themes*. Editado por David M. Howard y Andrew J. Schmutzer. Bellingham, WA: Lexham.

———. (2014). *Ezra and Nehemiah*. Christ-Centered Exposition Commentary. Nashville: Broadman & Holman.

———. (2010). *God's Glory in Salvation through Judgment: A Biblical Theology*. Wheaton, IL: Crossway.

———. (2006). *God's Indwelling Presence: The Holy Spirit in the Old and New Testaments*. NAC Studies in Bible and Theology 1. Nashville: Broadman & Holman.

———. (2019). "John". Pp. 19-308 en *ESV Expository Commentary: John–Acts*. Editado por Iain M. Duguid, James M. Hamilton Jr., y Jay Sklar. Wheaton, IL: Crossway.

———. (2014). "Original Sin in Biblical Theology". Pp. 189-208 en *Adam, the Fall, and Original Sin: Theological, Biblical, and Scientific Perspectives*. Editado por Hans Madueme y Michael Reeves. Grand Rapids: Baker.

———. (2021). *Psalms*. 2 vols. Evangelical Biblical Theology Commentary. Bellingham, WA: Lexham.

———. (2012). *Revelation: The Spirit Speaks to the Churches*. Preaching the Word. Wheaton, IL: Crossway.

———. (2006). "Rushing Wind and Organ Music: Toward Luke's Theology of the Spirit in Acts". *Reformed Theological Review* 65, no. 1: 15-33.

———. (2015). *Song of Songs: A Biblical-Theological, Allegorical, Christological Interpretation*. Focus on the Bible. Fearn: Christian Focus.

———. (2014). "Suffering in Revelation: The Fulfillment of the Messianic Woes". *Southern Baptist Journal of Theology* 17, no. 4: 34-47.

———. (2021). "The Exodus Motif in Biblical Theology". Pp. 77-91 en *The Law, The Prophets, and the Writings: Studies in Evangelical Old Testament Hermeneutics in Honor of Duane A. Garrett*. Editado por Andrew M. King, William R. Osborne, y Joshua M. Philpot. Nashville: Broadman & Holman.

———. (2010). "The Lord's Supper in Paul: An Identity-Forming Proclamation of the Gospel". Pp. 68-102 en *The Lord's Supper: Remembering and Proclaiming Christ Until He Comes*. Editado por Thomas R. Schreiner y Matthew R. Crawford. Nashville: Broadman & Holman.

———. (2006). "The Messianic Music of the Song of Songs: A Non-Allegorical Interpretation". *Westminster Theological Journal* 68. 331-45.

————. (August 2005). "The One Who Does Them Shall Live by Them: Leviticus 18:5 in Galatians 3:12". *Gospel Witness*: 10-14.

————. (2008). "The Virgin Will Conceive: Typological Fulfillment in Matthew 1:18–23". Pp. 228-47 en *Built upon the Rock: Studies in the Gospel of Matthew*. Editado por John Nolland y Daniel Gurtner. Grand Rapids: Eerdmans.

————. (2020). "Typology in Hebrews: A Response to Buist Fanning". *Southern Baptist Journal of Theology* 24, no. 1: 125-36.

————. (2008). "Was Joseph a Type of the Messiah? Tracing the Typological Identification between Joseph, David, and Jesus". *Southern Baptist Journal of Theology* 12. 52-77.

————. (2014). *What Is Biblical Theology?* Wheaton, IL: Crossway.

————. (2014). *With the Clouds of Heaven: The Book of Daniel in Biblical Theology*. New Studies in Biblical Theology. Downers Grove, IL: InterVarsity.

————. (2017). *Work and Our Labor in the Lord*. Short Studies in Biblical Theology. Wheaton, IL: Crossway.

Haste, M. (2014). "A Type of the Marriage of Christ: John Gill on Marriage". *Puritan Reformed Journal* 6. 289-302.

Halls, R. B. (2018). *Echoes of Scripture in the Gospels*. Waco, TX: Baylor University Press.

————. (2005). *The Conversion of the Imagination: Paul as Interpreter of Israel's Scripture*. Grand Rapids: Eerdmans.

Hensley, A. D. (2018). *Covenant Relationships and the Editing of the Hebrew Psalter*. Library of Hebrew Bible/Old Testament Studies 666. New York: T&T Clark.

Hirsch, E. D. (1967). *Validity in Interpretation*. New Haven: Yale University Press.

Hoskins, P. M. (2006). *Jesus as the Fulfillment of the Temple in the Gospel of John*. Paternoster Biblical Monographs. Waynesboro, GA: Paternoster.

Huey, F. B. (1993). *Jeremiah, Lamentations*. New American Commentary. Nashville: Broadman & Holman.

Hugenberger, G. P. (1994). *Marriage as a Covenant: Biblical Law and Ethics as Developed from Malachi*. Leiden: Brill.

"Institution, n.". In *OED Online*. Oxford University Press. http://www.oed.com/view/Entry/97110.

Jamieson, R. B. (2020). "1 Corinthians 15.28 and the Grammar of Paul's Christology". *New Testament Studies* 66: 187-207.

————. (2016). "Hebrews 9.23: Cult Inauguration, Yom Kippur and the Cleansing of the Heavenly Tabernacle". *New Testament Studies* 62: 569-87.

————. (2019). *Jesus' Death and Heavenly Offering in Hebrews.* Society for New Testament Studies Monograph Series 172. New York: Cambridge University Press.

Johnson, S. L. (1984). "A Response to Patrick Fairbairn and Biblical Hermeneutics as Related to the Quotations of the Old Testament en the New". Pp. 791-99 en *Hermeneutics, Inerrancy, and the Bible: Papers from ICBI Summit II.* Editado por Earl D. Radmacher y Robert D. Preus. Grand Rapids: Zondervan.

Keller, T. (2016). *Preaching: Communicating Faith in an Age of Skepticism.* New York: Viking.

Kerr, A. R. (2002). *The Temple of Jesus' Body: The Temple Theme in the Gospel of John.* London: Sheffield Academic Press.

Kidner, D. (1987). *The Message of Jeremiah: Against Wind and Tide.* Leicester: InterVarsity.

Kiuchi, N. (2007). *Leviticus.* Apollos Old Testament Commentary. Downers Grove, IL: InterVarsity.

Kynes, W. (2019). *An Obituary for "Wisdom Literature": The Birth, Death, and Intertextual Reintegration of a Biblical Corpus.* Oxford: Oxford University Press.

Leithart, P. J. (2006). *1 & 2 Kings.* Brazos Theological Commentary on the Bible. Grand Rapids: Brazos.

Levenson, J. D. (2008). *Resurrection and the Restoration of Israel: The Ultimate Victory of the God of Life.* New Haven: Yale University Press.

Lindars, (1961). *Barnabas.* New Testament Apologetic. Philadelphia: Westminster.

Longenecker, R. N. (1999). *Biblical Exegesis in the Apostolic Period.* 2nd ed. Grand Rapids: Eerdmans.

Lucas, E. C. (2002). *Daniel.* Apollos Old Testament Commentary. Downers Grove, IL: InterVarsity.

Marx, K., y Engels, F. (2002). *The Communist Manifesto.* New York: Penguin.

Mathews, K. A. (1996). *Genesis 1–11:26.* New American Commentary. Nashville: Broadman & Holman.

————. (2005). *Genesis 11:27–50:26: An Exegetical and Theological Exposition of Holy Scripture.* New American Commentary. Nashville: Broadman & Holman.

Millar, J. G. (2019). "1–2 Kings". Pp. 491-898 en vol. 1 de *ESV Expository Commentary*. Editado por Iain M. Duguid, James M. Hamilton Jr., y Jay Sklar. Wheaton, IL: Crossway.

Mitchell, C. W. (2003). *The Song of Songs*. Concordia Commentary. Saint Louis: Concordia.

Mitchell, D. C. (1997). *The Message of the Psalter: An Eschatological Programme in the Book of Psalms*. Journal for the Study of the Old Testament Supplement Series 252. Sheffield: Sheffield Academic Press.

Moberly, R. W. L. (2020). *The God of the Old Testament: Encountering the Divine in Christian Scripture*. Grand Rapids: Baker.

―――. (2009). *The Theology of the Book of Genesis*. Old Testament Theology. New York: Cambridge University Press.

Montanari, F. (2015). *The Brill Dictionary of Ancient Greek*. Editado por Madeleine Goh y Chad Schroeder. Boston: Brill.

Moo, D. J. (1983). *The Old Testament in the Gospel Passion Narratives*. Sheffield: Almond Press.

Morales, L. M. (2020). *Exodus Old and New: A Biblical Theology of Redemption*. Essential Studies in Biblical Theology. Downers Grove, IL: InterVarsity.

―――. (2015). *Who Shall Ascend the Mountain of the Lord? A Biblical Theology of the Book of Leviticus*. New Studies in Biblical Theology 37. Downers Grove, IL: InterVarsity.

Nabokov, V. (1991). *Lolita*. Editado por Alfred Appel Jr. Edición revisada, actualizada y anotada. New York: Vintage.

Ortlund, R. C. (2003). *God's Unfaithful Wife: A Biblical Theology of Spiritual Adultery*. New Studies in Biblical Theology 2. Downers Grove, IL: InterVarsity.

Oswalt, J. N. (1998). The Book of Isaiah, Chapters 40–66. *New International Commentary on the Old Testament*. Grand Rapids: Eerdmans.

Ounsworth, R. (2012). *Joshua Typology in the New Testament*. Wissenschaftliche Untersuchungen zum Neuen Testament 2/328. Tübingen: Mohr Siebeck.

Pao, D. W. (2002). *Acts and the Isaianic New Exodus*. Grand Rapids: Baker.

Petterson, A. R. (2018). "Zechariah". Pp. 631-728 en *ESV Expository Commentary: Daniel–Malachi*. Editado por Iain M. Duguid, James M. Hamilton Jr., y Jay Sklar. Wheaton, IL: Crossway.

Philpot, J. M. (2018). "See the True and Better Adam: Typology and Human Origins". *Bulletin of Ecclesial Theology* 5, no. 2): 79-103.

————. (2018). "Was Joseph a Type of Daniel? Typological Correspondence in Genesis 37–50 and Daniel 1–6". *Journal of the Evangelical Theological Society* 61. 681-96.

Rad, G. von. (1963). "Typological Interpretation of the Old Testament". Pp. 17-39 en *Essays on Old Testament Interpretation*. Editado por Claus Westermann. Traducido por John Bright. London: SCM.

Rendtorff, R. (2005). *The Canonical Hebrew Bible: A Theology of the Old Testament*. Leiden: Deo.

Robar, E. (2015). *The Verb and the Paragraph in Biblical Hebrew: A Cognitive-Linguistic Approach*. Studies in Semitic Languages and Linguistics. Boston: Brill.

Robertson, O. P. (2004). *The Christ of the Prophets*. Phillipsburg: P & R.

Rose, W. (2000). *Zemah and Zerubbabel: Messianic Expectations in the Early Postexilic Period*. Library of Hebrew Bible/Old Testament Studies 304. Sheffield: Sheffield Academic Press.

Rowe, C. K. (2009). *Early Narrative Christology: The Lord in the Gospel of Luke*. Grand Rapids: Baker.

Sailhamer, J. H. (1990). "Genesis". Pp. 1-284 en vol. 2 de *The Expositor's Bible Commentary*. Editado por Frank E. Gaebelein. 12 vols. Grand Rapids: Zondervan.

Schaper, J. (1995). *Eschatology in the Greek Psalter*. Wissenschaftliche Untersuchungen zum Neuen Testament 2/76. Tübingen: J. C. B. Mohr Siebeck.

Schreiner, T. R. (2014). "Original Sin and Original Death: Romans 5:12–19". Pp. 271-88 en *Adam, the Fall, and Original Sin: Theological, Biblical, and Scientific Perspectives*. Editado por Hans Madueme y Michael Reeves. Grand Rapids: Baker.

Sequeira, A., y Emadi, S. C. (2017). "Biblical-Theological Exegesis and the Nature of Typology". *Southern Baptist Journal of Theology* 21, no. 1: 11-34.

Sequeira, A. M. (2016). "The Hermeneutics of Eschatological Fulfillment in Christ: Biblical-Theological Exegesis in the Epistle to the Hebrews". PhD dis., The Southern Baptist Theological Seminary.

Smith, J. E. (2008). "The Roots of a Libertine Slogan in 1 Corinthians 6:18". *Journal of Theological Studies* 59: 63-95.

Steinmann, A. E. (2008). *Daniel*. Concordia Commentary. Saint Louis: Concordia.

————. (2009). *Proverbs*. Concordia Commentary. Saint Louis: Concordia.

Steinmetz, D. C. (2003). "Uncovering a Second Narrative: Detective Fiction and the Construction of a Historical Method". Pp. 54-65 en *The Art of*

Reading Scripture. Editado por Ellen F. Davis y Richard B. Halls. Grand Rapids: Eerdmans.

Thompson, J. A. (1980). *The Book of Jeremiah.* Grand Rapids: Eerdmans.

Tigay, J. H. (1996). *The JPS Torah Commentary: Deuteronomy.* Philadelphia: Jewish Publication Society.

Tolkien, J. R. R. (1965). *The Return of the King.* Boston: Houghton Mifflin.

Vanhoozer, K. J. (1998). *Is There a Meaning in This Text? The Bible, the Reader, and the Morality of Literary Knowledge.* Grand Rapids: Zondervan.

Waltke, B. K. (2007). *An Old Testament Theology: An Exegetical, Canonical, and Thematic Approach.* Grand Rapids: Zondervan.

———. (2005). *The Book of Proverbs, Chapters 15–31.* New International Commentary on the Old Testament. Grand Rapids: Eerdmans.

Walton, J. H. (2003). "Creation". Pp. 155-68 en *Dictionary of the Old Testament: Pentateuch.* Editado por T. Desmond Alexander y David W. Baker. Downers Grove, IL: InterVarsity.

———. (2001). *Genesis.* NIV Application Commentary. Grand Rapids: Zondervan.

Watson, W. G. E. (2001). *Classical Hebrew Poetry: A Guide to Its Techniques.* New York: T&T Clark.

Watts, R. E. (2000). *Isaiah's New Exodus in Mark.* Grand Rapids: Baker.

Welch, J. W., y McKinlay, D. B. eds. (1999). *Chiasmus Bibliography.* Provo, UT: Research.

Wenham, G. J. (1994). "Sanctuary Symbolism in the Garden of Eden Story". Pp. 399–404 en *I Studied Inscriptions from Before the Flood: Ancient Near Eastern, Literary, and Linguistic Approaches to Genesis 1–11.* Editado por Richard Hess y David Toshio Tsumara. Winona Lake, IN: Eisenbrauns.

———. (1979). *The Book of Leviticus.* New International Commentary on the Old Testament. Grand Rapids: Eerdmans.

Williams, P. J. (2018). *Can We Trust the Gospels?* Wheaton, IL: Crossway.

Wilson, V. M. (1997). *Divine Symmetries: The Art of Biblical Rhetoric.* Lanham, MD: University Press of America.

Yarbrough, R. W. (2014). "Adam in the New Testament". Pp. 33-52 en *Adam, the Fall, and Original Sin: Theological, Biblical, and Scientific Perspectives.* Editado por Hans Madueme y Michael Reeves. Grand Rapids: Baker.

Zakovitch, Y. (1991). *"And You Shall Tell Your Son—": The Concept of the Exodus in the Bible.* Jerusalem: Magnes.

Índice de las Escrituras

Índice temático

Índice de autores

DESCARGA
GRATUITA

Editorial **CLIE**

Como muestra
de gratitud por su compra,

visite www.clie.es/regalos
y descargue gratis:

*"Los 7 nuevos descubrimientos sobre
Jesús que nadie te ha contado"*

Código:

DESCU24